U0922109

教育部人文社会科学研究项目“中国大学的百年嬗变——西方大学的导入与影响”终期成果
浙江大学教育史国家重点学科“211工程”三期资助项目之一
浙江大学“985工程”三期资助项目“世界一流大学发展战略与政策研究”成果之一

中国近代大学的现代转型

移植、调适与发展

Modern Transformation of Chinese Universities

周谷平 张雁 孙秀玲 郭晨虹◎著

ZHEJIANG UNIVERSITY PRESS
浙江大学出版社

目　　录

导　论

大学是人类创造的一种独特机构，美国加州大学前校长克拉克·克尔曾做过一个统计，在1520年前全世界建立的组织中，现在仍然使用同样的名字，以同样的方式做着同样的事情的只剩下85个，这85个中有70个就是大学，另外15个是宗教团体。大学成为世界上最古老的组织之一。

尽管中外高等教育活动早在西周时期和古希腊时期就已出现，但因年代久远，学界一般把建于公元前124年的太学视为中国高等教育的发端，而把中世纪大学看成是西方现代大学的起源。这两种极具特色的办学制度，对中外高等教育的发展都产生了深远的影响。毋庸置疑，中世纪大学被视为西方大学史的滥觞，但关于太学是否中国大学发展史上的开端，学界却一直存在争论。通过辨析太学与中世纪大学的形成过程、办学特色以及在社会结构中的功能，不但可以深化“中国古代是否有大学”这一问题的探索和争鸣，而且有助于认识中国大学的历史起源与发展逻辑，为当下在全球化、国际化背景下，如何建设中西融合、具有自身特点的现代大学提供有益的启示与借鉴，亦可为本书的整体论述奠定逻辑基础。

一、古代太学与中世纪大学的发端及在各自社会结构中的功能

经秦统一中国，推行“禁私学，以吏为师”与“皇权至上主义”的政策，至汉武帝采取董仲舒的建议，以“罢黜百家，独尊儒术”为基本策略，中国就此成为政教合一的国家，宗法制成为政治结构的根本特征。

汉初的官僚基本上来源于世袭、捐资及察举，这种人才选拔制度造成官僚结构的混乱和素质的低下。董仲舒在《对贤良策》中提出："养士之大者，莫大乎太学。太学者，贤士之所关也，教化之本原也。"①他不仅把太学看做是培养人才的场所，而且也把它作为推行教化的手段及官僚选拔的基地。汉武帝接受董仲舒的建议，并批准丞相公孙弘提出的创立博士弟子员制度的建议。"为博士置弟子，既得崇化于乡党，又以奖励贤材之人。故教化之行也，建首善自京师始，由内及外。"②为博士设置博士弟子员（即太学学生），是中央官学——太学正式成立的标志。

公孙弘为太学学生的待遇与入学资格制订了具体办法："为博士官置弟子五十人，复其身。择民年十八以上仪状端正者，补博士弟子。郡国县官有好文学，敬长上，肃政教，顺乡里，出入不悖……得受业如弟子。"③以官方文件的形式确定了太学的建立。

太学的学习内容以传授儒家经典为主，并要求"一岁皆辄课，能通一艺以上，补文学掌故缺；其高第可以为郎中"④。太学学生学习一年，精通一经就可以入仕的规定，使得政府直接控制了受教育者的政治前途，并就此确立了我国古代高等教育两千年不变的性质——培养国家后备官僚。太学成为官僚体系的附属机构，这种权力本位教育以所谓的"学而优则仕"使我国古代高等教育机构成为依附于政治的组织形式。

与太学相比，欧洲中世纪大学产生的内驱力是由欧洲社会的复兴、城市的发展、西方社会专门教育机构的缺失及"哥利亚德"型知识分子群体的出现构成的。当时经济与社会结构的变化引发社会对大批专业人员的需求，同时教会也需要补充教职人员，这种特殊的国家与教会同时发展的社会模式，使得培养训练专业人员的教学机构得以兴起。中世纪大学的基本目的是职业训练。法律、医药、神学和文艺等都需要有能力的和受过

① 孟宪承编：《中国古代教育文选》，人民教育出版社 1996 年版，第 140 页。
② 程舜英编：《两汉教育制度史资料》，北京师范大学出版社 1983 年版，第 82 页。
③ 程舜英编：《两汉教育制度史资料》，北京师范大学出版社 1983 年版，第 83 页。
④ 程舜英编：《两汉教育制度史资料》，北京师范大学出版社 1983 年版，第 83 页。

学校教育的人，而大学这一机构可以源源不断地提供受过上述专业训练的人群，它的成果也是城市和教会所需要的。

社会、政治、经济、文化的原因使发端于 12 世纪的欧洲中世纪大学成为具有行会性质的社团组织。行会是中世纪欧洲城市的特有产物，10 世纪后欧洲的城市是一个独立的地域共同体，具有完善分工的各种行政机构，是在国家实际上尚不存在的环境中自发兴旺起来的，从一开始就具有强烈的独立性，市民拥有高度的自主意识，而行会也是相对独立的经济共同体。

universitas 一词的本意是指一个具有某种一体性的社团，它指各种行业——手工业工人、商人等的行会。它们的设立是为了保护市场、决定职业标准以及寻找其他有利的事，具有自发性、自治性和自卫性的特点。据记载，当时大量的行会遍布各个城市，法兰克福有 137 个行会，纽伦堡有 96 个行会，巴黎有 101 个行会。中世纪晚期，学生和学者逐渐地发展为一个职业阶层——知识分子阶层，于是有了组成行会的需要。Universitas 也就成了大学的指称。大学是知识分子的城市与行会，是拥有文科以及一个更多从事法律、医学和神学课程的教学人员机构。

行会从其诞生之日起，既承担着社会的责任，同时也享有在此基础上的权力。它是自发产生的一种社会调适系统。由于大学早期等同于行会，所以它也就获得了各色行会都多少具备的特权和豁免，其中大学最主要的特权是法权自治、罢课和分离独立的权利及独揽大学学位授予的权利。大学以这些特权为基础构建了大学自治的组织特征并形成了学术自由的传统。

综上所述，中国古代太学直接置于政府掌管之下，国家利用教育控制了学术的发展方向。太学成为后备官僚的养成之所，它的创办是以教化的推行与官僚的选拔为旨归的。儒家创始人孔子提出“学也，禄在其中矣”使得“读书做官”的世俗观念与“内圣外王”的理想主义紧密相连。“学而优则仕”成为世代读书人毕生追求的人生目标和价值取向。在这种价值取向的导引下，权力本位教育自动地凌驾于整个教育系统之上，凸显了教育的政治功能。而作为具有行会特征的中世纪大学，是在“上帝的事归上帝，恺撒的事归恺撒”的二元制衡机制下发展起来的。欧洲中世纪政教分离的传统，让大学获得了生存和发展的空间，拥有了教学自由与自治的权力，为以后现代大学的形成提供了不可多得的结构资源和思想资源。中国古代太学与欧洲中世纪大学在各自社会结构中所承担的不同角色，即后备官僚的养成之所与未来职业人员的学习场所，表明了这两种教育制度人才培养目标的差异。

二、古代太学与中世纪大学的办学特色比较

考察古代太学与中世纪大学的办学特征，可以发现其区别主要表现在以下几个方面。

（一）教学主体的差异

教学主体反映了该教育制度的性质。太学的教学主体即博士与博士弟子，是享受国家俸禄的公职人员。博士是掌管宗庙礼仪最高官员——太常的下属，负责太学的教学活动，博士属于中级官员，但其地位却优于其他同级官员甚至高级官员。《汉官仪》记载：“三公、诸侯冠进贤三梁，卿、大夫、尚书、二千石、博士冠两梁，千石以下至小吏冠一梁。”①博士的俸禄“本四百石，宣帝增智”六百石，但却与二千石一级的官员享受同等待遇，而且博士升迁为公卿者的机会也比其他人多，如公孙弘、蔡仪、张禹、匡衡等博士都最终登上丞相的位置。由太常选送的博士弟子为正式生，享有官俸。

通过将博士与博士弟子纳入国家供养体系，太学被直接置于中央行政机构的管理之下，皇帝对师生拥有绝对的控制权。博士们只对皇帝负责。太学的教师和学生接受统治者的俸禄，缺乏任何的经济独立，便只能作为统治阶级的依附体而存在，在社会经济结构中是失效的。经济来源

① 俞启定著：《先秦两汉儒家教育》，齐鲁书社 1987 年版，第 68 页。

的单一性，导致受教育群体回报对象的单一。由于权力主体是教育投资的最终兑现者，他们需要的是维持现有政治秩序和社会秩序的知识。因此，知识不可避免地带有守旧性和滞后性。

中世纪的每一所大学都是模仿意大利波伦亚大学和巴黎大学中的一个建立起来的。整个意大利、西班牙和法国南部的大学一般以波伦亚大学为蓝本，学生们自己组成社团，他们雇用教师、支付教师薪水，如果教师玩忽职守或教学效果不佳，学生们可以予以罚款或解除其教职。欧洲北部的大学则以巴黎大学为样本，这类学校由教师组成社团。它包括四种教职人员：艺术、神学、法律和医学。每一种教职人员都设一名学监。在欧洲北部的绝大多数大学中，艺术和神学是研究的主要分支。大学具有普通教育与专业教育结合的特征。教师是以思想和传授其思想为职业的人，学生的动机则是追求知识及为未来的职业做准备。

与太学的经济来源由国家负责相比，中世纪大学的经济收入有三种渠道：一是依靠学生的学费；二是依靠教会的圣俸为生；三是依靠世俗权力机构发给的薪水。具体而言，“教师或者靠工资，或者靠领地的收益；学生或者靠助学金，或者靠教会薪俸。工资可以有两种形式：教师可以从自己的学生那里得到酬金，或者从世俗权力机关方面得到报酬。助学金可以是私人赞助者的赠予，或是经由公共机构以及政权机关的代表提供的资助”①。不同的经济来源背后有着不同的责任。但教师们的收入更多的还是依靠学生付给的报酬为生，他们出售自己的知识与学说，就像手工工匠出售自己的生产成品。

中世纪大学的教师与学生的经济来源受益于社会各个阶层，其责任对象广泛分布于社会各个阶层，包括教会、国王、贵族、各色行会、甚至普通市民。一般来说，作为社会既得利益群体的教会和国家向知识分子诉求的是一种能维持现状稳定的社会逻辑体系；而非既得利益者，更渴望有新的知识体系改变现状。而知识分子的这种经济处境，决定他必须同时

---

① ［法］勒戈夫著：《中世纪的知识分子》，商务印书馆 1999 年版，第 86 页。

满足双方的要求，由此形成知识结构的稳定性与革新性的良性循环，促使社会稳定发展及文明的进步。此外，近代社会经济的发展越来越仰仗于科学的进步，知识逐渐地演化为生产力的核心，更增进了大学人阶层的社会地位，使之成为具有独立人格的社会主体阶层。

（二）教学内容的差异

太学的建立标志着以儒家经籍为教学内容的官方高等教育的开始。汉武帝"罢黜百家，表章六经"后，立"五经"博士。作为太学教师的博士都是精通一经的经师，并属于官方承认的经学学派。"初，《书》唯有欧阳，《礼》后，《易》杨，《春秋》公羊而已"。[①] "《书》、《礼》、《易》、《春秋》四经，各只一家；唯《诗》之鲁、齐、韩，则汉初已分。"[②]由于传授途径和编定者的差异，在汉代就有了不同的儒经传本，代表不同研究者的学术思想，形成不同的学术流派。但只有那些适合统治者政治要求的经学研究才得到政府的提倡并得以在太学传授。汉代太学的另一个特色就是极为重视师法和家法，要求学生以老师的学说为准绳。这固然体现了维持学术稳定和统一的需求，但这种做法禁锢了学生的思维，严重束缚了思想文化的发展。这种过分注重书本知识的传授和思想定于一尊，对后世产生了不良的影响。

太学教育的主要目标之一是推行教化，因此侧重于言志的《诗》的教学不仅可以提高学生的文化涵养，更重要的是在以后的仕途生涯中可以引用《诗》文，发言立论，增强论说的效果。《书》是中国最早的历史文献汇集，比较全面地记载了春秋前期的史料，是用来借鉴治国之道的。因此，《书》的教学在太学中占有十分重要的地位。《礼》的内容是关于春秋前的旧礼仪，其中许多规定已不适用于当时的实际情况。实用性的降低使其地位逊色于其他经籍。但礼仪又是维护统治必不可少的程序，因此，也成

① 程舜英编：《两汉教育制度史资料》，北京师范大学出版社 1983 年版，第 45 页。

② 皮锡瑞著：《经学历史》，中华书局 1959 年版，第 75 页。

为太学的学习内容。《易》的核心内容是阴阳变化，用于指导言、动、制器和仆筮，可以让"圣人以断天下之疑"。《春秋》的目的在于"道往而知来者也"。太学生精通一经且通过考核后，就能步入仕途的规定，使得以书本知识为主的学习成为太学的最基本形式。

太学生们在儒家思想的框架内，以上述五种儒家经典著作为主要学习内容。虽属分科教学，但却是建立在大一统儒家思想的架构之下，是一元化思想体系中的分支流派。教化的内容贯穿学习的整个过程，知识变成道德教化的代名词，在社会结构中失去了它的生命力。太学没有固定的课程表，并且也不授予学位，教学的价值取向是建立在"内圣外王"的基础之上。

中世纪大学是进行一般教堂学校无法从事的高级研究的机构，有文学艺术、法律、医学及神学等专业研究。开设规定的课程、实施正式的考试、雇用稳定的教学人员、颁发被认可的毕业文凭或学位是中世纪大学的独有特征。中世纪大学的课程表不包括历史或类似现在的社会科学那样的课程，学生进入大学后，要花四年时间研究基础文科，即学习拉丁文法和修辞学，掌握逻辑规则。如果通过考试可以获得学位。学士起初并不是正式学位，只是表示学生已经取得学位候选人的资格，后来才成为一种独立的低于硕士、博士水平的学位。这些学位起初并没有高低之别，只"意味着同一件事——教师"。后来，如果学生要获得硕士学位，通常要花三四年时间研究数学、自然科学和哲学。通常还要阅读和评论标准的古典作品，尤其是亚里士多德的著作。学位课程强调抽象分析，若要获得博士学位，则要接受更专门的训练。如在巴黎，罗伯特·冯·库尔森(Robert von Courson)章程规定，需要八个学年，并且至少要到 35 岁，才能获得神学博士学位。[①]

神学课程体系的核心是围绕《圣经》的争论。当时所有的教师和学生都是教士或从事教士工作的候选人，他们聚在一处，进行关于理性与信仰

① [法]勒戈夫著:《中世纪的知识分子》，商务印书馆 1999 年版，第 69 页。

的论辩。这些教学活动进一步发展了经院哲学，经院哲学的目的在于消除社会对上帝存在的合法性的怀疑。因此，课程设置以语法、修辞、逻辑的学习为主。学习内容分为语法学、修辞学、逻辑学、算术、几何学、音乐和天文学等。在文学艺术学院占主要地位的是逻辑学和辩证法，以培养学生的思维能力为目的，为进一步学习其他课程奠定基础。

此外，医学院与法学院的教学则集中于专业知识。12世纪以后，法律知识对行使教皇的职能变得重要，以至于大多数教皇都精通教会法。此时，教会与城市的发展，对训练有素的人才的需求日益增加，训练未来的教士、律师、医生与城市官员显得尤为必不可少。

（三）教学方法的差异

太学教学方法以教师的讲授与学生的自学为主，说经、互相问难、讨论经义是重要的教学形式。但问难、讨论的内容是不能脱离儒家思想范围的。以儒家经典为考试内容和评判标准使得教学过程中，教师与学生只注重对儒学经典的讲解与记诵，学生只需将各类儒家经典烂熟于胸，就有了进入官僚阶层的先决条件。专制思想与怀疑精神是水火不相容的。中国学术是在缺乏怀疑精神的社会背景下运作的，而怀疑是所有学术创新的原动力，因此中国数千年学术进展的缓慢也是必然的结局。同时，正因为逻辑思维是生长在怀疑的土壤上的，这种缺乏怀疑精神的学习方式使得太学的教师、学生的思维具有去逻辑性和非理性化。

中世纪大学的教学方法主要有讲授、背诵、辩论。在西方，逻辑成为正式的教育内容始于亚里士多德。古希腊逻辑学和古印度因明学在创始之初都怀着同样的目的，即建立一个学术辩论成败的标准形式，因此，它与辩证法是不可分离的。至中世纪，形式逻辑发展成一种庞大的认识论体系，在基督教学术发展史上具有重要的地位。教会希望用形式逻辑解决社会对上帝的怀疑，把学习辩证法看成是通往上帝真理的门径，当时的显学——经院哲学就是在此基础上发展起来的。勒戈夫认为“经院哲学把模仿的法则同理性的法则结合在一起，把权威的规定同科学的论证结合在一起。不仅如此，神学还立足在理性的基础上，从而变成了科学——这是本世纪(中世纪——笔者注)具有决定性意义的一大进步”[①]。因此，逻辑学和辩证法的教学在中世纪大学占有重要地位。尽管从启蒙运动到康德的纯粹理性批判，对传统形式逻辑所能证明的内容给予坚决的否定，但这种思维的形式却成为现代理性主义的摇篮，三段论依然是当今学术论著的重要形式。

通过上述中国古代太学与欧洲中世纪大学的比较，可以看出，由于太学和大学都是社会高端知识人的聚集地，因此，对东西方知识群体潜意识的关注，更有助于我们辨析这两类教育机构的本质区别。

一般学界将中国知识人自主性人格的缺失与皇权专制大一统思想联系在一起。在上述论述中，我们已从政治、经济层面探讨了这一思想意识的起因。但另一个重要的因素往往被人们忽视，即中国士人文化的传统，这种传统韦伯称之为“政治实用理性主义”，用中国传统哲学术语即是所谓的“重行主义”。

从“朝闻道，夕死可矣”到“修、齐、治、平”的转变倾向，体现了知识人价值理念的转变。他们对政治的兴趣远胜于对知识本身的兴趣，政治实用理性主义的泛滥，淡化了知识的形上意义。笛卡儿说：“全部知识就犹如一棵树似的，其中形而上学就是根。”[②]事实上知识的形上意义才是知识人的精神家园。而丧失这一精神家园的知识人有如失去田地的农民，委琐地徘徊在某个豪阔庄园的墙外，梦想着被雇为豪门的奴仆。因此，知识本体意义的缺失、政治专制主义及知识人在社会经济结构中的失效这三个原因共同塑造了中国古代知识人群体无主体性的人格特征。由这样的知识人组成的太学缺乏中世纪大学的表象与内在特征，即明确的课程表、固定的教学组织人员及学位颁发制度和教学自由、学术自治等伴随着大学而出现的特性。

---

① [法]勒戈夫著:《中世纪的知识分子》，商务印书馆 1999 年版，第 81 页。

② 转引自金惠敏著:《意志与超越》，中国社会科学出版社 1999 年版，第 1 页。

尽管我们不能全然否定中国古代具有独立人格的个体知识人的存在,但这样一个阶层显然是不存在的。太学等古代教学机构虽然表面上有着与欧洲中世纪大学的相似性,但中国古代国家利用教育控制了学术的发展方向,进入官僚阶层成为世代读书人毕生追求的人生目标和价值取向。在这种价值取向的导引下,官本位教育凌驾于整个教育系统之上,凸显了教育的政治功能。"学成文武艺,货于帝王家"所表达的是古代知识人的政治趣向,他们的政治抱负取代了学术抱负。这使得上述机构与西方意义上的大学成为截然不同的教育实体。因此,中国古代太学与欧洲中世纪大学不可同日而语。尽管这两者都是教学机构,但事物表层的相似性不能说明其本质,具有现代意义的大学不可能产生在古代中国的土壤上。

西方大学是学术文化内在逻辑发展到特定阶段的自然结果,大学有其产生、形成的本土渊源,与当时社会、政治、经济层面的情况密切相关。中国近代大学却是一个舶来物。从古代高等教育机构转型为现代意义大学的历史使命,直到 19 世纪末期才开启先河。1898 年京师大学堂的建立,标志着中国政府试图导入西方大学这样一种异质教育的尝试,1903 年《奏定学堂章程》的颁布标志着中国近代高等教育制度的建立。考察中国大学百年发展史,是一个不断学习、借鉴西方大学,建立起中国特色大学的历史。

从京师大学堂到北京大学围绕德国大学理念进行的系列改革与以美国大学理念和模式为范本建立的清华、南高—东大、南开等大学群体,西方大学印上了鲜明的烙印。它的理念、模式、课程与社会服务思想在近代中国的传入及本土化实践历程中,对中国大学产生了至深且远的影响。中国大学教育的现代化与西方教育理论的传入和影响也密不可分,西方大学的理论与实践在近代中国的传入与影响成为教育史研究的一个重要领域,已经出版了一批介绍性、评述性、研究性的文集和学术专著,发表了大量的学术论文,这些研究成果为本书提供了可资借鉴的学术资源,奠定了扎实的学术基础。然而,从总体上看,这些成果较多关注于西方大学教育理论与思想本身的阐释与探讨，较少有对西方大学理念、模式、课程及社会服务思想传入中国的路径与影响的系统梳理和研究；较多着力于对西方大学单个层面内容在中国的传入与影响，较少有从整体层面研究西方大学在中国的传入与影响。由此，为本研究留下了可供进一步深入发掘和探索的空间。

本书试图描述和把握的是中国大学百年嬗变中的一个重要课题。作为中国教育现代化进程中的一个十分重要组成部分，中国高等教育现代化既是一种具有客观必然性的自在的历史运动，也是一种明显地体现了社会主体主观能动性的自为的历史运动。在中国教育现代化进程中，西方大学在中国的影响无疑给中国大学教育注入了全新的元素。

本书在已有成果基础上，以西方大学的传入为主要研究视角，阐述了近代中国大学发展的历程与西方大学影响的演进之间的相互关系。研究重点集中于两条线索：一是随着西方大学职能的不断拓展，理念、模式、课程及社会服务思想传入中国的历史轨迹及国人的选择与接受；二是上述内容传入后，对中国大学从理论、实践和制度层面带来的实际影响及与中国国情的调适。通过对上述两条线索冲突、交织和融合的过程进行多学科、多视角的考察，揭示本土化历程中中国大学的变迁与发展。

第一章　冲突与融合:理念的转型

鸦片战争后的百年间,中国封建社会剧烈解体,伴随"船坚炮利"而涌入的西方文化与中国固有的传统文化产生了强烈的冲突,即是这一时期中国的历史现状。"在前此数千年的中国社会虽不乏内部的或异族的战争摧残,朝代频繁更替,然其文化生命则赓续绵延不断,但进入19世纪,不仅民族、国家生存已成问题,就是民族文化也发生了前所未有的信仰危机。"①面对"数千年未有之变局",中国近代知识分子和有识之士开始睁眼看世界。

"'鸦片战役'以后,志士扼腕切齿,引为大辱奇戚,思所以自湔拔;又海禁既开,所谓'西学'者逐渐输入,始则工艺,次则政制。学者若生息于漆室之中,不知室外更何所有,忽穴一牖外窥,则粲然者皆昔所未睹也。还顾室内,则皆沉黑积秽。于是对外求索之欲日炽,对内厌弃之情日烈。"②由此对中国传统教育制度开始进行抨击,"中国之学,有益于世者绝少,就其精要者,仍以究心文词为最切。古人文法微妙,不易测识,故必用功深者,乃望多有新得……然在今日,强邻棋置,国国以新学致治,吾国士人,但自守其旧学,独善其身则可矣,于国尚恐无分毫补益也"③。士人们认为"中国千年之士俗,为词章、训诂、考据之空虚",传统学术"锢天下

① 北京大学哲学系中国哲学教研室编:《中国哲学史》,北京大学出版社2003年版,第508页。

② 梁启超著:《清代学术概论》,中国人民大学出版社2004年版,第194页。

③ 吴汝纶:《吴汝纶尺牍》,黄山书社1990年版,第97页。

聪明知慧，使尽出于无用之一途”。结果是民穷而国弱。

国内学界对西学的认识逐渐加深，国人逐渐认识到西方学校教育对人才培养的作用。特别是甲午一役后，让国人处于痛定思痛的反思中。将“蕞尔小国”战胜“泱泱大国”的原因归结为教育，中国朝野上下亦把症结归为教育。“泰西之所以富强，不在炮械军兵，而在穷理劝学”的看法得到越来越多有识之士的认同。[①] 诸如“今者广开学校为最要矣”[②]，“自强之道，以作育人才为本，求才之道，尤宜以设立学堂为先”[③]等认识汇为一股风潮。远法德国，近采日本，大力兴办新式教育，在全国成为一股热潮。

1898年京师大学堂的建立，标志着中国政府试图导入西方大学的尝试，也表明开明人士逐渐认识到大学教育在国家强盛中的作用。可它虽有大学之形却缺大学之实。所谓的“形”是指京师大学堂从日本间接移植了西方大学相关制度、导入相关教学内容，而“实”则事实上依然受传统理念的影响，没有摆脱旧式官僚养成所的实质。应该说中国近代大学理念的真正转型与蔡元培及其在北京大学的改革密不可分。

第一节　中体西用的杂糅：晚清京师大学堂的办学理念

甲午战争前，邻国日本通过明治维新而迅速崛起，引起中国的关注。1877年起对日遣使。此外，清政府派遣不少官绅陆续以观光、游历、考察的名义赴日，他们从天文、地理、河渠、风俗、职官、政事、文学、艺文等方面对日本展开了百科全书式的考察，但在留下的记述文本中，关于教育考察的内容大多停留在资料的罗列和感性的层面。

对日本教育体系的全面考察始于甲午战争后。面对日益加深的内忧外患，朝野有识之士开始意识到教育在日本崛起中的作用，以日本为媒介

① 陈学恂主编：《中国近代教育文选》，人民教育出版社1996年版，第97页。
② 陈学恂主编：《中国近代教育文选》，人民教育出版社1996年版，第107页。
③ 陈学恂主编：《中国近代教育文选》，人民教育出版社1996年版，第72页。

摄取西方文明不啻是一条捷径。当时的主流观点认为日本国情与中国最为接近，西学中一些与东方文化不合甚至荒谬之处，很多已经由日人做了选择和修改，通过日本这个中介学习西方可以百利而无一害。在此思想指导下，清政府派员详细考察了日本整个学制系统，根据"将大学、中学、小学一切规制课程并考试之法逐条详查"的要求，游历人员均撰写了考察报告。其中以罗振玉《扶桑两月记》、吴汝纶《东游丛录》最为著名。

《扶桑两月记》详细指出了日本大学法、医、工、文、理、农六科专业设置，及相关的教科书、学费、考试体系、学位等教学管理制度的介绍。《东游丛录》则详录了日本的小学、中学、高等学堂、大学学制系统，包括各级教学体系中课程安排、修业年限、教材及中学男女分学、大学的六大专业分科介绍都极为细致。特别是关于日本帝国大学的介绍最为详尽，不仅列出了各专业、各学年所教授的科目、每门课程的学时，还涉及学生的毕业设计和毕业论文。

这些详细的考察报告为清政府制定京师大学堂学制提供了参照样本。1902 年由当时的管学大臣张百熙负责制定了《钦定京师大学堂章程》，但该章程并没有实施。1903 年 5 月，张之洞、荣庆奉旨会同张百熙对《钦定京师大学堂章程》进行修订，出台了《奏定京师大学堂章程》。后者经清廷同意，正式公布并执行。

一、以日为师：外部形态的模仿

对比两份《京师大学堂章程》中课程、学时、专业设置，都能发现日本大学教育体系的浓重痕迹。我们以京师大学堂与日本帝国大学的政法科大学为例，分析中国在具体办学上的效仿。日本帝国大学政法科设法律与政治两学科，各学科教授的科目均有必修和选修两种。京师大学堂政法科大学分法律门和政治门两门，与日本大学的专业设置相同。不同之处在于规定各科目均为必修，选修科目则为其他分科大学所开设的课程。

表 1-1　京师大学堂政治学门与日本帝国大学政治学科课程之比较①

京师大学堂	日本帝国大学
政治总义	政治学
大清会典要义	国法学
中国古今历代法制考	中国法制史
东西各国法制比较	比较法制史
全国人民财用学	经济学
国家财政学	财政学
各国理财史	经济史
各国理财学术史	经济学史
全国土地民物统计学	统计学
各国行政机关学	行政法学
警察监狱学	警察监狱学
教育学	
交涉学(国事交涉、民事交涉)	国际公法、国际私法
各国近世外交史	外交史
各国海陆军政学	各国海陆军政学
各国政治史	政治史
法律原理学	法理学
各国宪法民法商法刑法	商法
各国刑法总论	刑法总论

上述课程,尽管从表面字眼上看有所不同,但基本相互对应,且课程数量也几乎一致,实质上是以日本大学课程设置为模本而规划的。政治总义日本名为政治学;全国人民财用学日本名为经济学;国家财政学日本名为财政学;各国理财史日本为经济史;各国理财学术史日本为经济学史;全国土地民物统计学日本为统计学;各国行政机关学日本为行政法

① 根据北京大学校史研究室编:《北京大学史料》第 1 卷,第 102 页资料整理而成。

学;交涉学日本为国际公法和国际私法;各国政治史日本名为政治史;法律原理学日本为法理学。这种以日本大学的课程设置为蓝本的做法,也体现在其他分科大学中。京师大学堂政法科政治学门的课程表中有教育学一门,至于为何要设置该科目,还有待进一步考证。

尽管京师大学堂的体制结构是在直接学习日本大学的基础上建构的,有着浓烈的取法日本的底色,但对日本大学教育体系的模仿,主要着眼于组织架构、专业分类、课程设置等外部形态处理,从内部结构分析,它依然深受传统理念影响,"中体西用"的思想仍旧是其办学宗旨和根本所在。1902 年的《钦定京师大学堂章程》与 1903 年的《奏定京师大学堂章程》中均以"端正趋向,造就通才"为其办学宗旨。"以忠孝为本,以中国经史之学为基"是制订章程者所奉行的办学原则,也是其办学思想的具体阐释。[①] 这种强调培养人才以忠君尊孔为本位的取向体现了浓厚的封建性。因此,尽管京师大学堂在办学模式,课程设置、教学管理等方面均有着浓厚的日本色彩,但骨子里却依然奉行经学为立国之本、读书做官的传统理念。

二、理念内涵:浓厚的封建性

(一)极力维护经学为立学之本

张百熙负责制定的《钦定京师大学堂章程》,以日本大学分科设置体系为蓝本,将大学分为政治、文学、格致、农业、工艺、商务、医术七科。尽管使用了格致、政、农、工、商等传统术语为各专业命名,对比日本大学设置的法、医、工、文、理、农六科,《钦定京师大学堂章程》设置的专业基本一致,只是将处于日本高等学校级别的商业科也列为京师大学堂的学科,这反映了张百熙本人对实学的重视。而且最重要的一点是经学没有被单独

① 朱有瓛编:《中国近代学制史料》第 2 辑上册,华东师范大学出版社 1987 年版,第 78 页。

设为一科，而是作为课程科目放置到文学科中。这种没有将经学提升为专门学科的做法，受到朝野的众多反对。

经学是中国传统价值观的理论依据，也是传统社会结构得以维持的理论基础。中学为体，西学为用思想的提出，反映既得利益群体对社会结构维护所做的努力，同时也是价值取向的争夺。体的核心就是中国三纲五常的伦理道德体系，这种价值观是不容否定的。中体西用即是让读书人群体在原有的价值取向上学习一些西方技术，但作为本位的经学依然是教育的核心。张百熙虽然认为伦理道德教育仍占有重要地位，如其所言："中国圣经垂训，以伦常道德为先。今无论京外大小学堂，于修身伦理一门视他学科更宜注意，为培植人才之始基。"但他却没有将经学单独列为一学科。这种做法当然得不到清廷的支持，同时也招致了政府对他的猜疑。因此，该章程虽经制定，但并没有实施。相隔不到一年，出台了《奏定京师大学堂章程》。该章程为日后正式指引京师大学堂办学的指导性文件。

表面上看，京师大学堂是一种新型学制，与传统高等教育相比较，其教学内容有了很大差别。京师大学堂科目设置是以日本为蓝本，而日本的模式又是学习西方大学学科分类的结果。尽管学科体系是以西方大学为标的，但《奏定京师大学堂章程》最大特色就在于突出经学的地位，将其从文学科中分离出来，且位列众学科之首。经学的各门均需专门研究，设置了周易学、尚书学、毛诗学、春秋左传学、春秋三传学、周礼学、仪礼学、礼记学、论语学、孟子学、理学 11 个门类，大大强化了经学引领各类学术的至尊地位。在张之洞看来，经学是立国之本，"若是学堂不读经书，则是尧舜汤文武周公孔子之道，所谓三纲五常者尽行废绝，中国必不能立国矣"。张之洞意识到如果不坚持尊经原则，清政府的立国之体将丧失殆尽。因此，尽力维护经学的传统地位，成为贯穿张之洞一生行事的办学指导原则和根本方针。

（二）浓厚的官本位价值取向

京师大学堂在具体办学上均师法日本，但在学生入学、授以出身、设置学校官员等级等方面无不体现出传统理念的痕迹。《总理衙门奏拟京师大学堂章程》中对学生的入学资格做了规定：学生分为两项，第一项，翰林院编检、各部院司员、大门侍卫、候补候选道府州县以上及大员子弟、八旗世职、各省武职后裔之愿入学堂肄业者；第二项，各省中学堂学成领有文凭咨送来京肄业者。当时依然是私塾等传统教育形式占据主流位置，社会理念尚未接受大学、中学、小学三级连贯的西方教育体系。因此，新式中学毕业生几乎没有。京师大学堂的招生对象主要是官宦及士绅子弟。章程还明确下令进士、举人出身的京曹进入大学堂的仕学院学习。当时在人们心目中，依然是以国家科第仕进为中心，学子不肯入学校。为鼓励学生前来大学堂求学，又规定对学生学成后授以生员、举人、进士的出身奖励。1902 年又对此规定做了进一步的明确和细化：学生毕业后，经管学大臣考核，择优带领引见。如原系生员者，准做贡生；原系贡生者，准做举人；原系举人者，准做进士。奖励最优等以编检用，优等以庶吉士用，中等以部属用，下等以知县用。

1903 年增设的进士馆专门针对进士馆学员做了规定：凡一甲之授职修撰编修，二、三甲之改庶吉士用部属中书者，皆令入京师大学堂分门肄业。其在堂肄业之一甲进士庶吉士，必须领有卒业文凭，始准送翰林院散馆，并将堂课分数于引见排单内注明，以备酌量录用。① 即使是凭借正统科举考试获得进士称号的读书人，也要进入京师大学堂镀金，然后才能安排官职。此举从表面上看有助于扩大大学堂的名望，吸引更多的士人进入学堂学习，但事实上则是进一步强化了读书做官的传统理念和价值取向。人们的思维定式从读书—登科—做官，转为读书—进大学堂—做官。京师大学堂与其说是大学，不如说仍是官僚养成所。

学生的官员或准官员身份让他们进入京师大学堂后，就能领受国家俸禄。《大学堂章程》规定，按照不同的设定等级，学生可以每月拿到 20

---

① 北京大学校史研究室编：《北京大学史料》第 1 卷，北京大学出版社 1993 年版，第 153 页。

两到 4 两不等的膏火费。将学生纳入国家供养体系,让他们具备准官僚身份,依然是传统做法的延续。

京师大学堂教习的官员身份也是章程中明确规定的:总教习一员,略如国子监祭酒、司业之职,每月薪水 300 两;教习,略如翰林院五经博士、国子监助教之职,每月薪水 30 两、50 两不等。至于总办、提调等学堂其他管理人员,均由各部院司员充任,也有相应的官职。总办每月薪水 100 两,提调每月薪水 50 两。

尽管京师大学堂甚至连建筑规制、学舍数量,也尽量参照日本的现成样本,在当时的中国,这一制度无疑是先进的。但其奉行的理念依然是传统的。官本位是京师大学堂办学过程中的价值取向,以至于京师大学堂有这样一位学生,本来是被聘为教师的,但念着京师大学堂的毕业生有赐予进士出身,授予编修、检讨、庶吉士和主事等官职的奖励,就决然不做教师而做学生。① 尽管这只是个例,但从中也透露出学子们人人皆思做官的价值取向。

缺乏大学理念支撑的制度结构是无效的,这只是个僵死的框架,而结构具有生命体的特征,是活的,一旦建立,它具有延续、自我调节及代谢功能。只有注入理念的框架才能成为真正的制度结构。此时的京师大学堂拥有的内在生命力是属于传统理念的,因此,虽然它有大学之形,但无大学之实。

第二节　新气象:理念的转型

京师大学堂虽然当时从表面看,从日本移植了诸如学科分类、课程教学等相关现代大学制度,但事实上依然是古代太学、国子监的延续,深受传统理念的影响,没有摆脱旧式官僚养成所的实质。直至民国初年蔡元

① 陈汉章,浙江象山人,清末举人,以博学著称。1907 年,京师大学堂慕名请他前去教书。为博得一个京师大学堂毕业后的翰林头衔,他决定不就教席而当学生。1914 年,以甲等第一名毕业。翰林没当上,却成了一位朴学权威。

培主持制订的《大学令》才标志着中国近代大学理念从传统到现代转型的开始。

一、筚路蓝缕:德国经典大学理念的传入与特点

国人在落后挨打的局面中逐渐认识到西方教育的功效。明白教育、特别是大学教育在培养专门人才及富国强兵中的作用。但这种认识就像隔着一层窗户纸始终模糊不清,原因在于西方大学的本质及其特征一直未能被清晰地表述与揭示出来。这项历史任务的完成与蔡元培密切有关。

(一)蔡元培与德国大学理念的传入

蔡元培 1900 年在日记中写道:"德国先贤薄尔泥曰:将来世界,惟在教育者掌握之中。福斐得尔(即费希特)见拿破仑蹂躏柏灵(即柏林),乃立市中。扬言曰:振兴我国以规复其势力者,惟教育耳。"①他极为认同教育在立国、兴国中的作用,抱定"救中国必以学。世界学术德最尊。吾将求学于德"②。

蔡元培留学德国的夙愿在 1907 年得以实现,他以半工半读形式获取经费,并于次年进入莱比锡大学学习。根据德国学者 Roland Felber 和台湾地区学者陶英惠查阅到的莱比锡大学档案馆的资料表,1908 年到 1911 年的 3 年时间中,蔡元培修习的课程达 40 门之多,重点集中于哲学、德国文化史和欧洲历史、比较文明史、美术史与美学、心理学等学科。③

在莱比锡大学的三年时间中,他浸淫于德国大学特有的教学和学术

---

① 蔡建国:《蔡元培与近代中国》,上海社会科学院出版社 1997 年版,第 94 页。

② 黄炎培:《吾师蔡孑民先生哀悼辞》,陈平原编:《追忆蔡元培》,中国广播电视出版社 1997 年版,第 116 页。

③ 根据费路(Roland Felber):《蔡元培在德国莱比锡大学》,蔡元培研究会编:《论蔡元培》,旅游教育出版社 1989 年版,第 461—463 页,及田正平:《留学生与中国教育近代化》,广东教育出版社 1996 年版,第 198 页资料整理。

氛围中,做了认真的观察和思考。和以往考察学务人员不同的是,蔡元培关注德国大学的重点不仅仅是在具体的教育制度方面,更在学术思想与大学理念层面。他关心的不仅仅是诸如大学如何组织、课程如何设置、教师如何教学等等,更重要的是对德国大学理念在社会结构中如何产生效用进行了考察。

其间他进行了德国大学发展史和近现代社会发展史的比较研究,对欧洲现代化进程的研究让他看到人的现代化在社会现代化中的关键作用。同时也认识到德国民族国家的崛起与思想启蒙运动及社会教育普及密切相关,而大学人阶层在其间发挥了重要作用。

从某种意义上说,宗教改革运动塑造了新人文主义运动,新人文主义运动塑造了德国大学人与大学文化。而大学人与大学文化则塑造了德意志民族意识,构成了民族文化共同体,最终塑造了德意志国家本身。这些恰恰是蔡元培最看重也最想要的。分崩离析的国家、内战不断、被外强作为混战的场所、不适合资本主义发展的容克地主式的农业经济管理模式造成劳动力流动的障碍,这些与当时中国社会状况,有着一定的相似性。德国大学对社会影响的例子给了他启示,也让他看到希望。他关注的不仅是船坚炮利,更看重的是民族意识的觉醒与民族精神的振奋,以及教育对国家未来的可能作用。

蔡元培从德国史学与哲学中感受德国精神并做了深入研究。他通过研究康德和叔本华哲学及德国历史,理解了大学不仅仅是一个机构,更重要的在于有这样一个新人群(近代知识分子)的聚集。综观世界史,无论古埃及、古印度的祭祀阶层,古希腊的哲学家和中世纪的教士阶层,都是在各社会形态下相对独立于王权的古代知识分子阶层。这种阶层在现代社会以新的形态出现,这就是以大学人为核心的现代知识分子群体。

英国学者梅尔茨曾这样评论德国大学人群体:“当我们看到一个民族的大部分最有天赋的成员都在摆脱名利的可能诱惑而从事一项纯理想的事业时,这是在人类历史上的罕见事例。追求真理和为知识而获得知识,作为一项崇高而有价值的职业，在本世纪[①]大部分时间里已成为德国大学中教授和学生共同的毕生工作。在他们许多人的传记中，我们看到了作为一切人类无私努力之真正特征的那种精神的自我否定和升华。……科学——对纯粹真理和知识的追求至少暂时能把人类的大部分从世俗生活的低级区域提升到理想的高空，并能提供一个额外的证据，证明这样的信念：我们真正的家在那里，而不在尘世间。"[②]德国现代大学强国的事例让蔡元培发现知识阶层在社会结构中的重要性。无论哪种社会形态，古代抑或现代，这种阶层都是不可或缺的，而在中国，知识阶层的有效性大打折扣。

他对德国著名教育家、哲学家、伦理学家鲍尔生(Friedrich Paulsen，1846—1908)的研究，则让他理解了德国大学与社会的互动关系。鲍尔生所著《德国大学与大学学习》是一本关于德国大学的名著，对德国大学的历史发展、当时的组织状况、教学与研究等方面进行了概括和介绍，涉及大学发展历程的各个重要方面，其中包括德国大学理念的精辟论述。他概括的德国大学学习包括科学的专业知识、从事独立学术研究的能力、哲学修养。这正是德国经典大学理念的核心要素。这一大学理念承继的是中世纪大学追求的知识本身就有其价值的生活态度，扬弃的则是中世纪大学建立在形式逻辑基础上以彼岸世界为目的，以只有能证明上帝的知识才有价值的大学理念。学术趋向从"神"本位转向"人"本位。因此，尽管价值理性主义依然是经典大学理念的特征，但在唯学术是求的同时，并不排斥对国家、社会的服务，因为两者的长远目标是一致的。

蔡元培研读了《德国大学与大学学习》后，结合自己在莱比锡大学的考察，对德国大学的基本原则和理念有了更深刻的体会，遂动手将其中的总论部分译出，以《德意志大学之特色》为题发表在1910年12月11日出版的《教育杂志》上。这标志着国人对西方大学的研究有了新的拓展，即

① 引文中的本世纪指19世纪。

② [英]梅尔茨：《19世纪欧洲思想史》第1卷，商务印书馆1999年版，第189页。

从外部的制度层面向思想、理念研究转型。

译文首先介绍此篇是柏林大学教授巴留岑（F. Paulsen，今译鲍尔生）博士所著《德意志大学》一书的总论部分，认为颇足参考。文章对西方大学类型与特色做了精彩概述："欧洲近代大学勃兴，其数多不可数，然可得为三种，即分别为英国风、法国风、德意志风三者是也。……英国风之大学教育之主目的，在造成绅士必需之资格，而予以深邃之教养。德意志风之大学，似立于英国风与法国风之间。大学教育目的，非职业上实地之训练，而在授以科学的知识与科学的研究之途径。故德国大学之特色，能使研究教授，融合而为一。"①这是在中国近代首次对西方大学理念特别是德国经典大学理念核心层面的介绍，自此，经典大学理念开始进入国内学者的视野。

文中还介绍了德国大学极具自由色彩的管理制度——教授治校："德国大学，由政府设立维持，而亦由政府监督之，与法国同。惟旧时团体之性质，尚有存者，故其自治力，亦未尽泯，全校职员之选举，属于其权限之内，故学长及评议员部长等，皆自行选举，于教授之任免，尤有非常之势力，授与博士之学位，选任无薪之教授，亦由大学决定，政府又付以选任各种讲师之权。故德国大学，于普通之组织，独能保存最初之形式焉。"

此外，对大学教授也做了介绍："德国大学，不特为科学研究之场，且为奖励之所，以德人视之，奉职于大学者为教师，又为研究科学之人，而研究科学之人，同时又为有大学程度青年之师，其重视科学之研究盖如此。……教授者，为真研究学问者，为大学问家。而此真研究学问者，与大学问家，无一不在大学为教师。……故德国习尚，指一学者姓名，必询其人居何处大学讲座，苟无此位，人自不加礼貌，果为大学教授矣，则又必详询其著述，贡献于学界之绩之丰啬焉。……大学教授之事实，所以定国民他日地位势力之左券。"

---

① 巴留岑：《德意志大学之特色》，载《教育杂志》第2年第11期。本页未注明出处的，均引自该文。

德国大学与学术在社会中享有崇高和神圣的地位，教育的振兴被看成是国家复兴的根本所在。唯学术是求的德国大学理念将知识视为强盛国家、振兴民族精神的力量，蔡元培也极为认同这种理念。亲历德国大学教育的蔡元培，充分认识到大学和学术在一个国家、民族崛起中的作用。他曾说过："一个民族或国家要在世界上立得住脚，而且要光荣的立住，是要以学术为基础的。尤其是，在这竞争剧烈的二十世纪，更要倚靠学术。所以学术昌明的国家没有不强盛的；反之，学术幼稚和知识蒙昧的民族，没有不贫弱的。德意志便是一个好例证。"[①]蔡元培对德国历史的了解和熟悉，让他更坚定教育救国的理念。而德国强盛与崛起和知识阶层的觉醒及大学在社会结构中的效用密切相关。在他看来，大学人思想、理念层面的内在转型比外部的制度等层面的移植更为关键。

蔡元培看到中国与西方的距离远不仅是船坚炮利的问题，更大的差别在于精神层面。中国缺失的是现代性的思维模式，任何社会引领思维思潮的改变，一定是从知识阶层开始的。因此，蔡元培认为德国的大学模式在中国具有可复制性。显然，此刻的蔡元培已经把在中国建立德国式的大学及大学人阶层，看做是破解两千年社会谜局的钥匙。

（二）期刊媒介与德国大学理念的传入

20世纪10年代，大力译介德国大学教育及理念的刊物主要集中于《教育杂志》、《中华教育界》及《教育部编纂处月刊》。

除蔡元培译介外，陆规亮《德国教育之特质》发表于1916年《教育杂志》第8卷第2号和第3号。该文结合他的亲身考察，论述了德国初等、中等、高等教育概况。在论述德国高等教育时提到："18世纪以来，德国大学之特别进步蒸蒸日上，实为他文明国所罕见。其大学之特质，自16世纪以后，与国家有密切之关系。现存22所大学，悉与联邦中之国家均有关系，成为国立大学，其特色一也。"接着，又特别指出"且德国大学自

① 高平叔编：《蔡元培全集》第5卷，中华书局1984年版，第479页。

18 世纪后,关于文科、理科,尤为长足进步。论精神的、物质的,皆为德国文明发达之进出,而德国之大学,较诸文明国之大学,且有自由研究之特权,其大学教育于国民之理想与生活互有异常接触之处。以故有形无形之文化,皆渊源于大学中”。

陆规亮认为“此种大学,世界中与之类似者,敂罕见也。间有稍与相近者,仅北米合众国之中都以西”。对德国大学的研究特色,他认为:“大学设备上最注意者为研究室与实验室。对于一般文科之教师,以研究室为重。关于理科大学,其实验室有为整齐。”并赞叹德国大学师资水准高,还介绍了大学编外讲师资格的获得,即“博士学位后先提交开讲论文,其论文必须有特别研究,经同行教授审查后,允许开讲”。这篇文章继蔡元培翻译的《德国大学之特色》后,进一步指出学术研究为德国大学最注重的内容。这一时期,《教育杂志》关于德国大学及大学理念的文章篇目详见表 1-2。

表 1-2　《教育杂志》关于德国大学及大学理念的篇目

年份	期刊号	篇目	著(译)者
1910	第 2 年第 1 期	德国新工科大学	蔡文森译
1910	第 2 年第 11 期	德意志大学之特色	巴留岑著,蔡元培译
1913	第 5 卷 6 号	德国大学学生法	太玄
1913	第 5 卷 8—9 号	德国之学校制度及教育状况	George Koppel 著,钱智修译
1914	第 6 卷 1 号	德国忧国之教育家菲希脱传	无我
1916	第 8 卷 2—3 号	德国教育之特质	陆规亮
1917	第 9 卷 10—12 号	各国大学之特色	天民
1919	第 11 卷 5 号	新普鲁士之教育纲领	太玄
1928	第 20 卷 2 号	德国柏林大学之概况	黎养源
1929	第 21 卷 4 号	德国波昂教育大学之内容	

与《教育杂志》相呼应的是《中华教育界》。《教育杂志》首任主编陆费逵离职后,于 1912 年 1 月 1 日创立中华书局,他巧妙地借鉴商务印书馆的编辑特点,创办了《中华教育界》,1937 年因“八一三”战事停刊,1947 年

1 月复刊，至 1950 年 12 月第 4 卷第 12 期出版后停刊。它是近代中国另一份历史最长、影响最大的教育刊物。发表于创刊后至 20 世纪 20 年代《中华教育界》介绍德国大学教育的文章见表 1-3。

表 1-3 《中华教育界》关于德国大学及大学理念的篇目

年份	期刊号	篇目	著(译)者
1914	第 3 卷第 8 期	英美德法大学教育之比较	王宠惠
1916	第 5 卷第 7 期	德国之教育制度	余　寄
1917	第 6 卷第 1—5 期	德国学制系统之研究	顾树森
1926	第 15 卷第 12 期	18 世纪德国教育之改革	刘炳藜
1926	第 16 卷第 5 期	何浮氏论德国教育之精神	常导之

于 1913 年 2 月创刊的《教育部编纂处月刊》刊登了一批介绍德国大学的组织法大纲、大学院结构、大学学科及研究状况的文章，成为当时传播德国大学理念的一个重要平台。这份杂志是由北京政府时期的教育部编纂处主办，尽管刊行时间不长，从 2 月的创刊号到同年 11 月停刊，总共只有 10 期，但鉴于其权威性和政策导向性，其编纂内容方面的选择代表了一个时期的教育取向，即当时对西方大学教育的关注是以欧洲为中心，特别关注德国大学教育。《教育部编纂处月刊》的编排体例为法令、学说、外论、译闻、文牍录要、本部纪事、附录共七项内容。在译闻部分，主要译介了德国、比利时、英国与法国大学教育情况。

表 1-4 《教育部编纂处月刊》译介的欧美大学教育文章

卷期号	德国	比利时	英国	法国
第 1 卷第 1 册	《现今德意志大学之组织及其在共同生活上之位置》(译自德国鲍洛逊博士:《德意志大学》第二编)	《比国博士院 Akademie 组织法及其规程》	《英国教育学术会类志》	

续表

卷期号	德国	比利时	英国	法国
第 1 卷第 2 册	《现今德意志大学之组织及其在共同生活上之位置》(续)	《比国博士院理学部章程》《比国博士院文学部章程》		
第 1 卷第 3 册	《德意志大学校组织法大纲》(译自 W. Lexis 之《德意志大学》)	《比国博士院美术部章程》	《英国教育学术会类志》(续)	
第 1 卷第 4 册	《德意志大学之学科及其研究》(译自 W. Lexis 之《德意志大学》)			《巴黎大学状况》
第 1 卷第 5 册				《巴黎大学状况》(续)
第 1 卷第 6 册	《德意志大学之学科及其研究》(续)			《巴黎大学状况》(续)《巴黎官立及私立各种高等教育学校》
第 1 卷第 7 册	《德意志大学之学科及其研究》(续)			《巴黎官立及私立各种高等教育学校》(续)《法国教育高等评议会法》
第 1 卷第 8 册	《德意志大学之学科及其研究》(续)			《巴黎官立及私立各种高等教育学校》(续)
第 1 卷第 9 册	《德意志大学之学科及其研究》(续)			
第 1 卷第 10 册	《德意志大学之学科及其研究》(续)			

从表 1-4 可以分析得知,《教育部编纂处月刊》译介的重点是德国大学教育情况。除第 5 册外,其余的 9 册每期都刊登介绍德国大学的文章,涉及大学宗旨、大学在社会结构中的位置、学科、课程设置、大学研究状况等内容。事实上这些文章均出自两本同名著作,即鲍洛逊(今译鲍尔生)博士所著《德意志大学》和 W. Lexis 所著《德意志大学》。译介者对这两本德国大学名著做了节选性的翻译工作。而鲍洛逊博士撰写的《德意志大学》就是蔡元培所译《德意志大学之特色》的原著。

出版的《教育部编纂处月刊》共有 10 册,其中译闻部分共有 42 篇介绍欧美各国及日本教育资讯的文章。关于德国教育有 17 篇,占 40.47%,其中德国大学教育 10 篇。比利时大学教育 7 篇,占 16.67%。法国大学教育 7 篇,占 16.67%。英国教育 8 篇,占 19.05%。从上述数据可以看出,当时对西方大学教育的介绍以德国为主。

综上所述,通过期刊文章介绍德国大学及理念主要集中于 20 世纪 10 年代,以《教育杂志》、《中华教育界》、《教育部编纂处月刊》等刊物为主要传播载体。凭借译介、编译等方法,留学生及国内学者发表了一批介绍德国大学教育及理念的文章,让国人进一步加深了对德国大学本质的认识。

国内学者出版的专门研究德国教育的著作中,德国大学与大学理念的内容也包括在内。如 1916 年 7 月商务印书馆刊行的日本教育家吉田熊次所著、华文祺等编译《德国教育之精神》对德国大学理念做了介绍,“德国大学之教育主义,可以自由研究四字尽之。德之学校教育,本施极严肃之教育,惟大学则全然不同,而施无限制之自由主义教育。大学教授得以己所欲讲者讲之,大学学生亦得学己之所欲学,潜心于己所欲研究之问题,遂以是为学制而公认之”①。此处,明确提出德国大学教育的特色即自由与研究。

① [日]吉田熊次著:《德国教育之精神》,上海商务印书馆 1916 年版,第 19 页。

(三)德国经典大学理念传入阶段的特点

综观以上论及的德国经典大学理念传入过程,我们发现,德国经典大学理念在近代中国的传播具有如下特点:

第一,德国经典大学理念在中国传入过程中,个人因素有着很大的作用,蔡元培等学界人物扮演了重要的角色。蔡元培 1910 年将《德国大学之特色》刊发于《教育杂志》,拉开德国经典大学理念传播的序幕,此后,他又在任民国首任教育总长期间,根据德国理念亲自参与起草并制定《大学令》,确立了民初大学教育制度的建构。“务养成学问神圣之风习”成为他大学教育思想的核心。大学是研究高深学问的场所,追求纯粹学术是大学应一以贯之的目标理念在《大学令》中予以充分展现。从撰写译介文章向国人介绍德国经典大学理念,亲力亲为近代大学教育学制与法规系统的创建,到运用该理念对北京大学的革新,折射了蔡元培对德国大学理念的选择和追求。在德国大学理念的传播与实践过程中,蔡元培的名字始终与之紧密相连。除他之外,陆规亮、黎养源、王宠惠、顾树森、常导之、钟鲁斋等学者也撰写并发表了相关的介绍文章。

第二,传播方式以译介为主,传播内容相对较为简洁。德国经典大学理念在传播过程中,除蔡元培所译介《德国大学之特色》较为详尽地介绍了德国大学教学、管理、学术研究等方面的特色,揭示了德国大学学术本位性质,其他介绍德国大学理念及大学教育的文章以编译和翻译为主,内容相对较为简略,并没有就德国大学理念做进一步深入的研究和探讨,也缺少对具体大学的个案研究。

第三,传播历程呈现出参与者人数少,时间相对较为集中且短暂的特色。对德国大学理念的译介主要集中于 20 世纪 10 年代。在此期间,发表介绍德国大学理念及大学教育的文章分布如下:《教育杂志》8 篇,《中华教育界》3 篇,《教育部编纂处月刊》10 篇。翻阅译介文章,可以发现撰写者队伍始终没有扩展的趋势。但这些学界人物起到了德国大学理念在近代中国传播的先期引领作用。

二、蔡元培与中国近代大学理念的转型

从1898年京师大学堂成立，经辛亥革命建立民国，教育部推出《大学令》，十数年的时间，中国大学教育开启了从传统到现代，从具体办学的日本模式向德国模式的转型。德国大学理念的主要组成部分处处显现在蔡元培主持制订的《大学令》及日后他主长北京大学所施行的改革实践中。

（一）大学的学术本位原则

德国经典大学理念是建立在新人文主义哲学基础上，以关乎人的知识为根本，以人的价值实现为目的，所谓的人既包含大写的人也包含小写的人。既追求个人价值的实现，也追求民族、国家、人类的价值实现。达到这样的目的，大学也就实现了、而且是在更长远的层次上实现了自己的目标。学术本位、学术自由与学术自治成为德国经典大学理念的核心要素。

深受德国大学理念影响的蔡元培主持制订《大学令》时，首先明确大学以教授高深学术，养成硕学闳才，应国家需要为宗旨，阐明了中国大学教育的目标。与京师大学堂奉行的在以忠孝为本，中国经史之学为基础上培养具有一定西学素养的人才目标和教育目的截然不同。1912年5月16日在北京大学开学典礼上发表的演讲中蔡元培又明确提出“大学为研究高尚学问之地”，强调了学术化取向的大学发展目标，西方经典大学理念对中国大学的影响得到明显的体现。

蔡元培就大学与高等专门学校做了分类。教育部制订了《专门学校令》，设法政、医学、药学、农业、工业、商业、美术、音乐、商船、外国语等专门学校，这类院校以教授高等学术、养成专门人才为宗旨，不同于大学用高深学术培养硕学闳才的目标，这充分体现了德国高等教育分类办学模式。德国高等教育分专门学校和大学两种，前者注重各种应用之学，造就各类专门技术人才，而大学的任务在于专门之研究与科学之陶冶。蔡元

培对此有精到分析："治学者可谓之'大学'，治术者可谓'高等专门学校'。"[①]因为"专门学校是造成人才，应社会之需要；大学则以研究高深学术满足智识欲为目的"[②]。两类学校的分而立学，体现学与术分离的德国大学办学理念。教育部专为大学与专门学校制订的这两份法规，处处都有德国大学理念的印痕。

蔡元培认为大学为研究学理的机关，要偏重文、理二科。因此在学科设置上，《大学令》重视文理两科。规定：设法、商等科而不设文科者，不得为大学。设医、工、农等科而不设理科者，亦不得为大学。因为"学与术虽然关系至为密切，而习之者旨趣不同，文、理学也，虽也有间接之应用，而治此者以研究真理为目的终身以之，所兼营者不过教授著述之业，不出学理范围。法、商、医、工，术也，直接应用，治此者虽亦有永久研究之兴趣，而及一程度，不可不服务于社会，转以服务时之经验，促进术之进步"[③]。因此，根本之所在还是纯粹学理的研究。"中国固然要有好的技师、医生等，必须有熟练技能而又深通学理的人。……要是但知练习技术，不去研究学术；或一国中，练习技术的人虽多，研究科学的人很少，那技术也是无源之水，不能会通改进，发展终属有限。"[④]因此，"在大学，则必择其以终身研究学问者为之师，而希望学生于研究学问以外，别无何等目的"[⑤]。这和洪堡提出的"所谓高等学术机构，无非是具有闲暇或有志于学术和研究之辈的精神生活"的理念是一脉相承的。

《大学令》包含了蔡元培建立现代大学制度的基本思路和主张。各项措施均意在凸显大学教育的主体地位和独立性质。但因为处于一个政局动荡不安的非常时期，这一系列的教育法规制定颁布后，即因革命成果被袁世凯窃取，蔡元培愤而辞职，其主长教育部只有短短的半年时间。此

---

① 高平叔编：《蔡元培全集》第 3 卷，中华书局 1984 年版，第 150 页。
② 高平叔编：《蔡元培全集》第 4 卷，中华书局 1984 年版，第 262 页。
③ 高平叔编：《蔡元培全集》第 3 卷，中华书局 1984 年版，第 149—150 页。
④ 高平叔编：《蔡元培全集》第 4 卷，中华书局 1984 年版，第 42 页。
⑤ 高平叔编：《蔡元培全集》第 3 卷，中华书局 1984 年版，第 150 页。

后，教育总长变动频繁，在民初不到两年的时间里，先后五易其人，当时许多的政令都是出不了京门的，因此，法规的建构基本是流于一纸空文。当时的大学也基本未能实行《大学令》的种种规定。这些具体措施的实行要在蔡元培出任北大校长后，才在北大这个学术特区里得以尝试和实践。

蔡元培接手之初的北大，大多师生对于学术毫无兴趣。追求学术、以学术为重的师生成为一种殊象。多数学生在意的只是一张官僚阶层的准入证。有了北大的毕业文凭，就拥有了某种特权阶层的身份证明。因此，如果说官本位在中国处于主导地位的话，而在当时北大则是变本加厉。"求学于此者，皆有做官发财思想。故毕业预科者，多入法科，入文科者甚少，入理科者尤少，盖以法科为干禄之终南捷径也"①。据统计，1917 年北大法科本预科在校生为 841 人，文科为 418 人，理科为 422 人，工科只有 80 人，读法科的为读文理两科的总数，读工科的 10 倍半。这正是中国官本位社会理念的反映。学生读书志不在求学，而在于猎取功名利禄，因此，时人称北大为"官僚养成所"。

尽管民国成立后，蔡元培主长教育部时，看到北大积弊甚多，曾着手进行过改革，将京师大学堂改名为北京大学，大学堂总督改称大学校校长，总理校务，分科大学监督改称分科大学学长，分掌校务。经、文科合并，改为文科，并推荐严复担任北大校长。但严复因与教育部发生冲突，仅任职数月，就辞职。

至 1916 年年底蔡元培被任命为北大校长前的 5 年时间里，校长更换了 4 任。只有第四任校长胡仁源的任期相对较长，对北大的影响较大。胡仁源在 1914 年年初至 1916 年年底主长北大的三年时间中，针对北大的积习，于 1914 年 9 月，拟订了整顿大学计划书，对本科和预科分别进行整顿充实。主要改革事项有二：一是延聘一批著名的学问大家，使北大学风从崇尚宋儒空谈理性转为注重考据训诂；二是成立首届评议会，可惜未能持续。严复、胡仁源的努力只能说是在一定程度上较之京师大学堂的

① 高平叔编：《蔡元培全集》第 3 卷，中华书局 1984 年版，第 5 页。

办学向前推进了一步，但并未能产生较大的变化，从而在根本上扭转校风、校政相当腐败，官僚积习很深的北大。

蔡元培接手北大后，目标就是按照现代大学标准，建立真正意义上的中国大学。这种建立必须依托理念与制度两个层面的结合。他做的第一件事就是确立北大理念，让北大人完成从官本位到知识本位的转变。这是北大成功的一个重要因素。

首先，他对读书做官的传统理念进行了颠覆，树立大学为纯粹研究学问之机关的信念，而非升官发财之门梯。其次，在他看来，人的因素是占第一位的。"延聘纯粹之学问家"和"延聘学生之模范人物"成为他办学的重点。所谓"纯粹之学问家"即是以知识为本位的学者。在中国古典读书人理念中，知识是作为达到目的的工具而非目的本身存在的。当然为求知而求知的知识分子还是有的，但主要是以个体形式而存在，这样一个社会阶层却是不存在的。而这个阶层的存在恰恰是现代大学形成的必要条件，至少在西方大学，情况是如此的。熟悉西方大学发展史的蔡元培深知能否聚集这一人群，是北大成功的关键。他的目的就是将这样一群人聚集在北大的学术特区中，让北大的学术气象和学风焕然一新。

（二）大学的自由、自治原则

在德国大学的学术自由原则下，教授有教的自由，学生有学的自由。但学术自由是为了创造新知识。"教师不是为学生而设，两者都是为学术而共处"①。师生的共同目标是致力于创造性的学术研究。学术研究的最终目标是取得新颖的知识，因此，"大学不再以博览群经和熟读百家为能事，却要求学生掌握科学原理、提高思考能力和从事创见性的科学研究"②。奉行该类理念的大学具备"不仅能为政府眼前的任务服务，还会

---

① 陈洪捷著：《德国古典大学观及其对中国的影响》（修订版），北京大学出版社2006年版，第198页。

② 鲍尔生著：《德国教育史》，滕大春等译，人民教育出版社1986年版，第125页。

使大学在学术上不断地提高”的双重效用。① 德国大学以对学术的追求为己任，但不排斥对国家、社会的服务，因为两者目标一致，他们相信“只要大学达到了自己的最终目标，它也就实现了、而且是在更高层次上实现了政府的目标”②。该理念与《大学令》中“大学以教授高深学术，养成硕学闳才，应国家需要为宗旨”是同一思路。

德国大学校长和各科学长，每年更迭一次，由教授们从他们中间选出。教授们公选出的校长和各学院院长独立负责大学或学院的学术事务。这成为德国大学理念不可动摇的核心原则之一。这种管理制度蔡元培很是推崇。

《大学令》规定由各学科学长及教授组成的评议会为学校最高评议机构，总辖大学全部事务的校长为评议会议长，并可随时召集评议会。评议会的权力包括：审议各学科的设置及废止；讲座之种类；大学内部规则；审查学生成绩及请授学位者之合格与否。评议会如有意见，可直接建议于教育总长。评议会下设各科教授会，各科学长为议长。教授会的职责是：审议学科课程；学生实验事项；审查学生属于该科之成绩；审查提出论文请授学位者之合格与否，并负责教育总长和校长咨询事件。这种教授治校的机构建制主要模仿德国大学办学管理模式。

蔡元培执掌北大后，认为从前的北大，一切校务都由校长和学监主任、庶务主任少数人办理，各科学长也无权与闻其事。这既不利于学校的发展，也不符合现代大学理念的自由、自治原则，遂推行评议会、教授会和行政会三会合一的教授治校模式。上述三会组成主持全校事务的机构，皆由北大全体教授们通过公开投票选举出来的各科教授组成。在蔡元培领导下，学有专长的教授们除了教学工作外，各司其职，多人在上述三类机构中兼任数职。成为教授治校模式的一种诠释。

蔡元培在北大推行学术自治原则，把推动学校发展的责任交给教师

① 鲍尔生著：《德国教育史》，滕大春等译，人民教育出版社 1986 年版，第 126 页。

② 陈洪捷著：《德国古典大学观及其对中国的影响》（修订版），北京大学出版社 2006 年版，第 200 页。

群体,让真正懂得学术的学者来管理。这种改革,一扫以往大学的官僚作风。他积极捍卫教授治校所体现的学术自由与自治原则。当时北大规定学生入学要交一份由现任京官签名盖章的保证书。有个叫马元材的学生反对这种规定,写给蔡元培的信说:“我不远千里而来,原是为了呼吸民主空气,养成独立自尊的精神,不料还未入学,就强迫我到臭不可闻的京官面前去磕头求情,未免令人大失所望。我坚决表示,如果一定要交保证书,我就决定退学。”不久,蔡元培亲自写信答复说:“查法国各大学,本无保证书制度,但因本校是教授治校,要改变制度,必须由教授会议讨论通过。在未决定前,如先生认为我个人可以作保证的话,就请到校长办公室找徐宝璜秘书长代我签名盖章。”[①]尽管他是一校之长,尽管他也不赞成这种做法,但一旦教授会讨论通过的相关制度,他则是带头遵守,决不以自己的职位和权势来反对。蔡元培全力建立的这种保障学术自由、自治的机制,其根本目的在于提高知识分子主体意识,同时从制度上保证大学运转的连续性,北大开始了其生气勃勃的发展进程。

蔡元培按照他的理想,将一批真正的学者聚拢在北大,依托他们的教学、人格,让学生领略了何为学术、何为大学。他建立了具有独立主体人格的北大知识分子团队。他将一批尊奉以学术为天职的名家大儒集为一个团队,并在制度、经济上尽力维护他们,将他们的隐性内在的知识分子人格引发出来,使之显性化,把他们推到社会的前台,成为时代、文化的领军人物。这是中国近代真正意义上的大学人群体。

蔡元培运用自己的识见及一切可资利用的资源,从德国成功移植大学理念,极力打造近代中国的这一学术特区。北大人秉承德国经典大学理念,以个人、民族、国家的共同价值实现为目标,同时奉行大学是研究高深学问的场所、以求知为业、追求人格的独立性与学术的创见性,就此奠定了中国现代大学的结构。北京大学在当时的学界独领风骚,取得当时中国最高学府的领袖资格。

---

① 马元材、非百:《曦园回忆录》之三,1982 年 10 月 30 日《团结报》。

第三节　融合与发展:理念的调适

德国经典大学理念在中国的植入,带有一定的历史偶然性,与蔡元培的德国人文主义哲学的学术背景及自身卡里斯玛人格分不开。卡里斯玛一词最初出现在基督教经典中,是指那些被认为具有超自然、超人间力量和特殊品质的个人。德国著名社会学家韦伯借用该词来解释一切富有创造性的个人领导的根源。根据他的研究,卡里斯玛是指一种特殊的、被视为超自然(非人力所及)的才能。制度、人物、组织等均具有卡里斯玛。拥有卡里斯玛的领袖人物会因其特殊的超凡魅力被信从者追随和爱戴,从而形成卡里斯玛型组织。北大从某种意义而言,就是一种卡里斯玛型组织,蔡元培在学术领域具有超凡的领导能力就是卡里斯玛人格的表现。

德国大学理念是指德国大学所奉行的学术研究至上、教学与研究的统一、学与术的分离为代表的理念,价值理性主义成为它的特征;美国现代大学理念所代表的是建立在知识本体意义上的实用主义理念。它既有纯粹学术研究的内容又具备实用主义理念的元素。它的功用性原则是在学术本位基础上的延伸、拓展,这两大要素共同构成了美国现代大学理念。学术的价值取向与工具取向的两相结合、两相平衡构成了现代大学理念的实质。

应该说除北大外,整个近代中国大学发展历程主要深受美国影响。大约从20世纪20年代开始美国现代大学理念迅速取代德国经典大学理念,这一快速变迁值得深思。一般学界认为这一变迁的历史原因主要有:庚款留美学生的大批回国并逐渐掌握了教育行政部门和大学领导权;美国教育家杜威、孟禄等相继来华讲学和考察;出版界的推波助澜;国民政府定都南京后,政治中心的转移导致奉行美国大学理念的中央大学的迅速崛起以及第一次世界大战后,美国国际地位迅速上升,国人对其认同度的提高,等等。我们认为这些的确是造成这一历史更迭的原因,可并非是决定性的。上述因素不足以充分解释德国经典大学理念被美国大学理念迅疾替代这一现象。

实用理性是中国传统文化的基本特色,这种文化传统具有相当强固的承继力量、持久动能和相对独立的性质,直接间接地、自觉不自觉地影响、支配着人们。如法国哲学家丹纳所言:"一个民族在长久的生命中要经过好几回这一类的更新;但它的本来面目依旧存在,不仅因为世代连绵不断,并且构成民族的特性也始终存在。这就是原始地层。需要整个历史时代才能铲除的地层已经很坚固,但底下有更坚固得多,为历史时期铲除不了的一层,深深地埋在那里,铺在下面。"①

几千年积淀而成的民族心理结构中,实用主义占据了太过重要的地位。它已成为国人的潜意识,深深扎根于世人的心理层面。中国传统的实用主义文化与工具理性主义认识论和美国现代大学理念中的实用主义内容很容易契合,因此,美国现代大学理念的传入与占据主导地位更重要的是社会的选择与接受。

一、选择与接受:美国现代大学理念的传入与特点

留美学生群体是导入美国大学理念的中坚力量。他们导入美国现代大学理念的活动,主要有以下两方面:一是组建教育社团,创办教育类刊物,并成为各文化出版机构的主干力量,潜心译介,发表大量介绍欧美大学教育的文章。二是在任职国内各大学,担任领导职位的过程中,于具体办学实践方面对美国大学理念的介绍与引用。本节主要考察留美学生群体在第一方面的活动。至于第二方面的活动,我们则通过对郭秉文、竺可桢等留美代表人物的考察,分析他们在任大学校长期间,具体办学实践中对美国大学理念导入与传播所发挥的作用。因与后面的内容相关性较大,故留待下一节再做具体阐述。

中华教育改进社是以留美学生为主体创办的,是中国 20 世纪 20 年代影响最大的全国性教育社团之一,1921 年 12 月,由中华新教育共进

---

① 转引自张宝明著:《启蒙与革命》,学林出版社 1998 年版,第 89 页。

社、新教育杂志社、实际教育调查社共同组建而成。该社团下设年会、董事部、总事务所三个机构。年会是每年一次的会员代表参加的常会，是中华教育改进社的最高权力及决策事务大会；董事部则是主持社务开展和实施的领导机构。董事包括司库：张伯苓、范源濂、汪兆铭；部长：蔡元培、熊希龄、黄炎培；交际：郭秉文、袁希涛、李建勋。董事部成员中大多具备留美背景或考察美国大学教育的经历；总事务所是执行年会和董事会议决事务的机构，下设 32 个学术委员会，一位主任干事全权负责，陶行知为首任主任干事。① 32 个学术委员会分设主任、副主任和书记为主要负责人，从 1925 年 6 月的名单看，各学术委员会负责人中有留美背景的占多数。

表 1-5　中华教育改进社 32 个学术委员会主要负责人一览表②

委员会名称	人数	主任	副主任	书记
教育行政委员会	34	邓萃英*	陈宝泉	陈　容*
高等教育委员会	25	蒋梦麟*	汤尔和	陶孟和
中等教育委员会	41	廖世承*	陆殿扬	汪懋祖*
初等教育委员会	18	俞子夷*	孙世庆	吴研因
幼稚教育委员会	16	江卢岫霙	孙世庆	—
义务教育委员会	17	袁希涛	陈宝泉	相菊潭
乡村教育委员会	6	葛敬中	赵崇鼎	—
师范教育委员会	27	—	任　诚	陈　纶
职业教育委员会	31	黄炎培	邹秉文*	钟道赞*
商业教育委员会	13	曹云祥*	孙　壮	蔡　正
医学教育委员会	14	全绍清	胡宣明*	—

① 中国第二历史档案馆编：《中华民国史档案资料汇编》（第 3 辑・教育），江苏古籍出版社 1992 年版，第 799 页。

② 《中华教育改进社第四次社务报告》，1925 年 6 月。名单后标有 * 者为留美生，名单中“—”处表示未定或不详。

续表

委员会名称	人数	主任	副主任	书记
女子教育委员会	60	朱其慧	张默君*	俞庆棠*
成人教育委员会	7	晏阳初*	凌　冰*	简又文
童子军教育委员会	15	张伯苓*	沈恩孚	李启藩
公民教育委员会	13	程湘帆*	任凯南	贡沛诚
理化教学委员会	15	张　准*	秦　汾*	刘　拓
数学教育委员会	7	卫淑伟	王世毅	张　济
生物教学委员会	13	汤尔和	秉　志*	雍克昌
国语教学委员会	13	张一麐*	胡　适*	黎锦熙
国语字母委员会	7	张士一*	庄泽宣*	陈鹤琴*
英语教学委员会	13	张士一*	林玉堂	—
历史教学委员会	15	梁启超	徐则陵*	陈衡哲*
地理教学委员会	15	丁文江	翁文灏*	李贻燕
美育委员会	9	刘海粟	郑　锦	武绍程
音乐委员会	13	杨祖锡	刘质平	易伟斋
体育与卫生委员会	38	麦克乐 周颂声	董守群 赵士法	吴蕴瑞* 胡宣明*
心理教育测验委员会	12	张耀翔*	陆志韦*	陈鹤琴*
图书馆教育委员会		戴　超*	洪有丰*	程时煃*
蒙古教育委员会	16	范源濂	黄成埒	马鹤天
国际教育委员会	30	郭秉文*	殷芝龄	汪懋祖*
世界儿童通信委员会	10	杨荫榆*	刘吴卓生*	
教育统计委员会	29	陶知行*	张敬虞	薛鸿志*

从该社主办刊物《新教育》编辑人员的情况看,可以发现三任杂志主干(后改称主任编辑)蒋梦麟、陶行知、徐则陵均有留学美国经历。从该杂志主要编辑人员留学情况一览表更可看出这种趋势,编辑人员共有 41 人(孟禄 1 人为美国人),其中留学美国的 34 人,占近 90%,而就读于哥伦比亚大学的有 19 人,无怪乎有学者评论"《新教育》简直就是一份哥伦比亚

大学师范学院的'同人杂志'"①。

表 1-6 《新教育》杂志编辑人员留学情况一览表

组别	主要编辑人员	留学情况	学位
教育普通问题组	蒋梦麟	哥伦比亚大学	博士
	郭秉文	哥伦比亚大学	博士
	张伯苓	哥伦比亚大学进修	
	刘廷芳	哥伦比亚大学	博士
	郑晓沧	哥伦比亚大学	硕士
	汪懋祖	哥伦比亚大学	硕士
	余日章	哈佛大学	
	孟宪承	华盛顿大学	硕士
	徐甘棠	西北大学	硕士
	陈宝泉	日本宏文书院	
教育哲学组	蒋梦麟	哥伦比亚大学	博士
	朱经农	哥伦比亚大学	硕士
	汪懋祖	哥伦比亚大学	硕士
	孟宪承	华盛顿大学	硕士
	胡　适	哥伦比亚大学	博士
	刘伯明	西北大学	博士
教育行政组	李建勋	哥伦比亚大学	博士
	袁观澜		
	陶行知	哥伦比亚大学	硕士
	陈宗岳		
	黄炎培		
	邓萃英	哥伦比亚大学	硕士
高等教育组	王伯秋	哈佛大学	
	胡　适	哥伦比亚大学	博士
	韦　悫	芝加哥大学	博士
	郭秉文	哥伦比亚大学	博士
	蔡元培	莱比锡大学	
	蒋梦麟	哥伦比亚大学	博士

① 田正平:《留学生与中国教育近代化》,广东教育出版社 1996 年版,第 395 页。

续表

组别	主要编辑人员	留学情况	学位
初等教育组	廖世承	布朗大学	博士
	俞子夷	哥伦比亚大学考察	
	张伯苓	哥伦比亚大学进修	
	刘吴卓生	哥伦比亚大学	
职业教育组	王文培	哥伦比亚大学	
	过探先	康奈尔大学	硕士
	黄炎培		
师范教育组	郭秉文 金曾澄	哥伦比亚大学 日本广岛高等师范学堂	
	陶行知	哥伦比亚大学	硕士
	贾丰榛	东京大学	
	郑晓沧	哥伦比亚大学	硕士
教育心理组	汪懋祖	哥伦比亚大学	硕士
	凌　冰	克拉克大学	博士
	陆志韦	芝加哥大学	博士
	张耀翔	哥伦比亚大学	硕士
	陈鹤琴	哥伦比亚大学	硕士
	黄希声	加利福尼亚大学	
	廖志承	布朗大学	博士
社会教育组	王伯秋	哈佛大学	
	汪懋祖	哥伦比亚大学	硕士
	陶孟和	留学德国	
公民教育组	王伯秋	哈佛大学	
	汪懋祖	哥伦比亚大学	硕士
女子教育组	张默君	哥伦比亚大学	
	刘吴卓生	哥伦比亚大学	
美国教育组	孟　禄	哥伦比亚大学	博士
	徐则陵	伊利诺大学	博士

续表

组别	主要编辑人员	留学情况	学位
教材与教法组	秉　志	康乃尔大学	博士
	徐则陵	伊利诺大学	博士
	张　准	麻省理工学院	
	张士一	哥伦比亚大学	
	郑晓沧	哥伦比亚大学	硕士
	邓萃英	哥伦比亚大学	

创办《新教育》杂志是中华教育改进社的主要社务活动之一。在其发行的5年多时间里(1919—1925),大容量地介绍了欧美各类教育理论,发表大量有关美国大学的文章,导入美国大学理念中注重社会服务等方面的内容。在此过程中,开辟了一条向国人传播美国教育特别是大学理念与教育状况的渠道。

《新教育》介绍美国教育的专题性文章达47篇之多,关于美国大学的专题类介绍文章有11篇。详见表1-7。

表1-7 《新教育》上介绍美国大学的专题性文章

刊号	篇目	著译者
1919年第2卷第1期	《哥伦比亚大学录选新生法》	普力,Thomas H. Briggs
1919年第2卷第2期	《论大学教育》	卢维尔,A. L. Lowell
1919年第2卷第3期	《发明新理为大学之职责》	Frank L. Mcvey
1919年第2卷第3期	《将来之美国大学》	F. M. Dadelfard
1919年第2卷第4期	《美国大学内弊发微》	School and Society,June 7,July 12 and 19,1919
1920年第3卷第3期	《美国之大学公会》	
1920年第3卷第3期	《美国大学教员团》	
1920年第3卷第3期	《美国大学校长及大学管理》	
1920年第3卷第3期	《美国大学毕业生》	
1920年第3卷第3期	《美国大学董事部》	
1922年第5卷第3期	《英美德法四国人民之特性与大学之特点》	蒋梦麟

1909年第一批庚款生留美后,他们议决创办一份自己的报刊,名为《留美学生年报》,1911年7月创刊,在上海出版,由留美学生会编辑及发行。1914年3月改为《留美学生季报》,继续在上海出版。这份刊物是"中国留美学生会"会刊。留美学生群体在他们自己创办的《留美学生年报》和《留美学生季报》上发表了数量可观的介绍美国大学具体个案的文章。撰写者通过对自己就读学校的观察及其他大学的亲自考察,传播的内容更为细致、真实,增添了可读性,这也是美国大学理念在国内传播的特色之一。篇目如下(见表1-8)。

表1-8　《留美学生年报》、《留美学生季报》有关美国大学的文章

年份	刊号	篇目	作者
1911	《年报》第一期	麻色朱萨实业学堂记略	孙多荻
1911	《年报》第一期	米西干大学记	韩　安
1911	《年报》第一期	说哥伦比亚大学堂	陈焕章
1911	《年报》第一期	芝加哥大学大略情形	周家华
1913	《年报》第二年	加利福尼亚大学	蒋梦麟
1913	《年报》第二年	康乃尔大学	侯景飞
1913	《年报》第二年	哈佛特大学	王仁辅
1913	《年报》第二年	益立诺大学	陆宝淦
1913	《年报》第二年	理海大学	王　琎
1913	《年报》第二年	麻省理工学校	罗惠侨
1913	《年报》第二年	密歇根大学	谭颂瀛
1913	《年报》第二年	瓦海瓦省大学	张廷金
1913	《年报》第二年	普渡大学	孙继丁
1913	《年报》第二年	威斯康新大学	王　健
1913	《年报》第二年	胡思得工科大学	梅贻琦
1913	《年报》第二年	耶鲁大学	孙　恒
1913	《年报》第二年	麻省理工学校化学院述略	徐名材

续表

年份	刊号	篇目	作者
1914	《年报》第三年	美国大学调查表	
1914	《年报》第三年	美国大学及专科学校学生人数	
1914	《年报》第三年	美国学生最多之大学	
1914	《年报》第三年	美国藏书最富之大学	
1914	《季报》第一卷第四期	美国麻省理工学校述略	徐名材
1915	《季报》第二卷第一期	康南耳君传 Ezra Cornell	胡　适
1915	《季报》第二卷第二期	康南耳大学之纽约省立农学院	过探先
1915	《季报》第二卷第二期	胡斯德工科专门学校	
1916	《季报》第三卷第一期	记潘萨女子大学	陈衡哲
1916	《季报》第三卷第二期	普林斯登大学述略	邓少苹
1916	《季报》第三卷第二期	理海大学校	王景贤
1916	《季报》第三卷第三期	西方大学杂观	任鸿隽
1917	《季报》第四卷第四期	记埃阿瓦大学校	黄士衡
1918	《季报》第五卷第三期	美国著名大学调查表	陆费执

除教育期刊上刊登的译介美国大学的文章外，各出版机构还出版了介绍美国大学情况的论著。见表 1-9。

表 1-9　20 世纪二三十年代介绍美国大学的论著

名称	著译者	年份	出版机构
《范静生先生调查美国教育之报告》	范静生著	1920	教育部文科
《八年欧美考察教育团报告》		1920	商务印书馆
《美国教育制度》	何炳松译述	1920	商务印书馆
《西洋教育史大纲》	姜琦编译	1921	商务印书馆
《视察教育世界一周记》	蒋丰臻编	1921	商务印书馆
《美国教育彻览》	汪懋祖著	1922	中华书局
《各国教育谈》	陈国儒等编	1924	商务印书馆

续表

名称	著译者	年份	出版机构
《欧战后各国教育之改造》	太玄等著	1925	商务印书馆
《大学校之教育》	陶孟和等著	1925	商务印书馆
《西洋教育史》	杨廉著	1926	中华书局
《西洋教育制度的演进及其背景》	庄泽宣著	1928	农智书局
《大学之行政》	[美]爱略特(C. W. Eliot)著，谢冰译	1928	新生命书局
《德法英美四国教育概观》	常导之编	1930	商务印书馆
《欧美教育考察记》	孟宪章述	1932	东方学社
《大学教育论丛》	董任坚著	1932	新月书店
《大学教育新论》	[美]威尔铿斯(E. H. Wilkins)著，郑若谷译	1932	著者书店
《大学教育》	孟宪承著	1933	商务印书馆
《大学教育的理想》	郑若谷编	1933	著者书店
《美国教育》	曹炎申编著	1937	商务印书馆
《各国教育制度》	常导之编	1937	中华书局

董任坚《大学教育论丛》是一本论文集，收录他所撰写的为什么进大学、大学的几个重要问题、怎样改进大学的教务、什么是大学的学术自由、支配大学经费应有什么标准等 7 篇论文。这些论文中多处提及美国大学的情况，如介绍美国大学学生数与教员比为12∶1，经费设备比为500∶1。这些资讯颇受教育界人士，特别是大学校长的关注，如浙江大学校长竺可桢曾将其作为案头书研读，在日记中记载了自己的评论："午后阅董任坚著《大学教育论丛》，关于大学之课程目的、教导教法等颇多可采处。"①美国大学教育资讯与理念的传播为国内大学校长的具体办学实践提供了理论参考。

郑若谷编译了《明日之大学教育》和《大学教育的理想》，后书是前书

① 《竺可桢日记》，人民出版社 1984 年版，第 37 页。

的增订版，在大学教育的理想、大学教育的一个试验计划、罗素论大学教育、一个大学的综合课程等5篇论文的基础上，增加了霍尔论大学的理想、孟禄论大学的职务、西方中世纪的大学教育3篇文章，扩充成新的版本。该书有3篇是郑若谷自撰，5篇为翻译文章。其中霍尔论大学的理想一文，阐述了克拉克大学校长霍尔(G. Standley Hall)的办学理念。霍尔与杜威、哈佛大学校长爱略特被视为美国20世纪初期三大教育家。

霍尔曾留学德国，德国经典大学理念对他影响颇深。他认为"大学教育的价值在乎首先注重博学的训练"，而不应偏重过度的专攻。他批评美国大学当时太注重专门研究和已有知识的灌输，忽视了研究精神的训练和研究态度的培养。研究才是大学教育的价值所在。因此，大学教师的重要责任在于引领学生去探求与发现自然。在他看来教师成功与否的评价支点"不是看他灌输给学生的知识的多寡，而看他的学生对于有价值的事物的兴趣如何"。[①] 他概括大学的功用即研究精神的养成。同时，他也积极倡导无用知识有用性，因为"大学里各种学问的追求往往是无所为而为的，在表面上，都似乎无关实用，而其实没有一种研究缺乏实利的价值，且常有最理论的问题竟能产生最实用的结果"[②]。他的观点与普林斯顿大学校长弗莱克斯纳和芝加哥大学校长赫钦斯相似，都坚持经典大学理念对纯粹知识的追求。在郑若谷编译的《明日之大学教育》中通过对霍尔办学理念的介绍，为国人了解美国大学发展中的理念冲突与张力提供了一个路径。

孟宪承所著《大学教育》共有三个章节，分别为现代大学的理想和组织、中国大学的发展、大学教育的问题。在第一章中，他运用充实的材料，介绍了英国、法国、德国和美国大学的发展史、行政管理、科系组织、学位制度、教授的治学与教学及学生培养等内容，并提炼出大学的理想在于智慧的创获、品性的陶冶、民族和社会的发展。实现这些理想，研究、教学与

① 郑若谷编:《大学教育的理想》，著者书店1933年版，第30页。

② 郑若谷编:《大学教育的理想》，著者书店1933年版，第37页。

推广就成为大学的任务。就研究而言,大学既以智慧创获为最高的理想,当然就以研究为其最高任务;就教学而言,这是学校共有的任务,与研究密不可分;就推广而言,这是大学为了实现民族和国家发展所秉承的任务之一。

孟宪承认为美国大学恰好成功地将这三者融合在一起,因此美国大学可以说是"英国式的自由学院加上德国式的大学的一个混合组织"①。除了教学与研究外,注重社会推广亦是美国大学的特色,并形成大学里一个庞大组织。孟宪承介绍美国大学除推广课程外,还有家庭自修、通讯教学、暑期学校等繁多部门。对此他没有直接发表自己的意见,而是借用弗莱克斯纳批判美国大学推广的观点,认为创办这些教学部门,名为服务社会,实则借学敛钱,指出了美国大学在拓展社会服务职能中产生的弊端。

孟宪承在书中介绍了美国大学办学特点,既重视研究又关注对社会的服务。有人认为美国大学里,不仅工、农、商、教开设学院,就连新闻、图书、家事、旅馆管理也设专科的做法是学术标准降低,价值观念的颠倒,但孟宪承却认为这是由于历史发展、师资设备及行政便利的缘故,造成美国大学院系繁多,而非批评派人士所言诸如新闻、图书、家事、旅馆管理等低级职业学科不该进入大学。

通过译介当时美国大学的办学情况,既导入了美国大学注重实用性及与社会联系密切的理念,也有诸如像霍尔等大学校长坚持的学术至上理念的引入。上述著述与期刊文章一起搭建了美国现代大学理念在中国导入的窗口与平台。实质上美国大学理念是德国经典大学理念的发展与调适,它既包括经典大学理念学术至上原则又有注重服务社会的内容。因此,美国大学就有了不同人才培养目标的分类定位。哈佛、耶鲁、普林斯顿等一流大学依然是追求卓越,以学术为本位,但同时也注重与社会的联系及服务;而社区大学则定位于直接为民众、为社会服务,因此,该类大学的教与学就围绕着实用性展开。尽管美国大学理念表现于外的是实用

---

① 孟宪承:《大学教育》,商务印书馆 1933 年版,第 7 页。

主义原则，实质上依然与经典大学理念息息相通。

综观以上所论述的美国现代大学理念在近代中国的导入，其传播过程具有以下特点：

第一，传播队伍以留美学生和出国考察的教育界人士为主体，杜威、孟禄等美国教育家的来访、讲学更进一步促进了该理念的传播。留美学生群体人数较多，传播阵容强大，传播意识积极主动，成为传播美国现代大学理念较为全面与深入的群体。从 1909 年开始派遣第一批庚款留美生，至 1929 年间，仅由庚款派遣或享受庚款津贴的各类留美学生就达 1800 余人。[①] 加上自费留美生，该群体的人数相当可观，成为传播美国大学理念的中坚力量。教育界人士在访美考察中，对亲自所观、所闻的美国大学及与大学校长和高级管理人员的会晤均有记载，并在回国后，在考察报告的刊发及演讲中对美国大学理念进行了传播。

如 1920 年 11 月蔡元培以北京大学校长的身份访问欧美各著名大学，自 1921 年 6 月到达美国，同年 9 月回国止，在美国停留 3 个月，马不停蹄地考察了哥伦比亚大学、纽约大学、华盛顿乔治城大学、加利福尼亚大学、哈佛大学、芝加哥大学、霍普金斯大学、威斯康星大学、旧金山大学、洛杉矶大学、夏威夷大学共 11 所学校及卡内基研究院、斯密斯梭尼研究院，并与上述大学校长、教务长做了交流。期间他还拜访美国高等教育司司长，了解美国大学与教育行政管理部门之间的关系，特别询问各大学的经费分配、比例及经费数目。此外，他还考察了职业教育局、农业部、工业部、残疾部、退伍军人部，获得美国人士关于职业教育和普通教育关系意见的第一手资料。关于美国大学教育的考察见于他的《西游日记》及数次演讲中。凭着自身的识见力和敏锐目光，蔡元培发现了美国大学的特色及隐藏于其后的理念。他认为美国大学的学风特色可以用普及两字概括。“社会上需要的技术，不在中等普通学校范围的，都可在大学设

① 《清华大学校史稿》，中华书局 1981 年版，第 68—69 页。

科。”[①]因此,计学、新闻学等实用学科,均被列为大学教学内容。他赞赏这种办学模式,称“此大学之所以为大也”。并进一步指出美国“一切文化事业,都由大学包办,如巡回图书馆、巡回影戏片、函授教育等等”。[②]

他还论述了以德国为代表的欧洲大学与美国大学的区别,即“欧洲专注意提高,他们为学校的目的并不在把个个学生都变成大学者,只要有几个少数人能专心研究,要实验时学校备有精细的实验室,要参考时学校备有完美之图书馆,要材料时学校备一个公文,到无论什么机关都肯供给,有疑难时学校聘有积学的教授供人考问,结果造成有数的大学者。美国则不然,大学并不限定要什么科、多少科,只要应环境的需要,办一科或两科小规模的大学,也没有不可以”[③]。

他特别提到美国大学开设夏科与校外教育,可以让无机会进大学者亦可来习,并把这看成是美国大学的另一特色。此外,他还看到了美国大学的社会服务功能。“在工商业的都会,大学就指导工厂、商业;在农业的州府,大学就指导农人”[④]。因此,在他看来,美国“大学的目的,要把个个学生都养成有一种服务社会的能力”[⑤]。“美国的大学是造成服务社会的人才,简直可以说,社会上什么事情全由大学包办,可谓普及极了”[⑥]。

然而,在他眼中,“服务社会的能力,仍是以学问作基础的”[⑦]。因此,“美国大学,近来也渐渐注重研究。有几个大学,全以教习与学生共同研究为主旨”[⑧]。这和德国大学的学风特色相一致。他认为学术研究与服务社会及国家的理念并非是问题的两个极端,而是可以并行不悖的。这

---

① 高平叔编:《蔡元培全集》第 4 卷,中华书局 1984 年版,第 79 页。

② 高平叔编:《蔡元培全集》第 4 卷,中华书局 1984 年版,第 79 页。

③ 北京大学校史研究室编:《北京大学史料》第 2 卷,北京大学出版社 1993 年版,第 3227 页。

④ 高平叔编:《蔡元培全集》第 4 卷,中华书局 1984 年版,第 79 页。

⑤ 高平叔编:《蔡元培全集》第 4 卷,中华书局 1984 年版,第 79 页。

⑥ 北京大学校史研究室编:《北京大学史料》第 2 卷,北京大学出版社 1993 年版,第 3227 页。

⑦ 高平叔编:《蔡元培全集》第 3 卷,中华书局 1984 年版,第 444 页。

⑧ 高平叔编:《蔡元培全集》第 4 卷,中华书局 1984 年版,第 79 页。

一点在美国大学中有了很好的诠释。所以,蔡元培提出“大学教育应采用欧美之长,孔、墨教授之精神”①。他设想兼酌兼采要在中国大学实施的包括三个层面的内容:(一)应包罗各种有用学问,及为真理或为求学问而研究的学科。(二)陶养道德,一面提倡合群运动,一面用古代模范人格。(三)中国社会教育很少,应学美国尽量发展。②

1922年在他发表的《教育独立议》一文中,就明确提出了大学办学兼采众长的设想。一是大学可包括各种专门学术,不必如法、德等国别设高等专门学校,这是采用美国大学的学科设置方法;二是大学兼任社会教育,用美国制;三为大学校长,由教授公举,用德国制。教育经费由抽税充用,用美国制。

蔡元培是从传统延续性的视角发现了美国大学理念是德国大学理念的现代化转型及美国本土化的发展。这是一种具有内在联系的时代化转型。而当时大部分学者视野中,这两种理念表现的则是对立性。但在蔡元培眼中,他看到的是美国现代大学理念与德国经典大学理念的一致性。学术的世俗化与教育对象的大众化,这就是他所称的美国大学教育特色为普及二字的内在涵义。这是建立在德国经典大学理念基础上的普及,实际上就是大学的现代性。他在德国发现了大学的根,在美国则发现了大学的现代化发展。

第二,传播内容较为深入与细致。不仅有总体概述,也包括具体大学的个案研究。留美学生亲身经历的大学生活,给他们撰写这些介绍美国大学教育情形的文章更多了一份真实和详细。有介绍各个大学概况的,诸如哈佛、哥伦比亚、加利福尼亚、芝加哥、康奈尔、伊利诺、麻省理工、普渡、威斯康星、耶鲁、普林斯顿、理海、潘萨女子大学等一流学校都有论述,有介绍大学某个具体学院的,还有介绍大学校长的文章。

第三,传播媒介呈现多元化态势。梁启超当年将“报章、大学、讲演”

---

① 高平叔编:《蔡元培全集》第4卷,中华书局1984年版,第65页。

② 高平叔编:《蔡元培全集》第4卷,中华书局1984年版,第66页。

作为传播文明的三利器，而美国大学理念的传播中，这三种媒介均有涉及。刊发介绍美国大学理念与美国大学教育文章的杂志除主流的《教育杂志》、《新教育》、《中华教育界》外，留美生自己创办的《留美学生年报》成为传播的重要途径。此外，介绍文章还散见于其他的期刊中。①

二、美国现代大学理念的本土实践：郭秉文南高—东大治校经略

自20世纪初始，中国留学生群体及学人大量出国考察，他们回国后，在各个领域独领风骚，并逐渐于教育学界形成了主导地位。从表1-10可见一斑。

表1-10　部分留美人员的国内任职简表

姓名	留美经历	国内曾任职
韦　悫	芝加哥大学哲学博士	广州国民政府教育行政委员会委员
梅贻琦	伍斯特工业学院电机工程硕士	大学校长
蒋梦麟	哥伦比亚大学哲学博士	大学院院长、教育部长、大学校长
姜　琦	哥伦比亚大学硕士	大学校长
胡　适	哥伦比亚大学哲学博士	大学校长、驻美大使
朱经农	哥伦比亚大学教育学硕士	教育部次长

① 《哈佛大学的"总考和导师制"的沿革》，鲁继曾，《大夏大学6周纪念特刊》86期；《美国大学教育的新趋势》，曹寿昌翻译，《现代学生杂志》创刊号；《欧美各国学生之特色》，天民，《学生杂志》第5卷2、3、5号；《哥伦比亚大学职业教育科之内容》，邓恩润，《教育与人生》29期，1924年5月5日；《美国学校的组织和学科》，陈兆蘅，《教育业刊》2卷5集，1921年10月；《美国大学教授法》，何炳松，《教育业刊》1卷4集，1920年12月；《论近今美国高等学校之改良编制》[美]冯楷，《教育公报》1、2期，1914年6月7日；《论大学扩张制》，威斯康星大学扩张部部长路易斯来译，《教育公报》第5年第7期，1918年；《美国波士顿大学职业指导科》，秦之衔，《教育与职业》，第15期，1919年；《美国大学专门与师范学校之图书科》，陈新民，《教育公报》第7年8、9期，1920年；《美国辛辛拿地(Cincinati)大学之工读协作制》，钟道绩，《教育丛刊》第2卷4集，1921年；《美国的大学企业》，田永义，《社会与教育》，第1卷4期，1930年。

续表

姓名	留美经历	国内曾任职
任鸿隽	哥伦比亚大学化学硕士	教育部专门司司长　大学校长
雷沛鸿	哈佛大学博士	广西省教育厅长　大学校长
邓萃英	哥伦比亚大学教育学硕士	河南省教育厅长　大学校长
郭秉文	哥伦比亚大学哲学博士	大学校长
刘伯明	美国西北大学哲学博士	大学副校长
罗家伦	普林斯顿大学研究院、哥伦比亚大学研究院就读(未获学位)	大学校长
张伯苓	哥伦比亚大学就读名誉博士	大学校长
李建勋	哥伦比亚大学教育学博士	大学校长
竺可桢	哈佛大学博士	大学校长
欧元怀	哥伦比亚大学硕士	大学校长
廖世承	布朗大学哲学博士	大学校长
查良钊	芝加哥大学哲学博士	大学校长
周诒春	威斯康星大学硕士	大学校长
刘湛恩	哥伦比亚大学博士	大学校长
杨亮功	纽约大学博士	大学校长
李　蒸	哥伦比亚大学博士	大学校长
钟道赞	哥伦比亚大学博士	教育部督学
常导之	哥伦比亚大学硕士	大学教务长
章　益	华盛顿大学硕士	大学教务长
沈　履	威斯康星大学教育学硕士	大学秘书长　教育部高等教育司司长
王凤喈	芝加哥大学博士	湖南省教育厅长
程其保	哥伦比亚大学博士	湖北省教育厅长　大学教务主任
张鸿烈	伊利诺大学教育学硕士	大学校长
董　泽	哥伦比亚大学硕士	大学校长
刘季洪	华盛顿大学硕士	大学校长
凌　冰	克拉克大学教育学博士	大学校长

续表

姓名	留美经历	国内曾任职
邓春膏	芝加哥大学教育学博士	大学校长
罗　浚	美国雪城大学硕士	大学校长
杨振声	哥伦比亚大学博士	大学校长
罗廷光	哥伦比亚大学硕士	大学校长
钟鲁斋	斯坦福大学教育学博士	大学校长
黄钰生	芝加哥大学硕士	大学校长
樊正康	哥伦比亚大学硕士	大学校长
陈石珍	哥伦比亚大学硕士	大学校长
曾作忠	华盛顿大学博士	大学校长
宋　恪	康奈尔大学博士	大学校长
张伯谨	康奈尔大学博士	大学校长
王克仁	芝加哥大学硕士	大学校长
高　阳	康奈尔大学硕士	大学校长
陈友松	哥伦比亚大学教育学博士	大学校长
刘乃敬	哥伦比亚大学硕士	大学校长
章　益	华盛顿大学硕士	大学校长
杜佐周	衣阿华大学教育学博士	大学校长
齐泮林	芝加哥大学教育学博士	大学校长
童润之	加州大学硕士	大学校长
欧元怀	哥伦比亚大学硕士	大学校长
陈锡恩	南加州大学教育学博士	大学校长
方永蒸	哥伦比亚大学教育学硕士	大学校长
陈东原	密歇根大学教育学硕士	大学校长
唐惜分	加州大学教育学硕士	大学校长
陈一百	康奈尔大学教育学硕士	大学校长
郑通和	斯坦福大学学士、哥伦比亚大学硕士	甘肃教育厅厅长

从表 1-10 可以发现，留美学生群体回国后，相当一部分被委以重任，“他们把很多外国教育思想折衷地引入了中国的教育领域内，使得这一时期中国教育思想的发展比以前更为成熟和独立”[①]。该群体在近代中国高等教育史上占有非常重要的地位。本节选取郭秉文校长作为个案，从他执掌南高—东大的具体办学实践中考察美国大学理念的影响。

郭秉文(1880—1969)，1908—1914 年留学美国，先后获得乌斯特大学理学学士、哥伦比亚大学教育学硕士、哥伦比亚大学哲学博士学位，成为在美国最早获得博士学位的中国学者之一。1915 年归国后，即参加了南京高等师范学校的筹建工作，初为教务长，后又任代理校长一职，1919 年被正式任命为校长。1921 年，他出任在原南高师相关学科归并、扩充的基础上成立的国立东南大学校长，任职期限至 1925 年止。其主持南高师和东大校务的时间长达 10 年之久。作为留学美国专门学习、研究教育的郭秉文，在他办学思想、行政管理等各方面，都鲜明表现了美国现代大学理念中的实用主义对他的影响，主要表现在以下几个方面。

(一)注重实效管理　以效能为目标

尽管《大学令》中明确了教授治校制度，然而该制度的执行却是蔡元培出任北京大学校长后。蔡元培赋予教授们的治校权力极为宽泛，涵盖学校管理的方方面面。诸如学校事务的规划、决策、预算与财政、招生、课程与考试、教员聘任与管理等都纳入教授治校的权力范围。他所推行的是将学校行政与学术层面的一切事宜皆交由教授参与并以少数服从多数的共同协商方式进行议决的做法。为实施该制度而建立了评议会与教授会两级决策机构。将校长的权力下放给教授群体，让教授真正地参与到校务与学术的管理中。

事实上，教授治校制对校长各方面的要求极高，其人格、才识、治学、

① 许美德:《中国大学 1895—1995:一个文化冲突的世纪》，教育科学出版社 2000 年版，第 78 页。

办事等能力均要卓尔不群、出类拔萃。在当时环境下也只有蔡元培能有此魄力和能力在北大实施该制度。因为,学校内部事务由教授群体进行决策,但对此负责的依然是校长。作为校长,既不能在议决时,将自己意志凌驾于教授之上,又要服从共同决策的结果并对此负责。因此,不同的校长对该制度有着不同的选择。东南大学在郭秉文时代实行的则是校董会下的校长负责制,追求务实有效率的治校风格。

校董会是美国大学管理制度的一大特色。它为全校最高的权力机构,成员基本由校外非教育界人士组成,校长由校董会提名并任命。留学美国多年的郭秉文仿效美国大学设立董事会协助校务,以便从社会获得更多的、更直接的支持和资助。如其所言:"东大为将来东南各省之学府,于社会之发展至为重大。现当创设之际,所需社会之赞助,亦至多且急。参见欧美国家,多设校董会以求社会之赞助,东大亦宜行而效之。"[①]校董会在设立之初就被赋予了从社会上寻求对大学发展的支持功能。校董会成员均为社会名流、教育家、工商巨子等社会贤达名流,他们能运用自身的力量及影响力为东南大学的发展而向社会寻求到支持。

作为全校最高的立法和决策机构,校董会地位与校长并列甚至更高。在校内领导体制上,东南大学实行校长领导下的"三会制"(即评议会、教授会和行政委员会),校长兼三个委员会的主席。

评议会为学校议事机构,职责为制订校内规章、决定本校的教育方针、提出经济方面的建议、重要的建筑与设备的增设及废止、系与科的增设废止与变更及其他校内重要事项。评议会由校长、科主任及各系教授代表组成。

教授会是负责全校教务的机构,由校长、各科(系)主任及教授组成。其主要职能是议处全校教务上的公共事项,建议系、科的增设废止和变更,议决赠予学位,规定学生成绩标准等。教授会在各科下设某科教授会,其职权为:议决本科教育方针;规划本科发展事业;建议本科各系预算

① 朱斐主编:《东南大学史》第1卷,东南大学出版社1991年版,第99页。

于校长;建议本科之变更于评议会;编定本科之课程及其他规程;审定本科学生毕业资格;决定给予免费学额;其他关于本科之重要事项。

行政委员会为全校的行政事务机构,负责协助校长处理校务。其主要职能是:规划全校公共行政事宜;审查行政各部事务;处理临时发生各种行政事务。

从上述的职责范围分析,学术与行政事宜的管理分属不同的机构,尽管有教授会,但他们在决策中的权力仅限于教学与教务方面。评议会虽也有教授的参与,但他们的权力受到相当的制约。表面上看,东南大学的三会制与北京大学的三会制在名称和职能上基本一致,但前者的评议会、教授会并没有像北大那样起着治理校务的主导作用,主要原因在于学校行政权力基本上被校董会控制。东大实行的是校董会为核心的学校领导体制。根据《东南大学校董会简章》,校董的职权如下:(一)决定学校大政方针;(二)审核学校预算决算;(三)推选校长于教育当局;(四)决定学校科系之增加,废止或变更;(五)保管私人所捐之财产;(六)议决学校其他之重要事项。[①] 从这些权力上我们发现校董会实际上掌握着东南大学的办学实权,包括校长的人选、人事任免大权、经费的支配及系科的设置等。可以说东大校长是在校董会的领导之下。

东南大学时期,大学的诸多权力并不掌握在评议会和教授会的手中,这两会事实上是有名无实。正如东大教授梅光迪所言:“东大之评议会,为校中最高议事机关,教授中又悃愊无华办事认真者,每当讨论一事,则据其此事本身之是非,引古证今,往覆辩难,抑知其事已由当局与其亲信者,在密室中已先定。任尔书呆有广长之舌,徒增彼等之背后窃笑耳。”[②] 其所指的当局及亲信者无疑就是校董会。校董会的主要实权掌控在常务校董手中。这种校长和校董会在大学中权力过大的状况,为日后东南大学的易长风潮及教育部下令裁撤校董会埋下伏笔。

---

① 南京大学档案馆编:《南大百年实录》上卷《中央大学史料选》,南京大学出版社2002年版,第117页。

② 梅光迪:《九年后之回忆》,《国风》第9号,1932年11月。

尽管校董会在治校过程中，因为管理政策、实施手段颇受东大相当一批教授的微词，但在建校之初，充分调动运用社会力量从舆论、经费上支持东大发展的进程中，校董会扮演了重要的角色，这与美国大学校董会的职能基本一致。此外，校董会下的校长负责制有助于管理效能的提高。在学校的日常具体事务管理中，若事事都采取合议制会影响办事效率，教授治校制下的民主决策效率低下是不可避免的，因此，以效能为目标是美国大学采取科层制管理模式所追求的效果。美国大学董事会下的校长负责制给郭秉文的治校提供了样板。尽管郭秉文在某些具体政策的制定和管理中的一些做法不为东大的一些教授认同，但注重实效的治校理念使东大依然成绩斐然，连对他的治校方式颇为不满的某些东大教授也不得不对其成绩表示赞同。如时任东南大学教授、曾任中正大学首任校长的胡先骕（1894—1968）在《东南大学与政党》文中提到："予对郭（按，秉文）校长治校政策向表不满之人，即因其缺乏大学校长之度，无教育家之目光，但以成功为目的，然退一步论之，处今日人欲横流、道德颓落之世，责人过苛，亦非所宜。统观今日之大学校长，自蔡孑民以下，能胜于郭氏者，又有几人乎？"这一评价委实不低。

在其任职内，郭秉文将一个单科性质的、地方性的南京高等师范学校办成了一所综合性的、全国性的大学，短短几年，就将东南大学办成了与北京大学齐名，规模与实力亦相当的一所国立大学，取得这样的成绩，校董会下的校长负责制的实效性管理是其中的一个重要元素。尽管治校过程中可能会有专断独行的做法，但瑕不掩瑜，其办学成效是有目共睹的。

（二）通专并重：学科多元化与实用性人才培养

美国大学现代性的一个要素即学术的世俗化发展，表现为学科设置的多元化与综合化。如康奈尔大学创建者 E. 康奈尔（E. Cornell）宣称：

“我们将创办这样一所学校，在那里任何人都可以获得任何学科的教育。”①在此办学思想的指引下，康奈尔大学的专业学科和课程分成两个部分：一个为特殊科学和技术部，包括农业、机械工艺、医学、法学和教育等九个系；另一个为科学、文学和艺术部，设有五个不同的普通课程计划，还包括一个选修课程计划。这样的科系和课程设置，体现了康奈尔大学办学者试图将职业性和学术性兼容于一体，形成范围宽泛的综合性课程体系的思路。这种办学路径给中国留学生留下深刻印象，他们回国后的办学实践中处处可见这种影响的痕迹，东南大学所受影响最为显著。

东南大学设有当时中国最为齐全的学科，共有文理、教育、农学、商业、工科五大门类。文理科下设国文、英文、西洋文学、哲学、历史、地学、政治、经济、数学、物理、化学、心理、生物 13 系。教育科有教育、体育、心理 3 系。农学设农艺、园艺、畜牧、病虫害、农业化学、蚕桑、生物 7 系。商业科开设银行、理财、会计、工商管理 4 系。工科规模最小，只有机械工程一个系。这种以农、工、商与文理教育并重的组合为当时国内大学仅有。据统计，1923 年开设课程达 246 种。据《申报》1923 年 1 月 1 日报道，东南大学拟计划扩充的系科颇多。如郭秉文所规划，教育科增加了乡村教育系，商科增设了普通商业系、保险系等。

将如此众多的学科汇集在一所大学中，其目的在于偏重学理的学科与偏重应用的学科能相得益彰地并存于同一校园中。推崇通专并重、学与术并重的思想让郭秉文倾向于培养多种类型的人才，注重通才教育的同时，不忽视应用，注重专才教育的同时，也不忽视基础教育。而多种学科并设于综合性大学中，有助于实现“通才不至于空疏，专才不至于狭隘”的培养目标。②

郭秉文留学期间，正是美国大学处于两种思想，两大价值体系的张力期，即信奉德国大学理念学术至上的价值取向，与坚守可以实践、提供服

① John S. Brubacher & Wills Rudy. Higher Education in Transition. Harper & Row Publisher, 1976, 161.

② 王德滋主编：《南京大学百年史》，南京大学出版社 2002 年版，第 111 页。

务的知识才是有价值的实用主义取向的大学教育观,构成一个相互制衡、相互对抗与冲突的阶段。前者以哈佛、耶鲁等私立老牌大学为代表,后者以威斯康星、康奈尔等州立大学为典型。

1904年范海斯就任威斯康星大学校长,他提出:"大学的目标是要把知识的光亮和发展的机会带给全国各地的人民。服务应该成为大学的唯一理想。"①直接服务于美国工农业生产和培养实用技术人才成为该校的目标。大学成了社会进步与发展的"服务站"。从此"威斯康星理念"(Wisconsin Idea)进入人们的视野。它代表着大学承担起了教学、科研、服务三大基本职能。威斯康星大学主要通过传播知识和专家服务让大学成为为社会服务的大学。他们把整个州看成是大学的校园,技术推广和函授教育站点遍布全州。大学教授积极参与州政府的改革项目,并在政府相关部门任职或担当顾问,或深入到工厂、商店和乡村进行指导,以至于时论做了这样的描述:"要确立威斯康星大学的校园的方位和范围是很难的。大学的总部设在麦迪逊,但它的校园却在全州的5600平方英里的土地上。"②

大学与社会的联系日益紧密,大学的服务功能日益凸显,这是大学现代化发展的一个不可避免的趋势。针对当时的情形,一些坚持经典大学理念的学界人士纷纷发表看法,反对实用主义在大学盛行,如著名学者亚伯拉罕·弗莱克斯纳、安荷斯特大学校长梅科利·约翰等人对大学的实用主义趋向表示了担忧和批判。

国人对这两种看似大相径庭的大学教育观的看法也是仁者见仁,智者见智。诚如黄炎培在了解了奥立根大学校长对美国偏重实用主义教育的担忧后,所做的评论:"此为文科大学校长之言,彼其论实用教育,谓美有偏重之弊。……譬犹暴发之家,其始汲汲谋衣食,及其渐足,乃欲润以诗书之气,亦人情也。我国则不然,世家中落,习为虚文,大梦渐醒,积重

① 康健:《当代教育发展的重大课题》,南京大学出版社1990年版,第261页。
② 康健:《当代教育发展的重大课题》,南京大学出版社1990年版,第263页。

难返，此时讨论教育方针正不得以彼邦今日之情形，扰我方来之计划耳。”[①]郭秉文也是持相同观点。在他看来，实用人才的培养是当时中国最急需的。

他对中国传统教育偏重于人文学科和只为培养官吏的倾向提出过深切的批评。“欧洲昔时之教育，视为宗教、医学、法律之预备。吾国教育亦然。教育不为实际与日常生活而设，乃为官吏之养成。故父兄对其子弟之最高理想，即希其得入仕途以为荣。此种见解深入吾国之人心，往往轻视工业，以为有损于士子之价值。虽至今日，学校之毕业生仍以政府位置为报酬之具，法政学校招考，则人数拥挤，而工业学校则应者寥寥。求学为做官之谬见，于新教育制度之下不当生存也。……现今我国对于教育为预备官吏之观念，已渐消灭，然非急速全行废除此念，代以远大之观念。不以政治生涯为教育之终鹄，而以农业、工业及其他生活之预备为其目的，则教育为益于吾国之前途，所期尚远也。”[②]他认为应尽快革除传统教育理念，以培养社会所需人才为教育的首要目标，这样才能有益于国家前途与发展。

他多次指出：“我国之办教育，……费无数之金钱，过如许之岁月，而成绩甚少，进步甚迟者何也，我国教育界有公言矣。曰：教育不切于实用也。”[③]因此，在他执掌南高和东南大学期间，课程设置与人才培养目标是以实用性与服务社会、国家为中心的。如农科规定学生在修业年限内，必须至少在两个暑假期间进行实习，每次 8 周，每周工作 48 小时。以实现他在博士论文中强调的“欲吾国之发达，非以实用科学灌输于青年，且奖励其练习切实之观察与信确之统计，难以有功”[④]。

他认为：“以养成思想及应用能力为智育标准。必使学者思想以探智识之本源，能应用以求智识之归宿。……至于所思想应用之事物，则以适

① 黄炎培著：《黄炎培教育文集》第 2 卷，中国文史出版社 1994 年版，第 92 页。

② 郭秉文著：《中国教育制度沿革史》，商务印书馆 1922 年版，第 147—148 页。

③ 郭秉文著：《中国现今教育问题之一》，《东方杂志》第 12 卷第 1 号，1915 年 1 月。

④ 郭秉文著：《中国教育制度沿革史》，商务印书馆 1922 年版，第 151 页。

合于社会需要为本，总期所思所用，皆与社会生活有密切之关系。”为实现这一目的，应注重两种方法：(1)养成思想能力，则注重兴疑与试验，盖必先使学者有所愤悱，然后乃能启发其思想，又恐其凭空构想也，故为设种种机会，俾能试验，使有所思者皆有据。(2)养成应用能力，则注重理想与实际之联络，必使所学者皆有所用，所用者皆本所学。①

具体实施途径有：以适应社会需要为设科宗旨；以养成思想独立之能力为教授目的，故重启发不重注入，重自修不重听讲；注重实验，一以为学理之佐证，一以养发明之习惯；以研究问题为学生锻炼思想之重要方法；以实习为养成应用能力之途径。②

以上关于大学人才培养宗旨和方法的论述，体现了郭秉文的办学思想，从中可明显感受到美国现代大学理念的实用主义价值观对他的影响。他认为社会需要随时变更，所设之科也应“因之而异”，第一次世界大战期间，我国民族工业有了发展，社会急需工业人才，1916 年秋季，南高增设工艺专修科，教学内容较为宽泛。以后，他“认为要发达中国工业，非得培养专门人才不可”，于是改变原定职业教育计划，注重于专门机械工程的教育，“建设工厂，购办仪器，添聘欧美工学专家，进行高深工学的训练及研究”。③

(三)注重大学服务功能及与社会联系

郭秉文极为重视大学与社会的联系，要求各系科都要注意面向社会，为社会服务，做到教学、科研、推广三者并重。1923 年东南大学将办学宗

---

① 朱有瓛编：《中国近代学制史料》第 3 辑下册，华东师范大学出版社 1987 年版，第 649 页。

② 朱有瓛编：《中国近代学制史料》第 3 辑下册，华东师范大学出版社 1987 年版，第 650 页。

③ 转引自冒荣著：《至平至善　鸿声东南——东南大学校长郭秉文》，山东教育出版社 2004 年版，第 42 页。

旨表述为：研究高深学术培养专业人才指导社会事业，[①]成为全国范围内率先提出和实践教学、科研、推广三结合的学校。仿美国大学推广部的设置，该校也成立了推广部，分校内特别生、通信教育、暑期学校三大类，目的在于"以推广事业对本省根本上之服务"[②]，把学校的科研、教育与服务地区经济发展相结合。具体办学如下：

开办暑期学校、补习班、函授班等，推广平民教育、义务教育。通过教育科举办的暑期学校，培训大批在职教师及行政管理人员，开课百余门。通过这些继续教育方式，以此沟通大学与社会的联系，更好地推广教育，服务于社会。

1920 年夏，暑期学校开始首次授课，招生对象主要面向学校教职员、地方办学人员、中等以上学校毕业生，实行男女兼收，内容包括：专门艺术的肄习；教师与教育行政人员对于职业和修养方面知识的扩充；中小学英文算术国文和其他科目的补习；名流言论的宣传。暑期学校实行学分制，由来学者选习课程 3 至 5 学分，成绩合格，由东南大学发给修业证明。授课者均为著名学者，除南高—东大自己的一批名师、权威教授亲自授课外，郭秉文还邀请诸如美国的杜威、孟禄、推士，德国的杜里舒博士，国内的梁启超、胡适、张君劢等名家开课，在社会上产生了很大影响。他们的授课内容有：杜威讲授《实验教育哲学》、孟禄讲授《教育学》、推士演讲学制改革、美国巴斯德斐尔德博士的《农业推广》、杜里舒博士《生机哲学》、胡适讲授实用主义、梁启超讲授先秦政治思想史等。国内外众多知名学者教授齐聚南高—东大的暑期学校，为在职教师学力的提高，能更好地服务社会作出了贡献。

在农科方面，学校则通过与江苏省合作，以产学研方式为地方经济发展服务。农科教授们借鉴欧美农业大学的做法，认为除了从事农业专门人才的培养外，还应注重农业技术的研究和推广。他们分赴各农事机关

① 南京大学档案馆编：《南大百年实录》上卷《中央大学史料选》，南京大学出版社 2002 年版，第 127 页。

② 《八年欧美考察教育团报告》，商务印书馆 1920 年版，第 8 章第 2 页。

视察并给予具体指导。农科与社会合作机构达到10余所，如1921年由面粉公会出资4万元设立小麦试验场，委托东南大学农科进行小麦品种改良研究，每年补助实验经费6千元；同年，全国桑蚕改良会出资设立蚕桑试验场，委托农科进行桑蚕实验，全国纱厂联合会托办的植棉试验场，亦将植棉改进工作交由农科办理。1922年，东南大学农科作为改良农业的总机关，指导了全国许多地方植棉工作，他们在各地组织青年植棉团、展览会、讲演团，在每年12月农闲时举行，每期4周，轮调各场职员1～2人到会讲习研究，交流经验。通过组织农村巡回演讲团、农业展览会，普及农业科学知识，推广优良品种、农具，对我国棉粮的生产发展，特别是江苏省棉花的生产与推广作出了重要的贡献。农科还与电影厂合作摄制各种改良农业电影，出版推广各种农业知识的书刊，组织优质小麦水稻推广等。此外，农科还与政府合作成立江苏昆虫局开展病虫害调查、防治等工作，协助农村驱除蝗虫等虫害。

农科主任邹秉文专门为农艺系、桑蚕系、病虫害系等7个系制定社会服务职责范围，将“各省的农业发展改良计划，促其实行；担负解决各省农业主要问题的责任，并协助各省所有的农事试验机关；造就各省所必需的农业人才；主持各省农业推广事业，并提倡乡村农业教育及农业组合；其他有利于各省农民的事业列为社会服务的职责”①。各系通过各自教学、科研、推广计划，以实现其成立之初提出的“以研究、教授、推广三者为职志”的宗旨。②

商科则办夜校、补习学校，为各界有志求学青年提供学习机会。教育科则与中华改进社合作，为教育部培养心理测验人才，化学科为江苏省政府化验凤凰山之矿质究竟含有若干成分，等等，这些举措均体现了大学服务社会的职能。

综上所述，郭秉文注重美国大学理念中的实用性内容，特别突出学校

① 邹秉文：《吾国新学制与此后之农业教育》，《新教育》1922年第3期。

② 南京大学档案馆编：《南大百年实录》上卷《中央大学史料选》，南京大学出版社2002年版，第203页。

与社会的联系及对经济发展的指导等实效性作用，以推广部为载体（分为农村借贷组、农村教育组、通俗教育组、编辑组、总务组），形成专门的服务机构和运作体系，通过社会服务内容和形式的多样化，将教学、科研、服务三大功能淋漓尽致地体现于东南大学的具体办学实践中。

三、美国现代大学理念的重新解读

自20世纪20年代始，美国大学理念的影响在中国教育界占据了十分重要的位置。美国现代大学理念表现于外的实用主义，与中国传统的工具理性主义思想有所契合，更由于当时救亡图存的时势所然，因此，极易使我们接受其实用主义部分，却将学术本位部分过滤掉了。1932年10月，国民政府在其颁布的《改革大学文法等科设置办法》中明确规定：全国各大学及专门学院之文法等科，可由教育部派官员视察，如有办理不善者，限令停止招生或取消立案，分年结束……又在大学中，有停止文法等科招生者，其节余之费，应移作扩充或改设理、农、工、医药等科之用。[①]

此后，教育部先后训令东北大学、齐鲁大学、北平大学等学校取消、整顿、合并文法等专业，并对各校招生数实行名额限制。1933年与1934年教育部公布的招生办法规定各大学文法等学院或学系，招收新生或转学生时，其平均数不得超过理、农、工、医等学院或学系等所招新生的平均数。对实用学科则大力发展，指定北京、中央、中山、清华、武汉等大学筹设国防化学讲座，批准同济大学增设理学院，清华大学增设工学院，北平工学院增设电机工程系。此外，还新成立了国立西北农专与山东省立医专两校。

重视实用学科的做法不仅仅是政府发展大学教育的政策选择，而且是当时社会政治经济发展的切实需要。罗家伦1934年的演讲就充分说明了社会需求对大学人才培养方向的引导："这一二年来，有一个可注意

① 教育部参事处编：《教育法令汇编》第1册，上海商务印书馆1936年版，第142页。

的现象,就是大学农、工、理三科的毕业生,出路较好,而政治、经济、法律等系的毕业生,则特别感到就事的困难。因此这几年来,青年的升学趋向也有改变,投考理、工、农三科的人比较考文、法的人来得多。”①他认为这是一个健康的征兆。这也与30年代以后,国民政府大力提倡大学教授实用学科教育形成了互动。

在罗家伦看来,大学应保证造就的学生一个有一个的用处,符合国家发展需要,尽管纯粹的科学研究固然也是需要的,“但是时代和环境所需要的学问也同样需要,因为做纯粹的学者,以谋对于人类知识总量的贡献虽属可贵,却不能期之于人人”②。

着眼于中国当时的民族存亡危机,罗家伦提出大学要对国家民族的生存问题负责,大学的课程设置不能把国外所有好的都移植过来,而应根据自己国家民族的需要有所取舍。内中的含义就是中国大学的人才培养应着眼于社会当前的需要,按照中国的实际环境,哪种研究最切、哪类人才最缺,大学就应围绕这些实际情况而办学。当时国内缺少实用技术人员与研究,大学就应该大力发展这些学科。发表该演讲时,恰逢罗家伦就任中央大学校长期间,他的论点可说是代表了当时大学学科设置变革的一个动向。深受美国现代大学理念中所表现出的实用主义倾向影响,重视并大力发展实用学科,成为20世纪30年代以后国内大学的努力方向。

重视理工农医等实学类学科的做法,也体现在留学政策中。1930年,教育部拟定《改进高等教育计划》,其中《增派国外留学生办法》规定:以后选派外国留学生,应注重自然科学及应用科学,以应国内建设的需要,并储备专科学校及大学理农工医等学院的师资。公费留学生,应视国内建设上特殊需要,斟酌派遣,每次属于理农工(包括建筑)医药的,至少应占全额十分之七。此外,对自费留学生则有“但学理农工医药教育的,

---

① 中国第二历史档案馆编:《中华民国史档案资料汇编》(第5辑·第一编教育(一)),江苏古籍出版社1994年版,第293页。

② 中国第二历史档案馆编:《中华民国史档案资料汇编》(第5辑·第一编教育(一)),江苏古籍出版社1994年版,第289页。

应尽先叙补公费或津贴”的倾向性扶持政策。上述规定表明了政府对实学类学科的导向性指导意见。

1947 年学者谢幼伟曾撰文对国内实用主义的情形做了概括:“实用主义在我国已成为学术界熟知的一个名词,远在民国初期,此学说为国人加以介绍与提倡。后实用论巨子杜威来华讲学,此一学说,曾风靡一时,为多数学者所信受。惟近数年来,此一学说表面上似少人提及,实际上侵入我国社会之各阶层,成为一般社会思想与行动上自觉或不自觉之信条。以目前状况而论,实用论在某一方面或某一意义上可谓已植根于我国。近功利,忽远效,崇便利,轻道义,惟计满足,不择手段,此为今日我国社会之写照。”①可见美国大学理念中的实用性、功利性在当时的影响。

留学美国长达 8 年之久的竺可桢则对美国大学理念的实质有着更深刻的理解。1910—1913 年,竺可桢留学于美国伊利诺大学,主修农学。顺利获得学士学位后,考上哈佛大学研究生院地学系,经过 5 年时间的刻苦学习,于 1918 年夏获得博士学位,当年秋就返回国内,以实现他报效祖国的夙愿。

竺可桢对美国现代大学理念的诠释很有见地,他认识到美国大学理念是在德国经典大学理念的现代转型中产生的。尽管表面看,美国大学理念更偏重于经济与社会的实用主义原则,但经典理念奉行的学术无功利性原则也是它的另一重要组成要素。这从以下例子中可见一斑。尽管威斯康星大学范海斯校长提出的服务理念名闻遐迩,开了美国大学社会服务并与之联系紧密的先河,但他依然坚持教师的研究,特别强调学术原创性研究的重要,并为此制定相关政策。“在威斯康星,对于每一个教授而言,没有固定的需要从事教学活动的时间。这种工作量有着很大的差异。如果一名教师仅仅是一名教师而不是一位有创造力的学者,他就可能要承担相当重的教学工作。”②在他看来,教书匠型教师的教学与研究

① 杨寿堪、王成兵著:《实用主义在中国》,首都师范大学出版社 2002 年版,第 91 页。

② 罗杰·L. 盖格:《增进知识——美国研究型大学的发展(1900—1940)》,河北大学出版社 2008 年版,第 73—74 页。

型教授的研究和教学有着不同的意义。教授的研究尤其是创新型研究应该是大力提倡和鼓励的,因此,当斯坦福大学邀请当时任教于威斯康星的历史学家特纳(Frederick Jackson Turner)时,范海斯校长同意他抽出一半的时间自由从事研究工作,并向全校宣布他的政策是需要任命和晋升有创造力的学者。因此,学术与服务经济社会并重成为美国大学的特色,尽管这两种力量不时发生冲突、调适,但这种相互制衡始终伴随着大学发展历程。

竺可桢主长浙江大学时,力图全面引入美国大学理念,既注重通才与专才教育共同发展,又重视大学服务社会、引领社会道德风尚及振兴科学的学术责任。他在就任浙江大学校长后的第一次演讲中就明确提出:"大学所施的教育,本来不是供给传授现成的知识,而重在开辟基本的途径,提示获得知识的方法,并且培养学生研究批判和反省的精神,以期学者有主动求知和不断研究的能力。"[①]并告诫学生:"诸君到大学来,万勿存心只要懂了一点专门技术,以为日后谋生的地步就算满足。"[②]

在他眼中,大学应该培养的人不是片面发展的专家而是既通又专的人才。具备非功利性学习研究精神且"知之甚广而在某一方面又知之甚深"的人才培养成为他办学的目标。1913—1918 年在哈佛大学留学长达 5 年之久的竺可桢,对该期间影响哈佛甚远的爱略特与劳威尔两位校长的办学理念了然于胸。

于 1909 年离开哈佛,担任校长长达 40 年之久的爱略特曾言:"大学有三个主要的直接功能。首先是教学,其次是以书籍等形式大量汇集已获得的系统知识,第三是研究,或者是把目前的知识疆界向前推进一步,年复一年,日复一日地掌握一些新的真理。大学是教师的集合体,是知识

① 竺可桢:《大学教育之主要方针》,《国立浙江大学校刊》1936 年第 248 期。

② 张彬著:《倡言求实,培育英才——浙江大学校长竺可桢》,山东教育出版社 2004 年版,第153 页。

的仓库，是真理的寻求者。”①

而在竺可桢求学期间执掌哈佛的劳威尔更重视教学职能。他认为：“一所伟大的大学的作用决不会由于教学而受损。大学具有两个职能，二者都是不可或缺的，不能说一个比另一个更重要，一个是储存和传递已获得的知识，另一个是增加知识。应不存在任何困难把保存旧的和好的真理与全力寻求新的真理结合起来。”②哈佛两位校长的办学理念对竺可桢影响甚深。

在他长校期间，浙江大学规定基础阶段各系打通，不分专业。竺可桢认为：“大学一、二年级中，工学院自宜打定数理良好基础，文法等院自宜重视文学、经济以及中外历史，以备专精。虽然彼此不可偏废，仍宜互相切磋，不限学院，庶几智识广博，而兴趣亦可昂然。”③在就任校长后的第一次校务会议上，提出大学各院一年级不分系的议案，议决数学、物理、化学、英文、国文、生物、通史等课程为一年级基础课。正如竺可桢在日记中提到“余之政策，数、理、化与国文、英文必须有第一等的教授”，各系、各学院纷纷派出一流师资授课。如苏步青曾教授过新生数学，王淦昌曾讲授过一年级物理课，周厚复教过新生化学，谭其骧给新生开过中国通史等。这些名教授所上的基础课程，给学子们打下厚实、宽广的学业基础，也激发了他们极大的学习热情，培养了一批日后的学术大家。我国核试验事业的开创者和组织者之一，被授予两弹一星元勋的程开甲、诺贝尔奖获得者李政道博士、理论核物理学家胡济民博士等人都是当时这种教学制度的受益者。

竺可桢执掌浙江大学后实行学分制，将课程分为公共必修、本系必修及选修三大类，规定学生在学好必修课的同时，跨系跨院自由选习课程，

① 王英杰：《大学校长与大学的改革和发展——哈佛大学的经验》，《比较教育研究》1993 年第 5 期。

② 王英杰：《大学校长与大学的改革和发展——哈佛大学的经验》，《比较教育研究》1993 年第 5 期。

③ 浙江大学教育研究室编：《浙大教育文选》，浙江大学出版社 1987 年版，第 59 页。

特别规定文科和理工科必须互选。于是,理工科学生选修唐诗宋词等文科类课程,文科类学生选习微积分、物理等理工类课程成为浙大的新气象。这就改变了以前“皆从专精及系别二点出发,学生往往感觉常识不足,又因所有课程全为规定,对于本门功课以外任何问题毫无兴趣”的现象。①

此外,还开设了图书馆学、声乐、音乐概论、钢琴、美术等全校性的选修课程,为学生的全面发展构建扎实的平台。学校还建立了主辅修制度,以扩大学生的专业视野并获得更为广博的知识,成为通专结合的人才。以理学院为例,化学系学生如选物理系为辅系,二年级加选高等微积分和电磁学,三年级加选光学,四年级加选近代物理。物理系学生则可选数学系、化学系、生物系及工学院的课程,有了这些课程奠定的基础,为学生们的跨学科发展提供了路径与可能性,同时,也极大发挥了综合性大学的优势。

竺可桢理想中的大学是承担学术使命与社会使命于一体的,既包含学术化的价值取向也内涵了服务社会的工具观。竺可桢认为:一个大学最主要的使命就在于能使每个毕业生孕育着一种潜力,可令其于离开校门以后,在他的学问、技术、品行、事业各方面发扬光大,既日新,日日新,又日新。这种潜力与内在精神是必须在校求学时就已经形成了。上述做法就是为培养这种能力而设置的。

在他看来“大学侧重应用科学,而置纯粹科学、人文科学于不顾,这是谋食不谋道的办法”②。只教学生专门技术是不够的。因此,浙大学科设置,“应包涵行上的原则之学,和行下的应用之学”③。这一思想也体现于浙大校歌中。起首的“大不自多,海纳江河,惟学无际,际于天地,形上谓道兮,形下谓器”就表明了竺可桢的大学办学理念。大学学科应兼收并

---

① 张彬著:《倡言求实,培育英才——浙江大学校长竺可桢》,山东教育出版社 2004 年版,第161 页。

② 竺可桢:《新生谈话会训辞》,《浙大日刊》1936 年 9 月 23 日。

③ 浙江大学史编辑室:《浙江大学校史稿》,1982 年版,第 101 页。

蓄，包罗万象。

1945 年，竺可桢在《我国大学教育之前途》一文中对当时功利主义的盛行做了批评："目今我国社会，仍然充满了这种功利主义。大学里边的课程，支离破碎，只求传教有用的知识，而不注重理智的培养。大学生认定院系，不问其性情是否适合，而只问毕业后出路之好坏，待遇之厚薄。选择科目，不问其训练之价值如何，而专问其是否可应用到所选定之职业。"①针对这种现象，1946 年教育部讨论大学组织法时，竺可桢提出将通才教育容纳在内，然而该提议未获通过。最终大学宗旨定格为"研究高深学术、养成专门人才"的表述。

对美国现代大学理念的重新解读也体现在其他一些学者的言论中。1937 年 5 月 17 日胡适致翁文灏的信中明确提出：大学"为国家打长久算盘，注重国家的基本需要，不必亟亟图谋适应眼前之需要"。在他看来："我们应提倡的，似仍在社会不注意的纯粹理论科学及领袖人才的方面。……中央研究院、北大、中基会一类的机关此时还应继续培养基本需要的人才，不必赶在人前面去求眼前的实用。无用之用，知之者稀。若吾辈不图，国家将来必蒙其祸。"②

在有识学者呼吁下，政府对实用主义太过泛滥的做法也有了一定认识。以留学教育政策为例，抗战后期，政府"废止以前之限制，对于有志出国深造青年，不论其所习何种科目，均酌量予以扶植，并鼓励之，惟以不降低留学生之程度"③。教育部经考察后认为："科目不必予以严格之限制，因今后之需要文法人才，并不较理工人才为轻。"④教育部 1943 年 10 月制定《国外留学自费生派遣办法》，规定：自费生所学科目暂定习实科（包括理工医农等科）占十分之六，文科（包括文法商教育等科）占十分之四。

---

① 1945 年 9 月 23 日《大公报》。

② 桑逢康著：《胡适在北大》，文化艺术出版社 2007 年版，第 129 页。

③ 刘晓琴著：《中国近代留英教育史》，南开大学出版社 2005 年版，第 298 页。

④ 中国国民党中央委员会党史史料编纂委员会编：《革命文献》，该会 1967—1978 年陆续出版，第 58 辑，"抗战时期教育"，第 215 页。

同年 12 月举行了第一届自费留学生考试,最后录取 327 名,1944 年将这批学生全部派往美国学习。其中文实比例达到了1.04∶1,计有实科 160 名(工科 108 名,理科 30 名,农科 15 名,医科 7 名),文科 167 名(商科 74 名,法科 55 名,文科 28 名,教育艺术 10 名)。[①] 1946 年庚款留学,实科类派遣 11 人,文科派遣 6 人,文科所占比例达 35.3%,与前几年相比有了显著提高(1934 年至 1939 年文科占派遣留学人数的比例分别为 11.54%、12.50%、30%、24%、20%、25%)。[②]

从上面所举的事例中,我们可以发现,坚持纯粹学术的价值取向与倡导实用主义取向这两种不同的大学教育观时常引起冲突与制衡并一直伴随着中国大学的发展。

西方大学发展史表明,中世纪大学理念转型为德国经典大学理念再转型为美国现代大学理念是一个不断继承与超越的过程,各理念间存在着张力,这种张力推动着大学不断创新和发展。价值理念与工具理念的不断调适促进了大学的现代转型和发展。

大学理念发展与调适过程的一个重要特征就是知识本体意义的有效性向世俗意义有效性的转移,这是移出象牙塔融入社会的过程。中世纪许多学者从事科学研究的目的,是证明上帝的存在,有着厚重的救赎情怀。随着工业革命的兴起,知识本身就是目的的价值理性观和知识应该经世致用的工具理性观开始融合。这一点在经典与现代大学理念中得到了很好的诠释。美国大学理念是在经典大学理念现代化过程中产生的,两类大学理念是一脉相承,而非截然对立。

综观西方大学发展史,我们发现理念是一个不断调适的过程,而调适本身就是一种发展。德国经典大学理念是对中世纪大学理念的发展,把对知识的欲求从彼岸世界扩展到此岸世界,是知识世俗化的过程,但同时也继承了知识本位的价值理念。知识本身是有意义的观念一直存在于大

① 李华兴主编:《民国教育史》,上海教育出版社 1997 年版,第 568 页。

② 刘晓琴著:《中国近代留英教育史》,南开大学出版社 2005 年版,第 361 页。

学人的意识中。而美国现代大学理念则是对德国理念的调适与发展，她继承了价值理念的主体元素，将之潜意识化地存在于人们的心理中，尽管表现于外的是工具理性与实用主义，但内在追求真理的价值理念不断起着制衡的作用，使20世纪的美国大学引领了世界大学的发展。

西方大学理念在中国的导入与传播是中外教育交流的一个重要组成部分。伴随着西学东渐的逐渐展开，国人也渐渐开始认识异质异构的西方大学，从了解西方大学概况开始，揭开了西方大学理念传入的序幕。蔡元培在1910年12月出版的《教育杂志》上发表了《德意志大学之特色》的译文，这是将德国经典大学理念核心层面的内容首次介绍给国人。

就任民国首任教育总长的蔡元培还从制度层面建构起以经典大学理念为主要理论支撑的大学法规——《大学令》。而这些内容的具体实施则是蔡元培出长校长后才得以在北大实现。蔡元培引入德国经典大学理念，对北大进行了方方面面的革新，但这一植入带有一定的历史偶然性，与蔡元培的个人理想与选择密切相关。由于政治实用理性主义占据主流文化，纯粹的经典大学理念中知识具有本体意义这一核心要素很难让中国传统的"重行主义"文化所接受，仅仅一个北大或蔡元培是不可能扭转这种社会传统趋向的。不到10年的时间，在蔡元培离开北京大学后，德国经典大学理念的影响便逐渐衰退。

西方大学理念传入中国后，最终对国内大学起到主导性影响的是美国理念中的实用主义内容。尽管时势所然，为适应军事和经济需要，大学的实用性功能被放大，但与传统深厚的工具理性主义的结合，便有了国人对美国大学理念的误读与误解。一方面是国家危难形势需要大学提供实用功效，另一方面国人从自己的文化视野角度来取舍现代大学理念，将美国现代大学理念主要理解为是实用主义和直接服务社会。可以说这一影响一直延续到当下。

回眸中国近代大学发展，我们发现在其起步伊始便存在着先天不足，这种不足不仅呈现于经典大学理念与现代大学理念的双重缺失，也显现在经典大学理念与中国传统工具理性主义间的张力中。中国古代高等教育机构可以培养出以社会及民众为己任的优秀政治人才，但难以培养出像布鲁诺那样的视求真为生命目的的知识分子。知识分子并不等同于政治家，而一个完整的社会，既需要有政治家群体，也需要有知识分子阶层。

两类大学理念对中国影响的变迁值得我们深思。学术本位与实用主义本身并没有对错与好坏之分，当社会太偏向某种理念时，就需要另一种价值取向的调适。我们很难想象诸如学术腐败这样的问题会产生于奉行经典价值理念的学者群体中，同时也很难想象如果完全否定工具理性主义这种现代因素，会否走向呆滞的中世纪学术老路。健康发展的大学理念只有通过不断的吸收、调适，才能使得各种不同的理念得以平衡。

第二章　移植与调适:模式的嬗变

高等教育的发展是渐变与突变相结合的结果。在每一个突变时期，高等教育的形式和内涵都会出现突破性变化，呈现出与前一个时期不尽相同的特征与性质。18 世纪末 19 世纪初，世界高等教育领域迎来了它的第一次突变时期，德国大学模式为世界高等教育提供了一个可资借鉴的模板；19 世纪下半叶，美国高等教育在德国大学模式基础上大胆超越，以适应经济发展和科技革命影响下的时代需求，成为继德国之后各国大学竞相效仿的典范。而中国近代高等教育并非传统高等教育自然发展的结果，中国近代高等教育仿佛是在一夜之间建立起来的，缺乏而且事实上也不存在一个自然发展的过程。① 这种匆忙和断裂导致近代大学制度建立上存在先天性缺陷。

本研究所指的"模式"，亦译作"范式"或"范型"，一般是"指可以作为范本、模本、变本的式样"。② "模式"一词最初是从科学方法论或科学哲学中引用而来，在社会科学中，模式多用来指代研究社会现象的理论图示和解释方案，也常用来说明一种思想体系和思维方式。大致从 20 世纪 90 年代起，国内外学者逐渐开始从大学模式的视角出发，探讨中国现代高等教育演变的轨迹。本书将"大学模式"这一概念建立在大学中出现的各种复杂变革的实践之上，并加以抽象概括。它至少涵盖了大学理念、大

---

① 吴式颖、阎国华著:《中外教育比较史纲 · 近代卷》，山东教育出版社 1997 年版，第 549—552 页。

② 《辞海》编辑委员会编:《辞海》，上海辞书出版社 2002 年版，第 1185 页。

学的各种制度建设等方面内容。具体而言，大学模式一方面包括直接可感可查的大学建制、大学职能、大学管理机制、专业与课程设置、教学方式与方法等“看得见的沧桑”；另一方面则植根于上述表象之中，从更广阔的范围来看，表现为大学人的言行和各种制度背后所透露出的对大学传统的适应或改造，大学“掌舵人”对大学价值与精神内涵的理解和修正，甚至反映了国家与地方关系的冲突和重构等。大学模式的转换，是中国大学现代化的重要内容。

需要指出的是，从1840年鸦片战争后被迫向西方学习开始，中国模仿东西方列强教育的历程已逾百年，但不论是日本民族、日耳曼民族，还是盎格鲁-撒克逊等民族，其文化结构和心态与中华民族相比，教育上的差异不仅仍旧存在，而且相当明显。这也就说明，“没有差异的共性，只是人们运用抽象思维能力一再过滤的结果，倘把模式当作原型，那就很难洞察历史实际”①。

第一节　西方近代大学模式概述

在近代大学发展史上，模式的移植是一个带有普遍意义的现象。正如国内一些学者所言，除了像中世纪以教授为中心的巴黎大学模式、以学生为中心的博洛尼亚大学模式，以及文艺复兴时期以培养绅士为中心的牛津大学模式等属于真正意义上的原创模式外，其他大学模式或多或少都带有借鉴和移植的成分。②“国际性的大学模式在全世界的高等教育发展中，已经发挥了并且还在继续发挥着重要的作用，这一点也是显而易见的。任何一个国家高等教育确切的历史，都是由许多因素结合而构成的。例如，某一个国家就常因某种外国的影响造成一种历史的偶然。”③

---

① 朱维铮著：《走出中世纪》(增订本)，复旦大学出版社2007年版，第16页。

② 胡建华等著：《大学制度改革论》，南京师范大学出版社2006年版，第110页。

③ [美]菲利浦·G.阿特巴赫著：《比较高等教育》，文化教育出版社1985年版，第29页。

美国学者阿特巴赫在这段话中表达的中心意思，正是一国大学模式对别国的重要影响。

在世界高等教育史上，以德国哈勒大学为肇端，到19世纪初期柏林大学确立教学和科研相统一原则为止，西方大学在原单一教学职能基础上又增加了科研职能，并最终确立了以研究高深学问为鹄的科研职能在现代大学中的中心地位。新建的柏林大学作为自由研究学问的乐园，而不只是一个灌输知识和道德的场所，不再把教学当成教师首要且唯一的任务。柏林大学的建立为德国国内其他大学树立了榜样，引得不少大学纷纷效仿：不仅仅是学术研究的空气浓重起来，在教学的方式方法上也有了很大变化，"教学方式由单纯讲课逐渐演变成带有研究性质的讨论班，学生的学位论文也以第一手研究为基础，这一切都逐渐固定下来，成为新型大学的特有风格"①。自此，西方高等教育步入了一个崭新的时代："有史以来，研究首次成为大学的核心功能，而大学也依据新兴的科学领域以阶层的方式重新组织。"②从高等教育发展史上来看，德国大学在19世纪末前的这种教学和科研相结合的模式对世界各国的高等教育都产生了较大影响。

确切地讲，这里提到的德国大学模式是"文理大学和工科大学以及多科技术学院的综合体，它们都各自承担着社会发展的重任，它们相互依赖，互相促进"③，这与本文所说的德国大学模式专指其中的文理研究型大学有所不同。当1810年柏林大学创办的时候，洪堡等人坚决反对在大学里从事实用性学科的教研活动，这就使当时的工科大学和为数众多的专门学校在柏林大学之外逐渐自成体系。此外，德国大学中虽然拥有完备的研究生教育，却并没有像后来的美国大学那样设立研究生院，更没有

---

① 陈学东:《近代科学学科规训制度的生成与演化》，2004年山西大学博士学位论文，第28页。

② [美]阿尔巴赫等著:《21世纪美国高等教育——社会、政治、经济的挑战》，北京师范大学出版社2005年版，第18页。

③ 冯增俊著:《现代高等教育模式论》，广东高等教育出版社1993年版，第33页。

向研究型大学迈进这一设想。这一飞跃是由世界高等教育体系中的后起之秀美国大学来完成的。

直到19世纪中叶,美国大学的科研和教育水平还是比较落后的,大多数学校只有授予学士学位的资格。但与此同时,随着大量在德国接受了研究生训练的美国学生陆续回国,这一情况开始逐渐发生变化。19世纪中期后,受德国大学尤其是"近代大学之母"柏林大学办学理念启发,美国研究型大学异军突起,后者特别突出对研究工作的激励,强调学术研究的重要性。正如约翰·霍普金斯大学校长吉尔曼所言:"研究是每个首席教授的职责所在,他应该是同行和学生的引导者与激励者。虽然他们的科研工作可能没有署上自己的名字,但这些成果却是在他们的指导和激励下所产生的真正成果。"①

德国文理研究型大学模式对美国大学的影响,主要表现为"约翰·霍普金斯模式"的推广。当这所以科研和培养研究生为主要任务的大学在1876年成立的时候,它就以"严肃的学问,研究生的学习,博士学位,专业化的学术专业和广泛的辅修课程,深入的探究精神以及与之相配的坚定不移的决心"②,开始影响其他的新大学和新学院,人们甚至直接将其称作"巴尔的摩的哥廷根大学"和"美国的柏林大学"。随着斯坦福大学、克拉克大学和芝加哥大学等新大学的加入,以及哈佛、耶鲁和哥伦比亚等老牌大学的改弦更张,美国大学移植德国大学模式的行动终于达到了顶点。在这一过程中,美国大学还创造性地发展出一种融教学与科研于一体的高层次人才培养机构——研究生院,它迎合了美国的实用主义传统,突破了德国研究生教育学徒制的桎梏,能更有效地服务于社会经济的发展需要。

从管理体制上说,近代大学最早试图采用的是德国的讲座制。一方

---

① Brubacher J. S. & Willis Rudy. Higher Education in Transition: An American History, 1636—1956, Harper & Row Publisher, 1958, 177.

② [美]罗德斯著:《创造未来:美国大学在社会中的地位与作用》,清华大学出版社2007年版,第8—9页。

面，教授作为讲座的负责人，拥有很大权力，学校对讲座教授没有控制权；研究所作为一个独立的实体，是讲座教授开展其教学与研究活动的场所，研究所中的其他教师和学生在讲座教授的指导下开展相关活动。另一方面，讲座制对讲座教授个人魅力和权威的依赖导致学术的封闭性。[①] 到20世纪时，知识的专业化和专业的不断分化以及新学科的出现，使讲座制失去了学术基础。美国发展成为学系体制，与依赖学术权威的讲座制相比，建立在知识分化基础上的学系制则更重视教师群体的合作，重视团队建设。

不难看出，美国的大学改革学习了德国大学模式的优点，并以之为底版在很大程度上进行了创造性变革。同时，美国在移植德国大学模式时，也力图作出适应本国国情的改造。美国学者阿特巴赫认为："美国大学对德国大学模式所进行的改造，是适合于美国当地情况的。原先在德国可能被认为不适于作为学科内容的课程，却欣然地被作为美国大学的课程。工程、应用农业以及在而后出现的教育等学科，都在大学里开设了。虽然德国大学强调基础研究，但美国大学却常常包括应用研究。由于美国大学的低级教师参与教学和科研的人数比德国大学多得多，因而，讲座主任的权力便分散到少数正教授中间。美国大学是由校外董事会来管理的，甚至州立大学还有些避免由州直接参与管理，这种情况是美国制度的重要特征。"[②]

阿特巴赫的论述向我们传递了一个重要信息，即尽管德国大学模式的导入对19世纪末美国大学的现代化起了直接的推动作用，但这种影响是被牢牢限定在教育教学范围内的。面对拥有漫长历史的董事会，德国传统的教授治校制度在美国大学管理领域始终无法掌握主导权。所以，从一定意义上说，美国研究型大学的兴起可以视为固守传统办学理念的传统大学在近代的复活，但它也反映出美国大学模式的出现是多因素共

① 参阅缪榕楠、谢安邦：《教授权威的历史演变》，《高等教育研究》2007年第1期。

② [美]菲利普·G. 阿特巴赫著：《比较高等教育》，人民教育出版社2001年版，第32页。

同作用的结果。

除了移植德国文理研究型大学模式外,美国还在 1862 年通过实施有关赠地办学的《莫雷尔法案》,开创了大学为社会发展提供服务的新模式。20 世纪初期,伴随着康奈尔计划和威斯康星观念的出现以及美国大学结构的变化,大学的边界开始突破围墙,越来越广泛地深入到社会各个方面和各个领域,在教学、科研之外为社会服务的第三项职能最终成型,这在世界高等教育史上具有里程碑式的意义。这种公共服务主要是通过教学方式实施的,直至今日,美国大学尽管面临着来自高等教育学者的多方指责,但强调大学与社会的关系,将服务社会的观念与工农业直接联系的信念仍深植于办学者与一般民众的心中。

以上简要回顾了西方近代大学模式的基本情况。应该看到,不论是英国、德国,还是美国及此处未提及的日本诸国的大学模式,其本身从草创到基本定型都经历了一个发展嬗变的过程。中国也是如此。在抗战前 20 年内,中国高等教育从德国大学模式到美国大学模式的过渡,并不是一蹴而就的,也有一个逐步探索前进的过程。而且,这一过渡只是西方大学对近代中国高等教育领域影响的一个方面而不是全部,这种现象也不是单从文化教育的角度能够说明的。它是一个过程,一个与中国社会全面变化相适应的过程。这一过渡,关乎中国社会结构的变化,关乎国家政治体制的变化,关乎中国同外部世界关系的变化,关乎中国在那个转折年代思想进程的变化,关乎中国革命兴起后新旧文化观念的冲突。可以这样说,使用“大学模式”这一概念无非是表示一个希望,就是我们对于中国高等教育现代化的研究,可以从多种角度着眼,同时也可以从整体着眼,而不要自己给自己在学术研究上设置层层障碍,就像黑格尔曾经说过的:正是当规定某物为极限时,就已经在超出这个极限了。

第二节　以欧美为蓝本:学术模式的借鉴与创造

就中国高等教育而言,一般认为,自主张“融会中西”的蔡元培在

1917年正式长校起，重视学术研究的理念被引入北京大学，流风所及，全国高校莫不以此为尚。到1920年前后，在北方的北京大学以研究所为中心、在南方的东南大学以科学社为核心，南北高校都出现了浓厚的研究风气，这些现象也表明“科学研究已被置于大学中的重要位置”了。① 尽管蔡元培的继任者蒋梦麟主持校政后，以美国大学模式为取向对乃师导入的德国大学模式多有变革，但不变者仍是笃信“学校之唯一生命在学术事业”，并谨守“学术自由的风气”，处于大学模式转换中的北京大学在全国学术界的地位因此得以巩固，两种大学模式也因此得以协调。

一、大学职能的拓展

（一）高深学问的研究

1. 民初学术研究的典范危机与解决

美国学者魏定熙认为，中国知识分子在1911年辛亥革命后不久分化出了两种对立的价值体系：一种主张通过政治权力来谋求个人声望和荣誉，另一种则认为学者应立足于更独立的社会地位，以摆脱传统封官荫职欲望的驱使。② 按照这一观点，蔡元培、严复、马良和梁启超等人当被归入赞同后一种观点的学者行列。他们一致主张，高等教育应以学术研究为基础，进入大学不能再以升官发财为目的。1912年5月，大学校校长严复、教育总长蔡元培等在京师大学校开学典礼上先后发表演说，指出“大学为研究高尚学问之地，即校内课余，仍当温习旧学”，希望将学生的志趣引向学术研究的轨道上。尽管当日到场学生仅百余人，但“这些演讲者们所表达的思想却标志着一个崭新的开始”。③ 不久，梁启超在北京大

① 张雪蓉著：《美国影响与中国大学变革（1915—1927）——以国立东南大学为研究中心》，华龄出版社2006年版，第147页。

② ［美］魏定熙著：《北京大学与中国政治文化（1898—1920）》，北京大学出版社1998年版，第56页。

③ 《教育杂志》第4卷第4号，1912年。

学校欢迎会上也劝勉学生应以学问为目的而非手段，因为“大学校之所以异于普通学校而为全国最高之学府者，则因于普通目的以外，尚有特别目的在，固不仅其程度有等差而已。特别之目的维何？曰研究高深之学理，发挥本国之文明，以贡献于世界之文明是焉”。他指出：“专门学校之目的，在养成社会上技术之士；而大学之目的，则在养成学问之士。”学与术各有所重，而“学问为文明之母，幸福之源”，所以学生当为学问而求学，如在求学目的之外别有他种目的，则会“渎学问之神圣，伤大学之尊严”。①

陈洪捷注意到，人们通常比较看重蔡元培改革北大时所产生的显著效果，而忽视了这场改革能够在短期内奏效的一个重要前提，即蔡元培对北大的改革恰好处于当时中国学术的整体转型进程中，并与这一进程的方向相吻合。② 这就提示出一种时势造英雄的意思。事实上，尽管严复、梁启超和蔡元培等学界巨擘都曾在北大疾呼研究学问，效果却并不明显。民初北大学生普遍抱有追名逐利的心态，其原因一方面如蔡元培所分析的，这些学生“是从京师大学堂‘老爷’式学生嬗继下来”③；另一方面也是受教员中存在的轻慢学问风气影响。因为学生多是浮华贪鄙的“官僚和大地主子弟”，所以虽然科举早已废除，不少人对读书仍毫无兴趣，在升官发财目的驱使下，学生从预科毕业后多选择进入“学术要求最不严格的”法科。据统计，到 1917 年年底，北大法科的预本科学生达 841 人，比文(418 人)理(422 人)科学生总数还多。从教师方面看，据 1913 年考入预科的顾颉刚回忆，有的教师不学无术，一心只想当官；有的教师本身就是北洋官僚，学问不大架子却不小；还有的教师思想陈腐，因循守旧。④ 在师生普遍不重视学术和道德修养的情况下，北大“像个衙门，没有多少学术气氛”的情况一直没有得到根本改观，直到蔡元培前来赴任。

---

① 梁启超著：《梁启超全集》，北京出版社 1999 年版，第 2527—2528 页。

② 陈洪捷著：《德国古典大学观及其对中国的影响》，北京大学出版社 2006 年版，第 153 页。

③ 蔡元培著：《蔡元培自述》，传记文学出版社 1985 年版，第 12 页。

④ 陈平原、郑勇编：《追忆蔡元培》，三联书店 2009 年版，第 140—141 页。

蔡元培、严复等人有心栽花，北大师生却无意插柳，出现这种情况，不能不说和当时学界整体的思想局限有关，简言之：时机未到。晚清到民国初年的一段时间里，学界最感困惑的是中西学的异同及其关系问题。“举国以为至言”的中体西用说直到“五四”新文化运动前夕也没有发生基本变化，尽管这一思想典范已被很多人认为不合时宜。当时的大学校校长严复以精于西学著称于世，其所主张的中西各有体用一说也多有附议者。然而，严复却无法为时人提出一个新的思想典范来突破和取代中体西用的框架。1912 年，已是迟暮之年的严复在主持北大时，已认定将中西学“合一炉而冶之”的办法不可行，转而选择打算合并大学的经文两科，以“尽从吾旧，而勿杂以新”。[①] 这本是严复个人思想进一步西化的表现，却被人视为要在思想和实践上回归保守，没有引起同时代人的共鸣。连严复这样深谙西学的大家都没能给出令众人满意的答案，学术转型所需要的新典范就不可避免地出现了危机。

然而山雨欲来，新典范呼之欲出。1914 年前后，一批章门弟子如马裕藻、朱希祖、许寿裳、沈兼士、钱玄同、黄侃、马叙伦、朱宗莱等人陆续进入北大并成为最得势的一派。他们深受乃师学术兴趣和个人风格影响，笃信真正的学者是那种不贪恋富贵利禄和坚韧不拔地为实现目标而默默践行的人。那种人正如章太炎所描述的“神经病人”：“大凡非常可怪的议论，不是神经病人，断不能想，就能想也不敢说。说了以后，遇着艰难困苦的时候，不是神经病人，断不能百折不回，孤行己意。所以古来有大学问成大事业的，必得有神经病才能做到。”以“神经病”自诩在一般人看来不啻惊世骇俗之举，章太炎不是真的“神经病”，更不是故作“疯癫”。清末学人无论怎样在语言层面抨击传统，其深层意识中仍然逃不脱传统文化牵绊，章氏所言“神经病”正体现了传统士大夫自觉的道义担当意识和感受到“天将降大任于斯人”时产生的强烈使命感。因此，他郑重宣示“要把我

① 严复著：《与熊纯如书札二》，《严几道晚年思想》，崇文书店 1974 年版，第 3 页。

的神经病质，传染诸君，更传染与四万万人”。[①] 在提高自身修养的同时，章门弟子也致力于将西来的近代观念引入传统学术领域，使之成为推动传统学术向近代转换的自觉力量。在他们的努力下，“一股青春的气息和一种政治独立的精神”开始在少数学生中显现出来，这种“求学的兴趣”正是此前十五年的京师大学堂所未见的。他们为即将到来的北大变革做了思想和人员上的准备。这样，在蔡元培执掌北大前，时势造英雄的条件开始出现了。

除了有利的文化环境，当时也出现了对即将到来的北大变革有利的政治环境。蔡元培自谓改革北大是取“兼容并包主义”，这一思想之所以能够在当时广受推崇，不仅因为它紧扣了时代的要求，适应了社会的需要，也在于恰逢袁世凯去世，国内政治势力急谋重组之时。二次革命失败后，流亡海外的一部分知识分子如蔡元培等，开始放弃以暴力革命解决中国问题的观念，转而赞同从教育入手提高道德并实现社会的渐进式改革。他们通过组织社团或创办报刊，组成了各种联系松散的非正式团体，陆续集结起包括蔡元培、章士钊、陈独秀、李大钊、高一涵、胡适、吴虞、杨昌济、刘文典等在内的对后来北大变革发生重大影响的新人物。他们普遍“倡导西方式自由主义，而且要求在学术意义上对国家和个人进行重估”。[②] 这里的“学术意义”在很大程度上无疑是对西方标准而言的，也就是说，新文化诸人在输入学理上的思想资源上是取自西方的。相对而言，新文化诸人在二次革命后的三年中还处于中国政治和思想界的边缘，直到1916年夏天袁世凯死去，事情才开始出现转机。

袁世凯去世为中国改造政治核心创造了某种机会。“充满希望”的氛围为陈独秀、胡适、李大钊等一批新文化团体中的知识分子从幕后重返台前铺平了道路。这当中重要的一环就是他们在蔡元培“思想自由、兼容并包”口号下进入饱受诟病的北京大学。这些未来的新文化运动中的健将

① 马勇编：《章太炎讲演集》，河北人民出版社2004年版，第1—2页。

② [美]魏定熙著：《北京大学与中国政治文化（1898—1920）》，北京大学出版社1998年版，第56、111页。

们都认识到，要向社会传播他们有关教育改革、道德刷新和政治调和的观念，必须首先在他们所立足的北京大学进行变革；而要使这所暮气沉沉的国立大学摆脱原有追名逐利、腐化堕落的恶习，必须以学术为号召、以道德为标杆，即要求“大学生当以研究学术为天职，不当以大学为升官发财之阶梯”，[①]促使他们“抱定宗旨”、“砥砺德行”和“敬爱师长”，从而让北京大学“改变权力的象征，而不是重新树立一个新的权力象征”。[②]

到蔡元培掌校前，时势造英雄的条件已经形成，不论是已进入中国最高学府北京大学做着“里应”工作的太炎门生，还是蓄势待发做着“外合”工作的新文化诸人，在“研究学术”的问题上已达成默契，中国思想界酝酿已久的两股“洪水”合流之势已成，只等一个为双方所接受的人物引导，便要倾泻而出。恰在此时，这个既推重大学在决定国家民族命运中的重要作用，又坚信通过研究高深学问可以实现改造社会这一宏伟目标的理想人物在北京大学出现了。

2. 东西思想资源的对流

蔡元培在1920年春为北京英文《导报》特别增刊所作《洪水与猛兽》一文中说：“我以为用洪水来比新思潮，很有几分相像。他的来势很勇猛，把旧日的习惯冲破了，总有一部的人感受痛苦；仿佛水源太旺，旧有的河槽，不能容受他，就泛滥岸上，把田庐都扫荡了。对付洪水，要是如鲧的用湮法，便愈湮愈决，不可收拾。所以禹改用导法，这些水归了江河，不但无害，反有灌溉之利了。对付新思潮，也要舍湮法，用导法，让他自由发展，定是有利无害的。”蔡氏之言既是他在北京大学掌校三年来的经验总结，也表明了他在近代中国学术转型过程中的态度。这篇文章被收录于《新青年》第七卷第五号，时任轮值主编的胡适在“附记”中注明：“我们因为这篇文章是很重要的文字，很可以代表许多人要说而不能说的意思，故把他

① 蔡元培著：《蔡元培自述》，传记文学出版社1985年版，第12页。

② ［美］魏定熙著：《北京大学与中国政治文化（1898—1920）》，北京大学出版社1998年版，第144页。

的中文原稿登在这里。”[1]

要说而不能说，一方面是苦于无从完整而系统地表达出“研究学术”所蕴含的时代要求，即无法将西来的思想资源与本土的传统意识进行对接；另一方面也是两股力量身份所限，无法将各自影响广为散播，由于缺乏一个“众声喧哗”的平台，充其量只能是自说自话。1917 年后，“新文化团体”中的知识分子纷纷进入北大，并在日后以北大为依托一展宏图，很大程度上是得益于蔡元培自 1917 年起大力引进新人的工作。他们与早先进入北大的章门弟子构成了参与北大变革的两股新势力。这两股新势力迅速汇合升腾，短短一两年内便造出了开风气、立典范的新局面，就是因为蔡元培就任北大校长这一事件恰好在这时发挥了关键性的作用。

民初的头几年是中国知识分子由充满希望到不断失望的几年，因失望而产生了一个思潮上的变动，即知识分子对国家民族的关怀由政治转向了文化。[2] 这是就整体情形而言，其实在清季时这种转向的苗头就已显现。蔡元培在游德归国后，“其教育救国的思想有了新的聚焦点，这就是大学或学术”，而他似乎也由早期“泛泛的‘教育救国’论者”一变而为“学术救国”或“大学救国”论者了。[3] 相对于此后新文化诸人致力于走激进破坏传统文化一路，自认“性近于学术”的蔡元培在认知和对待中西文化的立场上始终显得温和而富于建设性。他在所著《中学修身教科书》“例言”中声明，“本书悉本我国古圣贤道德之原理，旁及东西伦理学大家之说，斟酌取舍，以求适合于今日之社会”，可说是“熔中外为一治”的尝试。[4] 此外，他在留德期间翻译《伦理学原理》、编著《中国伦理学史》、1915 年出版《哲学大纲》等，都是通过对比中西文化异同，逐步发展文化

---

① 高平叔编：《蔡元培教育论著选》，人民教育出版社 1991 年版，第 262—263 页。

② 罗志田：《“二十一条”时期的反日运动与辛亥五四期间的社会思潮》，《新史学》第 3 卷第 2 期，1992 年 9 月。

③ 陈洪捷：《蔡元培对德国大学理念的接受——基于译文〈德意志大学之特色〉的讨论》，《北京大学教育评论》2008 年第 3 期。

④ 中国蔡元培研究会编：《蔡元培全集》第 2 卷，浙江教育出版社 1997 年版，第 74 页。

兼容观念的表现。胡愈之称蔡元培“一方面接受了固有的文化遗产，一方面又吸收了十九世纪的民主主义、自由主义的新思想，加以发扬光大，这样才成了中国近代思想界的炬火”①。能将异质的固有文化和新思想制成“炬火”的火引，就在于蔡元培和此前甚至同时代有融合中西学术倾向的学者相比有一个显著区别：他不但一直在实践，更重要的是一直在有意识地主动实践这一信念。

蔡元培认为，“欧洲文明，以学术为中坚”，又明白表示“兄弟在德、法较久，深悉德、法学制，故亦注重研究学问”。② 明确了西方文化的根本之处，也就确定了学习西方文化的方向和目标，这就是站在“我”的立场，去“吸收”和“消化”西方的学术思想。具体而言，就是要在“见彼此习俗之殊别”时“推见其共通之公理”，在“震新旧思想之冲突”时就要“预为根本之调和”，只有在“吸收”之初就参以“消化”，才能减少异质文化碰撞时遇到的天然阻力。后世教育家称蔡元培“融会中西”的主张虽“尚难完全跳出前此‘中体西用’与‘中西兼通’的窠臼，然而，既不彷徨瞻顾，又能推陈出新，蔡元培仍是中国现代教育思想的先驱中，最有创意与最具卓识的一位”，③就是站在中西文化会通的角度作出的评判。其中“推陈出新”一词点明了蔡氏在中国近代学术转型与大学改制过程中所起的独特的“媒合”作用。1919 年 10 月 20 日，蔡元培在杜威六十岁生日晚餐会所做演说中，赞同杜威提出的“现今大学的责任，就该在东西文明作媒人”的见解，并指出孔子思想和杜威学说中“很有相同的点”，说“这就是中西文明要媒合的证据了”。但仅有证据尚不够，还需要媒合的方法。于是蔡元培接着指出：“媒合的方法，必先要领得西洋科学的精神，然后用他来整理中国的旧学说，才能发生一种新义。”④

---

① 蔡建国编：《蔡元培先生纪念集》，中华书局 1981 年版，第 102 页。

② 高平叔编：《蔡元培教育论著选》，人民教育出版社 1991 年版，第 346 页。

③ 郭为藩主编：《中华民国开国七十年之教育》(上)，广文书局 1981 年版，第 12 页。

④ 中国蔡元培研究会编：《蔡元培全集》第 3 卷，浙江教育出版社 1997 年版，第 716 页。

中国的旧学说需要“整理”才能发生“新义”,否则便“决不能十分透彻”,也不“可以适用于今日的中国”,这种看法代表了当时多数人的认知,也折射出新旧典范转换过程中的民初学人在对待西洋科学精神上的基本心态。

已是新人之身却常怀旧人之心,是民初知识分子的一个常态。以新文化运动时期“暴得大名”的胡适为例,他虽已是现代意义上的知识分子,思想中却不时流露出传统士人以天下为己任的印迹。在美留学的七年是胡适一生思想的定型期。毛子水称这七年“非特使他(指胡适)对于现代比较可靠的思想方法有精深的造诣,并且对于研究学术思想史的方法和工具,都有明确的心得”[①]。余英时认为,胡适在留美期间的思想预备已到了“颠沛必于是,造次必于是”的境地,这也成为了他后来倡导新文化运动的一个最重要的主观凭藉。[②] 胡适既然下了研究学问的决心,也为此做了长期的精神准备,在国内面临学术转型的关键时刻,个人优势就很快显现出来了。

作为中国第一代现代意义上的知识分子,胡适对西学有着直接和完整的认知(尽管不一定准确),并意识到“出所学以饷国人”以改变“晚近思想革命政治革命,其主动力多出于东洋留学生”的重要。当蔡元培在北大作育中国现代学术转型的温床时,胡适又适时担负起串联留美学生与国内思想界言说的任务。从回国前《文学改良刍议》的开道,到进入北大后《中国哲学史大纲》的发表,胡适不但改变了晚清以来西洋留学生与国内思想言说疏离的不利局面,更以全新的视界提出新的学术研究范式,令后辈深深折服。这一任务的完成,使得留美学生日后逐渐掌握了中国思想界和学术界的话语权。同时,也正是因为有了胡适开创的学术研究新典范,以北京大学为代表的中国大学在导入德、美国家大学注重科学研究这一特性时才会一帆风顺,20 世纪三四十年代中国学术研究高峰的出现也因之成为可能。

---

① 胡不归等著:《胡适传记三种》,安徽教育出版社 2002 年版,第 128 页。

② 余英时著:《中国近代思想史上的胡适》,联经事业股份有限公司 1984 年版,第 26 页。

(二)社会服务的开启

杨廷铨在1928年发表的《中国之平民教育》一文中认为，中国近代教育的一个怪现状在于“一味的模仿外人，以为外国的东西，是万灵丹，能治百病……唯有最近一桩事，不是模仿外人，而且各国都未注意，远合世界之潮流，近适中国之国情，为我国戛戛独造者，就是这种平民教育”[①]。这一论断，可说是对“五四”以来中国新教育发展状况的一个总结。此处且不论杨氏对新教育的整体评判是否全面，单就平民教育一端而言，“远合世界之潮流，近适中国之国情”的赞誉实不为过。“五四”运动后，社会运动勃兴，学生界所关注的，首先是国家主权的恢复和国内政治的清明，亦即时人所说的“外争国权，内惩国贼”；再就是教育的革新与社会的改良，亦即傅斯年约在1919年所说的“现在是文化的觉悟，将来是社会的觉悟”。[②] 与此相呼应，中国大学在“五四”后陆续出现的社会服务活动，特别是平民教育运动，也在很大程度上带有此一时代印记。

其实，早在党人杨廷铨发表对平民教育的见解前，教育界的知识精英就有了类似认识。北大校长蔡元培在1920年已认定，“五四”带来的唯一好结果就是平民教育。[③] 蔡元培在北大主持的改革，不仅激发起青年学子的求知欲，更把此前束缚学生的藩篱一一撤除，唤起了他们自动能力与反抗精神。“五四”运动前后，受西方民主思想特别是杜威平民主义教育思想影响，北京大学相继涌现出各种形式的社会服务活动，主要包括开办短期讲习班、平民夜校、各科补习学校，以及发起成立平民教育演讲团等，实则都可以纳入平民教育的范畴。与同时期的美国大学甚至国内一些大学特别是教会大学等相比，北京大学在社会服务职能的实效上或许并不那么突出，但因其在形成与发展过程中出现了引人瞩目的新变化，可视为

---

① 舒新城著：《中国新教育概况》，中华书局1928年版，第170页。

② 傅斯年：《时代与危机与曙光(傅斯年未刊残稿之一)》，《中国文化》1996年第14期。

③ 高平叔编：《蔡元培教育论著选》，人民教育出版社1991年版，第275页。

当时社会思潮中改良与革命呼声在高等教育领域的回响，故而大学社会服务职能在北大的兴起在此处颇具一定的研究价值。

1."增进民众知识"的改良途径：平民学校和补习学校

孟宪承在20世纪30年代阐述了理想的现代大学所需承担的具体任务，即研究（research）、教学（teaching）和推广（extension）。他认为，正是因为欧美大学意识到除科研和教学任务外，自身还负有适应"平民主义"的要求，以及将知识推展至大学"宫墙"外的责任，才会出现"大学到民间去"的运动。[①] 孟氏此说颇有所见，他既指出了当时欧美社会要求大学延伸其教育职能的普遍呼声，也强调了大学应对社会服务活动展现出更多的主动性和责任感。

通常认为，美国首先确立了大学的社会服务职能。在赠地法案精神、康奈尔大学实践和威斯康星理念中展示出的大学社会服务职能，到20世纪后迅速扩展至美国以外的各国大学。函授教育、暑期学校、演讲会、巡回图书馆、展览会、讨论会、指导社会事业部门、指导都市事业部门等多种形式的社会服务活动，构成了大学中相对独立和完整的体系。社会服务职能的产生，使大学"不再是封闭的'金字塔'，而走向了社会"[②]。兹以北京大学在"五四"前后开办的各类平民学校和补习学校为例略述之。

(1)平民学校

校役夜班由校长蔡元培亲自筹划设立，从全体学生中征聘教员。该班于1918年4月中旬正式开学，时间定在每晚7时半至9时半，授课对象为居住在京城各处的北大校役约250人。在课程安排上，包括修身、国文、算术、理科四门必修科和外国语一门作为随意科（1920年取消），校役不纳学费，授课时如需用到的仪器实物和标本，可向北大取用。在成绩考察上，分临时、月终、学期和学年四种，毕业期限不定。它是北京大学成立最早的社会服务团体。

① 孟宪承著：《大学教育》，商务印书馆1933年版，第6—9页。

② 单中惠著：《外国大学教育问题史》，山东教育出版社2006年版，第26页。

北京有平民夜校，平校中设师范科，均以北大为嚆矢。北大的平民夜校于1920年年初开办，所收学生大都为普通居民子弟，学生分甲、乙、丙三班16个年级，并含幼稚一班。1921年年底，北大平校开设中学班，兼收男女学生，为北京各校学生会所设平民学校之首创。在平校影响下，中国大学、朝阳大学及北京法政专校，都开始相继筹办此类学校。北京农专因为校址在城外而接近农民，更拟特施农村普通教育。舆论界对北大平校大加赞赏，因其以最少经济、最短时间，即能“教育生徒人数七八百人之多，且人人皆有相专之知识技能”，更因其从平民教育着手襄赞新文化运动，“亦一可喜之事矣”。①

北大第二平民夜校由北大平民教育研究社社员及北大学生担任教员，学生男女同校，依程度分班，无毕业年限，学生入校一律免费，并酌情发给书籍文具。所设学科包括普通必修科、分科必修科和特别选修科等。该校还印行周刊，刊登校内教职员与学生言论，是平民教育界的一大创举。

1922年2月，北大学生邓仲澥(邓中夏)、黄绍谷、朱务善等人在校内开办工余补习夜校，专门教授北大出版部印刷工人及新知书社印刷工人。夜校设英文A、B班及工人常识班，学生约50人。这是北大开展平民教育活动以来专门为劳工设立的一所学校。

此外，在1918—1919年间，北大还组织了德文夜学、英文夜学、商业夜班及大学公余法文夜校，其目的既在于谋求教育普及，也在于满足学生补习需要。与校役夜班、平民夜校等对在校生基本免费相比，德文夜学等校的一个突出特点是实行有偿教育，各校招生简章中多规定了报名者需缴纳数额不等的报名费与学费。显然，这一类型的夜校所针对的是那些既有专门的求学目标，又有一定家庭经济实力的学子。出现这一情况，盖因平校等多由北大学生义务承担，后者笃信以免费为特征的平民教育，对服务社会抱有极大热情，经济问题并非主持者考虑重点；德文夜学等校虽

① 1920年6月24日《申报》。

也是依托北大办学,但报名费及学费均需到北大会计课或庶务处等处缴纳,官方色彩较为浓厚,经济问题必然是主办者自始至终关心的重点之一。这样,以是否缴纳学费为标准,北大就出现了上述两种类型的平民学校。

(2)短期讲习班

短期讲习班是北大仿照欧美大学惯例在暑假期内开设的教学组织。北大在 1918 年 6 月间先后开办了夏季讲习科和法文暑假班,按《夏季讲习科之组织》介绍,创设夏季讲习科是为将来开办完全夏季大学所做的预备工作,其科目包含国文、英文、美术、论理、心理、教育、社会、财政、法政、商业 10 门,并预备开设德文、法文、算学、物理、化学等学科。计划在暑期 8 周内授课,每门每星期 6 小时,上课时间定为每日上午 8 到 10 时。法文暑假班为接续原法文夜班即将到来的假期而设置,原以本校教职员学生为限,但经后者介绍亦可加入。夏季讲习科和法文暑假班都实行收费制。

从 1934 年开始,北京大学作为教育部指定的北平市三所大学(分别为北大、清华、师大,1935 年起添加燕京大学)之一,与清华大学一道,于暑假联合举办中等学校理科教员讲习班。讲习班学员来自北平、天津、河北、察哈尔、绥远及宁夏地区的公立及经部备案的私立中学、高级中学、初级及简易乡村师范学校。按清华北大联席会议决议,北大课业长樊际昌当选为讲习班常务委员,协助清华张子高、张晓初二人共同筹办讲习班事宜。北大与清华两校合办生物与理化组。高级理化分为物理及化学二科,为高中、师范及乡师教员而设。经协商,两组教授分任情况如下:(一)生物组主任张景钺,教授李继桐、吴韫珍、刘崇乐、杨维义、徐荫琪、彭光钦、沈嘉瑞;(二)理化组:1. 物理,主任教授萨本栋,教授吴正之、郑华炽、吴大猷;2. 化学,主任教授曾昭抡,教授萨本铁、孙承谔、黄子卿。[①] 以上教授,基本按清华与北大1∶1的比例安排,突出了讲习班在人员配置上分工协作、共同负责的特点。

① 1937 年 6 月 5 日《北平晨报》。

(3)补习学校

至迟到 1916 年，北京大学已出现预科补习班，但实行情形不详。1918 年 7 月，《北京大学预科补习班修正草案》发布，按照 1916 年旧章重加修订，另行组织。补习班主要为报考北大预科不第者设立，同时受北大委托，兼收预科暂取生，为其特别补授未及格科目。科目包括国文、英文、数学、历史、地理、理化、博物诸门，授课时间每周 6 到 8 时不等，学规与北大预科相同。

北京高等补习学校成立于 1919 年 8 月，专为有志投考北大及高等专门学校程度不足者补习功课而设，由胡适、沈尹默、蒋梦麟、冯祖荀和马寅初担任校董。各种学科皆以国立大学预科及各高等专门学校入学实验所需程度为标准。入学资格以曾在中等学校毕业，或经北大实验证实有同等程度者，补习期一年，程度不足者可酌量延长。

北大暑期补习学校成立于 1922 年，由北京大学毕业生邀同部分北大教授及在校最高年级学生主办，以补习中小学程度所不及和欲升入大学或中学者为宗旨，分中学毕业班、中学二、三年级班及高小等 6 班，学生共约 150 余人。功课除英文、国文外，大抵由教员编撰讲义。这一暑期学校一直到 20 世纪 30 年代初仍开展活动，是各补习学校中坚持时间较长的教学组织。

北京暑期学校由北京大学教育系、中华教育改进社和京师学务局于 1926 年合办，分特别及甲、乙三组。特别组专为男女中小学教员研究教育问题而设，甲组专为男女中学毕业生补习学课而设，乙组专为预备升入中等学校学生而设。暑期学校每周还举办各科讲演，胡适、张伯苓、凌冰、叶企荪、陶孟和、梁漱溟、范源濂、李四光、马寅初、周鲠生、张彭春、陶行知、李顺卿、高一涵、王世杰等 15 人为公开讲演人；高仁山、谢循初、陈孺平、钱端升、李景汉、陈瀚笙等人分别讲演社会科学相关科目；叶企荪、薛燮之、陈孺平、袁复礼、罗惠侨、谢循初等人分别讲演自然科学相关科目。

此外，在 1917—1937 年间由北大发起的补习学校还有：1920 年开设的北京大学画法研究所暑期补习班、1927 年开设的暑期英文补习班和

1934 年开设的北平甲戌暑期补习学校等。

平民学校和补习学校的开设，表明北大在强调学术研究重要性的同时，也看到了大学的社会责任。历史地看，这一点恰如美国霍普金斯大学校长吉尔曼在 1876 年所说：大学应通过发展知识和利用研究成果解决日常生活中的问题，大学将通过服务职能的行使让社会中的“穷人中有更少的悲惨，学校中有更少的无知……政治中有更少的愚蠢”①。然而我们也应注意到，以上平民学校多由北大学生自行开办，仅有少数能邀请到本校教授参与，并且这种服务形式相对单一的平民教育本身只是由北大方面单方施予，受教方或社会基本上也不能为北大的学术研究活动提供多少良性互动的机会。所以一旦在各平校执教的北大学生毕业，或是北大当局宣布缩减甚至停止对平校的津贴支持时，部分平校便陷入难以为继的困厄之中。另外，从总体上来看，尽管北大开展的平民教育活动得到了舆论的普遍赞赏，政府却无意大力鼓励和扶持，也没有将其纳入官方社会教育体系中的意愿。更有甚者，地方当局如发现学生的平民教育活动有“逾矩”之处，还会加以限制和破坏。这一点将在下文有所呈现。

以上情况反映出，以北京大学为代表的国立大学在社会服务方面与以社会服务著称的美国大学相比，仍有较大差距。首先，从大学社会服务活动内容看，以 20 世纪初“美国北部州立大学典范”威斯康星州立大学为例，该大学中的教授除亲自参与为本州服务的调查、试验外，在科学、工程、财政、教育和农业方面也越来越成为州的顾问。据统计，威斯康星大学在 1910 年共有 35 位教授兼任州政府不同部门的职务：校内经济学家在州铁路和税务委员会发挥作用，政治学家帮助起草法案，工程师帮助规划道路建设方案，农业科学家努力促进乳制品业的发展……②其次，从社会与大学社会服务的互动来看，大学和州的关系能够如此紧密，要归功于早前各州立法机关的推动。如 1885 年，威斯康星州政府通过了各学院课

---

① 黄宇红著：《知识演化进程中的美国大学》，北京师范大学出版社 2008 年版，第 115 页。

② 单中惠著：《外国大学教育问题史》，山东教育出版社 2006 年版，第 33 页。

程内容要涉及农业的“理论和实践”的议案，从而极大地刺激了大学为地方服务的热情，其重要表现就是张伯伦校长仿效英国建立大学推广部的总规划被董事会批准。到20世纪初，威斯康星大学推广部的工作已超出了其仿效原型英国大学的范围，包含函授课程、课堂教学、辩论和公开讨论诸方面，目的是使地方民众“通过进修部(即推广部)为他们开设的课程有可能得到自我改善，并利用提供给他们的各种机会”，这实际上已改变了之前的大学仅“为州服务”的做法。通过“把大学带到了千家万户”，该大学迅速成为了“高度体现威斯康星州人民共同的社会意识的核心”。①此后，大学的纯理论研究被用于确定政治目标，并被用于指明如何最有效地实现这些目标。这一思想相当成功，其他州立大学，以及其他私立和公立院校，都接受了这一思想，大学越来越经常地被喻为“服务站”。②

2.“作民众运动的先驱者”的革命途径：平民教育演讲团

民国建立后，政府或私人通过一些机构和团体，来开展社会服务活动，如开放公共图书馆、公共操场，设立贫民院、免费医院和讲演者俱乐部等。这其中，演说作为一种通过口语宣传达到启蒙民众目的的新形式，在清末就已风靡一时。③ 据民初在京的美国社会学家步济时(John Stewart Burgess，1883—1949)观察，在当时出现的社会服务中，学生一般参与的是各类讲演活动，他们在政府设立的讲演所中所做讲演的成效，与教育部培训的人员相比要更胜一筹。④ 北京大学平民教育讲演团的构想，就在这样的社会背景下出现的。

1919年3月23日，北大学生邓康(即邓中夏)、廖书仓等发起组织北

---

① [美]劳伦斯·阿瑟·克雷明著：《学校的变革》，上海教育出版社1994年版，第183—187页。

② [美]约翰·S.布鲁贝克著：《高等教育哲学》，浙江教育出版社2002年版，第17页。

③ 李孝悌著：《清末的下层社会启蒙运动：1901—1911》，河北教育出版社2001年版，第94页。

④ 左芙蓉：《一位外国社会学家眼中的民国初期北京社会服务》，《广州社会主义学院学报》2007年第3期。

大平民教育讲演团。在征集团员的启事中，讲演团宣示了如下宗旨："盖闻教育之大别有二：一曰以人就学之教育，学校教育是也。一曰以人就人之教育，露天演讲、刊发出版物是也。共和国家以平民教育为基础。平民教育，普及教育也，平民教育也。学校教育惟饶于资财者之子弟始得享受，而寒畯之子弟及迫于生计而中途失学者不与焉，未足语于平民教育。苟乏术以补救之，则人民智识必大相悬殊，社会上不平之景象必层见迭出，共和国体必根本动摇。补救之术维何？厥曰露天演讲、刊布出版物，亦即所以补助学校教育之所不及者也。顾以吾国平民识字者少，能阅印刷品出版物者只限于少数人，欲期教育之普及与平等，自非从事演讲不为功。北京大学固以平民主义之大学为标准者也。平民主义之大学，注重平民主义之实施，故平民教育尚焉。同人等发起兹团，所以达此旨也。"①

讲演团正式成立时，有团员 39 名，多为"五四"时期由北大学生独立编辑出版的《国民》杂志社和《新潮》社成员，后陆续有其他在京高校学生加入。值得注意的是，历来强调国民运动的国民社成员与一贯标榜研究思想学术的新潮社成员此前并"不对头"。美国学者舒衡哲认为，两社此次消弭异见联手行动，表明了"'五四'时期知识和行动的统一，或确切地说，说明了理论家和行动者之间，有着共同的关怀"②。此一认识确有所见，正如新潮社创始人之一高元(高也是讲演团创始人之一)在与国民社合作前揭示两社携手原因时所说的："我们人类是要互助，才能发展社会上正当的生活；凡害人害己的秘密行为，都是不对的，要想实行互助主义，有事就要大家商量。"③国民社与新潮社成员以个人身份加入讲演团的目的，并不在弥合两社旨趣上的分歧，相反，"双方都相信，'讲演'将更有效

① 《北京大学平民教育讲演团征集团员启》，《北京大学日刊》1919 年 3 月 7 日。

② [美]舒衡哲著：《中国启蒙运动——知识分子与五四遗产》，新星出版社 2007 年版，第103 页。

③ 高元：《非秘密主义》，《新潮》1919 年第 4 期。

地促进两个社团间各自的目标”①。在这里，“知识和行动”无疑将通过讲演团活动得到统一，但问题也随之而来：行动的目的究竟是为了普及知识，还是说，普及知识是为了更好地行动？讲演团提出的宗旨显示，当时两社团的共识，是倾向于后一种选择。

可见，讲演团发起者在平民教育的实施路径上，从一开始就与其他校内组织的认识有所不同。讲演团的发起者并不想将该团作为学校教育的补充，团的活动也不是专注于一般的识字教育和补习教育，而是要借学生之口达到提高民众智识、消弭社会不平和巩固共和国体的根本目的。也就是说，讲演团自成立之日起，关注政治的倾向性就远较其他校内社会服务团体浓厚。“五四”前后，社会出版物蜂起，但在当时条件下，下层民众温饱尚且困难，更不要说养成阅读的习惯。如何吸引他们的兴趣，将其纳入受众范围以开通民众智识，就成为关注教育改造和社会改造问题的青年学生思考的命题。直接而不是间接地将文化的重建与社会的改造结合起来，是他们致力于平民教育活动的初衷。

讲演团在“五四”前的活动主要有两次，均选择在地方办庙会的时间举行，目的即在于吸引更多的北京街头市民。第一次是4月3日至5日在东便门内蟠桃宫，“是时黄沙满天，不堪张目，而其听讲者之踊跃，实出乎意料之外”②。4月27日，讲演团一行13人又在地安门外护国寺讲演，也收到了不错的效果。此时讲演团的演说对象主要是一般市民，而不仅仅是粗通甚至不通文墨的底层民众。对于这一点，不仅可以从当时社会的一般舆论中看出，也可以从讲演团的讲演内容中一窥究竟。以上述两次活动为例，第一次的主要讲演题目有：平民教育讲演之意义、如何求幸福、勤劳与知识、大家都受教育、赌博之害、改良家庭、公德、念书的利益、空气、我和大家的关系、国民常识、什么是善、平民教育、妇女教育、家庭制度、迷信、职业与息争、家庭与社会、国民应尽之责任、利己与利他等。第

---

① ［美］舒衡哲著：《中国启蒙运动——知识分子与五四遗产》，新星出版社2007年版，第104页。

② 《平民教育讲演团纪事》，《北京大学日刊》1919年4月22日。

二次的讲题主要有：互相帮助、头彩10万元、国家思想、戒烟、交友之益、权利、天赋与人造、植物对人生之意义、为什么女子要守节，等等。透过这些演讲题目可以发现，讲演团把握住了城市街头受众来源广泛这一要素，其演说内容以当时一般大众最感兴趣的道德说教和风俗改良为主，同时也包含了一定的民主思想和启蒙内容。

晚清以降的"演说"，可以是思想启蒙，可以是社会动员，也可以是文化传播或学术普及；更重要的是，以上四者并非截然对立，而是存在着互相转化的可能。[①] 这就从讲演活动自身的视角解释了"五四"后讲演团演说内容迅速转变的原因。1919年的"五四"和1921年的"六三"运动为讲演题材转向现实政治提供了契机。运动期间，团员们"尽力奔走呼号，竭力宣传，颇有以促醒社会自觉，而引起同情"。讲演团每每结合时事制定讲题，如青岛问题、痛史、国民快醒、朝鲜独立、国民与民国的关系、什么叫法律、国家和我们、国民的责任、日本的野心和中国救亡的法子、亡国之痛苦及救国之方法，等等。[②] 这些讲题均以唤起民众的救国觉悟为目标，已较多地涉及社会政治问题，表达了学生对政局的担忧。利用演说进行鼓动、影响视听，本是清末维新运动以来偏于政治宣传的一种常见手段。到了趋新求变的民国学生手里，这一工具先是为普及教育服务，后又回归其宣讲政治的最初面目，此一转变颇能展示出彼时青年徘徊于学、政之间的复杂心境。

"五四"以后，讲演团除进行不定期讲演外，又争取到京师学务局的同意，于每周日下午到该局所办珠市口南路东、东安门外丁字街路南、西单牌楼南路西、地安门外大街路西四处宣讲所举行定期讲演，1920年5月间，新定虎坊桥京师模范讲演所作为演讲地点，6月，再添南城模范讲演所为该团城市讲演地点。将讲演时间和地点加以固定的做法，固然可视

---

① 陈平原：《有声的中国——"演说"与近现代中国文章变革》，《文学评论》2007年第3期。

② 张允侯等著：《五四时期的社团（二）》，三联书店1979年版，第142—145、147、150—152页。

为讲演活动迈向正规化的一步,但效果却差强人意。究其原因,除经费不足、团员“满嘴的新名辞”和“南腔北调”难以为听众理解等原因外,①地方政府的限制和破坏也是制约讲演效果的一大因素。按讲演团在“五四”前的启事所陈,该团讲演前须先将讲演题目上呈京师警察厅备案,在争取获得京师地方各区讲演所宣讲权利时,又受到了学务局阻挠。② 即使在得到当局批复后,官厅仍时常以各种理由对讲演活动加以破坏。③

讲演团在“五四”运动后着意于现实政治的变化也引起了北大校方的不安。蒋梦麟、胡适于1920年5月联合发表《我们对于学生的希望》,在肯定学生举办平民夜校的同时话锋一转,批评通俗讲演中“现在那些‘同胞快醒,国要亡了’,‘杀卖国贼’,‘爱国是人生的义务’等等空话的讲演,是不能持久的,说了两三遍就没有了”,所以“我们希望学生注重科学常识的讲演,改良风俗的讲演,破除迷信的讲演”。只有这种讲演,才于人于己“极有益”;这样的社会服务事业,才是“救国的根本方法”。④

在这种情形下,讲演团在市内的活动只得改弦更张,对讲演内容加以调整。1920年6月,讲演团在通告中应和校方主张,提出:“我们的讲演似乎应该注意——(a)卫生常识;(b)科学常识;(c)民治国家组织底大要和意义;(d)经济组织底内容和利弊;(e)世界和国内底大事情——几样东西。若救国爱国底空话,以少说为贵。”⑤这一变化在此后讲演团的演讲内容中可以看出。如在1921年11月5日至1922年3月27日讲演团所讲的102个主题中,有关科学常识的(如《肺痨病》、《刮风的原因》、《铁路的起源和变迁》等)有21题,占总数的20%强,有关民主政治的(如《法律是保护人民的》、《民国与国民》、《洋车夫与大总统的比较》等)有20题,不到总数的20%,此外还有一些历史故事和关于生活修养方面的讲题等,

---

① 《印刷讲演稿启事》,《北京大学日刊》,1919年12月11日。

② 张允侯等著:《五四时期的社团(二)》,三联书店1979年版,第144页。

③ 《平民教育讲演团报告》,《北京大学日刊》,1920年6月22日。

④ 曲士培著:《蒋梦麟教育论著选》,人民教育出版社1995年版,第200—201页。

⑤ 《发动暑期讲演通告》,《北京大学日刊》,1920年6月17日。

关注现实政局的题目大为减少。①

在城市演讲受限的情况下，从1920年春起，讲演团的活动"起了一个质的变化"，即在保留城市活动的同时，开始把活动范围由城市扩展到乡村和工厂。3月，讲演团召开第三次常会，正式决定"除城市讲演之外，并注重乡村讲演，工场讲演"，"各团员在春假或暑假中归家者，无论已毕业或未毕业，皆须就地力肆讲演，并组织讲演团体以帮助本团平民主义之宣传"。6月，该团再次发出通告，呼吁团员在暑假期间"推广主义"，因为"我们都是北大学生，事实上已偏向于北京一隅了。黑暗的中国何处不应该改造？腐败的教育，何处不应该改良？我们因事实上底限制，不能把我们底平民教育主义推广到全国，这是我们极大的恨事"②！

讲演团首先计划分赴京郊卢沟桥、丰台、长辛店、罗甸、通县等地农村进行活动。据后来担任讲演团总干事的朱务善介绍，"'乡村讲演'尤为有力，盖此种讲演，能于最短的时间内使大多数乡民得受少许常识，并能助长其兴趣。如本年（指1921年）春假曾赴通州、长辛店及各大村落讲演，其居民皆前拥后随，得以听讲以为快"③。朱氏说法为宣传起见，对演讲的实际效果不无夸张。按当年4月丰台、长辛店和通县三个讲演组事后报告，除通县组笼统表示"结果甚为圆满"外，其余两组活动成效均不理想。其中，与通县组同日提交报告的长辛店组"虽然扯着旗帜，开着留声机，加劲的讲演起来，也不过招到几个小孩和几个妇人罢了。讲不到两个人，他们觉得没有趣味，也就渐渐引去。这样一来，我们就不能不'掩旗息鼓'，'宣告闭幕'啦"。随后，一行人又赶到附近的"大村庄"赵辛店，结果只招来"到不了五六人，还是小孩"，"又使我们大大的失望"。④ 丰台讲演组春假讲演情形略好于长辛店组。在七里庄时，"除了在学校里读书的小

---

① 北京大学历史系《北京大学学生运动史》编写组：《北京大学学生运动史（1919—1949）》，北京出版社1979年版，第63、52页。

② 张允侯等著：《五四时期的社团（二）》，三联书店1979年版，第160、182页。

③ 《北京大学平民教育讲演团缘起及组织大纲》，《北京大学日刊》1921年9月29日。

④ 张允侯等著：《五四时期的社团（二）》，三联书店1979年版，第167—168页。

孩子，来听讲的又有二十多个，都满身是泥，满脸是灰”。讲演组接着赴大井村演讲，“首由王君星汉讲‘缠足的害处’。有些女人半笑半羞的袅袅娜娜的回家去了……再由郭君衍盈讲‘为什么要读书？’当讲演时，有一位年轻的媳妇，才要出门来听听，立刻叫一位老妇人痛骂了些混蛋、王八羔子、不学好一类的话，那媳妇马上关上门了”。直到讲演组回京前在车站发起临时讲演，才吸引来约两百旅人前来听讲。

农村讲演的经历对团员们的震撼是巨大的。丰台讲演组书记李荟棠在报告最后指出：“我来京这次是第一次考察乡间的情形，不料丰台一个大镇，离北京城才几十里路，教育一途就糟糕到这步田地，其他的地方就可想而知了！这样看来，中国还能算一个有教育的国家吗？教部是假的，这个事情还要靠我们的努力！”[①]话虽如此，讲演团在此次京郊农村活动后，除 1922 年曾筹备过类似活动外，已不再将宣传重点放在农村和农民身上了。按叶嘉炽的解释，出现这种现象的原因，和学生本身对农民的态度有很大关系。一方面，学生普遍认为农民保守、落后，不容易摆脱他们的惰性；另一方面，很多学生还存在着自己是社会特殊阶级的观念，不免养成了骄傲的习气，看不到农民在国民革命中所能发挥的潜在力量。[②]

在将关注目光从农民身上移开后，演讲团的宣传对象转向了京郊工人。此时距欧战结束和俄国革命成功尚不算久，中国知识分子一方面醉心于欧西的民主、自由和平等思想，另一方面也对社会改造和工人地位的提高充满激情，如蔡元培和李大钊在 1918 年年底先后提出了“劳工神圣”、“劳工主义胜利”的口号，李大钊在 1920 年又倡导“劳工阶级”和“知识阶级”应该打成一片。以蔡李二人当时在青年学生中的威望，他们对“劳工神圣”观念的宣扬，对打破传统意识中轻视劳工的偏见，以及知识分子直接参与工人运动，委实产生了难以估量的影响。在青年导师放弃了此前不谈政治的立场后，学生对政治运动的态度也由疏离走向了参与。

---

① 《平民教育讲演团报告》，《北京大学日刊》，1920 年 4 月 27 日，1920 年 4 月 28 日。

② 汪荣祖著：《五四研究论文集》，联经事业股份有限公司 1979 年版，第 51 页。

1920 年 1 月，演讲团成员张特立（即张国焘）、邓中夏和北洋大学法科学生张太雷来到长辛店，以北大学生会和平民教育讲演团的名义募集捐款，着手筹建劳动补习学校。之所以选择长辛店办校，是因为“长辛店……地方虽然是很小很不开通，但是工人们是很热心很有见解的。这地方从前所组织的各界联合会、救国十人团等会，都是工人做中心，救国十人团有工人的团员五百余人。他们屡次赞助学生运动，每次为公益的事情捐款，总在百元以上，从此也可以见他们的魄力之一斑了。而且现在还正在进行劳动团体的组织，预备和上海及各埠的劳动者——他们最亲爱的朋友——联络一致，并进于与全世界的劳动者握手……”①邓中夏在《晨报》发表的《长辛店旅行一日记》中，也对工人们的热情感触尤深：“长辛店的工人见我们到了，十分欢迎。对于我们很亲热，我们也觉得他们很友爱，好比兄弟一般，而他们工人也互相亲爱。一种融和团结的气象，令我见了很喜欢。我常痛恨现在社会上的人群太无感情，互相诈虞倾轧，所以对于长辛店工人那样团结融洽，就生出无限希望。”②很明显，讲演团成员在工人和农民两方面得到的心理感受有着相当的差距，同时，学生在与工人接触的过程中，也对工运威力及学工联合的前景抱有相当的乐观，这使得他们在力行自己的救国主张时，自然会对工人“生出无限希望”。

1921 年元旦，长辛店劳动补习学校正式开学。学校常务由邓中夏主持，教员由北大学生会派遣。学校设日夜两班，日班为“劳动者的子弟”而设，主要学习普通小学课程；夜班为“劳动者”而设，是补习学校的主体，主要学习国文、科学常识、社会常识和铁路知识等。邓中夏在解释设立文化课的原因时说：“教工人识字读书还是重要的。文化不是解决一切问题的仙丹，但是它是个必要的工具。不识字没有工具，对接受新思想是一个大阻碍，文化课还应该郑重地安排。”③识字并不是教学的最终目的，在识字

① 盛仁学编：《张国焘年谱及言论》，解放军出版社 1985 年版，第 99 页。

② 1920 年 12 月 21 日《晨报》。

③ 长辛店机车车辆厂厂史编委会：《北方的红星：长辛店机车车辆工厂六十年》，作家出版社 1960 年版，第 63—64 页。

基础上“传播革命思想”才是讲演团决心创办补习学校的真正意图。基于此种认识，补习学校有意弃用了当时流行的吴稚晖所编《平民识字课本》，而是根据工人生活和日常劳动情况组织专人自编教材。

“五四”之际，“阶级”这一语汇逐渐成为社会上分梳进步与落后（或反动）概念的思想武器。相比教授工人科学文化知识，补习学校更注重对工人施以阶级教育，“从做工劳动讲起，讲工人为什么受苦受穷，工人为什么要团结，为什么要向帝国主义、军阀、官僚、资本家作斗争，讲工人阶级的政党，讲列宁领导的十月革命和苏联，讲工人阶级的组织——工会”①。随着与工人日渐相熟，邓中夏等人的思想也开始发生变化，“他（指邓中夏）日益认识到劳动的伟大，工人阶级的伟大，终于决心把自己的命运寄托在工人阶级身上，建立起对共产主义的信仰”②。信仰的建立使参与补习学校工作的北大学生改变了此前启蒙者的姿态，也坚定了他们由体制内知识分子向体制外直至反体制知识分子转化的信念。邓中夏后来撰成《中国职工运动简史》，认为开办补习学校的做法奠定了成立工会和领导工人进一步开展革命斗争的基础。他说：“这个学校当然只是我们党在此地工作的入手方法，借此以接近群众，目的在于组织工会。果然不到半年，五月一日劳动节，长辛店公然发生了一个空前未有的真正的工人群众的示威游行。”③

3. 余论

与老师辈的胡适、蒋梦麟乃至学生辈的讲演团成员罗家伦等人主张学生要重新走回教室，并将社会服务活动限定在北大校内及周边地区相比，陈独秀、李大钊等老师辈与讲演团发起人之一——学生辈的张国焘、邓中夏等也提出了自己的平民教育主张。他们的思想资源虽然同样来自西方，取向却与胡适等人有所不同。

蒋梦麟在其回忆录中，提到五四运动后“若干学生团体，包括青年共

---

① 臧永昌著：《中国职工教育史稿》，辽宁人民出版社 1985 年版，第 19 页。

② 萧超然著：《北京大学与近现代中国》，中国社会科学出版社 2005 年版，第 415 页。

③ 邓中夏著：《邓中夏文集》，北京出版社 1983 年版，第 436 页。

产党员,开始把他们的注意力转移到劳工运动以及工人的不稳情绪上”,“蠢蠢欲动的”铁路工人和工厂工人“不久就与学生携手,参加群众大会和游行”。他认为产生此现象的“原因在于青年(指学生)心理上的不稳”,[①]显见其对当时逸出学校之外、政治色彩越发浓厚的社会服务活动并不以为然。

相反,李大钊受早期俄国革命中民粹主义思想影响,鼓励学生走向农村、研究农村生活。他在“五四”运动前就认为,“要想把现代的新文明,从根底输入到社会里面,非把知识阶级与劳工阶级打成一气不可”。尤其是只有走近农民,学生才能仿效俄国文人志士,用鲜血和汗水“宣传人道主义、社会主义的道理”。对中国而言,这样做甚至比对俄国更有意义:“我们中国是一个农国,大多数的劳工阶级就是那些农民。他们若是不解放,就是我们国民全体不解放;他们的痛苦,就是我们国民全体的痛苦;他们的愚暗,就是我们国民全体的愚暗;他们生活的利病,就是我们政治全体的利病。去开发他们,使他们知道要求解放、陈说痛苦、脱去愚暗,自己打算自己生活利病的人。除去我们青年,举国昏昏,还有那个?”[②]

1920 年 1 月,李大钊在《新生活》上又发表了《知识阶级的胜利》一文,再次强调知识阶级和民众相结合的重要性。文章指出:“五四以后,知识阶级的运动层出不已。到了现在,知识阶级的胜利,已经渐渐证实了。我们很盼望知识阶级作民众的先驱,民众作知识阶级的后盾。知识阶级的意义,就是一部分忠于民众、作民众运动的先驱者。”[③]灾难深重的中国究竟该往何处去?李大钊以铿锵的口吻,号召知识分子必须站在民众运动的前列,以民众为后盾;必须为民众服务,与民众相结合。对他来说,世界民主潮流与俄国革命所展示出的通过知识分子,特别是青年知识分子来促使民众觉醒,由群众运动特别是青年运动来改造社会的成功经验,便

① 蒋梦麟著:《西潮·新潮》,岳麓书社 2000 年版,第 134 页。

② 中国李大钊研究会编:《李大钊全集》第 2 卷,人民出版社 2006 年版,第 304—305 页。

③ 中国李大钊研究会编:《李大钊全集》第 3 卷,人民出版社 2006 年版,第 174 页。

是身处古老中国中的青年学生们救国的“捷径”。

尽管强烈的目标感与急切的现实感造成了蒋梦麟和李大钊等人在平民教育的“化大众”或“大众化”目标上意见分歧，但他们的选择都是为救国拯民的现代目标而设，①他们一致呼吁知识分子走向“社会”的看法也与青年学生的认识不谋而合。五四运动前后，第一次世界大战和俄国革命深刻改变了中国革命面貌，青年学生敏锐地感受到了新时代来临前的气息。他们努力寻找此前陈独秀提出的“根本的觉悟”，发现只有“社会”——而不再是学校——才是解决一切问题的关键所在，才是他们一展抱负的新天地。许多青年从埋头苦读、自我实现的状态下摆脱出来，开始注目校外的世界。在他们的眼中，平民教育就是一种“救国教育”，就是达到“吾人最后觉悟之最后觉悟”的一条必由之路。要实现救国的愿望，就只能走出书斋、身体力行，让高远的理想扎根于现实的沃土。北大平民教育讲演团在 1920 年 3 月的征求团员启事中大声疾呼：“我们天天鼓吹救国，可是实行下手的地方在那里？救国的先决条件是不是要民众觉悟努力？那么我们对于平民教育又安可不加以十分的注意。”②稍后召开的全国学联会议通过《实施平民教育案由》，其中也强调：“救国第一要有救国的能力，第二要有救国的方法……救国不是一部分人能做的，全国人民都有能力，才有成功的希望……但是大多数平民的觉悟和解力，实在是异常薄弱。然此大多数平民的觉悟和解力，如何养成呢？那么非使大多数平民受教育不可。”③

如果没有老师们的支持和引导，年轻一代或许不会产生走出校园的想法；同样地，如果学生们不愿意走向街头，导师们的观点很可能被保守

① 张宝明著：《启蒙与革命——“五四”激进派的两难》，学林出版社 1998 年版，第 291 页。

② 张允侯等著：《五四时期的社团(二)》，三联书店 1979 年版，第 161 页。

③ 1919 年 10 月 5 日《民国日报》。

知识分子的喧闹所淹没。[①] 当青年导师和青年学子的意见相合，平民教育从都市走向民间自是顺理成章的结果。在北京大学开展的社会服务活动中，最能体现这一发展趋向的，是平民教育讲演团在1920年后深入农村和工厂的变化，它最早体现出了青年学生与工农群众相结合的意图。在讲演团的发展过程中，其他在京高校的学生也陆续被吸纳入团，这也反映了青年学生自身要求加强联合的倾向。讲演团出现固守都市与走进工农的分化，既是团员据性之所近作出的抉择，更反映出他们对救国路径的不同判断。即使在选择走向工农的讲演团成员随后的活动中，也出现了一个与李大钊等青年导师原初设想并不一致的发展方向：其活动最见成效之处，并不在与农民的结合，而是在同中国工人的接触中发现了工人的力量，走出了一条学生运动与工人运动携手并进的新道路。

新道路既定，学生们便按照导师提出的"物心两面的改造，灵肉一致的改造"办法，为实现"洗出一个崭新光明的互助的世界来"这一最终目标开展活动。[②] 1920年年底北京共产主义小组成立后，参加讲演团组织工作的小组成员逐渐加强了团内活动，开始"把讲演团变为北京共产党的外围机关，为宣传共产主义、扩大党团影响而服务了"[③]。与此同时，讲演团的部分骨干成员也加快了对自身身份重新定位的步伐，即有意识地从学生身份向"职业革命家"身份过渡。[④] 不过，由于此时产业工人人数有限，组织也不完善，加之南北革命空气尚未充分对流，工、学合作所发挥的效力从总体上来看仍是有限的。

余英时在《中国知识分子的边缘化》一文中，曾提出过一个著名的论断，即中国传统的士大夫（或"士"）转变为现代知识分子，其意义"不仅是

① ［美］舒衡哲著：《中国启蒙运动——知识分子与五四遗产》，新星出版社2007年版，第101页。

② 中国李大钊研究会编：《李大钊全集》第2卷，人民出版社2006年版，第356页。

③ 张允侯等著：《五四时期的社团（二）》，三联书店1979年版，第254页。

④ 谭献民：《邓中夏与中国工人阶级的现代化意识》，《湖南师范大学学报》（社会科学版）1996年第1期。

名称的改变，而是实质的改变。这一改变其实便是知识分子从中心向边缘移动”[①]。然而，从以上有关北京大学在“五四”运动前后社会服务活动兴起的论述，我们也可以发现，汇聚在北大这一大团体内的知识分子在从中心向边缘移动的过程中，仍然没有放弃“以天下为己任”的传统信条，而是在新的社会历史条件下继续扮演着启蒙者和播火者的角色。从某种意义上说，这一点恰与美国教育史家克雷明所总结的“美国教育史全是一些特殊团体的例子，是这些团体‘在更广泛的公共利益上’推行自己所喜欢的教育改革方案”有相通之处。[②] 大抵而言，北京大学在“五四”前后开展社会服务活动之初，尚秉持着新文化运动以来提倡“增进平民智识，唤起平民自觉心”这一宗旨，这与美国大学发展社会服务职能的出发点非常相似。但随着政治环境的恶化与马克思主义在中国的传播，北大校内外社会服务活动旋即出现分野。相对不少昙花一现的校内服务团体，北大平民教育讲演团的活动一直持续到20世纪20年代中期还未结束。由于国内形势的变化，这个组织由先前较为单纯的知识传播更多地转向社会政治活动，部分成员也随之走上了宣传政党主义的道路，并思考如何使自己“成为一个工人”(施存统语)。诚然，这一种思想的变动趋势并不足以涵盖当时知识分子思想脉动的全貌，但历史的发展已经证明，它在众多与之相竞的思潮中能够最终胜出，亦绝非事出偶然。

二、现代学术体制的建构

现代高等教育体制的建立，不仅意味着高等教育机构的建立、高教管理体制的形成等等，还意味着现代学术体制的建立。[③] 这一方面是大学

---

① 余英时著:《中国知识分子论》，河南人民出版社1997年版，第163页。

② [美]劳伦斯·阿瑟·克雷明著:《学校的变革》，上海教育出版社1994年版，第141页。

③ 陈洪捷著:《德国古典大学观及其对中国的影响》，北京大学出版社2006年版，第156页。

与学问间存在着天然联系,[①]另一方面也是因为现代学人的知识生产和学术研究,已基本不可能复制古人“三年不窥园”的自我成功模式。或者说,现代学术活动在很大程度上已是一种社会性活动。这一点恰如刘梦溪所言:“以人为中心还是以学为中心,以人为单位还是以学为单位,是传统学术和现代学术的一个分界点。”[②]很难想象,没有了现代学术研究机构、得到学者认可并遵守的学术规范、为研究人员提供发表成果与争鸣空间的出版机构和学术刊物,以及众人协同合作的交流平台——学术团体等这些学术活动的“体制性因素”,重要如北大者还会对中国现代学术作出何种贡献。在这种情形下,大学学人要完成知识的生产(包括再生产)和传播,就不得不仰赖现代学术体制所提供的制度性的基础和保障条件。

自蔡元培时代起,北大开始在校内建构现代学术体制。蔡元培深受德国经典大学观影响,多次强调德法大学重视学术研究对北大的指导性意义,德国大学模式中的诸多特色在他任内兴办的文、理、法三科研究所与随后出现的国学门中遂多有体现。不过,也是从国学门开始,北大的学术研究机构在层次定位、组织结构、运作方式等方面逐渐向美国大学研究院模式倾斜,到20世纪30年代,基本完成了以形式化、标准化和专门化为特点的美国大学专业式研究生教育培养制度。在专门的学术研究机构之外,北大于抗战前20年间也积极加强学术研究辅助机构(北大图书馆)和学术资助体系等方面建设,导入了以美国大学模式为主的西方先进教育思想和制度,对北大现代学术体制的建构和中国大学的变革产生了巨大的影响。

---

① 对二者关系,蔡元培曾总结为:“我的观察,一个地方若是没有一个大学,把有学问的人团聚在一处,一面研究高等学术,一面推行教育事业,永没有发展教育的希望。”郭建荣认为,蔡元培得出这一认识是从欧美教育,特别是德、法两国高等教育中受到了启示。参见中国蔡元培研究会编:《蔡元培全集》(第4卷),浙江教育出版社1997年版,第733页。又见郭建荣:《北京大学研究所国学门的变迁(上)》,《文史知识》1999年第4期。

② 杨玉圣主编:《书的学术批评》,辽宁大学出版社1998年版,第463页。

(一)大学研究所与研究院的创立及其运作

中国现代学术机构的创建,始议于清末,发轫于民初,至20世纪二三十年代逐渐确立起基本框架及运作模式,是西方近代科学及其学术制度影响的结果。它为研究人员从事学术活动提供了专业平台,给予了他们各种物质上的保障,使得"现代学术研究逐渐演变为体制化研究,学术研究日趋体制化和建制化"①。在学术职业化及科学体制化的过程中,专业性学术组织的建构与完善,对现代学术的发展厥功至伟,也成为现代学术体制化的重要标志。作为高校建制的组成部分,北京大学研究所与研究院的创设,深受德美大学模式影响,并首开中国大学研究生教育的先河;在其后的曲折发展中,又以其巨大的影响力和示范作用,对中国现代学术的发展产生了深远影响。

1. 北京大学研究所

伴随西方现代大学制度的导入,大学中教学与科研相结合的模式也开始传入中国。国内建立现代意义上的学术机构的自觉意识,早在光绪二十八年(1902)《钦定京师大学堂章程》中就有所反映。该《章程》规定,大学专门分科之上设大学院,"大学院为学问极则,主研究不主讲授,不立课程"②。其后1903年的《奏定京师大学堂章程》为免与大学堂混淆,将大学院改称通儒院,"为研究各科学精深义蕴,以备著书制器之所",专为分科大学毕业生研究某科学术所设。院生"但在斋舍研究,随时请业请益,无讲堂功课"。③ 从规制上看,清末通儒院的设计近似于后世的专业研究院,而非大学研究院。对此,蔡元培的评价是:"清季的……通儒院,可以算是一种研究学术的机关。但这是法国法兰西学院、英国皇家学院

① 左玉河著:《中国近代学术体制之创建》,四川人民出版社2008年版,第308页。

② 北京大学校史研究室编:《北京大学史料》第1卷,北京大学出版社1993年版,第88页。

③ 北京大学校史研究室编:《北京大学史料》第1卷,北京大学出版社1993年版,第97页。

的成例，专备少数宿学极深研究，不是多数学者所能加入的。"①显而易见，蔡元培心目中理想的学术研究机构类型并不是隶属于国家行政建制的专业研究院，而是属于高校建制的大学研究所或研究院。

有关后者的具体设计，在蔡元培手订的民初《大学令》及据此制定的《大学规程》中得以展现：大学院为大学教授与学生极深研几（究）之所；大学院包括哲学院、史学院和植物学院等，各以其所研究之专门学命名；大学院以本门主任教授为院长，由院长延聘其他教授或绩学之士为导师；大学院不设讲座，由导师分任，各类于每学期之始提出条目，令学生分条研究，定期讲演讨论；大学院生经院长许可，得在大学内出席担任讲授或实验；大学院生自认研究完毕欲受学位者，得就其研究事项提出论文，请求院长及导师审定，由教授会议决，遵照学位令授以学位；大学院生如有新发明之学理或重要之著述，得由大学评议会议决，遵照学位令授以学位。②

以大学研究院这一现代学术建制，推动中国学术进步与大学学术水平提升的设想，在蔡氏晚年回忆中再次得到印证："我于大学令中改名（指通儒院）为大学院，即在大学中，分设各种研究所，并规定大学高级生必须入研究院，俟所研究的问题解决后，始能毕业（此仿德国大学制）。"③可以看出，通儒院承袭的是儒家崇尚"通人大儒"经理天下国家的传统理想，而蔡元培效仿的则是德国大学先专精后兼通的研究所模式，"二者在学术观念上，实有相当差异"④。蔡元培设置大学研究院的目的，不仅仅是希望在这一机构中简单地将知识传授给学生，更在于突出科学研究的地位和注重创造新知识。

---

① 中国蔡元培研究会编：《蔡元培全集》第5卷，浙江教育出版社1997年版，第341页。

② 中国第二历史档案馆编：《中华民国史档案资料汇编》（第3辑·教育），江苏古籍出版社1999年版，第140—141页。

③ 蔡元培著：《蔡元培自述》，传记文学出版社1985年版，第42页。

④ 台湾大学历史系编：《传统中国教育与现代大学通识教育研讨会论文集》，1995年，第32页。

蔡元培在大学内部设置研究机构的设想直到数年后他出任北大校长时，终于得以实现。1917 年 11 月，《北京大学日刊》第一号公布了北大《研究所通则》和《研究所办法草案》。《研究所通则》规定："各研究所任务如下：(一)研究学术；(二)研究教授法(本校及中小学校定教案，编教科书)；(三)特别问题研究；(四)中国旧学钩沉；(五)审定译名；(六)译述名著；(七)介绍新著；(八)征集通讯研究员；(九)发行杂志；(十)悬赏征文。"很明显，此时研究所任务甚为庞杂，除研究学术外，其职责甚至包括为本校教师和中小学校定教案和编写教科书等。这反映出研究所在最初确立其工作旨趣时，其学术性指向事实上并不是十分的明确和集中。

《研究所通则》依照《大学规程》中"各以其所研究之专门学命名"的办法，拟设九门研究所：国文学、英文学、哲学(以上文科)、数学、物理学、化学(以上理科)、法律学、政治学和经济学(以上法科)，并为国文学门、哲学门、心理与伦理两门、理科各门、法科法律门、政治学门及经济学门等规定了各自的研究范围和领域。各教员及研究员在经主任教员认可后，可自由选择十项任务中的种类。研究所教授当自择专题，每月作论文一篇，或公开演讲，或作月刊材料或别刊小册，俱听教授之便。①

《研究所办法草案》规定各研究所研究办法分研究科、特别研究科和本科月会三项。研究科由教员指定所任研究科目，并在每学年初待各研究员择定自愿研究科目后，随时指定书籍供其自行参考。每项研究科须每周或每两周开会一次，会上由本科教员讲演其心得，本科研究员亦得讨论质问。特别研究科由研究员自择论题(须经主任许可)，或由研究科各教员拟定若干题目供前者选择。各研究员在确定选题后可自行研究，并随时请教本科各教员，由后者指示参考书及商榷研究办法，以所得结果作论文一篇。论文完成后，交本科研究所各教员公共阅看，由后者开会决定是否收受(通过)。所收受之论文由本研究所交付大学图书馆保存或节要采登月刊，未经收受者由各教员指出应修改之处，发还各研究员重新修

① 《北京大学日刊》，1917 年 11 月 1 日。

改。本科月会由本门教员及研究员每月开会一次，内容为一到两名研究员报告其特别研究成果（即论文材料之一部分），报告完毕由各教员和各研究员自由讨论。该草案还规定了研究员主科与副科认定标准。凡研究员特别研究论题所在科目为其主科；主科之外可选择一门副科，其范围可以是本门之一种，如哲学门中专门治论理学者，可选择中国哲学史作为副科。研究员在主科特别研究论题之外，也可以将主科中的研究科作为副科，但在将副科选为研究科后，不能再做特别研究。①

按照蔡元培最初的设想，北大研究所仅是“教授留校毕业生与高年级学生的研究机关”②，所以在上述两项章程中，并没有对各所研究员的资质作出其他限定。这一情况在北大于 1918 年 7 月通过的《研究所总章》中得到修正。《研究所总章》规定：本校毕业生俱得以自由志愿入研究所，本校高级学生得研究所主任之认可，亦得入研究所；本校毕业生以外，与本校毕业生有同等之程度而志愿入所研究者，经校长及本门研究所主任之认可，亦得入研究所；本国及外国学者凡有入研究所之资格，而以特别事故不能直接为通常研究员者，如得校长或学长或本门主任之特许，可为通信研究员。③ 扩大研究员范围的构想，无疑有利于学术研究的开展和学术交流的深入。实际上，在《研究所总章》出台前，北大已开始大量招收校外通信研究员。如 1918 年年初，北大文、理、法三科研究所通信研究员就达到了 32 人，④占同时期三科研究员总数（148 人）的五分之一强。

《研究所总章》也修订完善了研究所的组织结构和活动方式。据规定，研究所由各门“各种”教员组成，遇有特别需要可加聘专门学者为研究所教员。各研究所教员中，由校长推一人为研究所主任。每研究所设事

---

① 《北京大学日刊》，1917 年 11 月 16 日。

② 中国蔡元培研究会编：《蔡元培全集》第 8 卷，浙江教育出版社 1997 年版，第 276 页。

③ 《北京大学日刊》，1918 年 7 月 16 日。

④ 左玉河著：《移植与转化——中国现代学术机构的建立》，大象出版社 2008 年版，第 124 页。

务员一人。为加强学科间联系，谋求办法的划一，以及书报交流上的便利，由各研究所组织研究所联合会，于各研究所主任中互选一人为联合会会长。对研究所研究办法一项，《研究所总章》在维持本科月会不变的情况下，将“教员共同研究”列为研究办法，本门教员皆可提出特别问题，邀集同志教员共同研究。本校毕业生经主任特别许可后，也可参与研究。研究结果或随时由月刊发表，或另刊专书。此举实质上意在加强教员间的学术交流与合作，以期凝聚教员（与学生）的集体智慧，集思广益，更好地开展学术研究活动。《研究所总章》还确立了学术研究与学术发表相结合的思想，规定各研究所合出月刊一种，作为发表及讨论各门研究结果的机构，并将刊物正式定名为《北京大学月刊》。此外，还规定了研究所职员任务及书籍杂志管理办法等。①

对入所人员资质及研究所组织结构和活动方式的规定，反映了蔡元培希望在北大导入德式大学研究所的意图。按照他在 1930 年为商务版《教育大辞书》撰写“大学教育”词条中的见解，蔡元培中意于在大学创建研究所的观念实际上脱胎于自己最了解也最倾慕的德国大学，“甚至不自觉地将德国式大学当作整个欧洲大学的代表”②：“大学教员有教授、额外教授与讲师等，以一定时间，在教室讲授学理。其为实地练习者，有研究所、实验室、病院等。研究所（Seminal 或作 Tuotitut）大抵为文、法等科而设，备有图书及其他必要之参考品。本为高等学生练习课程之机关，故常有一种课程，由教员指定条目，举出参考书，令学生同时研究，而分期报告，以资讨论。亦或指定名著，分段研讨，与讲义相辅而行。而教员与毕业生之有志研究学术者，亦即在研究所用功。”③

从《研究所总章》中有关研究所在大学教育层次结构上的定位、研究

---

① 《北京大学日刊》，1918 年 7 月 16 日。

② 陈洪捷著：《德国古典大学观及其对中国的影响》，北京大学出版社 2006 年版，第 131 页。

③ 中国蔡元培研究会编：《蔡元培全集》第 6 卷，浙江教育出版社 1997 年版，第 595 页。

所功能及其活动方式的规定来看，北大是把文、理、法三科研究所定位于一种学术研究机构，兼行本科之上的第三级教育——研究生教育。作为北大实施研究生教育的规程，《研究所通则》和《研究所办法草案》也“是一组旨在培养中国第一流研究生的计划”[①]。在《研究所办法草案》中规定的各研究所“在纯粹的科研活动中学习科研”的研究生培养方式，正是19世纪中叶由德国首创的教学形式——Seminar。按鲍尔生的解释，Seminar（大学研究班）“就是一些高年级学生，在教授指导下，从事创见性研究的小组”[②]。到1920年7月8日，北大校评议会通过《研究所简章》，规定“研究所仿德、美两国大学之Seminar方法，为专攻一种专门知识之所”[③]，正式声明北大所办研究所，主要是借鉴德美两国大学的研究生教育模式，使研究所成为北大研究生教育的雏形。需要注意的是，“蔡元培虽说仿德、美两国，心中实际的蓝本仍是德国研究所制度”[④]。

将研究视为大学的主要职能，这种对知识本身的追求不仅体现在教师的科学研究和大学对学术至高意义的强调上，也体现在培养未来学者的研究生教育中。蔡元培决定创办北大各门研究所，究其本意，是“为已毕业与将毕业诸生专精研究起见”，并顺应当时学生中开始出现的“把从前硬记讲义、骗文凭的陋见渐渐儿打破了，知道钻研学术是学生的天职”这一趋势。[⑤] 顾颉刚后来在论及北大研究所特色时，曾以高山仰止的口吻说道：“那时国立大学只有一个，许多人眼光里已觉得这是最高学府，不能再高了；但蔡先生还要在大学之上办研究所，请了许多专家来做研究导师，劝毕业生再入所作研究生，三、四年级学生有志深造的亦得入所，常常

---

① [美]魏定熙著：《北京大学与中国政治文化（1898—1920）》，北京大学出版社1998年版，第160页。

② [德]弗·鲍尔生著：《德国教育史》，人民教育出版社1986年版，第127页。

③ 《北京大学日刊》，1920年7月30日。

④ 陈洪捷著：《德国古典大学观及其对中国的影响》，北京大学出版社2006年版，第132页。

⑤ 中国蔡元培研究会编：《蔡元培全集》第4卷，浙江教育出版社1997年版，第188页。

开会讨论学问上的问题。这么一来，又使大学生们感觉到在课本之外，还有需要自己研究的学问。”①顾氏之回忆内容，意在追溯研究所与北大研究生教育的渊源，强调研究所具有研究生教育雏形这一事实，同时也透露出了研究所在思想资源与办理形式上的德国取向。有关这一点，我们还可以从白璧德(Irving Babbutt)在1908年《文学与美国的大学》中的论述觅得相同的结论：“我们的某些教育理论家很愿意将大学的高年级课程与研究生课程相结合……这样就形成了与德国教育体制相似的分类法。”②

然北大研究所行之三年，成效不彰。以理科研究所为例，1917年11月理科研究所第一次报告中就坦陈“现理科一切设备极不完全，众意此时尚不能作新理之研究，所可为者不过使毕业学生更得一读书机会而已”③。经费及设备不足极大制约了各门研究所发展，与同时代的美国大学相比，这一差距更是明显。20世纪初期的美国大学在基础科学和人文学科中训练研究生，并且积极支持与专业训练有关的偏重解决问题的研究工作。大学的组织者意识到，“因为大学的功能就是在最高水平上培养从事科学研究和运用科学研究的人，所以大学必须拥有现代化的研究实验室才有可能完成这项任务。这些设备不仅是那些自己从事研究的教授们需要的，而且也是研究生的训练中必需的”④。

北大1917年创办三科研究所的失败，显示出当时校内高层对大学研究机构的概念、功能及组织章程，尚未有通盘考虑。⑤ 对此，蔡元培经过反思后指出，组织结构的不尽合理也是导致这一结果的重要原因，他说研究所虽以文、理、法科为名，实际上却是“各系分设，觉得散漫一点，所以有

① 蔡尚思著：《蔡元培学术思想传记》，棠棣出版社1950年版，第236页。

② [美]白璧德著：《文学与美国的大学》，北京大学出版社2004年版，第67—68页。

③ 《北京大学日刊》，1917年11月17日。

④ [以]约瑟夫·本·戴维著：《科学家在社会中的角色》，四川人民出版社1988年版，第282—283页。

⑤ 胡春惠、彭明辉主编：《近代中国与世界的变迁：第六届两岸三地历史学研究生讨论会论文集》，香港珠海书院亚洲研究中心、台湾政治大学历史学系，2006年，第189页。

儿系竟一点没有成绩”[①]。为了打破科系限制，解决各系分设带来的“散漫”之弊，北大评议会于1920年7月通过《研究所简章》，对研究所布局作出全面调整。首先，精简研究所设置。将原有各研究所归并为四门：(1)国学研究所（凡研究中国文学、历史、哲学之一种专门知识者属之）；(2)外国文学研究所（凡研究德法英俄及其他外国文学之一种专门知识者属之）；(3)社会科学研究所（凡研究法律、政治、经济、外国历史、哲学之一种专门知识者属之）；(4)自然科学研究所（凡研究物理、化学、数学、地质学之一种专门知识者属之）。原研究所阅览室并入图书部。其次，收缩研究所职能，减少人员配置。各研究所不再另设主任，其研究课程均列入各系门，由三年级以上学生及毕业生自主择习。再次，强调研究所的学术研究性质，并使其与校方的学制改革相协调。各学系学课如有专门研究之必要，可由教员指导学生加以研究，称某课研究，例如康德哲学研究、王守仁哲学研究、溶液电解研究、胶体研究、接触剂研究等，每课须得研究单位数。各种研究，在图书馆或试验室内举行。指导员授课时间，与授他课同样计算。[②]

为打破系科限制而采取的上述措施是北大在办理研究所思路上的重大转变，它标志着校方在坚持以研究所形式开展研究生教育的同时，也在不断寻找更加适合本校研究所这一学术机构的组织和运行机制，并适时加以调整。自此，北大早先采取的以德国大学讲座制为核心的研究所模式，逐渐让位于第一次世界大战后日益成熟的美国大学研究机构模式。德美大学研究机构的一点不同之处，就在于德国大学的研究所是为了某一名教授的工作便利而建立的，研究所的活动都要围绕该所正教授的研究兴趣和研究范围展开；美国大学的研究机构则很少附属于某个特定的系，而且实际上从来没有特定的教授。“它们常常是学科之间的冒险事业。这些研究所的目的或者是把若干学科的贡献集中在一个问题的开拓

---

① 中国蔡元培研究会编：《蔡元培全集》第4卷，浙江教育出版社1997年版，第188页。

② 《北京大学日刊》，1920年7月30日。

之上的‘任务型’的研究工作，或者是由不同的研究工作者小组共同使用一种设备。”①

延续《研究所简章》的改革思路，北大评议会于1921年12月14日第三次会议通过了《国立北京大学研究所组织大纲》，加快各门研究所的进一步改组。大纲明确了研究所的研究职能：“本校为预备将来设大学院起见，设立研究所，为毕业生继续研究专门学术之所。”按照规定，研究所所长由校长亲自兼任；校长于本校教授中指认一人担任各门主任，经理本门事务，任期两年；设助教及书记若干人，受本门主任指挥，助理一切事物。各门研究的问题与方法，由相关各系教员共同商定。通告声明，此组织大纲通过后，“前此通过之研究所各种章程，概归无效”。②

2. 北京大学国学门

北京大学三科研究所历经改组，到1920年拟设国学、外国文学、社会科学和自然科学四门，但限于经费和师资，其他三组筹办计划均告夭折，最后仅开办了研究所国学门。1922年1月成立的北京大学国学门，是在蔡元培总结先前研究所开办的经验教训，并结合自身对欧美大学研究所内部机构考察的基础上建立起来的，其组织形式和运作方式大抵反映在同时公布的《国立北京大学研究所组织大纲》中。作为一所设立在大学中的研究所，改组后的北大国学门承担着培养学术研究专门人才的目的，具备了现代大学研究所的特色，也成为一所更加规范的研究生教育机构。

1922年3月底，《国立北京大学研究所国学门研究规则》经评议会第七次讨论会通过后发布。该规则对国学门性质、目标、入门人员资质、研究生及教员的研究方式与方法等，都作出了较为详细的规定。根据规定，凡本校毕业生有专门研究之志愿及能力者，及未毕业之学生与校外学者，或作特别研究已有成绩者，皆可随时入国学门报名参与研究；凡不能到校

① [以]约瑟夫·本·戴维著：《科学家在社会中的角色》，四川人民出版社1988年版，第296—297页。

② 中国蔡元培研究会编：《蔡元培全集》第4卷，浙江教育出版社1997年版，第494—495页。

而有研究志愿的本校毕业生及校外学者，也可报名，经审查合格者，领研究证到所作通讯研究。研究生入所后，须随时报告其研究经过与成绩，以便由国学门发表或刊入丛书。在研究方式上，研究生可要求本学门主任与相关学系教授会，代请本校教员及国内外专门学者指导研究。规则也鼓励北大教员主导所内研究活动，他们不仅可以“自由入所研究”，更可提出问题，招集研究生入所指导或共同研究。[①]

从进入国学门人员的资质来看，它是为文科高级人才的培养进修提供条件，具有类似今日研究生院的功能。[②] 进入国学门的研究人员，除研究生外，主要是本校教师和校外学者。从国学门的研究方式来看，不论是由研究生或教员自行选定研究内容，从事研究活动，还是教员提出问题招集并指导学生共同研究，都是以专题研讨的方式进行的。从国学门研究内容来看，国学门成立后，来所报名者多未提出题目，国学门为此特别发出启事，提请学生注意：“本学门之设立，原为学者对于某种学问已有大体之了解，而怀有某部分之问题欲资探讨者，本学门以图书仪器及教授人材应其研究之便，初不在于泛论学术，如讲堂上课，但资灌输而已。所以提出题目，以范围愈狭，性质愈具体者为宜。如研究史事则指定何事或何期，研究文学，则指定何人及何类，而人事期类之间，又以能提出其研究之方法及目的者为著。盖以如此研究，方有相当之成绩可望。”[③]显然，该启事是在重申 1920 年《研究所简章》精神，即“仿德美两国大学之 Seminar 方法，为专攻一种专门知识之所”[④]。可见，国学门具有专业研究机构的功能，其办学宗旨是在专意提倡精深的学术研究以培养纯理论研究者为己任，其办学方式类似于德国通过 Seminar 养成学生研究的兴趣、能力和方法，学生和教员中“共同研究、寓学于做，教授不过做指导的工作罢了”

---

① 中国蔡元培研究会编：《蔡元培全集》第 4 卷，浙江教育出版社 1997 年版，第 574—575 页。

② 胡逢祥：《现代中国史学专业机构的建制与运作》，《史林》2007 年第 3 期。

③ 《北京大学日刊》，1922 年 1 月 23 日。

④ 《北京大学日刊》，1920 年 7 月 30 日。

这一做法。① 这说明在欧美学术与教育体制影响下，北大设立的这一研究机构，是要对受学者进行专门的学术素养训练，而不再像清末《奏定学堂章程》所反映的那样，以培养通才为旨归。

在1920年通过的北大《研究所简章》中，划定了研究所国学门的研究范围：凡研究中国文学、历史、哲学之一种专门知识者属之。② 不久，《国立北京大学研究所整理国学计划书》出台，这也成为当时国学门制定的计划书。计划书指出："欧美各国新发明之学术，率由其相传之学术阐扬而来，则阐扬吾国固有之学术，以期有所发明，正本校所应付之责也。近来欧美学者，已稍稍移其注意力于吾国固有之学术，顾转虑吾国固有之学术，无以给予欧美学者之前，何则吾国固有学术，率有浑沌紊乱之景象使持，是以供欧美学者之研究，必易招其误解，而易启其轻视之念，故非国人自为阐扬，必无真相以供欧美学者之研究，故阐扬吾国固有之学术，本校尤引为今日重大之责任。"③"阐扬吾国固有之学术"的思想在1922年国学门正式开办时得到进一步明确：本学门设立宗旨，即在整理旧学。④

"旧学"即指中国传统学术。因当日北大研究旧学的基本力量麇集于国文、史学和哲学三系，故国学门研究所在人事架构上也是依此而设。1922年2月，蔡元培拟定了一份《研究所国学门委员会全体委员名单》，由委员会规划研究所国学门内一切事务。在这份9人名单中，蔡元培以所长身份任当然委员长，顾孟馀以教务长身份、沈兼士以本门主任身份、李大钊以图书主任身份任当然委员，其余5名委员全部出自文科，如马裕藻(国文系主任兼教授)、朱希祖(史学系主任兼教授)、胡适(哲学系主任兼教授)、钱玄同(国文系教授)和周作人(国文系教授)。加上沈兼士本人亦为国学系教授，国学门9人委员会中实际上有6人都是文科教授，充分显示出国学门的主要依托力量正是文科的国文、史学和哲学三系。按照

① 钟鲁斋著:《德国教育》,商务印书馆1937年版,第156页。

② 《北京大学日刊》,1920年7月30日。

③ 《北京大学日刊》,1920年10月20日。

④ 《北京大学日刊》,1922年2月22日。

《研究所国学门委员会规则》规定，委员会所负责的“国学门之一切进行事项”主要包括议决事件、联络各学系及各事务机关、审查研究生入所资格、审查研究生研究所得之论文、决定奖学金发放等。[①] 由此看来，国学门委员会实际上也就是国学门的核心组织。

北大研究所国学门创建不久，即取得了不俗的成就，蔡元培对此欣然赞道：“三年以来，赖主任沈兼士先生的主持与国学门委员会诸先生的尽力，搜集、整理、发表，均有可观的成绩，我们虽然自己不满意的点，还是很多，然而这种研究，决不是徒劳的事。我们已经可以自信，若能广筹经费，多延同志，来此共同研究，将来学术上的贡献，一定可以增进。”[②]

蔡元培提议“广筹经费”，不只是因为20世纪20年代的北大财政异常困窘，也因为在三室五会的建制下（“三室”即登录室、研究室和编辑室，“五会”即歌谣研究会、明清史料整理会、考古学会、风俗调查会和方言研究会），国学门作业面铺展甚广，在活动中不免有左支右绌之虞。如1923年6月《研究所国学门古迹古物调查会启事》报告，研究所国学门考古学研究室自去年成立以来，因经费有限，未能充分购置设备。“其最感困难者，为自古董商人所购得之零杂材料，颇难施以考古学的研究，而校中又无力实行探检（explanation）及发掘（excavation）。”无奈之下，只好先设议古迹古物调查会，“先自调查入手，一俟经费宽裕，再行组织发掘团，即以同志尚少，未能积极进行”。[③] 此外，因人力有限之故，一些研究也无法顺利展开。《歌谣周刊》发刊词在回顾“五四”前后歌谣征集活动的情况时说：“歌谣征集，发起于民国七年二月，由刘复、沈尹默、周作人三位教授担任编辑，钱玄同、沈兼士二位教授担任考订方言……五四运动以后，进行暂时停顿，随后刘沈二先生都出国留学去了，缺人主持，事务更不能发展。

---

① 《研究所国学门委员会规则》，北京大学档案·全宗号（七）·目录号1·案卷号131。

② 中国蔡元培研究会编：《蔡元培全集》第5卷，浙江教育出版社1997年版，第342页。

③ 《北京大学日刊》，1923年6月14日。

九年的冬天，组织'歌谣研究会'，管理其事，由沈兼士、周作人二先生担任。但是十年春天因为经费问题，闭校数次，周先生又久病，这两年几乎一点都没有举动，所以虽有五年的岁月，成绩却很寥寥，这是不得不望大家共力合作，兼程并进，期补救于将来的了。"①

古迹古物调查会"同志尚少"的现状，与歌谣研究会"缺人主持"的事实，为蔡元培"多延同志"的想法提供了注脚。随着国学门学术研究活动的不断拓展，陆续又有一些北大教授和国内外知名学者被吸纳入所，担任委员会委员、导师或通信员。国学门设置导师和通信员，正是为了罗致更多的专家学者参与到国学所的学术研究中来。据 1923 年 4 月登录室纪事载，该学年由所长添加了蒋梦麟（总务长）、皮宗石（图书部主任）、单不庵（图书部中文图书主任）、马衡（图书部古物美术品主任）、周树人、徐炳昶、张黄为本学门委员会委员；添聘钢和泰（Baron Alexander von Stael Holstein，俄国）博士、陈垣为导师，今西龙（日本）为通信员。② 7 月，国学门又聘请导师二人，分别是伊凤阁博士（A. I. Ivanov，Ph. D.，俄国）和夏曾佑（穗卿）；同时聘请通信员二人，分别是吴克德博士（Dr. Wulff，丹麦）和泽村专太郎（日本）。又据 1927 年编印的《国学门概略》显示，曾担任国学门委员并在五会中供职的学者，除上列诸人外，还包括钱玄同、周作人、刘复、李宗侗、李四光、袁同礼、沈尹默、张竞生、江绍原、林语堂等。国学门外聘的导师和通信员，除上列四人外，尚有王国维、柯劭忞、陈寅恪、罗振玉、伯希和（Paul Pelliot，法国）、阿脑尔特（Therese P. Anlould，法国）、卫礼贤（Dr. R. Wilhellm，德国）与田边尚雄（日本）等人。③

国学门作为从事现代学术研究的学术机构，同时也是一个培养新型专门人才的教学机构。在师资力量日渐充盈的情况下，国学门培养的研究生数量也在稳步增长。据统计，1922 年到 1927 年间，先后有北京大

① 《歌谣研究会发刊词》，《歌谣周刊》第 1 号，1922 年 12 月 17 日。

② 《研究所国学门重要纪事》，《国学季刊》第 1 卷 2 号，北京大学出版部，1923 年 4 月。

③ 《国立北京大学研究所国学门概略》，出版机构不详，1927 年，第 1—5 页。

学、北京高等师范学校、北京女子高等师范学校、京师大同中学、福建协和大学、广东东莞县立中学、湖南高等师范学校、安徽省立第六师范学校、安徽省立第五中学、南开大学、厦门大学、南京公立国学专门学校、翊教女子中学、清华国学院、成都公学和之江大学附属中学等多校毕业生、肄业生、旁听生、助教与教员入所研究。在这些人中,经国学门审查合格的研究生至少有 46 人。[①] 他们提出的研究题目广泛而多样,尤以文学戏曲、语言文字和历代名人研究为主,兼及甲骨文与金文研究、历史地理研究、边疆民族史研究、法律史研究、经济和风俗研究等。

蔡元培创建北大研究所的初衷,虽然是倾向于仿效"外国大学,必有一研究所;研究所里面,有实验的仪器、参考的图书、陈列的标本、指导的范围、练习的课程、发行的杂志"这一做法,但从国学门的实际运作看,似乎又在尝试建立一种能够同时包容与之不同的法兰西学院和英国皇家学会长处的新体制。追求学术功能多样化的特点从国学门组织结构中的三室和五会中可得确证。三室五会由国学门中的委员、助教和干事各司其职,具体说来,三室为国学门同人工作和研究之所,所内同人也从事编印书籍与定期出版物活动;五会工作范围涵盖古迹古物调查、发掘和保存,清代内阁大库档案整理,各地风俗调查,征集并出版歌谣,以及讲演、调查与研究各地方言等,实际工作由国学门中的助教和干事分管。[②]

国学门中的三室五会,采取研究所与学会分工协作的方式,有效地整合了校内外学术资源,并迅速扩大了社会影响,也对德美大学理念在中国的传播起到了重要的作用。同时,这一全新的学术机构的建立,充分体现了现代学术机构体制化、专门化和组织化的趋向,由此带动了整个中国专门学术研究机构的勃兴。[③] 在国学门同人努力下,蔡元培倾力仿效的欧美大学研究所所具备的内涵及功能,终于在 20 世纪 20 年代上半期"正式

---

① 陈以爱著:《中国现代学术研究机构的兴起——以北大研究所国学门为中心的探讨》,江西教育出版社 2002 年版,第 89 页。

② 《国立北京大学研究所国学门概略》,出版机构不详,1927 年,第 9—22 页。

③ 《思想与社会》编委会:《教育与现代社会》,上海三联书店 2009 年版,第 180 页。

移植到中国文化的土壤上了”①。

3. 北京大学研究院

设立大学院的思想是民初《大学规程》以来相关规定的延续。1922年1月14日通过的北大研究所国学门组织大纲也提出，研究所是为了“预备将来设大学院起见”而设立的。② 从实际情况来看，尽管如北方的北大、清华，南方的厦大、东大、中山等大学相继筹设或创办了大学研究所/院，但综观整个20世纪20年代，全国各大学中设立研究院所的高校并不算多，这多半是由于“人们对现代大学设立研究院所的重要性尚未普遍认清”③。此一情形一直持续到20年代末才终于有所突破。

1929年7月，南京国民政府公布《大学组织法》，其第八条明确规定“大学得设研究院”。与此同时，经过北大各科研究所特别是研究所国学门10余年间的实践，到20世纪30年代前后，北京大学设立大学研究院的条件已经成熟。1929年9月，北大制定《国立北京大学研究院章程》，次年8月刊载于《北京大学日刊》。《章程》宣布，北大依据《大学组织法》第八条设研究院。研究院的任务，在研究高深学术，依本校设备及人才状况，酌设若干科目。研究院设院长一人综理院务，由校长兼任，下设院务委员会，以院长为主席，负责拟定全院研究计划、拟制全院预算、审议图书仪器等设备购置及学会的设计进行、审核研究生资格及成绩、审核奖学金与助学金的给予、审查研究院出版稿件、与校外学术机关联络及合作事项及其他重要事项。院务委员会委员，由校长于本科教授、专聘教授或讲师中推举，任期两年。为处理常务及执行院务委员会议决事项，由院长于院务委员中推举常务委员若干人，提经院务委员会通过后担任，任期一年。

① 陈以爱著:《中国现代学术研究机构的兴起——以北大研究所国学门为中心的探讨》，江西教育出版社2002年版，第96页。

② 《研究所国学门重要纪事》，《国学季刊》第1卷第1期，北京大学出版部，1923年1月。

③ 左玉河著:《移植与转化——中国现代学术机构的建立》，大象出版社2008年版，第139页。

此外,《章程》对学会附设研究机构和刊物发行等事项也提出了相关建议与要求。①

《国立北京大学研究院章程》最显著的特点,是突出了此前在各研究所及国学门时期并不居于主导地位的研究生教育与研究生管理工作,将研究生院作为研究生教育的专门管理机构。以国学门为例,国学门的组织系统虽有操作灵便和易于向外扩张的特点,但在总体关系上却显得较为松散。② 这不仅表现在各会员(尤其是通讯会员)及校外通讯研究生与国学门若即若离的关系上,也集中表现在对入所教员和研究生的管理上。依照 1922 年 3 月发布的《国立北京大学研究所国学门研究规则》,国学门对研究生所负职责主要是审查入所资格、听取研究生报告研究进展并检验其成果,以及代请教员和专门学者指导研究生研究上。③ 而作为研究所工作主要依靠力量的教员和专门学者,多因身兼旁务而不能尽力投入所内研究,遑论对研究生加以悉心指导和管理。

让我们再把目光收回到北大 1922 年出台的《研究所国学门委员会规则》上。按照规定,委员会可决定国学门研究生的奖学金发放事宜。目前尚无直接证据表明北大设置奖学金这一举措是借鉴美国大学 19 世纪末以来为研究生建立奖学金制度的办法,但可以看出二者的思路是相通的。④ 从国学门 1922 年至 1927 年所招研究生情况看,多数学生入所时为大学或高师毕(肄)业生,甚至包括在读修业生,仅有少数学生有固定工作。设立奖学金的办法无疑可以"招收到那些具有从事高一级学习准备的一流的学生,给教师的科学研究以激励和挑战",它和以约翰·霍普金斯大学为首的美国新型大学通过提供优厚的奖学金招徕研究生的考虑如

① 《北京大学日刊》,1930 年 8 月 2 日。

② 胡逢祥:《现代中国史学专业机构的建制与运作》,《史林》2007 年第 3 期。

③ 中国蔡元培研究会编:《蔡元培全集》第 4 卷,浙江教育出版社 1997 年版,第 574 页。

④ 19 世纪末的德国大学中,采用的是阿尔特霍夫体制下建立的大学生奖学金制度,其资助对象与美国有所不同。参见周丽华著:《德国大学与国家的关系》,北京师范大学出版社 2008 年版,第 112 页。

出一辙。[①] 不过，北大虽在 1925 年颁布了助学金及奖学金条例，但名额有限、竞争激烈，且发放方式“采均匀轮替之意（例如今年奖中国文学及哲学的研究生，明年轮奖中国古（物）史及美术史的研究生）”[②]，这必然无法保障全体研究生的基本生计问题。在这种情形下，研究生入所研究，如仅凭其对学术事业的热诚与献身精神，势难维持长达数年的学术研究活动。到 1927 年，在国学门审查合格的 46 名研究生中，最后能提交论文的只有寥寥 10 人，[③]仅占入所研究生总数的五分之一强，恐怕与上述原因不无关系。

有鉴于此，在《国立北京大学研究院章程》列举的 21 条中，直接与研究生培养相关的就有 10 条。《章程》对研究生入学及毕业资格、研究年限、奖助学金及应守之规则等都作了明确交代，并宣布，自该章程施行之日起，原《研究所通则》即告废止。依据《章程》设计的北大研究院，在学术功能上放弃了国学门秉持的多元化路向，转而追求建立一种比较纯粹的高层次学术人才培养机构。《章程》坚持了自研究所时代起北大一贯标举的“研究高深学术”这一理念，但不再提出院内教授所应负担的具体研究任务，这实际上也意味着将从事院内学术研究的责任交由研究生承担。围绕这一转变，《章程》在研究生招收、学习和毕业等环节上，提出了一系列相对完整和规范的操作制度。

首先，在研究生招收上，入院学生必须具备下列两项资格之一，并经过规定的入学实验，成绩合格者方可进入研究院为研究生。这两项资格是：(1)在国内外大学本科毕业者，但国内大学以公立及教育部立案之私立者为限；(2)未在前项学校毕业，志愿研究国学，曾有专门著作，经研究

---

① 李子江著：《学术自由在美国的变迁与发展》，北京师范大学出版社 2008 年版，第 39 页。

② 《国立北京大学助学金及奖学金条例》，《北京大学研究所国学门周刊》第 1 卷第 7 期，北京大学出版部，1925 年 11 月 25 日。

③ 陈以爱著：《中国现代学术研究机构的兴起——以北大研究所国学门为中心的探讨》，江西教育出版社 2002 年版，第 89 页。

院审查合格者。为慎重起见,《章程》在此时并没有规定研究生入学实验规则。其次,在研究生的管理上,《章程》规定研究生在院研究年限至少两年,至多五年,每半年须将研究情况及已得结果报告一次,如连续两次未能提出报告,得取消其研究生资格。研究生于入院后最初两年,必须在院研究;经本科教授会许可后,才可在本科听讲或实验。如研究生研究成绩不良或品行不端,经院务会议决议,得取消其研究生资格。研究生除应遵守研究院特定规则外,并应遵守北大一切规则。再次,为鼓励研究生心向学术,研究生暂不收取学费,只酌情收取图书仪器保证金及贵重药品等消耗费;研究院设立奖学金、助学金,奖学金于研究生研究终了时、助学金于提出报告时,择成绩优异者发放。最后,研究生研究完毕,其论文及毕业试验均合格者,给予研究院毕业证书;其未能及格者,不给任何证明书。“至学位之授予,依照部章办理”①。

以上规定表明,此时的北京大学已不再像德国大学研究所那样单纯强调学术研究,而是开始重视通过高层次的学历教育来培养专业人才,希望将研究院办成一个实施正规研究生学历教育的机构。正如常导之稍后指出的,大学研究院与国立中央研究院及国立北平研究所等隶属于国家行政建制的专业研究院的区别,就在于后两种研究机构系单独设置,以学术研究为其宗旨,虽然也间有训练研究生的工作(中研院于 1934 年有招收物理研究所研究生之举),但那并非其主要任务所在。②《国立北京大学研究院章程》的各项规定也表明,北大的研究生教育模式至此基本脱离此前所参照学习的德国大学个性化、非正规化的个人培养模式,转而向美国大学专业化、正规化的研究生教育模式靠拢,这是北大导入美国研究生教育的组织形式——研究生院制——的一大变化。

1929 年《国立北京大学研究院章程》没有规定研究生入学实验规则,对研究生奖、助学金的数额和发放办法也暂以“另定之”注明。进入 20 世

---

① 《北京大学日刊》,1930 年 8 月 2 日。

② 常导之著:《增订教育行政大纲》,中华书局 1935 年版,第 107 页。

纪 30 年代，北大校政在历经变乱后趋于稳定，以上两种缺憾也开始得到弥补。同时，北大研究院模仿美国大学研究生院开展专业式研究生教育的特征也愈加明显。

专业式研究生教育是指培养研究生过程的形式化、标准化和专门化。它是美国高等教育在吸收德国大学研究生培养模式基础上，综合历史原因与自身需求形成的，有别于德国研究生培养中的个性化和非正规化特点。[①] 20 世纪 30 年代北大研究生院试图模仿美国研究生院开展专业式研究生教育的一大标志，是 1932 年 7 月 8 日《国立北京大学研究院规程》的出台。该规程依照北大校情对 1929 年研究院章程作出调整，修正了研究院的机构建制，并完善了研究生教育和管理方面的相关办法。

依照《规程》规定，凡北大毕业生、国立各大学毕业生，及国内外经研究院承认之各大学毕业生，皆可来院应试。校外毕业生报名时，须缴大学毕业文凭等。本校毕业生在校各学年成绩平均在 80 分以上，外国语成绩平均亦在 80 分以上者，可免试入学；本校各系助教，愿同时作研究生者，由各系主任推荐，经院务会议审查通过后，可免试入学。入院考试内容分作两项：(1)所专习学科之基本知识：以至少能了解所治学科的基本知识，及其沿革与历史为及格。(2)外国语：以至少能用一种外国语读书与对译为及格。在修习课程上，《规程》规定研究生入院时，即须认定主科一种，辅科一种或两种(欲得甲种证书者，须有辅科两种)，经主任许可后，即由主任商请各该科学科教员，每科一人，作为该研究生指导委员。研究生论文题目的选择、研究科目的选习、参考书目的指定，均由指导委员指导审定。在研究生成绩审查与毕业环节上，《规程》规定研究生须完成下列两个条件，才可于每学期末请求应初试：(1)经指导委员证明已在研究院研究一个整学年以上(本校助教同时作研究生者须为两个整学年以上)。(2)作过八个读书报告或实习报告，经指导委员审查及格者(此项报告，关于主科者应在半数以上)。初试及格者，又经指导委员证明在研究院研究

① 李盛兵著：《研究生教育模式嬗变》，教育科学出版社 1997 年版，第 63 页。

两个整学年以上者(本校助教同时作研究生者，另加一个整学年)，可以其在主科范围内所作的专门研究成果，作正副论文各一篇，经审查并口试合格后，由研究院给予甲种证书(已得乙种证书者，可免作副论文)。《规程》规定，研究院所授予的学位，分博士、硕士两种。“但在学位法未经政府颁布以前，暂给予甲种或乙种证书。俟学位法颁布后，分别补授相当学位”①。

1932年12月，北大校务会议通过《研究生院奖学金草案》。《草案》提出，凡在校研究生，驻院满一年且成绩、研究经奖金委员会审定为语学优良者，可给予此项奖学金。奖学金按年发放，定额为全校15名，由全校各课分摊，每名每年给予纸币360元。② 1934年6月，《国立北京大学研究院助学金暂行规程》制定并公布。该规程规定，研究生入院成绩特优(平均分数满75分以上或初试成绩在75分以上者)，可申请助学金。助学金定额为全院20名，每名每年给予国币320元，每次以一年为限，分四期发放。如依据初试成绩在75分以上领得助学金者，经指导教授推荐，并经院务会议通过，可继续给予助学金一年。③

以上各项规定，勾勒出北大研究院在研究生培养方面的基本轮廓。此后，研究院章程在1934年6月又加以修订，其主要内容为：(1)确立研究院建制，即依照北大已有的三个学院，分别设立文科研究所、理科研究所及法科研究所；(2)完善研究生指导及成绩审查与考试。其余各项基本保持不变。④ 可以看出，北大在20世纪30年代后各项改革的基本取向，是逐步放弃研究所与国学门时代建立多功能的科研本位式学术机构这一理念，转而向美国大学研究生院模式倾斜，即越来越关注研究生的培养工作，规范研究生学历教育，在研究院建构与实际运作上向单一的研究生教

① 《北京大学日刊》，1932年7月16日。

② 1932年12月28日《北平晨报》。

③ 《国立北京大学研究院助学金暂行规程》，北京大学档案·全宗号二·案卷号310。

④ 《国立北京大学研究院暂行规程》，北京大学档案·全宗号二·案卷号310。

育机构转变。

上述各项规章制度的相继出台，确立了北大研究生教育向美国大学研究生教育程序化、标准化、专门化和制度化的方向发展。首先，它们确立了研究生教育过程的程序化方向。《国立北京大学研究院规程》详细规定了研究生入院报名与考试、所治主辅科认定与成绩标准、学术研究与论文撰写、论文审查与学位授予等必要环节，明确了完整的研究生教育所应遵循的必要程序，贯穿于研究生培养活动的始终。其次，它们确立了研究生培养计划的标准化方向。研究生入院须与本科生一样修习主科和辅科课程，而不再像此前模仿德国研究生教育模式时以自行研究为主，通过科研活动而非教学活动实现。同时又制定了一些有别于本科生课程的标准化措施，在培养计划中确立了包括听课(实验)、讲座、研讨会、自学等在内的多种形式。最后，它们确立了研究生教育组织上的专门化和制度化方向。这主要表现在以下两点：一是研究院是建立在学系/学院之上的更高一级的组织机构，入院研究生资格须是得到研究院承认的大学毕业生；二是在专业的研究生教育模式中，设有专门管理研究生教育的研究院，负责有关研究生课程、毕业(学位)标准、奖助学金等项事宜。这些特点，都是当时美国大学的研究生教育所必备的。

在北京大学研究生教育趋于正规化的背景下，北大研究院对在院学生的管理也趋于严格。据 1933 年 11 月 9 日《北平晨报》报道，该学期研究院各部共查出未到校注册的研究生 28 名。依照当年 10 月 7 日研究院第四次院务会议议决案，对这些不请假休学又不注册的研究生，均以注销学籍处理。① 1935 年 6 月，北大决定将文法科已有研究生加以考核，并限期于 7 月底补缴研究报告，“如无成绩，或成绩过劣者，即取消其资格”。为此，注册组除发函通知各研究生外，“并函教授令催缴毕业论文，及函各教授本学年评阅考试结果”。②

---

① 1933 年 11 月 9 日《北平晨报》。

② 1935 年 6 月 21 日《京报》。

以上详叙了北大研究院培养研究生的具体环节和做法。总体来说，北大研究生教育制度已初步显出正规化趋向，包含入学考试、读书报告的审查和初试、论文的撰写审查及口试等一整套程序，此外还有研究院、院所务会议及甲乙种证书或学位等建制。尽管研究院所订各项章程堪称齐备，对研究生的管理也日益严格，20 世纪 30 年代的北大研究生教育却难称出色。这主要是由于蒋梦麟时期的北京大学，于本科教育注力甚多，于研究生教育相对忽视所致。1934 年 5、6 月间，北大研究生曾先后两次晋谒校长蒋梦麟，就研究院教学与研究生生活等事项向校方提出请求。其中研究生代表于 5 月 29 日的请求包括增聘校外导师、拨三院为研究院院址、给予研究生住宿权并拨宿舍、设研究生助学金等建议。对此，蒋梦麟的答复是：导师不能增聘，研究院用不着院址，住宿一时难以办到，助学金款项已有。按《北平晨报》记者随后对蒋氏的采访，蒋梦麟拒绝拨付研究院院址的原因，除对研究生代表谈及的“将来图书馆落成后，有研究室之设备，可在研究室用功”外，还因为北大已计划将三院旧址用来办理高中，“故不能拨为研究院院址”。[①] 北大添置高中的计划在蔡元培掌校不久便开始酝酿，[②]其根本目的在于“以为投考大学本科之基础”[③]。时隔十数年，北大校方对此仍念念不忘，足见其钟情本科教育程度之深。蒋氏复称，除将来建好的图书馆研究室可供使用外，“研究生亦可在图书馆前，树荫下研究”[④]。此等漫语显见校方对研究生教育的不以为意。

再以助学金为例，蒋梦麟所言助学金款项已有或是实情，但《国立北京大学研究院助学金暂行规程》的制订和公布却是在 6 月中旬，难怪研究生心生不满。蒋梦麟声称，此次会谈“本人已逐件答复，学生尚以为是”。实际情况恐非如此。按研究生郝公玉的说法，研究生代表在向蒋梦麟请求助学金后，蒋氏答称：“研究院不是养老院，有了成绩才给钱。”当时就有

---

① 1934 年 5 月 30 日《北平晨报》。

② 《评议会开会纪事》，《北京大学日刊》，1919 年 4 月 23 日。

③ 1931 年 9 月 5 日《北平晨报》。

④ 1934 年 5 月 30 日《北平晨报》。

代表“很不客气的说了两句痛快话：‘那么我们研究生不能与学校作招牌，干脆我们不研究了’。当时师生不欢而散”。校方的这种消极态度也极大地挫伤了研究生的积极性，“一学年后，北大几十个研究生，按章做齐报告者无一人；得奖学金者无一人”。郝公玉还以自己所在文史部的遭遇批评北大当局“实在很对不起我们研究生”：“本学年我们注册后，当局不闻不问，没招集指示过一次，好像听其自然取消。且因当局对研究院漠视，导师亦多不热心指导，所以就是我们在北平愿研究点学问的人，亦只好各本所好，自己去研究。”①

应当承认，作为现代大学教育结构中“无与伦比的高级层次”，研究生教育及其主要实施场所研究生院的形成，都是在大学本科教育基础上产生和发展起来的。从这一点来看，蒋梦麟大力发展本科教育的基本认知并不为错。然而从世界高等教育发展趋势来说，蒋氏在对待研究生教育上的消极态度和做法却不无可议之处。这是因为自19世纪下半叶开始，引领未来世界研究生教育潮流的美国就已经将研究生教育作为“即便不是唯一、也是绝对主导性的办学目标”②，其发展势头之迅猛甚至引发了与本科教育的冲突，以致“严重地损害了本科生教育的质量，使本科生教育丧失了作为一级独立的高等教育的特性，成了研究生院和各种专门学院的预备学校”③。更为重要的是，由于确立了科研和研究生教育在美国高等院校中的地位，美国的高等教育自20世纪初起已开始出现了层次差别。以哈佛大学、霍普金斯大学、哥伦比亚大学和威斯康星大学为首的一批大学，由于开展了科学研究、发展了研究生教育并建立了专业学院而崛起为综合大学，其他一些仍然主张维持英国本科教育传统的学院也越来越受到前者左右，其成功与否的标志也逐渐转为毕业生进入大学研究生院的比例。④

---

① 1934年5月21日《北平晨报》。

② 陈伟著：《西方大学教师专业化》，北京大学出版社2008年版，第109页。

③ 陈学飞著：《美国高等教育发展史》，四川大学出版社1989年版，第81页。

④ 王英杰著：《美国高等教育的发展与改革》，人民出版社1993年版，第21页。

这样看来，尽管蒋梦麟对美国高等教育的总体把握程度或许要胜于其前任蔡元培，但他对于以研究院这种教育机构发展研究生教育，同时提升北大学术水平的愿望，远远没有乃师蔡元培强烈。由于蒋氏“在办学的气象、眼界和胸襟上要远逊于蔡元培”，造成了在蔡元培时代由蔡氏负责总揽全局、蒋氏负责具体操作的格局下，后者在北大的工作还可游刃有余；但到了蒋梦麟真正主持北大校务时，则暴露出气象较小的缺陷。[①]

20 世纪 30 年代以来北大高层在研究生教育上所持的冷漠立场，使得研究院历年来制订的各项规章制度形同具文，也使得自蔡元培时代便开始谋划的构建北大专门研究机构的努力几乎前功尽弃。这也是 30 年代北大的研究生教育与在此之前半个世纪美国的研究生教育相似的原因。“从实质上看，这一时期北大的研究生教育仍保留着以前的学术模式，即主要重视学生独立的科学研究在培养过程中的绝对作用，而不重视系统课程的学习和学分的积得，也就是不把教学纳入研究生教育之中，仍然是学徒式研究生教育模式。这一时期的研究生教育制度虽开始走上了正规化，但取得的成绩仍然是很微小的。”不难想象，如果不是因为抗战导致北大、清华两校南迁，郝公玉所断言的“三五年后，就北平一个地方而言，北大一定要落于清华之后，这是无问题的”，[②]至少从研究生教育层面而言，恐多半不会成为谶语。

（二）图书馆现代性的增强

图书馆的出现和发展，对学术研究主体的拓展和文化传播范围的扩大功不可没，同时也是现代学术体制建立的重要标志之一。作为现代学术体制的有机组成部分和现代学术研究的重要辅助机构，图书馆担负着促进现代学术走向体制化、职业化的重要职责，也使学者的职业化和专门化由可能变成了现实。[③] 在大学这个现代知识生产和知识传播的重要场

① 刘琅、桂苓编：《大学的精神》，中国友谊出版社 2004 年版，第 56 页。

② 1934 年 5 月 21 日《北平晨报》。

③ 左玉河著：《中国近代学术体制之创建》，四川人民出版社 2008 年版，第 397 页。

域中，图书馆既是藏书中心，更是资料交流中心和学术服务中心，为大学师生提供了信息咨询、图书参考和学术研究的场所。

所谓现代性，是指符合现代社会发展趋势和要求的精神或价值理念，它可以表现在思想文化领域，也可以渗透到制度和器物的各个层面。① 晚清以降，我国传统藏书楼在西方图书馆理念影响下，逐渐转变为现代意义上的图书馆。这一转变的深意，“实乃藏书性质和藏书功能之双重转变”②。它不但使私有、封闭、专享的知识一变而为公共、开放和共享的知识，也使得图书馆与学术研究生发出一种良性的互动关系。以大学图书馆为例，一方面，大学图书馆的出现为学术文化的保存和更新提供了便利，逐渐成为“学校第二生命”③；另一方面，随着学术研究的开展，加强大学图书馆建设的呼声也日渐高涨。下面试以北京大学图书馆为个案，考察1917—1937年的北大图书馆是如何接受西方尤其是美国图书馆理念及图书馆制度影响，揭示20年间北大图书馆的现代性因素是如何增强的。

1. 图书馆理念的变迁

中国现代图书馆在20世纪前30年的发展至关重要。始于1917年止于1937年间的“新图书馆运动”在中国掀起了一股宣传、建设和普及图书馆的热潮，对中国图书馆事业发展影响深远。在此期间，中国图书馆界在探索具有本国特色图书馆理论与实践的过程中，经历了由短暂仿习日本到“追逐美国”模式的转换。

20世纪初，以日本图书馆服务理念来办理图书馆，成为中国图书馆事业发展的潮流。不过，由于此时日本的图书馆事业也正处于学习和模仿西方图书馆阶段，自身建设尚不完备，这一潮流对中国图书馆界的影响

① 胡逢祥：《现代中国史学专业机构的建制与运作》，《史林》2007年第3期。

② 左玉河著：《中国近代学术体制之创建》，四川人民出版社2008年版，第396页。

③ 1920年8月1日《申报》。

主要还是停留在引用日译图书馆学术语上。[①] 如“图书馆”一词,较早出现于孙家鼐所译日本时报中的一篇文章。后孙氏被委派筹办并管理大学堂事务,其所译“图书馆”一词也在1902年清廷颁行的《学堂章程》中得到认可并沿用至今。再如“索引(隐)”,我国最初沿用日译,后有人译为“引得”,概其与西文词源意义接近之故。另有“杂志”一词,虽然英文“magazine”早在19世纪初即传入我国,但长期以来译名不一。以“杂志”一词对应“magazine”始于日本,[②]到新文化运动前后,北大图书馆注意到单以“书籍”一词无法涵盖馆藏全部物件,开始在《图书馆阅览室规则》等文件中明确将“杂志”与“图书”并列,以区分不同种类藏品。[③]

日本图书馆在发展过程中缺乏原创性的弱点后来为中国图书馆界所察觉,待到“五四”新文化运动兴起,国人开始接受和引入新的图书馆理念,发起了“新图书馆运动”,其核心是借鉴西方特别是“世界上图书馆最发达”的美国图书馆理念和制度,注重发挥图书馆的社会教育功能,创建美国式图书馆。[④] “新图书馆运动”对我国图书馆事业的影响甚大,大学图书馆在此时亦得到发展。“新图书馆运动”的发起,恰逢蔡元培执掌北京大学与李大钊主持图书馆事务之际,以此为标志,北京大学接受美国大学图书馆办馆理念,开始重视图书馆建设与图书馆功能的转化,将图书馆视为大学学术赓续的重要辅助性机构。

早在民国初年蔡元培就任教育总长时,便把图书馆作为整个教育事业的一部分来看待,提出大学校图书馆为“革新之起点”[⑤]。三年后,胡适在与其英文教师亚丹交谈后也明确提出“国无大学,无公共图书楼……乃

① 吴稌年著:《图书馆活动高潮与学术转型——古近代》,兵器工业出版社2005年版,第109页。

② 林昶著:《中国的日本研究杂志史》,世界知识出版社2001年版,第48页。

③ 《图书馆阅览室规则》,北京大学档案·全宗号(七)·目录号1·案卷号22。

④ 杨昭悊著:《图书馆学》,商务印书馆1923年版,第65页。

⑤ 中国蔡元培研究会编:《蔡元培全集》第2卷,浙江教育出版社1997年版,第64页。

可耻耳”，号召国人“洗此耻”。[①] 可以看出，在民国前期，不论是国内宿儒，抑或是留洋学子，两位北大未来的掌舵人都承继了清末以来重视藏书楼的社会作用及学术职能的见解，并进而认识到大学图书馆在“保全固有之文明而创造新文明”中的重要作用，这就为北大图书馆在蔡元培时代开始“跻身于国内外先进图书馆的行列，成为一所成熟的大学图书馆”奠定了思想基础。[②] 然而在蔡元培时代到来前，北大图书馆从总体上看仍处于一种落后的状态，“藏置无多，而办理无方”的状态一直以来为师生诟病，读者服务水平也令人担忧。[③] 图书馆仍以收藏作为工作重点，不脱旧时藏书楼积习。至于“学生取阅图书，须用取书条……交本馆职员代取，不得自行翻检”[④]。图书借阅开放程度如此有限，无怪乎读者称道图书馆借书为“受苦”。这种情况的出现，与当时图书馆主事者甚至社会上认为“图书馆没有多大用处”和“图书馆没有什么学问”这两种谬见不无关系。[⑤] 李大钊的前任章士钊在担任图书馆主任期间，就曾对人言：“其所以兼任图书馆主任者，无非为著述参考之便。”[⑥]

随着19世纪后期世界图书馆活动中心转向美国，大学图书馆变为美国师生不可或缺的佐助。图书馆的作用是如此重要，以至于被人称为是大学的生命线，“课堂讲授而不和图书馆挂钩，学生的双足不迈进图书馆，图书馆采取闭关政策，简直是不可想象了”[⑦]。随着国内对仿习日本图书馆模式的不满情绪愈加强烈，美国图书馆的办馆理念在新文化运动前后逐渐被介绍到中国。图书馆学家刘国均称，1921年戴志骞女士在北京高师的讲演“所论大半，皆根据美国之办法，自是以还，美国式之图书馆观

---

① 胡适著：《胡适留学日记(下)》，安徽教育出版社2006年版，第4页。

② 吴晞著：《北京大学图书馆九十年记略》，北京大学出版社1992年版，第30页。

③ 《本校图书馆改良刍议》，《北京大学日刊》，1918年3月23日，1918年4月9日。

④ 《图书馆阅览室规则》，北京大学档案·全宗号(七)·目录号1·案卷号22。

⑤ 范并思等著：《20世纪西方与中国的图书馆学——基于德尔斐测评的理论史纲》，北京图书馆出版社2004年版，第212页。

⑥ 张次溪编：《李大钊先生传》，北京宣文书店1951年版，第3页。

⑦ 滕大春著：《美国教育史》，人民教育出版社2001年版，第393页。

念，遂逐渐靡布全国，与民国初年步武日本之趋势对立”。此后“七八年来，图书馆学始则规模东流，继则进而取法于日本所追逐之美国”。[①]“新图书馆运动”为中国大学带来的新变化，首要一点即是纠正了以往办理大学时轻视图书馆事业的缺点，转而肯定图书馆在大学教学、学术研究和社会教育等方面的独特贡献，对推动大学图书馆事业的改进与发展有着莫大贡献。李大钊在任北京大学图书馆主任期间指出，图书馆和教育有密切的关系，“想教育发展，一定要使全国人民不论何时何地都有研究学问的机会；换一句话说，就是使全国变成一个图书馆或是研究室”。他以美国图书馆为例，强调“现在图书馆已经不是藏书的地方，而为教育的机关”[②]，并根据教改实际需要提出了办理大学图书馆的新思路。为改进北大图书馆的管理水平和工作人员的业务素质，李大钊还偕馆员赴清华学校参观学习，“参观第一目的即在图书馆”，对馆中建筑、设备、编目、购书、借阅等无不详细考察，盛赞这所按照美国模式管理的图书馆“完备可观”。[③]

从李大钊开始，北大图书馆历任主任（馆长）都接受了美国图书馆办馆理念，他们对图书馆进行的一系列整顿和改革，包括建立发展规划与各种规章制度、扩大馆藏范围、重视图书馆建筑与设备更新、调整图书馆机构与注重提升馆员专业化水平、加强和改善读者服务等诸多措施，也多可见美国图书馆办馆模式痕迹，大抵可归纳为如下数端：(1)在馆藏目的上，由保存趋于使用；(2)在图书馆性质上，由少数人专享趋于对所有师生甚至社会大众开放；(3)在图书馆管理方法上，由简单趋于复杂；(4)在馆员资质上，由技术性人员趋于专业性人才；(5)在图书馆间的相互关系上，由封闭趋于联系合作。

---

① 刘国钧编：《刘国钧图书馆学论文选集》，书目文献出版社 1983 年版，第 15—17 页。

② 中国李大钊研究会编：《李大钊全集》第 3 卷，人民出版社 2006 年版，第 132—133 页。

③ 中国李大钊研究会编：《李大钊全集》第 2 卷，人民出版社 2006 年版，第 185 页。

2. 建筑与设备的更新

光绪二十八年(1902)京师大学堂始设藏书楼,至 1913 年更名为"图书馆",馆址原设于景山东街第二院后院。1918 年 8 月,汉花园第一院落成,图书馆乃迁来居之,"几占第一层之全部。设有五阅览室,十四库"。到 1920 年,北大三院均设有阅览室,尤以第一院藏书最为丰富。① 此外,像文学系、史学系等北大多个学系还设有自有图书室供本院系师生阅读与研究之用。据时为学生的冯至回忆,即使像德文系这样"区区一个新建的小系",其图书室藏书也已"具有德国大学里日耳曼学研究室的规模"。② 这种在设立总馆的同时也以各学(院)系图书室放置藏书,但两者之间关系较为松散的格局,固然与北大财力长期窘迫不堪,无法负担修建新的"大图书馆"有关;另一方面也恰与 20 世纪 20 年代前欧美各大学图书馆的设置情形有相似之处。

以欧洲为例,欧洲大陆各大学中心图书馆的出现,往往要比大学内各学院的建成晚数百年。这就造成了各院系图书馆与总图书馆并峙的局面,同时前者的重要性和实际利用价值要远胜于后者。即使到目前,不少欧洲大学的中心图书馆仍不是主要的实体。③ 美国大学图书馆在演变中经历了与欧洲由同趋异的过程。南北战争后,美国各大学多仿效欧洲大学模式,以各类专门藏书为基础成立院系图书馆。随着 20 世纪 20 年代各校新建图书馆舍的次第落成,主张发展学校专门的总图书馆以取代各院系图书馆一方逐渐占得上风。④ 包括哥伦比亚大学在内的许多大学图书馆开始实行集中管理,图书馆主任或馆长在校长或其他负责人的直接领导下,对大学图书馆几乎所有的工作负责,而不论这些图书馆分设在什么地方。

---

① 1920 年 8 月 15 日《申报》。

② 冯至著:《冯至全集》第 5 卷,河北教育出版社 1999 年版,第 78—79 页。

③ [美]M. H. 哈里斯著:《西方图书馆史》,书目文献出版社 1989 年版,第 119 页。

④ [美]Elmer D. Johnson 著:《西洋图书馆史》,学生书局 1983 年版,第 240—241 页。

经对比可见，北大图书馆初期样貌虽与欧美大学图书馆有形似之处，但实际上在设馆最初，便是将图书馆视作大学不可或缺的独立组成部分，坚持以中心图书馆为主，其他学门（系）阅览室、记录室为辅的集中经营方式。这一思路贯穿了抗战前20年北大图书馆事业发展始终，更因有从哥伦比亚大学毕业的蒋梦麟、胡适等人的支持而得以强化，并最终在1931年北大公布的《行政组织系统草案》中得到确认，[①]实现了与美国大学图书馆理念的合流。在这种情形下，参照美式图书馆改善旧有馆舍条件、筹集资金建设新图书馆，也就成为1935年新馆建成前上至校长，下至学生不时被提及的话题之一。

由于第一院并非专为图书馆而设计，在馆中设备及图书取用上均不能做到物尽其用，北大师生深感其苦。1931年毛准长馆后，将图书馆迁入一院红楼北侧的松公府前部殿堂，馆舍条件虽有改善，却仍属临时性质，地址也不适宜，建造新馆已“刻不容缓”。1933年暑假后，北大经费趋于稳定，即着手聘请以建筑西洋古典样式见长的名设计师沈理源绘制图样，次年开工建造北大的“西式图书馆”。至1935年8月，新馆工程告竣，9月正式开馆。北大新图书馆从此成为北平市甚至全国各高校中“较为最完备图书馆之一”。[②]

全馆为一“山”字形防火建筑，用钢筋混凝土浇筑而成。“山”行中间一竖为书库与办公室，东西两竖为研究室，所有各阅览室均在南面一横。全馆分上下两层，再加上大门内中间穿堂部分与借书处，则也可视为四层建筑。进大门为一大穿堂，大穿堂左右为普通阅览室各一，堂北中部是借书处，又北为书库，东部是中日文目录处及管理员室，西部为西文目录处及馆长室。以上构成了新馆第一层。由大穿堂而上第二层，与第一层同。第三层主要作为图书馆办公室及中西文编目室使用。第四层是图书馆目录库。新图书馆还设有暖气房及卫生各室，并划分出东西两书库，内置可

① 《国立北京大学行政组织系统草案》，《北京大学日刊》，1931年8月29日。

② 1935年1月18日《京报》。

上下转动的四层总计十行钢铁书架放置书籍。[①] 钢架设备“采用北平图书馆及清华式”，悉数购自美国。[②] 这个设计明显借鉴了当时欧美大学图书馆的设计特点，即在建筑布局上将图书馆设计为长方形；主要由巨大的阅览室与贮藏图书的书库两部分构成，采取阅览室在前，书库在后，出纳台（借书处）居中的格局，以方便读者阅读和借阅需要；楼层数为三到四层，在结构上注意到灵活性，使书架区、阅览区和工作人员区相衔接；以大流水式排架，方便读者借阅，等等。[③] 北大新图书馆的内部设备和陈列也“一依美国最新办法办理”[④]，颇具现代气息。为方便本校教授研究需要，新馆还仿照西式图书馆设置若干小型研究室提供给教员和研究生的做法，专门辟出上下各两层、每层十二间的研究室，每室容 30 人，作为教授研究工作的场所。

新馆落成后，仍沿用此前设置分馆的办法，包括设有文学院图书分馆、理学院图书分馆、工学院图书分馆、农学院图书分馆和医学院图书分馆等。各分馆图书经由总馆统一编目后，再调借回各馆。借调期限为半年，到期可续借。[⑤]

3. 图书馆业务的改进

张申府回忆到，民初北大图书馆阅览室内的“阅览桌放在中间，四周摆上书柜……平时总是上着锁”，读者借书须自行查找，再叫管理员开锁来取。即使这样，图书馆“开始对外并不开放，本校学生也只有少数几个人与管理员相熟悉才能进去看书”。张本人便是因冯祖荀先生的关系才受到图书馆管理人员的通融，“给了我许多方便”。[⑥] 当时北大图书馆的

---

① 《本馆建筑概况》，北京大学周刊第□号图书馆副刊第七四号，1935 年 6 月 29 日。

② 1935 年 7 月 3 日《京报》。

③ 朱祖培、单礼丰、叶千军著：《国外大学图书馆概述》，上海科学技术文献出版社 1987 年版，第 91—96 页。

④ 1920 年 7 月 5 日《申报》。

⑤ 张树华、张久珍著：《20 世纪以来中国的图书馆事业》，北京大学出版社 2008 年版，第 50 页。

⑥ 张申府著：《所忆——张申府忆旧文选》，中国文史出版社 1993 年版，第 9、50 页。

封闭性由此可见一斑。从李大钊担任图书馆主任开始，北大图书馆逐渐突破了以往在图书典藏、服务、行政与管理等方面的窠臼，注意探索符合现代图书馆特性的新的办馆模式。

(1)典藏范围的扩大

将馆员精选细择的书籍提供给读者利用，是图书馆的基本职能，所以收藏与阅览关系密切。宣统二年《京师及各省图书馆通行章程》对图书馆藏书范围的界定是，“中国图书四库已经著录，及四库未经采入者，及乾隆以后所出官私图集”，“海外各国图书，及关系政治学艺者”，可采集收藏，但“私家著述有奉旨禁行及宗旨悖谬者”、“宗旨学说偏驳不纯者”，均不得采入。因政治等因素而对图书收藏有所取舍，造成历年来北大图书馆藏书以汉文古籍为主，宣扬新知的西文与日文等书籍到 1920 年时也只占藏书总量的 12％略强。①

“五四”运动后，校内重要人物蔡元培(校长)、蒋梦麟(总务长)、顾孟馀(教务长)和李大钊(图书馆主任)等对学校图书馆事业都“力谋扩张”，北大图书馆也顺应当时出版物类型增多、内容日趋丰富、学生对新书和学术报刊杂志热情大涨的趋势，自觉扩大馆藏范围，将社会上涌现出的宣扬新思潮、新学说的各种图书报刊，尽加搜藏，特别是对外文书刊的收集，更是不遗余力。罗章龙回忆到，自己所在的马克思主义学说研究会之所以能够活动频繁，“首先是北大有大量新出版的西文书。可以说，北大是当时中国各大学中拥有进步书籍比较多的地方”②。为扩充藏书起见，图书馆还通过征求、捐献、交换等多种方式搜集书刊，并专门制定简章，欢迎本校职教员、学生和校外公众将图书寄存到图书馆。③

在李大钊“兼容互需”的藏书方针下，北大的图书购置突破政治禁忌与封建思想桎梏，不仅收藏了有关马克思主义和俄国革命的“过激派”图书，还收藏并翻译了一些宣传唯物论、进化论的西方科学书籍，以及包含

---

① 《图书馆》，《北京大学日刊》，1920 年 12 月 17 日。

② 罗章龙著：《椿园载记》，三联书店 1984 年版，第 90 页。

③ 《欢迎寄存图书》，《北京大学日刊》，1918 年 3 月 1 日。

大量“西洋资产阶级反动思想”的书刊杂志。① 1918 年蔡元培聘请到剧曲专家吴梅作国文系教授，图书馆适时购入大批在当时不少人眼中还是“淫词艳曲，有伤风化”的词曲书，一时为人瞩目。② 1918—1922 年，北大图书馆藏书以年均万册左右的速度增长，到 1923 年，共入藏中外图书 184008 册，居全国大学图书馆第一位。③ 1935 年严文郁长馆后，受美国图书馆学说影响，在购书办法上又提出须注意“属于各学系之参考书”和“不属于各学系之书”的区别，多行添购“图书馆应备之参考书”即“不属于各学系之书”，进一步丰富了北大图书馆的藏书范围。据上海申报馆 1936 年统计资料显示，北大图书馆当年藏书册数为 237000 册，仅次于清华大学图书馆的 279363 册和中山大学图书馆的 271862 册。需要指出的是，同时期北大图书馆经费为 50400 元，远低于清华大学的 159000 元和中山大学的 100000 元。④ 可以说，北大图书馆以不足清华图书馆三分之一或中山大学图书馆二分之一的经费，能维持全国高校图书馆藏书量第三位，已属难得。典藏范围的扩大，藏书种类和数量的增加，使北大图书馆真正成为求知之机和深研之地，为师生提供了基础性的研究工具，便利了学术研究和文化的传播。

(2)图书编目与分类的探索

在藏书楼时期，北大收藏的图书根本无登记编目，取书全凭旧馆员记忆。1915 年徐鸿宝掌馆后，馆内开始油印少量中西文目录，以备教授和来访宾客查用，普通学生则是难得一见。从 1918 年李大钊兼任图书馆主任起，北大图书馆开始重视图书的编目与分类工作，这一方面是由于建造新馆计划因资金短缺屡屡搁置，不得不从切近处入手；另一方面也是因为

---

① 罗章龙著：《椿园载记》，三联书店 1984 年版，第 88 页。

② 萧夏林编：《为了忘却的纪念　北大校长蔡元培》，经济日报出版社 1998 年版，第 331 页。

③ 吴晞著：《北京大学图书馆九十年记略》，北京大学出版社 1992 年版，第 53 页。

④ 严文郁著：《中国图书馆发展史：自清末至抗战胜利》，中国图书馆学会 1983 年版，第 102—103 页。

经过近20年搜藏，图书馆书籍已积压甚多，管理和使用均感不便。图书编目之所以成为图书馆要务，正如殷汝耕在回复李大钊的信中所说："藏书要着有二，一即搜集，他即编制目录也。前者只须广搜，后者则大不易。图书之有用与否，全在目录。目录苟不得法，纵集十万卷，亦惟充栋而已。"①

李大钊担任图书馆主任后，认定先前"西文旧目，不能适用"，创议改编，其方法是以上文殷氏提供的东京帝国大学法科大学研究室所编目录法为模板，编制三种目录简片：(一)以类别者；(二)以著者姓氏字母顺序别者；(三)以书名字母顺序别者。待目录编成后，印成册本留存。② 不久，又采用美国图书馆学家麦维尔·杜威（Melvil Dewey，又译梅尔维尔·杜威）创制的十进分类法（DDC），编制西文卡目录。杜威分类法的应用，使北大图书馆面向读者开放的观念得到了技术上的支持，改变了此前北大图书馆的目录排列和图书排架制度，有效提高了图书馆在图书整理与管理、流通阅览和参考咨询上的工作效率。在对中文古籍的整理上，因尚无成熟的分类法可资利用，北大图书馆决定暂"仍从前经史子集四大类之旧贯"，并添加地理、丛书、类书、科学等几类，以适应新知识、新文献增加的情况。这种用增改四部法分旧书、新分类法分新书的处理方法，实际上也反映了北大图书馆在对待当时图书分类法的最大障碍，即经籍处理问题上所持的审慎立场。

自李大钊采用西式卡片（card）方法编目以来，继任的图书馆主事人员皮宗石、袁同礼等人都"仍循李氏旧规"，沿用杜威十进分类法和四部分类法编定中西文目录。其中，日文和西文书被分成十类，分别为哲学、宗教、科学、工艺、美术、语言学、文学、社会科学和史地学。西文书籍在1931年后最终完成了卡片目录的编制工作。在中文书籍的编目上，1921年由教员单不厂经过两年努力，以四部分类法编制出著者和书名两种卡

---

① 北京李大钊研究会编：《李大钊史事综录（1889—1927年）》，北京大学出版社1989年版，第185页。

② 《图书馆》，《北京大学日刊》，1920年12月17日。

片,“中文书籍之有目录卡片,亦自此时始”①。卡片式目录虽然制作简单、运用灵便,却也存在一定弊端,如不能携带出馆阅览、易于杂乱和丢失等。在这种情况下,北大图书馆认为“书本目录所以辅助排片目录,最便观览”②,遂于1935年开始在书籍编目上以书本式目录配合卡片式目录,使两种目录取长补短,极大便利了馆方的工作和读者的需求。

到20世纪30年代中期,北大图书馆在图书分类上开始放弃新旧分置的办法,转而采用该馆中文编目馆员陶愉孙参照杜威与王云五等人分类法改制而成的改进方法,将中文图书也分为十类,在“总类”下分别是:①语言文字,论理学,算学;②哲学宗教;③自然科学;④应用科学;⑤社会科学;⑥文学美术;⑦方志;⑧史记;⑨杂著。③ 这部分类法在实行数月后,又被皮高品编制的《中国图书十进分类法》所取代,一直延续到1975年改用《中国图书分类法》为止。皮式十进分类法是一种在杜威法的类目体系和编制基础上产生的、基于中国国情编制出的“补杜”与“改杜”的分类法,也是一种混合新旧、统一部类的新式分类法。从这个角度看,西方学术分科的视角不但影响了民国图书馆界看待传统学术的取向,同时也促成了中国传统知识结构向西方现代学术体系的日渐转化。

(3)读者服务的改进

李大钊在论述传统藏书楼与现代图书馆区别时总结道:“古代图书馆不过是藏书的地方,管理员不过是守书的人。他们不叫书籍损失,就算尽了他们的职务。现在图书馆是研究室,管理员不仅只保存书籍,还要使各种书籍发生很大的效用,所以含有教育的性质。”④这就突破了图书馆员只是单纯职掌管守的图书保管员这一陈旧观念,指出了现代图书馆不仅是文献资料的收藏中心,还应当是资料信息服务中心的特性。

与藏书数量增加相比,北大图书馆服务方式的改观更加引人注目。

---

① 《本馆述略》,《北大图书部月刊》第1卷第1期,1929年12月10日。

② 《国立北京大学图书馆概况》,1936年,第17页。

③ 1934年9月30日《北平晨报》。

④ 中国李大钊研究会编:《李大钊全集》第3卷,人民出版社2006年版,第132页。

为配合学校教学和研究工作的开展，图书馆采取了一些措施，如在读者服务上延长开馆时间、实行主动服务，向社会青年开放阅览室供其自学，在藏书建设上增加教学用书的复本，在图书采购上由各系教授掌握决定权并采纳读者购书意向等。

图书馆改善读者服务工作的第一个措施是大幅延长开馆时间。原《续订图书馆章程》中本未对开馆时间作出具体规定，只笼统提出“每日上灯后，书橱全行锁闭，概不取阅”[①]，这就使得长期以来馆员怠工现象严重，甚至可以随意拒读者于门外。[②] 李大钊上任后，首先明定开馆时间，“每日上午八时至十二时，下午一时至五时半，晚七时至九时，星期日照常开馆”，要求馆员“按规定时间到校办公”。接着，于次年5月将下午开放时间延长至六时，其余时间不变，并基本固定下来。以上规定不仅打破了北大图书馆自清末以来晚间闭馆的旧习，每天将近12小时的开馆时间甚至在今天看来都颇值得称道。此外，为尊重读者好学意向起见，图书馆还曾将原本上午八时至十二时的暑假开馆时间修正为“上午七时至十一时，下午二时至六时”，并最终确定为“上午八时至十二时开馆，下午及晚间闭馆，但阅报室可延长至下午五时”。[③] 开馆时间的延长，满足了读者的合理要求，使他们能充分利用图书馆资源，也顺应了20世纪以来欧美图书馆变革的趋势，成为配合北大教学改革的重要措施。

提倡西方图书馆开架式(openshelf)阅览方法是北大改进读者服务的又一举措。大学堂时代的图书馆采取闭架借阅方式，“凡借取图书书籍图画，须将印单交由供事检查，取出呈阅，不得由取书人自行入室信手翻检”[④]。1919年年底李大钊在北京高师图书馆二周年纪念会演讲中提出，

① 北京大学校史研究室编：《北京大学史料》第1卷，北京大学出版社1993年版，第464页。

② 《本校图书馆改良刍议》，《北京大学日刊》，1918年3月23日，1918年4月9日。

③ 《北京大学日刊》，1918年4月12日，1918年9月14日，1918年7月25日，1919年6月24日。

④ 北京大学校史研究室编：《北京大学史料》第1卷，北京大学出版社1993年版，第464页。

“图书馆就是阅览室，阅览的能随时翻阅才好”，所以图书馆宜采用开架式，方便读者阅览。为此，李大钊曾在北大图书馆实行过一段时间的开架服务，以提高图书的利用率和开放程度，但由于当时图书设备“很不完全”，馆舍也“全不合图书馆的建筑”，这一“合于新趋势的制度反而废掉了”。[①] “废去文库式、采用开架式”的设想虽然没能贯彻始终，但它反映出李大钊等人已准确把握住了现代图书馆注重开放性与实用性的先进理念。实际上，除美国图书馆较早推行开架制外，德国等国家的图书馆界就是否实行开架的争论到 20 世纪 30 年代仍未停息。而据图书馆文献记载，迟至 1950 年以后，图书馆的开架实践才在各国普遍发展起来。[②]

开展馆际交流与合作、推动图书馆教育社会化，是北大图书馆现代化的一个重要标志。抗战前 20 年的北大图书馆除致力于自身建设外，还积极推进图书馆教育的社会化，加强图书馆间的协作与交流。1918 年 3 月 1 日，李大钊在《图书馆主任告白》中称：“查本馆与国史馆及各研究所虽为分立机关，而于书籍之享用究当谋一联络之方法，俟与国史馆及各研究所商定一互相借书之规则次第施行，总期使各处图书可以循环转置流通阅览，俾收最大最普智效用，以利研究而惠学子。”[③]开展馆际互借业务的做法，打破了图书馆的自守状态，使北大图书馆与其他图书馆间形成资源共享的局面，可看作是图书外借服务的延长。

如果说图书馆与国史馆及各研究所间的合作关系尚囿于北大内部的话，参与筹建“北京图书馆协会”的活动则将这种合作交流理念引向北大校外，引向社会。1918 年年底，由北京大学图书馆发起，北京多所图书馆参与的“北京图书馆协会”在北大文科事务所召开成立大会，选举清华学校图书馆袁同礼担任会长，汇文大学图书馆高罗题为副会长，北大图书馆

① 中国李大钊研究会编：《李大钊全集》第 3 卷，人民出版社 2006 年版，第 133—134 页。

② 朱祖培、单礼丰、叶千军著：《国外大学图书馆概述》，上海科学技术文献出版社 1987 年版，第 114 页。

③ 《北京大学日刊》，1918 年 3 月 1 日。

李大钊为中文书记，协和医学校吉非兰女士为英文书记。大会规定，协会宗旨为“图谋北京各图书馆之协助互益”，主要活动内容为“互借图书”和“互换其出版物”等。[①] “北京图书馆协会”的活动时间虽然不长，却成为中国图书馆界走向联合的先声，由它倡导的“互借图书”和“互换其出版物”的做法也延续了下来。张中行回忆 20 世纪 30 年代的北大图书馆时说，有时图书馆没有自己需要的书籍，老馆员李永平就主动提出可以从北京图书馆（注：应为北平图书馆）代借，“大概三四天就可以送来”。[②] 据 1936 年《中华图书馆协会会报》统计资料显示，由于与北平图书馆及各大学图书馆订有互借图书办法，一年来北大图书馆总计借出图书一二百册，借入图书约二三百册。开展馆际互借业务便利了北大师生的阅读和研究，也顺应了世界图书馆事业的发展趋势。它逐渐改变了人们以馆藏规模来衡量“大图书馆”资格的观念，[③]为图书馆赋予了现代的标准，对 20 世纪 20 年代后中国图书馆界的合作与交流也产生了积极的影响。

（4）行政与管理的变革

清末京师大学堂曾制定有《图书馆章程》及《续订图书馆章程》，简要规定了图书收储、借取与相关禁约，但执行情况不详。直到李大钊长馆前，北京大学图书馆并没有成文的业务工作条例，原有的读者借阅规则也往往沦为一纸空文。“在这种情况下，图书馆管理之混乱是可以想见的”[④]。

“关于图书馆最重要的问题，就是管理图书馆事务”[⑤]。在这一思想指导下，北京大学《图书馆阅览室规则》、《图书馆借书规则》和《储藏室规则》于 1918 年春相继出台，对学生阅览、借阅图书和携物入室分别作出规

① 《北京大学日刊》，1919 年 1 月 21 日，1919 年 1 月 22 日。

② 张中行：《闲话北大图书馆》，《读书》1990 年第 4 期。

③ 朱祖培、单礼丰、叶千军著：《国外大学图书馆概述》，上海科学技术文献出版社 1987 年版，第 124 页。

④ 吴晞著：《北京大学图书馆九十年记略》，北京大学出版社 1992 年版，第 41 页。

⑤ 中国李大钊研究会编：《李大钊全集》第 3 卷，人民出版社 2006 年版，第 330 页。

定。其后又经多次修订，使读者借阅制度渐趋合理和完善。特别是在1918年1月，校评议会决定将原规则应用范围由学生扩展至教员，并由蔡元培在《北京大学日刊》连续刊登催促教职员还书启事的做法，显示了北大校方与图书馆方面决心以公平和公开的方式处理馆务的姿态。1920年5月7日，北大图书委员会第二次决议通过《国立北京大学总务处图书部试行条例》，对图书馆人员构成、机构设置与各自职能做出了较为详细的规定，涉及图书杂志报章的征集购买、新书登录与公布、图书目录编撰与装制、参考资料指导与介绍等一系列管理与服务工作，成为馆务工作正规化的重要标志。这一试行条例参考了国内外许多图书馆的先进管理办法，其主要部分即对登录、购书、编目、典书四课的设置，及其各自职权划分和工作重点的规定，明显是在当时美国大学图书馆内部组织系统基础上，依北大“现有事务之状况”而作出的调整。[①] 1935年新馆开放后，图书馆重新制定了读者借阅规则，对借书证发放、阅览、外借、续借的方式等都做了正式的规定。

成立于“五四”运动后的北大图书委员会，是1919年年底北大改革中出现的一种新型行政和管理组织。图书委员会委员由校长从教员中指派，设委员长一人，由校长于委员中推举产生，以教授为限，任期一年。[②] 作为校行政会议的常设专门委员会之一，图书委员会的责任是“协助校长谋图书馆之扩张与进步”，它既负责涉及图书馆重大问题的决策，也负责处理馆内的一般性业务工作。图书委员会的建制一直延续到20世纪30年代，委员的资格也由教员提高到教授，从而提高了图书馆工作决策的权威性和科学性。虽然蒋梦麟等宣称行政会议体制“为北大所首创”，但就其麾下的图书委员会的机构设置与实际运作情形来看，却无疑深受德国和美国大学中图书馆委员会的影响。图书委员会制度的建立，为北大图书馆的正常运转提供了组织上的保证，促进了图书馆平稳有序的发展。

---

① 《国立北京大学总务处图书部试行条例》，《北京大学日刊》，1920年5月10日。

② 《大学组织章程》，《北京大学日刊》，1919年12月6日。

1930年年底,蒋梦麟就任北大校长。蒋氏掌校后,对北大教学和行政制度作出较大调整,使图书馆地位得到进一步提高。在新体制下,图书馆由总务处下辖诸部之一直接划归校长领导,图书馆长的地位与校秘书长、课业长、各院院长及各学系主任相等。同时,依照1932年6月颁布的《国立北京大学组织大纲》,图书馆长也是校务会议的当然成员。大幅提高图书馆与图书馆长的地位,使他们在学校教学、行政以及学术活动中承担更大责任的做法,为北大图书馆进入“一个相对稳定的繁荣阶段”奠定了基础,[①]也足见蒋梦麟在发展图书馆事业上的远见。因为即使是自20世纪起执世界图书馆业牛耳的美国,以正式文献形式规定大学图书馆及馆长地位的《大学图书馆标准》(Standards for college libraries),也是直到1959年才由美国大学与研究图书馆协会理事会(Association of College and Research Libraries)通过并施行的。[②]

(5)新型图书馆的出现

捐赠图书馆在19世纪末20世纪初的大量出现,是美国现代图书馆事业的特点之一。它主要由热心教育的慈善人士以捐献书籍、图书经费或馆舍等方式实现。“五四”运动后,这一新型的图书馆形式开始为国内所注意。1920年7月7日,《北京大学日刊》登载了“通信图书馆募捐启事”,旨在以通信的方法做到轮流借阅,使各地有志读书者能够用少量金钱,阅览多数书报。《启事》有感于新文化运动“虽是闹的很高兴,亦只是少数人受益”的缺憾,呼吁“热心诸君,或惠赠书籍,或慨助金钱”,以这种“想亦是促进文化最良好之工具”扩张图书馆事业,普及平民教育,最终达到改造社会的目的。

通信图书馆仿照美国流通图书馆制度制定章程,规定阅书者须事先缴纳保证金若干元,至不阅时除租借费外余数归还;借阅书报,须照书价按月缴纳百分之五的费用。在图书采访方法上,它注意满足读者对图书

---

① 吴晞著:《北京大学图书馆九十年记略》,北京大学出版1992年版,第63页。

② 李志钟著:《美国图书馆业务》,远东图书公司1980年版,第18页。

的不同需要，提出“阅书者如知有新出书籍而本馆所无者，可以随时通知本馆酌量购置”。在读者服务上，该馆编有图书目录，按人分赠一份，对新到书籍，每月对于阅书者报告一次。还提出阅书者如对书籍内容有不解之处，可随时提出疑问，由图书馆方面作出答复。考虑到部分读者有希望赴馆参观与商谈图书馆事务的愿望，图书馆还特意安排工作人员于每周一、周三和周五三天的上午八时至十时负责接洽。①

通信图书馆自成立之日起，就得到了北大师生及校外人士的大力支持。图书馆在 1920 年 7 月 9 日正式开馆当天，便收到了蔡元培、陶履恭、徐宝璜等 27 人与新生活社捐赠的中西文各类图书杂志 145 本(部)、现洋 56 元 10 角。② 按《北京大学日刊》提供的记录显示，通信图书馆从 1920 年 7 月 10 日起，到 9 月 24 日因馆址迁移等原因暂时停办的短短两个多月中，共登载“鸣谢启事”10 余次，其受欢迎程度可见一斑。也有校内社团以直接捐助之外的形式来支持通信图书馆发展。如北大工读互助团在图书馆开馆不久就通过决议：凡本团团员在通信图书馆借书，只收保证金，以资流通金融外，所有租费，一律免除，以示优待。③

1920 年北大通信图书馆的开办，使中国图书馆界真正开始了面向广大民众服务的实践。这之后，上海通信图书馆、唐山工人图书馆、天津工人图书馆、南昌平民图书馆、上海蚂蚁图书馆等纷纷涌现，形成了“新图书馆运动”中一股不可小视的新兴力量。

(6)馆员的专业化

图书馆有三个基本要素，即馆舍、书籍和人员，三者缺一不可。广义上的图书馆从业人员即馆员，包括服务于图书馆的一切职员，“上从图书馆长，下到练习员，都叫做馆员”④。民初北大图书馆工作人员，多为逊清时代留用下来的旧人员，人数既少，也不具备专门的图书馆知识和相关技

---

① 《通信图书馆募捐启事》，《北京大学日刊》，1920 年 7 月 7 日。

② 《北京大学日刊》，1920 年 7 月 10 日。

③ 《北京大学日刊》，1920 年 7 月 13 日。

④ 杨昭悊著：《图书馆学》，商务印书馆 1923 年版，第 196 页。

能。这种情况并非北大独有，1921 年 10 月 24 日，李大钊在北京女子高等师范学校的演讲中就指出："在今日中国，管理图书馆者，多无专门智识。"[①]图书馆负责人资质尚且如此，其他馆员就自不必说了。

有鉴于此，校内主要人物蔡元培、蒋梦麟、顾孟馀和李大钊等都力主提高图书馆馆员的专业素养。在当时图书馆专业人才稀缺的情况下，李大钊首先着眼于聘用文化层次较高的美国"助教式"工作人员。他很赞赏美国大学在图书馆中设立助教制度的办法："从前只有一个教师的，现在添了许多助教，这班助教不必上课堂授课，只在图书馆里搜罗书籍供学生参考。这种制度有两层利益：一层可以消除师生间的隔阂，一层可以鼓励研究的兴趣。"[②]在李大钊倡议下，北大图书馆从 1920 年开始聘用大学毕业生任助教。当年来馆的助教有顾颉刚、吴康、齐昌豫、滕统音、陈达材、王俊等 6 人，几占全馆 15 名职员的一半。从此，一支具有较高业务水平的馆员队伍开始在北大图书馆形成。除直接聘任助教从事图书馆服务，蔡、蒋等人还意识到培养图书馆后备人才的必要，一面"拟就校内毕业生中选派数人至英美专修图书馆专门之学，一面再在本校添设专科，延师讲授，以为异日充任图书馆职员之用"[③]。

除普通馆员专业化外，馆员专业化的另一重要表现就是图书馆负责人的领导内行化与去教学化。自李大钊以来，北京大学在历届图书馆负责人任命上都采用了德国大学图书馆的惯常做法，即图书馆负责人同时也须具有大学教授身份。随着馆藏量剧增和馆务活动的专业化，这种兼职馆长不论在时间、精力，还是在业务处理上，都已逐渐不能适应工作的需要。20 世纪 30 年代前期，北大高层开始酝酿以图书馆专业人才执掌馆中事务。当时任北大图书馆馆长的毛准虽号称"活的图书馆"，其兴趣却是在买书与辨别古籍版本真伪上，对图书馆事务则"不大过问"，"似乎

① 中国李大钊研究会编：《李大钊全集》第 3 卷，人民出版社 2006 年版，第 330 页。
② 中国李大钊研究会编：《李大钊全集》第 3 卷，人民出版社 2006 年版，第 133 页。
③ 1920 年 8 月 15 日《申报》。

有些懒散”，这就引起了校方高层的不满。[①] 1935 年 5 月图书馆新馆落成后，原国立北平图书馆阅览部及编目部主任严文郁即代替毛准，接任图书馆主任一职。按胡适在 1935 年 4 月劝说毛氏辞职的信中所言，一直以来，他和蒋梦麟都希望找到一个“美国化”的人来办新图书馆。在这种情形下，图书馆专业出身、有着在美中两国图书馆工作经历的严文郁，显然更能满足蒋梦麟把北大新图书馆“完全放在一个新的组织和新的效率之上，——简单说，就是要‘美国化’它”的需要。既要“美国化”的管理者，也要“美国化”的图书馆，是因为蒋胡二人都“深信图书馆是以美国的为世界第一”。[②] 蒋梦麟聘请严文郁长馆可谓得人，北大图书馆在 20 世纪 30 年代中期的成绩，主要就是在严文郁的主持下完成的。

(7)知识生产与出版相结合

现代出版业的发展与大学的发展关系密切。出版业的发展使图书数量急剧增加，为大学教学活动的开展、学术研究的进步、学术交流的便捷，乃至图书馆藏的极大丰富提供了可能。同时，大学的发展及其在学术成果转化中不可替代的作用，又为出版业的兴盛开辟出一片广阔的天地。学者因出版而扬名，出版部门因学术而得利，知识生产与出版间不是彼此隔绝的共存，而是相互渗透、共生，融合成了一个新的利益共同体，也构成了现代学术体制的重要组成部分。北京大学出版部是诞生于新文化运动中的校内出版机构，1918 年成立后附设于北大图书馆。1929 年出版部改组为出版组，划归校长治下的秘书处直辖，从此脱离北大图书馆。此间 10 余年中，北大出版部始终将出版重心置于学术出版上，将知识生产与出版事业相结合，不仅取得了良好的社会效益，也收到了极佳的经济效益。

1918 年 3 月，由于出版品日渐增加，北京大学特将原收发讲义室改

① 石兴泽著：《学林风景——傅斯年与他同时代的人》，河南人民出版社 2005 年版，第 56 页。

② 胡适著：《胡适往来书信选》（中册），中华书局 1979 年版，第 635—636 页。

为出版部，仍隶属于图书馆，以李振彝为该部事务员。[①] 在1919年年底的行政组织改革中，北大再次明确“出版自立一部，出版主任掌之”，并成立出版委员会，负责审查出版书籍及出版部的行政工作。[②] 不过就实际情况来看，出版部更名前后的机构隶属关系并没有发生变化，在人员调配上的最终决定权也不在自己手中，其所负责的工作仍然是印刷、管理和分发等事宜。[③] 出版部实际隶属于校图书馆这一事实与20世纪前期美国大学内的情形非常相似。当时很多美国大学出版机构与大学母体的关系都逐步确定为“大学、学院或者类似机构的学术出版部”，其产品更多的是进入大学图书馆系统和学术界，因而出版机构接受图书馆馆长领导的情况非常普遍，出版机构本身都没有独立的人事和财务权力。[④] 改“室”为“部”行为表明，北大校方已开始注意本校出版事业，这也为出版部日后的扩张与繁荣奠定了组织基础。

由于业务繁忙，到1920年春时，出版部已不得不分出讲义课和售书课两部门，后增加印刷课，人员也有所扩充。出版部成立初期，便以翻印本校教授的讲义与著作为主要工作。出版部偏重学术出版的这一定位与西方大学出版社十分接近，因为欧美“大学出版社其前身多为满足大学教学科研需要而成立的印刷所，并且这样的印刷所只印刷大学教授的著作或者讲义”[⑤]。以讲义论，后世许多学术名著的初稿，如被列入商务印书馆出版计划的“北京大学丛书”等，都以此种形式在北大印刷过。再如刘师培所著《中古文学史》、吴梅所著《词曲讲义》、孟森所著《明元清系通纪》、钱玄同所著《文字学音篇》、黄节所著《诗学》、魏建功所著《古音系研究》等等，其前身均发轫于出版部所印北大讲义中。这种起步于教材建设

---

① 《北京大学出版部成立》，《北京大学日刊》，1918年3月15日。

② 1920年2月23日《申报》。

③ 白化文著：《人海栖迟》，北京燕山出版社2005年版，第86页。

④ 张宏：《美国大学出版对我们的启迪》，《大学出版》2005年第4期。

⑤ 张宏、钱明丹：《美国大学出版社的历史、定位和宗旨》，《大学出版》2005年第1期。

的情形，是基于师生实际需要产生的，同时也是为了解决出版部建立后面临的生存问题。为配合学校教学需要，出版部还大量影印或排印了大学教科书和参考用书。如张炎的《词源》、吕天成的《曲品》、周德清的《中州音韵》、李玉的《北词广正谱》、崔适的《史记探源》和《春秋复始》等；影印的字典和词典包括《龙龛手鉴》、《西儒耳目资》等。

除不定期出版品外，出版部还承印了校内不少报章杂志，如北大的代表性报刊《北京大学日刊》、《国学季刊》、《社会科学季刊》、《自然科学季刊》及《歌谣周刊》等。虽然这些报章杂志经常变换出版机构，出版部多数时候只负责一段时期的出版事宜，但即使非本部出版，只要“是与北大有关的人编辑出版的”，出版部门也往往乐于代售。① 此外，许多北大学生鉴于新文化运动影响仅及于通都大邑，遂“各就其乡土情形，从事调查研究”。他们把调查和研究所得交由北大出版部印刷完竣后，再寄回各处，以补新文化运动所阙。这些定期印刷品包括四川学生所办《新四川》、永嘉学生所办《新学》、陕西学生所办《秦钟》、安徽学生所办《安徽旬刊》、直隶武清师生所办《武清周刊》等10余种。他们先将调研结果交付北大出版部，由后者负责印刷，再把印制好的成品寄往直隶、四川、陕西、浙江、安徽等地，以补新文化运动所阙。1920年年底出版的《北京大学日刊》欣然赞道：“本校之出版品，年来骤形增加。其蓬蓬勃勃之气象，不特为国内之重心，亦为世界所瞩目。”②无疑，北京大学出版部的工作对推动校内学术风气的形成，以及新文化运动影响的扩展均起到了一定推动作用。

尽管出版部从未明确规定其出版宗旨，但从实际运营情况来看，北大出版部与欧美大学出版社长期以来形成的“倡导学术出版、推动学术交流、营造科学氛围”的办社理念有异曲同工之妙。出版部以出版之名，行学术传播之实，既履行了大学出版机构所赋予的文化使命，又取得了可观的经济效益。因为当时“中国没有加入国际版税同盟，所以翻印或翻译不

① 白化文著:《人海栖迟》，北京燕山出版社2005年版，第89页。

② 《北京大学日刊》，1920年12月17日。

问版权是不大要紧的"[①],自创部以来,"凡该校教员所编各科讲义暨校内学生出版物,均由该课(指售书课)翻印发卖。以是该课每年收入总有巨万"[②]。北大出版部成立不久,适逢"五四"运动后学术研究风气日趋兴盛,学术界为出版部源源不断地提供了研究成果,出版部也为现代学人研究成果的发表和学术影响的扩散提供了广阔的舞台,达到了双赢的效果。

(三)大学内部学术资助体系的创设

现代学术资助制度作为现代学术体制的重要组成部分,保障了学术研究活动的正常开展,并在很大程度上影响了现代学术的研究方向。与中国传统学术体制下的资助机制相比,在现代学术的资助体系中,现代学人和学术研究机构除了获得政府与工商界的资金投入外,还得到了大量学术资助机构的经费支持。特别是在抗战前 20 年动荡不安的社会环境下,本应由政府负担的国立大学办学经费往往不能如期拨付,此时,以校外基金会方式注入的资金就显得尤为宝贵。如中华教育文化基金董事会对民国时期国内大学的资助,就很明显地表现出这一方式对中国大学及大学学术研究所造成的巨大而深远的影响。

与此同时,在现代知识生产和知识传播重要基地的大学内部,也开始仿效西方特别是美国近代的基金会模式进行运作。正如美国高等教育系统中的赞助者、资金来源和管理模式具有多样性一样,民国时期的中国大学也相继创设了名目繁多的学术奖励基金。它们与源于校外的各项资助相结合,构成了一套较为完整的大学资助体系。

在中国现代大学体制的形成过程中,各大学为了鼓励本校教员安心于教学工作和学术研究,制定了各项优待办法,力图使"教员俸给永不受币制之影响",解除教员在生活与学术研究上的后顾之忧。同时,各大学也纷纷以个人或团体名义建立起各项奖励基金,旨在资助在校学生从事

---

① 傅光明著:《论战中的鲁迅》,京华出版社 2006 年版,第 25 页。

② 1924 年 10 月 1 日《晨报》。

学术研究活动，培养学术后备人才。北京大学在抗战前 20 年里，以来自校外的学术资助为“一体”，以对本校师生的奖励和资助为“两翼”，初步构建起大学学术资助体系。

1. 对教员的优待与资助

北京大学鼓励教员从事学术研究，自蔡元培时代开始不久便初露端倪。1917 年 5 月，教育部令《全国大学职员任用及薪俸规程》规定：凡校长、学长、正教授，每连续任职五年以上，得赴外国考查一次，以一年为限，并酌支往返川资。在部令基础上，当年 12 月，由理科教员提议，并经校评议会议决，北大发布《派遣大学教员出洋留学案》，其主要内容为：(1)在北大连续任职五年的教授，得由学校派遣出洋留学；连续任职不满五年的教授，如本人志愿出洋，可向评议会提出研究案，经评议会认可后亦得派往。(2)留学期限至少一年，至多三年。(3)留学期间，除官派学费及往返川资外，由校方负责支付原薪之半数；如官费无空额，则由校方支付原薪全数，另加往返川资。(4)出洋时学校与教授双方，须订立归国后回校任职三年以上的契约。①

此案发布后即告施行。1920 年 2 月 4 日，北大评议会召开常会，审议本校教授出洋留学事宜。经评议会议决，同意宋春舫、卜思□两教授分赴欧美留学，留学期间给予二人半薪待遇；否决了沈步洲(时任教育部专门教育司司长)以北京大学名义在欧洲考察教育的请求。评议会还对清华学校图书馆主任袁同礼请求北大每年补助 480 美元，以 3 年为期的出国请求予以讨论。考虑到袁氏虽非北大教授，但“前为本校预科毕业”，与北大仍保持着密切关系，评议会议决由校方与其商订服务合同，待合同签订后再由北大发给补助费。② 此后，北大教授屡有出国留学者，校方均援引《派遣大学教员出洋留学案》酌情处理。

1934 年 12 月 1 日，由北大教授樊际昌、张颐和戴修瓒负责起草的

① 《致理科各教员公函》，《北京大学日刊》，1917 年 12 月 17 日。

② 《评议会议事会》，北京大学档案馆・全宗号(七)・目录号 1・案卷号 50。

《国立北京大学教授休假研究规程》在历经半年修订和讨论后公布。这一规程在1917年《派遣大学教员出洋留学案》的基础上,进一步完善了教授休假制度和赴海外从事学术研究等活动事宜。其主要内容为:(1)北大教授连续服务满五年者,得请求休假一年,如不兼事支半薪。其请求休假半年者,如不兼事支全薪。(2)教授如欲在休假期内作研究工作,应先提出研究之具体计划,经系务会议通过审定,校务会议核准后,方得享受下列各条之待遇。(3)在休假期内赴欧美研究的教授,支给全薪,并给予来往川资各350美元,但本人如在他方面领有川资者,北大不再支给川资。(4)在休假期内赴日本研究的教授,支给全薪。(5)凡休假教授赴欧美或日本研究者,其在国外研究期间须在10个月以上。(6)在休假期内赴国内各地研究的教授,除照第一条支薪外,其旅行及研究费用,由研究者提出详细预算,经校务会议核定,但其总数不得超过1500元。(7)依该规程休假的教授于休假期满后有返校服务的义务。(8)每年休假的教授人数,每学系不得超过一人。(9)各学系不得因教授休假而增聘教授及讲师;(10)与北大签订特种契约的北大教授不适用此规程之规定。① 翌年4月,北大校务会议又通过了蒋梦麟提出的北大教授休假研究名额案,规定每年全校休假研究教授总额以7人为限;休假研究教授应于每年4月10日前提出研究计划。②

学术休假(教授带薪休假)制度产生于19世纪末的美国,最初由哈佛、康奈尔等大学于19世纪80年代中期实行。到1920年,全美已有71所大学提供了某种形式的学术休假。③ 按1890年哥伦比亚大学劳(Seth Low)校长的说法,引入该制度的目的就是为了使哥伦比亚大学成为一所

---

① 《国立北京大学教授休假研究规程》,《北京大学周刊》第126号,1934年12月1日。

② 《国立北京大学布告》,《北京大学周刊》第127号,1935年4月27日。

③ John S. Brubacher & Willis Rudy. Higher Education in Transition: A History of American Colleges and Universities. Fourth Edition. New Brunswick: Transaction Publisher, 1997, 190.

研究型大学。[①] 北大仿行这一制度,正是考虑到此举会令教授们有充足的时间来研究学术。《国立北京大学教授休假研究规程》于 1935 年度起开始施行。按照规定,教授休假的基本条件是在本校连续服务 5 年以上,但此一限制条件在实际执行中也会适当放宽。1935 年 4 月,理学院地质系教授谢家荣因须赴福建研究沿海底层及南岭山地岩石,不能兼任北大教职,于是向校方提出请假获准。谢本人于 1932 年任职北大,至 1935 年刚满四年。校方不仅同意了他的请求,还迅速另聘教授,负责继续其所任课程的讲授工作。[②] 对此次通融之缘由,北大方面并无过多交代,倒是《北平晨报》提到谢氏"成绩斐然,极受学生之欢迎",隐约透露出蒋梦麟时代的北京大学在加强理科建设的背景下,为鼓励本校德才兼备的优秀教师继续深造,有可能也会对既定规章进行变通这一信息。

在对教授实行优待办法的同时,北大为提高其学术队伍的整体水平,也把目光投向了本校助教。北大的助教制度是按照蔡元培 1918 年在北京专门以上学校校长会议上的提议设立的。助教从毕业生中挑选,"以预备其日后为本校之用"[③]。蔡元培的这一主张,显然受到了美国大学中助教制度的影响。[④] 1934 年 6 月底,北大教务会议制定并通过了《资助助教留学条例》。该条例于 7 月公布,内容包括:(一)凡助教具有下列两项资格,经系教授会审查合格,提交院务会议及校务会议通过者,得由学校资助留学:(甲)在校服务满五年以上,勤于职务者;(乙)兼作研究工作,确有相当成绩者(研究成绩,以登载本校刊物,或国内外著名刊物者为有效)。(二)留学期间第一年薪金照常支付,如成绩优良,第二年得由该助教向学校请求,继续一年,惟须经系教授会、院务会议,及校务会议通过。(三)留

---

① 王英杰著:《美国高等教育的发展与改革》,人民出版社 1993 年版,第 18 页。

② 1935 年 4 月 16 日《北平晨报》。

③ 中国蔡元培研究会编:《蔡元培全集》第 3 卷,浙江教育出版社 1997 年版,第 422 页。

④ 1643 年,哈佛学院首创助教制度,规定助教除学习专业知识外,还要承担初步的教学任务。参见张斌贤:《学术职业化与美国高等教育的发展》,《北京大学教育评论》2004 年第 2 期。

学助教之职务，在该助教留学期间，由本系或本院他系中其他助教分别担任，学校不另加聘他人。（四）留学助教，每系不得同时有二人。（五）助教留学回国后，学校倘有聘请其回校服务的必要，该助教有尽先在校服务的义务。① 这一条例照顾到了助教在北大工作中的不同情况，既对留学助教的资质提出了相对严格的要求，也为他们在学成归国后的工作提供了基本保障。

2. 对学生的鼓励与资助

传统教育制度下的学生一般被视为官僚阶层的递补者，学生通常也都把学校作为晋身入仕的阶梯。即使在清末废除科举制后，学校教育仍不过是变相的科举，学生入学也只为求得个人仕途顺畅，“他们的目的，不但在毕业，而尤注重在毕业以后的出路”②。进入民国后，北大承袭清季京师大学堂余绪，多被认作政府延揽人才的场所。直到蔡元培出掌北大，风尚丕变，“学生中间，开始觉得入大学的目的是研究学问，并不是为得个人仕途的‘出身’”③。

与改变学生观念、鼓励学生从事学术研究活动相伴而行的，是校内各种形式的奖学金和助学金的设立。北大为谋“使学生确能潜心研究”，对学业成绩和学术研究有突出表现者给予奖励，对家庭条件困难的优秀学生给予资助。这一想法在 1918 年 2 月北大会计课职员郑阳和与胡适发起组织成美学会时就已提出。该会以捐集基金，津贴可以成才而无力求学的学子为宗旨，对国立大学学生，“不论其为预科生分科生，并不计其学年始末如何”，只要获得学会认可，均给予每月数额不等的资助费用。④ 按胡适在《介绍成美学会》中的解释，“西洋各国学校多以此种私人捐助之津贴费，而尤以美国为最多”，“吾国今日虽有各省官费资送学生之法，而

---

① 1934 年 7 月 11 日《京报》。

② 蔡元培著：《蔡元培自述》，传记文学出版社 1985 年版，第 12 页。

③ 王世儒、闻笛编：《我与北大——“老北大”话北大》，北京大学出版社 1998 年版，第 372 页。

④ 《成美学会组织》，《北京大学日刊》，1918 年 2 月 25 日。

绝少私家津贴之举。即间有之,亦仅视为个人慈善事业,既无组织,又无群力以为之助,故所被甚寡,收效亦微”。① 可以看出,胡适等人是想以西方尤其是美国大学中的基金会模式筹措资金,来鼓励和资助北京大学的贫寒学生完成学业,并奖掖学术。

胡适等人发起的成美学会在建立不久即因“能力终属有限”改由北大自办,其成效如何尚不得而知。② 但他提到的“私家津贴”却很快在北京大学出现。1920 年,上海纺织业巨商穆藕初向北京大学资助留学奖金,经蔡元培推荐,罗家伦、汪敬熙、周炳琳、康白情等人获得此项资助而赴美留学。此后,北京大学利用来自各方面的个人捐助,设立了多项奖学金,从 20 世纪 20 年代开始到抗战全面爆发,共计有考克兰夫人奖励女生学额(1921)、佛法研究奖学金(1934)、杨莲府先生纪念助学金(1934)、赵母纪念助学金(1936)、梁士诒助学金(1936)、范静生先生纪念奖学金(1937)和丁文江纪念奖金(1937)等。需要指出的是,尽管胡适极力宣扬美式奖学金制度,北大出现的以上奖学金却仍然只能算是“个人慈善事业”,这和美国的学院和大学在“法人——董事会制度结构”基础上出现的 19 世纪后半期工商业人士主动捐资助学,积极参与制定大学的教育政策,从而成为“影响和决定美国大学发展的重要力量”还是有很大差别。③ 这一差别的形成,当与北大的国立大学性质和美国高等教育的分权体制有莫大关系。④

与社会人士捐建的奖助学金相比,由北大校方自行出资建立的奖学金和助学金制度,对学生的影响更大,补助面更广,时间上也更持久。由大学补助学生的想法由来已久,1918 年 10 月 30 日,蔡元培在北京专门

---

① 《介绍成美学会》,北京大学档案馆·全宗号(七)·目录号 1·案卷号 44。

② 《成美学会近闻:经评议会议决收回归本校自办》,《北京大学日刊》,1918 年 5 月 11 日。

③ 李子江著:《学术自由在美国的变迁与发展》,北京师范大学出版社 2008 年版,第 47 页。

④ 和震提出,大学制度的形成,是应该与一个国家的基本政治制度相一致的。关于美国高教的分权体制与国立大学方案被否决原因及意义的探讨,参见和震著:《美国大学自治制度的形成与发展》,北京师范大学出版社 2008 年版,第 107—121 页。

以上学校校长会议上，就提出了“奖励大学毕业生入大学研究院之办法”，主要包括提高大学学生外国文程度、给津贴、定学位和派送留学四项。①与成美学会的资助范围相比，蔡元培计划资助的对象仅限于研究生，这凸显出他对大学研究院一类高等学术机关的钟情与厚望。

北大设立奖助学金正是以对研究生的资助为开端，从这点来看，它和美国大学别无二致。如号称“美国第一所现代意义的大学”的约翰·霍普金斯大学当年正是通过设立奖学金“雇佣”到了该校的第一届研究生，其中包括约翰·杜威、卡特尔、伍德罗·威尔逊等一批后来成名的学者。②1921 年年底，北大评议会常会议决在研究所各门设奖学金，对研究生展开常年资助，但未确定资助人数和金额。③ 1922 年 3 月 28 日，蔡元培发出校长布告，公布《国立北京大学助学金及奖学金条例》。该条例明确指出，北大“为辅助毕业生继续求学起见，设助学金额；为奖励毕业生学术上的贡献起见，设奖学金额”。助学金额每名每年得国币 200 元，奖学金额每名每年 500 元，均分作四次发放。助学金的资助对象，“限于贫苦学生，而无职业者”，奖学金则以成绩为标准，对获奖人员的经济状况不加限制。该条例还规定，北京大学研究所每门设助学金额 6 个，奖学金额 2 个，皆以研究所各门名称命名，例如研究所国学门得有一个“中国古生物学助学金额”，或一个“中国科学史助学金额”……奖学金额不设立学科名称，但每年的授予应按照各研究所内所含学科的种类，“略采均匀轮递之意”。④

《国立北京大学助学金及奖学金条例》还将北京大学接受校外私人或法人捐助奖助学金一项，正式以校规形式确定下来，并规定捐助数额由捐款人决定，获捐基金“即以捐款人的姓名名之，例如‘张□□先生中国古物

---

① 中国蔡元培研究会编：《蔡元培全集》第 3 卷，浙江教育出版社 1997 年版，第 423—424 页。

② 李子江著：《学术自由在美国的变迁与发展》，北京师范大学出版社 2008 年版，第 39—40 页。

③ 《校长布告》，《北京大学日刊》，1921 年 12 月 17 日。

④ 《国立北京大学助学金及奖学金条例》，《北京大学日刊》，1922 年 3 月 28 日。

学助学金额'”。除此之外，条例对助学金的申请与审查、奖学金的决定与发放、奖助学金的存储与余额使用等事宜作出了规定。很明显，这是在以西方现代基金会制度为模板，开始尝试创设现代的学术奖励制度。

进入20世纪30年代，北大加快了建立奖助学金制度的步伐。1932年12月27日，第三次校务会议修正通过了研究生奖学金规则草案。该草案宣布："为提倡学术研究起见，特设研究奖学金。"奖学金额为全校15名，按年发放，每人每年给予纸币360元。奖学金的范围，覆盖北大语言文字学、文学、心理、生物、地质、法律、近代史、古代史、思想史、考古学、物理、化学、数学、政治和经济各科。获得奖学金的在校研究生资格，须是“在本院研究一年，其成绩经验，研究，经奖金委员会审定语学优良者”。[①] 1934年6月，北大公布《国立北京大学研究院助学金暂行规程》。该规程指出："本大学研究院为鼓励成绩优良而家境贫寒之研究生起见，特设助学金。"助学金定额为全院20名，每名每年给予国币320元，每次以一年为限，分四期发放。规程特别对“成绩优良”一项作出解释，规定只有在入院试验成绩特优（平均分数满75分以上）或初试成绩在75分以上者，才有资格获得助学金。另外规定，凡依据“初试成绩在75分以上”一条获得助学金的研究生，如经指导教授推荐，并经院务会议通过，得继续给予助学金一年。凡审核给予助学金，如有二人以上成绩相等而名额不敷时，应给予“其家境比较贫寒而有相当证明者”。[②]

在奖助学金之外，北京大学也援引国民政府《革命功勋子女就学免费条例》及教育部相关指令，对部分学生采取优待政策。如北大在1933年对百余名东北籍学生予以免费注册，[③]1936年为本科学生设立免费生及公费生名额等。[④] 以上措施，配合北大校内逐渐成型的奖助学金制度，保

---

① 1932年12月28日《北平晨报》。

② 《国立北京大学研究院助学金暂行规程》，北京大学档案·全宗号二·案卷号310。

③ 1931年10月22日《京报》。

④ 《国立北京大学布告》，《北京大学周刊》第218号，1936年8月29日。

障了学生得以顺利完成学业，并对鼓励、激发他们从事学术研究的热情起到了一定作用。

总之，大学学术资助体系的创设，奖励和资助了大学师生的学术研究，促进了现代教育和现代学术的发展。尽管这一体系与西方大学相比还不完善，甚至很多规章仅停留在文字层面，并未得到落实，但它毕竟标志着中国大学已经开始尝试建立现代意义上的学术奖励制度，推动了中国现代学术体制的创建。

第三节　转型与发展：教学模式的变革

一、学科建设与学科专业化的形成

现代中国的学术发展大体包含两个层面：一是在宏观体制层面，表现为国家机关通过各种立法形式，将其确立为有法可依的制度；二是在具体学科层面，通过学科建设形成一套完整的教育训练制度。无论如何强调宏观体制对学科发展的促进或制约作用，所谓学术在现实语境中毕竟还是由各个具体学科构成的，脱离了各门具体学科的发展，只会使知识生产失去实践支撑，从而沦为冥想玄谈。作为西方近代最重要的学术制度，学科制度成为知识生产与传播的核心机制，特别是大学体系运转的关键所在。正是依靠大学系科及其课程的配设，中西新旧知识才取得了现代知识谱系中的"合法性"地位。从这个角度来看，关注百年来特别是1917—1937年处于大学模式转换中的各门具体学科在中国落地生根的历史进程，其重要性不言而喻。

在本节，我们选取北京大学教育学系这个并不为人瞩目的中小规模学系作为研究对象，不但可以展现教育学这一新兴学科在中国现代学术场域中是如何艰难求生与伺机发展的，也可以观察到中国现代学科体系演进中诸如教育学一类的普通学科是怎样与国家/社会层面进行互动的。这也是对上节研究内容的深化和具体化。相对于文、史学科在中国现代学术转型中的典型性，以及北大向来“文、史、哲三门学科特别有成绩的优良传统”，像教育学这样在初建时便以“中断传统”和“全盘引进”面目出现的学科，其非典型性发展轨迹在中国现代学术体系的构建过程中，显得更加意味深长。

（一）教育学系成立前的课程设置

课程设置是判断一门学科研究水平与普及程度的重要指标之一。一门学科进入高校课程，是该学科得到承认（至少是部分得到承认）的标志，它一方面有利于研究者之间开展正常的学术交流与合作；另一方面也可以为本学科的教学和研究储备人才，保障本学科的可持续发展。早在光绪二十八年（1902），《钦定学堂章程》即规划在师范馆开设“教育学”课程，作为学生在普通学课程之外修习的一门功课。《奏定学堂章程》颁布后，“教育学”之外，大学堂课程中又加入“中外教育史”等教育类科目。①

1917 年 12 月 2 日，《北京大学日刊》第十五号公布了《改订文科课程会议纪事》（第二次、第三次会议议决案），教育学、教育史和教授法三门课程被作为哲学门的选修科目，分别占三单位、三单位和一单位（每 30 小时为一听讲单位）。本来，在民初教育部公布的《大学规程》中，哲学门所属的中国哲学和西洋哲学两类就已设置了教育学科目。② 不过，就此前数年公布的“文科本科现行课程”显示，北大在相当一段时间并没有开设教育类的相关专业课程。这种情况应该是 1908 年京师大学堂优级师范科独立为京师优级师范学堂所造成的。需要注意的是，按照 1912 年《大学令》第十九条规定，大学学科课程理应由教授会审议决定，而以立法形式确定成立北大教授会的时间是在 1917 年 12 月 8 日。③ 也就是说，教育

---

① 北京大学校史研究室编：《北京大学史料》第 1 卷，北京大学出版社 1993 年版，第 93、101 页。

② 中国第二历史档案馆编：《中华民国史档案资料汇编》（第 3 辑 · 教育），江苏古籍出版社 1999 年版，第 115—116 页。

③ 《学科教授会组织法》，《北京大学日刊》，1917 年 12 月 11 日。

学、教育史和教授法被确定为北大课程是一种明显的“先上车后买票”行为。这在中国大学走向制度化的过程中也可能是一个普遍现象。

出现以上现象的原因，就民初中央政府而言，是由于 1913 年教育部制定《大学规程》时“搜罗人间知识，靡有遗漏。而详细之分配，则不及焉”[①]。具体到北京大学而言，是由于蔡元培时代的学科建设工作刚刚展开，对不愿“强马饮水”的北大主事者来说，效仿美国大学安排“国人所需，时会所用，靡不备”的课程，至少不会百密一疏、贻误后学，这与《大学规程》的考虑如出一辙。

据 1913 年颁布的《高等师范学校规程》规定，高师学校本科课程设置的通习课（即必修课）中，教育学与伦理学、心理学、英语、体操一起，并列为五门必修课程。而北大《改订文科课程会议纪事》中也注明，“凡选习某科时，与该科极有关系，不可不兼习，而应入他科或他门之学科，其为他科或他门所既设者，概下列入其未设者列为副科”，所以在北大修习教育学等三门科目的学生，极有可能也要兼修哲学门中的伦理学和心理学，甚至包括文学门中英文学类的一些课程。依今日眼光来看，这几门课程对于构建教育学体系来说，无疑是粗糙和不成熟的，但如果将其放在中国现代学术初创期的历史大背景下，就不难感受到主事者的良苦用心。因为即使是在当时的高师学校，教育学与心理学科目主要教授的也不过是心理学、教育学、教育史、教授法、学校卫生和教育法令等数门课程而已。[②] 可以说，教育学、教育史和教授法作为民初教育科目的核心课程，都已被纳入课程选择者的视野之中。由此可以判断，北大引入这三门课程的举措绝对是开风气的，对于教育学科建设而言，也是至关重要的。教育学等三门课程的开设，也是教育类课程在民国后首次进入国立大学的开始。按教育部 1918 年公布的全国大学概况显示，当时的国立大学只有北京大学

---

① 潘懋元、刘海峰主编：《中国近代教育史资料汇编 · 高等教育》，上海教育出版社 2007 年版，第 861 页。

② 中国第二历史档案馆编：《中华民国史档案资料汇编》（第 3 辑 · 教育），江苏古籍出版社 1999 年版，第 144、148 页。

和原系省立的北洋、山西大学三所。而北洋大学未设文科，山西大学的文科也仅有文学门一门而已。[①] 从这个角度看，北大设置教育学科目的做法，尽管其象征意义要大于实际意义，但正是北大在 1917 年底这一看似不经意间的神来之笔，才有了日后教育学科在普通大学的逐步发展，它也成为教育学日后得以在北大单独设系的先导。

遗憾的是，到了 12 月 29 日，《文科大学现行科目修正案》对《纪事》决议作出调整，将教育史和教授法裁撤，只保留教育学课程，后者所占单位也由原来的三单位减为二单位。[②] 这强半仍是教学乏人局面下的无奈之举。直到 1919 年，在遵新制重新拟定的分系课程中，教育史才在教育学之外被列入哲学系二、三年级的选修课程，成为北大预备开设的教育学系中仅有的两门课程。[③] 表面上看，这两门教育学科课程仍旧只是选修科目，且与哲学系必修的西洋哲学史大纲、伦理学、第一外国语、第二外国语、中国哲学（含道家与宋明哲学两门科目）、西洋近代哲学史、西洋现代哲学、印度哲学概论、唯识哲学和科学概论等十数门必修课程相比，所占份额极小，不要说构成一个相对完整的学科群结构形态还言之尚早，就是与《纪事》所提三门课程相比，其收缩阵地的意味也很明显。但如果考虑到北大代理校长、哲学系教授会主任、杜威高足、在文教政治等领域均有一定人脉的蒋梦麟出任这两门课程的专职教授，同时，教育学和教育学史在哲学系总共的七门选修科目中并不居于弱势的情况，[④]则教育学这一学科日后的发展可以想见。应该说，这是将教育学的学科建设从纸上规

① 中国第二历史档案馆编：《中华民国史档案资料汇编》（第 3 辑・教育），江苏古籍出版社 1999 年版，第 176、178 页。

② 《文科大学现行科目修正案》，《北京大学日刊》，1917 年 12 月 19 日。

③ 《国立北京大学学科课程一览（八年度至九年度）》，北京大学档案・全宗号（七）・目录号1・案卷号 77。

④ 在七门选修科目中，在两门教育学科目外尚有社会学大意、社会问题、伦理学史、宗教哲学五门课程。其中，除宗教哲学作为哲学专业自身的扩展科目外，社会学和伦理学科目虽较《纪事》规定增加一门（单位数均由一门的三单位增至两门总共四单位），单位总数却不及教育学和教育学史的两门各三单位总计六单位；而《纪事》中心理学已由必修科转为选修（单位数由三单位降为一单位），原儿童心理学这门选修科也被取消。

划落到实际行动的重要一步。

果不其然，在1919年北大的学制改革计划中，教育学除了在单位数设置上有了较大提高外，还与先前厕身其间的哲学系一起，并列为第三组中的一员了。然而此时的教育学科羽翼未丰，很可能仅是名义上的并列而已。据杨亮功回忆，在"五四"运动后进入北大的蒋梦麟是当时唯一的教育学科教授，而他因校务繁忙，无暇编写讲义，上课时除口授外，就是指定参考书让学生自行阅读。① 1922年，哲学系也内分三组，即哲学、教育和心理。翌年，又改分为哲学、心理学和教育学三门。从北大因校庆25周年而编印的《国立北京大学概略》中可以看到，到1923年时，哲学系课程中不仅恢复了此前被裁撤的教育史和教授法，还添加了教育社会学、教育心理学、各国教育制度、教育行政、教育测验、组织课程的研究、中等教育和现代教育思潮等多门课程。② 尽管这些课程的具体实施情形尚不得而知，但可以看出此时的教育学科已粗具规模，而主事者决心将教育学门扩建成为独立系统的意图也是很明确的。

（二）教育学系的成立及初期情形

1919年后，随着美国现代派教育学说的输入，大学成立教育学系渐成风潮。1923年10月7日，北京《晨报》刊出一则消息："北京大学教育系原在筹办之中，未成立之前附设在哲学系与心理学系并为哲学系中之三组。然近年时势推移需求日强，社会心理已集中在教育救国一途；大学校之不能无教育系自不待言。而今年肄业于该校之预科二年级生，对于研究教育之志趣已定者，颇不乏人，已预科行将毕业，甚望校中明年即开设教育系，故某某数君特于日前张贴启事，邀同志签名以便对于学校作郑重的请求，观签名者已大有其人。又闻此事在学校方面只要将原有本校教授朱经农等请回，再延一二专门学者即可成立，想当此教育荒之时，学

① 杨亮功著：《早期三十年的教学生活　五四》，黄山书社2007年版，第83页。

② 本校二十五周年纪念编印组：《国立北京大学概略》，出版机构不详，1923年，第14页。

校断不能借口经济支绌而置之于度外也。”[①]

这段话至少可作如下解读：第一，从社会思想环境来看，“借思想文化以解决问题”的思路在“五四”运动后形成高潮，教育救国思潮全面高涨，正如时人在1920年1月《教育杂志》中的一篇文章所指出的：“中国的弱点固多，总是因为教育不振；再就现在一点生机上看来（指‘五四’运动后出现的思想解放），又莫不与教育有密切的关系；那么中国今后的希望，岂不是依靠教育？惟有教育能够救现在萎靡不振的中国！惟有教育能够建造将来的新中国！教育万能！教育神圣！”在教育救国思潮推动下，作为研究高深学问的大学设立教育系以发展教育、启发民智、改良政治，便成为“自不待言”的要务了。[②] 第二，从北大内部情形来看，开设教育系的规划固因师资和资金短缺迟迟不能落实，但筹备工作却没有放松。实际上，北大方面延聘朱经农等人的行动在本年6月间甚至更早时候即已展开。[③] 至1923年10月间，北大内“关于教育之教员已经不少”。除了积极招纳师资，北大还准备以北京孔德学校作为实验学校并拟于暑假后制定详细办法。此外，有预科毕业生表示，升学后希望继续从事教育研究，而当时的北大却没有相应学术机构接纳此类学子，同时，主事者认识到“各系学生毕业后，多从事教育，若缺乏教育知识，实感不便”[④]，这些也都是促使教育学门日后升格为教育系的一个主要原因。

这里还要提及哲学系内教育组（门）学生的努力。1922年，哲学系学生杨廉、卢逮曾、黄继文等发起成立教育研究会，得到当时的系主任陶孟和、教育学教授朱经农的大力支持。该会主要从事教育研究与调查工作，特别是研究部“系分门别类作专精之研究”，“成绩颇好”。教育研究会在1924年前哲学系师生所组团体中规模最大，毕业会员广泛分布于教育界

---

① 1923年10月7日《晨报》。

② 《今后中国教育的希望》，《教育杂志》第12卷第2号。

③ 《和哲学系主任接洽的报告》，《北京大学日刊》，1923年6月16日。

④ 陈世棻、关蔚华：《关于请求成立教育系的报告》，《北京大学日刊》，1923年10月19日。

中,“声誉甚盛”。[①] 卓有成效的研究和会员的良好素质也为即将出现的教育系提供了可靠的生源保证。

1. 从课程设置看教育学系成立初期的基本样貌

尽管组建教育系的计划由来已久,北大教育系的最终成立还是延宕到1924年10月才得以实现。在教务会议于9月间通过该系具体计划案后,北大迅速颁布了教育学系的课程指导书。指导书将学系课程分为主科和辅科两种,主科为专攻教育学的学生而设,辅科为专攻其他学科而欲兼修教育学的学生而设,并规定学生须修满总计六十四单位(其中主科须修满四十四单位以上,辅科须修满二十单位以上)的课程方可毕业。指导书同时规定,如北大本校其他专业毕业生想进入教育学系学习,可以免修辅科,惟修业年限要按照专系规则规定行事等。[②]

主辅修选课制是20世纪初年为很多美国大学采用,并在“五四”后导入北大的教学制度。按照当时美国大学的一般做法,本科学生在大学一年级后须在全校各系中选择一系作为主科,并按照该系的统一规定选择选修科目;辅修是由学生依据自己的兴趣、爱好和特长自由选择另一系作为辅系进行学习,辅系多由主系指定。学校对辅系的要求是,学生所修辅系的学分数不得少于15学分,至多30学分。[③] 不难看出,北大教育学系在成立之初,所实行的就是美国大学以主辅修制为主要形式的选课体系。

在课程出台后一个月,系教授会主任选举结果揭晓,蒋梦麟以多数票当选教育学系教授会主任。数日后,教育学系教授会发出布告,将图书学科目中的图书利用法定为本系必修科,图书馆学与目录学列为选修科,均占两个单位。布告还规定以上三课可由他系学生自由选修,选修者必须考试,考试及格者予以证明但不算单位。[④] 这反映出教授会希望本系学

---

① 杨廉编:《北大一九二五哲学系毕业同学纪念刊》,北新书局1926年版,第19页。

② 《北京大学添设教育学系》,《教育杂志》第16卷第10号。

③ 张雪蓉著:《美国影响与中国大学变革(1915—1927)——以国立东南大学为研究中心》,华龄出版社2006年版,第121页。

④ 《校长布告》,《北京大学日刊》,1924年11月21日。

生注重教育研究与相关学科的沟通，同时，他系学生选修教育类课程虽然不算学分，仍要参加相应考试，既体现了对学生负责的态度，又可以保证他系学生选修教育科目的教学质量。

与布告同时发出的还有一份“教育学系教员及所授科目一览表”，其中详细罗列了系中教员的个人信息与任教课程，现重制简表如下(见表 2-1)。

表 2-1　1924 年度北京大学教育学系教员与课程安排①

姓名	籍贯	职务	所授科目	备注
杨荫庆	京兆	主任	西洋教育史、学校管理法、参观与批评、英文教授法、英文教育选读	
李建勋	直隶	教授	教育行政、师范教育、各国教育制度	
李　蒸	直隶	讲师	中等教育问题、教育研究班、乡村教育	
韩定生	直隶	讲师	教育学、普通教学法、小学教育问题	
陈宝泉	直隶	讲师	中等教育制度变迁史、中国教育史	
周扶耕	直隶	讲师	教育心理、儿童心理、青年心理、职业教育	
朱君毅	浙江	讲师	教育统计	
瞿世英	江苏	讲师	教育哲学	
陈映璜	湖北	讲师	遗传与环境	
梅卓生	广东	讲师	学校卫生	
赖绍周	山东	讲师	社会学	
韩述祖	京兆	哲学系主任	中国哲学史、西洋哲学史	以下均哲学系兼教育系教员
陈大齐	浙江	教授	论理学	
樊际昌	浙江	预科主任	普通心理学	
傅　侗	河南	讲师	伦理学	

可以看出，教育类课程从 1917 年年底首次进入北京大学，在短短六

① 根据王学珍、郭建荣主编:《北京大学史料》(第 2 卷・中)，北京大学出版社 2000 年版，第 1755—1756 页“教育学系教员及所授科目一览表”改制而成。

年左右的时间里,已由最初的寥寥数门发展到颇具体系和规模。在这个以直、浙两省人为主要班底的教师队伍中,不乏在当时和日后成名成家者。如系主任杨荫庆为康奈尔大学教育学士,李建勋、李蒸、陈宝泉、韩定生皆系出哥伦比亚大学师范学院,前三人还先后出任北京高师(北平师大)校长;朱君毅先在霍布金斯大学得教育系学士学位,后获哥伦比亚大学哲学博士学位;陈映璜早年留学日本,曾任北京高师、中国大学哲学教育系主任,其所著《人类学》被称为中国体格人类学的开山之作。兼任教育学系课程的哲学系教师也保持了较高的水准,包括了两名主任和一名教授。

这份课表所开列的课程,不仅涵盖了当时高等师范学校教育科的主干课程,[①]也突出了北大注重学理研究的特点,具有一定的学术性。其中,与儿童研究相关的"教育心理"、"儿童心理"和"青年心理"等课程构成了教育学系课程的一个组成序列,这和当时国内教育学科的搭建转向以美国模式为主有关,特别是杜威来华讲学时偏重教育心理学和教育哲学的学术取向对该系列课程的开设助力颇多。[②] "教育研究班"和"教育统计"的出现,使教育研究在基础理论之外,也开辟出以实证方法研究教育现象和教育问题的新途径,这也是"五四"后在杜威及门弟子胡适提倡方法论影响下北大课程开始注重实证的表现。"小学教育问题"、"中等教育问题"、"师范教育"、"各国教育制度"和"乡村教育"等都属于专题研究性质的课程,尤其是"小学教育问题"、"中学教育问题"和"乡村教育"、"职业教育"等研究,与民国时期教育界对如何使新教育中国化的讨论相呼应,可以说是"非常有特点和有实践影响的研究"。[③] 同时,对比当时美国哥

① 金林祥著:《20世纪中国教育学科的发展与反思》,上海教育出版社2000年版,第27页。

② 还在杜威访华时,南高师教育科陶行知、郑晓沧等哥伦比亚师范学院留学生就有"北大成为传播杜威对中国思想影响的大本营"的评价。参见元青著:《杜威与中国》,人民出版社2001年版,第182页。

③ 叶澜著:《二十世纪中国社会科学·教育学卷》,上海人民出版社2005年版,第25页。

伦比亚大学师范学院所设课程也可发现，该课表与前者相合之处甚多，①这反映出教育学系以留美生为主的师资对学系课程的开设多有影响。毫无疑问，此时北大教育学系课程的设置是与校方提倡研究高深学问的功能相应的，和同时期高师学校各类“教育科”课程相比，1924 年的课表也更符合“教育学”系的命名。

当然，这份课程表也没能反映出北大教育学系开办初期的全貌。在 1925—1926 年，教育学系为配合校务改革，又发布了课程指导书，在主科辅科修习单位数不变的情况下，对 1924 年的课程安排作出较大调整：

教育学系课程

(1)主科课程分必修科目和选修科目两种。

甲、必修科目

教育哲学	中国哲学史	西洋哲学史
科学概论	论理学	伦理学
社会学	教育学	教育史
心理学	教育与儿童心理学	
普通教学法	教育行政	学校管理
教育测验及统计	实习	

乙、选修科目

教育社会学	各科教学法	图书馆学
教育思潮	比较教育	组织课程
各种教育问题	外国文教育或哲学选读、专家或专集之研究等选修科目随时由教授会议决设置。	

(2)辅科课程在下列功课中选择，其必修科目由相关各系教授会规定。如所规定必修科目不及二十单位，须选择非必修科目来补足。

---

① 曹炎申将哥伦比亚大学师范学院课程划分为若干“专门区域”，包括教育基础、教育历史、教育哲学、教育心理、比较教育、教育经济、教育行政与组织、师范教育、中学教育、小学教育、乡村教育、成人教育、人事管理、儿童心理、儿童发育和卫生教育等。参见曹炎申著:《美国教育》，商务印书馆 1937 年版，第 223—224 页。

①数学　②物理　③化学　④地质　⑤生物学　⑥国文　⑦一种外国文学(以英法德日四文为限)　⑧哲学　⑨史学　⑩法政经济

(3)以教育学作为辅科修习的学生应习满本系功课二十单位，其必修科目如下：

教育学	教育史	论理学
伦理学	社会学	心理学
教育心理学	普通教学法	学校管理

上列科目中，如有已在主科中习过者，应另选他课以补足单位。①

相比1924年的课程表，1925—1926年教育学系课程设置的一个明显变化是抬升了原哲学系课程的地位，“教育哲学”、“中国哲学史”、“西洋哲学史”等在1924年课表中并不突出的课程被置于必修课的显著位置。此外还增加了“科学概论”这一在上年课表中付之阙如、但在哲学系课程中位居首位的科目。“论理学”、“伦理学”和“社会学”等原哲学系课程也被提到教育学等专业类课程之前。这种变化恐怕和国人对中国教育学初建时的认识有关。虽然中国传统文化中蕴含着丰富的教育思想，却没有形成独立形态的教育学，其对于教育问题的讨论，也大半是以哲学为基点来展开的。同时，中国教育学科建立初期引入的包括德国赫尔巴特在内的教育学在很大程度上也是一种哲学思辨式的教育学，这就使得传统思维惯性和西来教育学思潮呈现出一股合流的态势。正是在这样一种情况下，国人从西方引入教育学之初就特别强调教育学的理论基础在于哲学。如1901年翻译立花铣三郎《教育学》的王国维就认为：“哲学上之研究所以终无穷期，而教育思想之所以不能固定也。”②王氏自称其兴趣与用力甚勤处在于美学，这也反观出他在“不知教育且不好之”的情况下“不得不作教育上之论文及教育上之批评”的说法并非自谦之语。从这个角度看，

---

① 《国立北京大学教育学系课程指导书(十四年至十五年度)》，北京大学档案·全宗号(七)·目录号1·案卷号77。

② 王国维著：《王国维哲学美学论文辑佚》，华东师范大学出版社1993年版，第432页。

1925—1926 年教育学系的课程，更体现出设计者要求本系学生夯实学科基础的用意。

这份课程表还有几点值得关注。第一，它将“实习”列为本系学生的必修课程，包括察观、实习、调查和评论四项内容。这既反映出课程设计者已认识到教育学科的实践性特征并开始重视之，也可能是对孟禄访华时突出强调教育实践的回应。同时，按照以往经验，北大“各系学生毕业后，多从事教育，若缺乏教育知识，实感不便”，所以这种安排也应该是从毕业生就业角度考虑的结果。第二，对于辅科的选择，课程表特别在小注中说明，应与预科毕业生升入本科选系时所受之限制相同。这就有利于学生在专业选择上的连贯性和适切性，再考虑到主科课程强调基础性理论的一面，更凸显出设计者学务专门的课程理念。第三，它贯彻了教育学系成立前蒋梦麟的相关指示，展现了教育学系向全校其他各系全面开放的姿态：不仅本系学生要选择北大其他学系的某种功课作为辅科；外系学生在选修教育学系课程时，也要修满系中指定的一定单位必修科目。[①] 这显示出课程设计者不仅看重课程的专业性一面，也鼓励学生在求知上的广博取向，表达出“专”“通”结合的思路。第四，该表在课程设置上也反映了较鲜明的美国色彩。汪懋祖称“自欧战激荡世界，国人思潮为之一新。其间杜威博士来华，予吾人以新教育之概念与其涂辙；孟禄博士又指示实际的方针，益坚其教育救国淑世之信心，遂有全国教育改进之运动”。[②] 从中不难看出，北大的这份课表虽是 20 世纪 20 年代中期制定，适合它“生长”的种子却在 20 年代初就已种下了。

应该说，这份课程表较为全面地反映出教育学系成立初期的课程设置状况，其谋求采纳美国先进教育思想的思路无疑也是值得赞许的。就实际运作情况而言，目前尚无原始资料可与课表文本进行一一比对，但据《北大一九二五哲学系毕业同学纪念刊》所载，从 1919 年至 1924 年教育

① 《北京大学添设教育学系》，《教育杂志》第 16 卷第 10 号。
② 汪懋祖：《第一届年会发刊词》，《新教育》第 5 卷第 3 期。

学系成立为止，在 1925—1926 年课程表上开列的多门课程事实上已在教育学系前身教育学组时期就已被落到了实处。[①] 不过，在这份课程表后所附“课程大纲”中提出的一点“注意”也应引起注意：本学系于本年度(1925)起，开始实行科目轮年教授办法，包括刘廷芳所授教育测验与教育统计轮授、杨荫庆所授学校管理法与近代教育趋势轮授、中等教育史与中等教育问题轮授。这一情况提示出，尽管教育学系在必修课程上的师资比较充裕，但在学系开设之初，选修课(以上“注意”中所列课程均为选修)在师资和教学方面恐怕还是有捉襟见肘之虞。

2. 从图书收藏与利用看教育学系成立初期的基本样貌

课堂上的口耳相传只是大学教育的一个方面。事实上北大不少学生“大约不甚重视教授们指定的功课。原因是教授们自己也不重视，有的教授甚至于平素并没有什么功课指定”[②]。仅凭课堂上有限时间内的教学活动，既无法满足学子的求知欲望，也不符合校方对学生“自动学习”的期待。1917 年，蔡元培在就任北大校长的演说中劝勉北大学子：“诸君肄业于此，或三年，或四年，时间不为不多，苟能爱惜分阴，孜孜求学，则其造诣，容有底止。”如不想因光阴虚度以致学问毫无，就要趁此时机“植其基，勤其学”，以造成一个“共同研究学术之机关”。[③] 可见，蔡元培等中国现代大学教育的奠基者对于养成学生自学能力和合作精神抱以极高的热忱，而这必然涉及“学生自修最好的助手”即图书馆问题。

(1)馆藏概况

1924 年 1 月 9 日，北大图书部第三院阅览室登出启事，声明为便利阅览起见，特将该室所藏 54 种中文杂志公布名称如下：

1. 北京大学月刊　　2. 社会科学季刊　　3. 国学月刊
4. 太平洋　　5. 新潮　　6. 改造

---

① 杨廉编：《北大一九二五哲学系毕业同学纪念刊》，北新书局 1926 年版，第 7—14 页。

② 陈平原、夏晓虹编：《北大旧事》，三联书店 1998 年版，第 444 页。

③ 高平叔编：《蔡元培教育论著选》，人民教育出版社 1991 年版，第 72 页。

7. 新青年	8. 上海总商会月报	9. 教育丛刊
10. 少年中国	11. 学衡	12. 救灾周刊
13. 诗	14. 中华教育界	15. 新教育
16. 学林	17. 河务季报	18. 今日
19. 通俗卫生月刊	20. 东方杂志	21. 新共和
22. 广东省教育会杂志	23. 同济杂志	24. 司法公报
25. 教育公报	26. 农商公报	27. 教育行政月报
28. 教育汇刊	29. 晨光	30. 培英
31. 创造	32. 新时代	33. 妇女杂志
34. 市政通告	35. 交通大学月刊	36. 商学季刊
37. 教育	38. 宪法会议公报	39. 参议院公报
40. 众议院公报	41. 文哲学报	42. 学生杂志
43. 学艺	44. 法学会杂志	45. 法律评论
46. 法律周刊	47. 银行周报	48. 银行月刊
49. 银行杂志	50. 国语月刊	51. 财政月刊
52. 小说月报	53. 英文杂志	54. 来复①

(注:20 世纪 30 年代前,北大图书馆计有五处阅览室,其中第一院总部设有第一、第二和第三阅览室,第一室收藏中西文书籍,第二室收藏日报,第三室收藏杂志。第二院、第三院,各设一处阅览室,第二院贮藏自然科学类书籍,第三院阅览室则尽是社会科学类的图书杂志。)

以上 54 种杂志,大概也是教育组(门)时期师生可资自学的部分课外读物。其中,专以“教育”命名者共有 8 种,即《教育丛刊》、《中华教育界》、《新教育》、《广东省教育会杂志》、《教育公报》、《教育行政月报》、《教育汇刊》和《教育》,约占杂志总数的一成五,单以此来看,这个比例确实算不上高。然而以当时北大各系学生数来对应这只占一成五左右的教育类杂志,却可以发现这个比例并不算低。依注册部编志课在 1923 年公布的上

① 《图书部第三院阅览室启事》,《北京大学日刊》,1924 年 1 月 10 日。

年全校人数情况显示，北大十数个学系在校生人数（不含数、理、化、地质等系及预科甲乙两部）按照由多到少顺序依次排列如下：法律系（384 人，另有旁听生 11 人）、经济系（372 人，另有旁听生 5 人）、英文系（192 人，另有旁听生 2 人）、政治系（181 人，另有旁听生 1 人）、哲学系（143 人，另有旁听生 1 人）、国文系（112 人，另有旁听生 4 人）、史地系（70 人，另有旁听生 2 人）、法文系（33 人，另有旁听生 2 人）、德文系（25 人）、俄文系（16 人）……[①]由此看来，在教育组（门）尚附设于哲学系时期，师生所能参阅的教育类杂志还是相对丰富的。

需要指出的是，此次第三院阅览室登出的只是中文杂志而非全部书籍名称，因该阅览室“另设有法政经济记录室，专贮中西文经济法政类书籍，以供专门研究之用”，目前尚无法判断法律系、经济系和政治系师生所能接触的杂志数是否多于以上 54 种杂志列出的数种本专业杂志范围。另根据叶隽对 20 世纪 20 年代前后北大德文系图书室的考察（西文书籍多藏于第一院第一室），德文系所藏多为图书而非杂志，[②]则西语诸系虽然很可能各有独立的图书室供本系师生阅览，但其拥有的杂志数量是否会超过第三院阅览室中教育类杂志也不好判断，更不要说第一院文科各系和大学图书馆中可能收藏的教育类杂志了。从这个角度看，单单是第三院阅览室的 8 种纯教育类杂志，在各系所拥有的杂志数中，已算不少。

还有一点应当说明，以上所说的 8 种杂志仅是纯粹的教育类杂志，实际上在 54 种杂志中，多有内容驳杂而不限于某一种专业研究和评论者，如北京大学《社会科学季刊》“编辑略例”中规定，季刊刊载内容“汎及政治、经济、法律、教育、伦理、史地，以及其他社会科学，但俱以含有学理上兴味者为限”[③]。其他如《新潮》、《新青年》、《少年中国》、《学衡》、《东方杂

① 《十一年度在校全体学生分省分系表》，《北京大学日刊》，1923 年 4 月 16 日。

② 陈平原主编：《教育：知识生产与文学传播》，安徽教育出版社 2007 年版，第 253—257 页。

③ 北京大学社会科学季刊编辑会编：《北京大学社会科学季刊》第 1 卷第 1 号，国立北京大学出版部，1922 年版，第 2 页。

志》、《学生杂志》等杂志所刊载的内容也不乏对当时教育现象和教育问题的探讨与研究。这样看来，在教育学系成立前后，北大师生所能接触到的有关教育方面的杂志数量已远远超过一成五的比例，这无疑为学生的自学和研究提供了极大的便利。

又，北大图书馆在1920年对新购图书程序作出如下规定："先由图书委员会向各系教授征集应购之书单，再向图书馆检查本馆是否已有是书，如系本馆未备之书籍，即行文图书委员会审查，委员会认为有购置之必要，即由购置课购买。"[①]在这个规定中，各系教授与图书委员会对图书的购买起着决定作用，尤其是各系教授的推荐，在购置流程中位居链条上游，其重要性不言自明。由是观之，尽管是在中国现代大学的初创时期，尽管此时距教育学系的成立还有数年时间，但北京大学教育类课程教授人员的眼光和思路确实是值得大书特书的。也正是因为有着这样一种以学术发展为核心的长远眼光和学科建设思路，北大教育学系成立后才得以不断壮大，其明显标志之一就是在学系成立后便迅速购置了大量书籍。到1929年，教育学系藏书中除哲学、心理学、伦理学与社会学等"与各系相共"的图书外，仅"就专论教育者记之"，已有西文书约600册，中文书约200册，[②]这个数量在当时校内各系藏书中虽称不上阔绰，但也足令不少同等规模的学系艳羡。

(2)借阅情况

20世纪30年代负笈北大的柳存仁在对比过中央大学和清华大学的图书馆后，不无自豪地声称"如果有的学校的学生们走进图书馆是为了吃茶点的，则北大的学生们走进北大的图书馆是为了吃他们的精神上的食粮，并不能够说是过甚其辞"[③]。的确，如果仅是拥有图书资源而不善加利用，那么即使藏书再多，也无异于暴殄天物。柳存仁所见所感是就学校整体而言，那么北大教育学系的学生们是否意识到了校内这个资料库的

---

① 《图书馆》，《北京大学日刊》，1920年12月17日。

② 国立北京大学纪念会宣传股：《北京大学卅一周年纪念刊》，1929年，第56页。

③ 陈平原、夏晓虹编：《北大旧事》，三联书店1998年版，第444页。

存在？他们对图书的利用情况又是怎样？现有 1929 年 9 月至 1930 年 2 月间北京大学图书部的档案可为我们提供部分答案。

表 2-2　北京大学(北大学院)各系本科生借阅图书馆书籍一览表(1929.9—1930.2)①

系别	人数(人)	月均阅书量(册)	月均借书量(册)
数学系	42	20.7	1.5
物理系	41	15.3	1.8
化学系	28	13.8	2.1
地质系	25	21.7	7.4
生物系	9	6.7	2
哲学系	50	92.3	4.3
心理系	4	74.3	0.5
教育系	75	45.8	2.7
中国文学系	98	162.3	9.0
英国文学系	84	96.8	5.9
史学系	56	132.1	4.0
经济系	140	35.0	2.9
政治系	125	24.0	2.8
法律系	74	40.0	2.3

另据现有材料显示，以上数系借阅书籍数量有限，有的学系甚至为零，所以基本不影响依据本表所作的结论。

通过此表不难发现，不论是由北大传统优势学科演变而来的国文系、史学系，还是由原英国文学门、哲学门等较早成立的学系发展起来的英文系、哲学系，在月人均阅书量和借书量上仍保持着相对领先的地位，它们构成了北大学生利用校图书资源的第一梯队。相比而言，在同为 1919 年

① 根据《北京大学卅一周年纪念刊》(1929)与《北大图书部月刊》(第 1 卷第 1 期，第 2 卷第 1、2 期合刊)制作。表中书籍含日本、西文与中文三类；各系本科学生数不包括旁听生；法国文学系、德国文学系、东方文学系、俄国文学系等系因资料不全暂不列入。

北大改制后陆续成立的数学、物理、化学、地质、心理、法律、政治和经济等诸多学系中，教育学系本科生对图书的使用情况则格外引人注目，在月人均阅书量和借书量上都维持了较高的水平。其中，月人均借书量一项，教育学系本科生的阅书量（45.8 本）仅次于心理学系的 74.3 本位居次席；月均借书量一项，教育学系（2.7 本）除明显低于地质学系（7.4 本）外，略与经济系（2.9 本）、政治系（2.8 本）相当，而大大高于心理学系（0.5 本）。在 1929 年 9 月到 1930 年 2 月大约一学期的时间里，教育学系本科生借阅图书总量达到 3638 册，在北大十数个系中居于中等偏上的位置。如果考虑到该系只是初建不久，同时，北大图书馆的藏书建设也是在 1929 年才刚刚走上正轨，[①]学生在图书资源上即能有如此的利用率，足见其自主学习和研究的积极性。正如柳存言所言，"如果图书馆里没有这些种书籍，也就算了，但是图书馆里不但是有，而且可以随便的借，并且可以几十本一次的借出，并没有一丝一毫的留难。在这种情形之下，不愿意去拿来翻翻的总是少数。那么，喜欢去图书馆看书或借书的人既多，图书馆的重要性也就增加，同时，教授们既然都有循循善诱的吸引学生的力量，当然不必特别画出某书第五十三至八十二页，另一书五十四至八十三页做为 Assignments 了"[②]。正是在全系师生的共同努力下，北大教育学系历经 10 年发展，到 20 世纪 30 年代中期已成为北京大学十数个学系中具有中等规模的学系，[③]在教育学的学科建设和学科专业化方面粗具规模，逐渐积累起将教育学系扩充为教育学院的资本。

二、教学模式的改革与实践

所谓教学模式，是指在一定教育教学思想指导下实现教学目标的途

① 吴晞著：《北京大学图书馆九十年记略》，北京大学出版社 1992 年版，第 61 页。

② 陈平原、夏晓虹编：《北大旧事》，三联书店 1998 年版，第 444 页。

③ 到 1934 年时，教育系四个年级学生总数已达 82 人，在全校 13 个系中居于中游。参见 1934 年 10 月 4 日《北平晨报》。

径，包括教学过程的组织、教学活动的安排、教学方法和教学手段的运用等等。从教学模式的视角来看，德国学徒式教学模式是以个别性和非正规性为主要特征的，尤其注重师徒间的个人关系；美国专业式教学模式是以形式化、程序化和制度化为主要特征的，更强调个人与集体的关系。全面抗战爆发前的20年，是中国大学中教学与科研的地位和关系不断变动的时期，一方面，提高人才培养质量始终是大学中人关注的永恒主题；另一方面，虽然科研功能的出现令西方大学教育增添了无穷的活力。但通过北大教育学系成立后13年的改革与实践也不难发现，从德国学徒式到美国专业式教学模式的转变过程中，对如何推进具体学科的教学改革，提高教学质量和科研水平，大学内部仍存在不小的分歧。

从1924年10月北京大学教育学系成立，到1937年10月长沙临时大学常务委员会第四次会议决议设立哲学心理教育系为止，北大教育学系作为单独设立的学系，只存在了大概13年时间。应该说，以10余年的时间办好一个学系并非易事，尤其是身处抗战前20年这样一段对北方教育界来说风雨如磐的艰难岁月，办学难免受到外界滋扰。教育学系甫一设立，其命运便与北大的命运紧紧联系在了一起。李辛之在《北京大学卅一周年纪念刊》(1929)中，评价教育学系成立后几年的情形是："数年来本校变革频仍，本系遂亦未能谋迅速的发展。"①"变革频仍"是指北京大学自20世纪20年代先后遭遇的经费短缺、九校合并和复校斗争等事件，它们严重影响了北大校务和教务的正常开展，对包括教育学系在内的众多学系均造成了不同程度的损害。直到1929年8月，国民政府决定恢复国立北京大学，并由蔡元培遥领校长职务，北大的各项工作才从动荡中渐渐稳定下来，这也为教育学系在20世纪30年代的稳步发展奠定了基础。

1.20世纪30年代北大教育学系的课程

北大教育学系在20世纪30年代对设立该系的定位有三：第一是造

---

①　国立北京大学纪念会宣传股：《北京大学卅一周年纪念刊》，1929年，第52页。

就中等学校教师；第二是养成教育行政人才；最后是培育钻研教育学术之学者。① 这和《大学组织法》中规定的大学职能在于“研究高深学术，养成专门人才”是相通的，只不过对教育学系而言，“养成最健全之师资”的目的被置于“研究高深学术”之前，这一细节从1934—1935年度教育学系的课程设置和教学活动中可以明显反映出来（见表2-3）。

表2-3 北京大学1934—1935年度教育学系课程一览②

科目	每周时数	学期及学分上下	担任教员（籍贯）	备注
教育概论	2	2　2	尚仲衣（豫）	一年级
普通教学法	4	4	潘　渊（浙）	三、四年级
教育统计学	3	3	倪　亮（苏）	二年级
教育社会学	4	4	吴俊升（苏）	三、四年级
教育哲学	4	4	吴俊升	三、四年级
教育行政	4	4	尚仲衣	三、四年级
中国教育史	3	3　3	邱　椿（赣）	三、四年级本年度第二学期开始
西洋教育史	3	3　3		三、四年级　本年停
教育名著选读(1)	2	2　2	陈雪屏（苏）	二年级
教育名著选读(2)	2	2　2	吴俊升	三年级
教育参观及实习			本系教授	四年级
幼稚教育	2	2　2	刘吴卓生（浙）	二年级以上
小学教育	4	4	尚仲衣	二年级以上
中学教育	4	4	潘　渊	二年级以上
师范教育	4	4	王西征（不详）	二年级以上
社会教育	4	4		二年级以上　本年停

① 《国立北京大学文学院课程一览：民国二十三年至二十四年度》，出版机构不详，1935年，第31页。

② 根据《国立北京大学文学院课程一览：民国二十三年至二十四年度》，出版机构不详，1935年，第43—46页内容编制。

续表

科目	每周时数	学期及学分上下	担任教员（籍贯）	备注
教学指导	2	2		三年级以上　本年停
教育测验	3	3	倪　亮	二年级以上
课程编制	3	3		三年级以上　本年停
小学各科教材及教法	3	3	尚仲衣	三年级以上
德育原理	4	4		三年级以上　本年停
健康教育	2	2　2		三年级以上　本年停
现代教育思潮	3	3	邱　椿	三年级以上
各国教育制度	3	3　3	邱　椿　潘　渊 尚仲衣　吴俊升	二年级以上
中国教育问题		1　1	蒋梦麟（浙） 胡　适（皖）等	三年级以上　本年停
普通心理学	2	2　2	樊际昌（浙）	以下为心理组课程 一年级
实验心理学	4	2　2	陈雪屏	二、四年级
教育心理学及实验	4	3	潘　渊	二年级
学习心理学及实验	4	3	陈雪屏	二年级
儿童心理学	3	3	陈雪屏	二年级以上
社会心理学	2	2	樊际昌	二年级以上
变态心理学	2	2	樊际昌	二年级以上
情绪心理与教育	2	2	潘　渊	二年级以上
应用心理学	3	3　3		一年级以上　本年停
现代心理学	2	2　2	樊际昌等	一年级以上

可以看出，20 世纪 30 年代中期北大教育学系的师资与 1924 年建系初期相比，出现了两处显著的变化。首先是除原哲学系教员樊际昌继续留任外，1924 年时的教育学系教员已悉数更换一遍。其次，在教员的地域构成上，直隶籍教师全部退出，代之以江苏籍教师崛起，后者与浙江籍

教师一起，构成了教育学系的主要师资力量。这一变化反映在科任教员安排上，就是原直籍教员垄断教育专业类课程的状况被打破，豫、苏、浙、赣等省教员在教授课程数量上走向均衡。在1924年，担任一门以上功课的教师基本为直隶人，其余各省（市）教师基本只教授一门功课；到了30年代中期，教育学系教员平均教授的课程总数达到三四门，其中，豫籍教师尚仲衣、浙籍教师潘渊（心理学教授）达到五门，苏籍教师吴俊升（时任系主任）、陈雪屏和浙籍教师樊际昌（时任北大课业长）各四门，赣籍教员邱椿为三门。

需要说明的是，北大在1934年决定改革课程计划，心理学系"近年来因种种关系人数较少"而决计停办，原有教师与课程部分被并入教育系成为心理组。这样看来，如不是心理组教师加入，则20世纪30年代中期教育学系教育专业课程的专任师资还是十分紧张的，落实到这张课程表上，就是尚、潘、吴、邱四位教师肩负起了教育专业的大部分课程，而这些课程主要是被集中在了二、三、四这三个年级。可以想象，这些教师所承受的课业压力相当繁重。当然，一个学科的学术水平并不能仅从教师授课数量进行简单折算，不过透过这份课表来看，30年代的课程与1924年相比，已明显不再偏向"博"的一面，而突出了"专"的一面；在专业课程设置上，突出了教育学的基础性特征，表现为重视教育学学科体系的建设，各种二级学科设置趋于齐全。从长远的眼光看，这种取向的变化对一个新兴学系的学术发展和学科建设无疑是有利的。

上述课程设计取向与20世纪30年代民国政府整理大学课程时所循思路也是一致的。当时的教育部对大学课程设置中"巧立名目"而轻视基本教学的现象颇为忧虑："大学为研究学术之所，其所研究之学科，必须由基本而专门，作有系统之研究……专门学术之研究，就体系而言，原无止境，决非大学四年之教育所能为功。必待学生于毕业后继续不断作艰深之研究，方为有继。今日大学课程设置，序次轻重先后之际，必须尊重学术体系，使学生习于自力之研究。专深之图，可任学生于毕业后之继续有成，不必虑其专深之不能穷，而纷设各种专门问题之课程，贪多务高，反掩基本课程之重。”①与教育部的这种取向相呼应,30 年代中期北大教育学系去除了 1924 年时开设的“小学教育问题”、“中等教育问题”、“乡村教育”和“中等教育制度变迁史”等专题式课程,仅保留“中国教育问题”课程,并以“小学教育”、“中学教育”等课程取代上述停开课程,使之与“幼稚教育”、“社会教育”、“师范教育”一起,构成了教育学科中一个相对完整的序列。看来,30 年代中期教育学系的课程设计者此时也倾向认为,让学生拥有扎实的教育学科基础知识,可能要比像 20 年代那样开设大量专门的教育专题研究类课程,更符合专业人才成长的规律,也更有利于教育学科体系的全面建设。

2. 20 世纪 30 年代北大教育学系的学术与教学活动

进入 20 世纪 30 年代,教育学系虽较建系初期有较大发展,但对学术风气偏重文史的北京大学而言,教育并不是被校方重视的学科,教育学系充其量也只是“聊备一格的系”而已。据 1931 年秋进系任教的吴俊升观察,造成这一结果的原因,是当时以历史系教授兼中央研究院历史语言研究所所长傅斯年为首的校内“有力的人物”并不承认教育具有学术性。傅氏尤其对各种流行的教育新法嗤之以鼻,如将风行一时的“Dalton Plan”(道尔顿制)讥刺为“逃而遁制”和“窦二墩制”。当系主任一职在 1932 年由蒋梦麟手中移至文学院院长胡适手中后,教育学系遭受校方冷落的情况并没有得到改观,因为“胡适之先生也不是太重视教育学的”。吴俊升举出胡适亲口所说哥伦比亚大学校长不知该校师范学院在何处的笑话,来暗示胡适对教育学的态度是受了“欧美大学文理科教授的一般成见”的影响。②

吴俊升的判断不谬。胡适在介绍自己的事业时,向来只说文学是他的“娱乐”,哲学是他的“职业”,历史是他的“训练”,政治是他的“兴趣”,却

① 孟宪承著:《大学教育》,商务印书馆 1933 年版,第 88—89 页。

② 王世儒、闻笛编:《我与北大——“老北大”话北大》,北京大学出版社 1998 年版,第 201 页。

从未说过教育是他的“什么”。[①] 傅斯年曾于1932年发表《教育崩溃之原因》，在引述胡适对哥伦比亚大学师范学院毕业生的不良印象后，认定所谓教育学只适用于小学，至多中学，因为教育学要么是大学的一个补充学科，要么便是一个毕业后的研究，而大学是从事学术教育的机构，教育学不应涉足。他尤其反对在大学中设置教育科的做法，认为教育学家不管是做教师还是办学校，都必须要以“文理各科之中有一专门”作为基础，否则只能沦为下等的教师或政客。从这个角度讲，大学教育系中设置的所谓教育行政、教育心理等课程，用来作补充的讲义或者作毕业后的研究当然没问题，可用它们来代替文理科的基本训练，“岂不是使人永不知何所谓学问”？

傅斯年的这段议论并非针对北大教育学系而发，但客观上却与教育学系的设系三目的密切相关，其立论核心乃是否认教育学作为一门学问的独立性和完整性，强调教育学的地位不能与文理基础学科平行，进而否定大学开设教育系的必要。在辩论中，他还批评北大教育学系学生兼习的系外功课还不到全部课程四分之一的做法，“似仍不能成一种严格的训练，仍不免于杂碎之弊”[②]。

面对校中强力人物的质疑，教育学系师生的压力可想而知。其实教育学系众人何尝不想证明教育学科的学术性！还在1925年年底，北大教育学会研究股便设想该股能“依时酌开三种会”，以分组会、联组会和公开会形式交流研究心得。次年学会订立《分组研究规约》，“希望大家认真做工夫”。至1929年，由教育学系全体学生组织的北大教育学会正式定名，声言“以促进教育事业及研究教与学术为宗旨”。该会不时联络社会名流

① 刘克选、方明东著：《北大与清华：中国两所著名高等学府的历史与风格（上）》，国家行政学院出版社1998年版，第303页。

② 傅斯年著：《傅斯年全集》第6册，联经出版事业股份有限公司1980年版，第8—9页。

发起讲演活动，并出版北大教育年刊，以提高同学研究兴趣。[①] 1929年年底，教育系学生李辛之在《国立北京大学卅一周年纪念刊》中介绍北大教育系历年情况，特别附有“说明”一条，强调本系的学术性一端：“本教以教授高学深术，养成硕学闳才，应国家之需要为宗旨，不仅在专门技术人才的养成。本系依此原则，故于课程之规定，不急急以养成良好教师为目的，而对于一般学术知识之灌输，及其注重。此种特质，显与普通师范大学或大学内附设之教育科不同，可为阅者特别注意者也。”[②]李辛之的“说明”与随后教育学系公布的设系目的在培育师资和钻研学术的重要性排序上有很大出入，可谓道出了该系学生寄望于谋求教育学术发展的心声。

渴望在学术上得到外界承认的急迫心情在教育学系教师身上表现得更加直接。在20世纪30年代前期关于教育问题的大讨论中，傅斯年发表了“教育不成为一种学术”等言论，立即引起教育学系教师不满。邱椿首先提出异议，他认为大学教育既然是社会现象之一，便可用科学方法研究，所得结果或原则自然可运用于大学教育实践上，所以教育学至少有一部分原则可以应用于大学。邱椿赞同傅斯年关于教育学家应略通文理学科之一种的观点，但对傅氏指责哥伦比亚大学师范学院的中国留学生“不学无术”则不以为然。他指出，美国各大学本科教育学院的学生都照例要在文理学院中选习一到二种副科或辅科。师范院是研究院，所以没有选习辅科的规定，同时，师范学院毕业生与其他学院毕业生在毕业年限、科目分量、绩点标准上是完全一致的。傅斯年以从极少数师范学院毕业生那里得到的主观印象，就推验到全体的做法，本身就是不合逻辑的。他进而反问傅斯年：“所谓学术是什么？是西洋的新学术呢，是中国的旧学术呢？若说新学术，师范学院毕业生至少有相当了解，否则不能毕业。其中

---

① 北京大学校史研究室编：《北京大学史料》(第2卷·中)，北京大学出版社2000年版，第1758—1761页。

② 国立北京大学纪念会宣传股：《北京大学卅一周年纪念刊》，1929年，第55—56页。

有少数人对于教育之科学的研究有颇显著的贡献，这是欧美教育学者所承认的”。邱椿揶揄道：“假若不懂‘挖坟墓，嚼枯骨’的中国考古学便算不学无术，百分之九十九的师范学院毕业生都会毫不迟疑地自认为不学无术之人。”最后，邱椿还以美国州立大学和私立大学，以及英德等欧洲著名大学中教育学院/教育科与文理学院/文理科地位平等为例，反驳了傅斯年认定教育科与文理科平行实属“荒谬绝伦”的偏见。① 邱椿的辩护措辞平和，持论也算公允。不过，由于他回应的主要是傅斯年对哥伦比亚大学师范学院中国毕业生部分所作的批评，并没有着力阐释教育学的学术性究竟何在，所以招来了傅斯年的进一步批评。

傅斯年在《教育崩溃的一个责任问题——答邱椿先生》中认为，教育学虽有原理，却无法与科学知识结合，其结果只会是空空如也、无所附丽。他仍坚持大学以教育为主科、以文理中一科为副科的做法，“尤其不上不下，不伦不类”。因为大学师范在高等教育中的作用应是以其学识教育和训导学生，这和学习教育学这门学科关系不大，所以大学中仅设教育学讲座和教育研究所就足够了，设置教育学院甚至教育系的做法实不可取。对此，北大教育学系的另一位教授杨亮功不以为然，起而反对：“孟真先生认为教育学不是一种独立的学问，是否因为教育学要借重别的科学的内容和方法如心理学、社会学，以解决教育上之问题，遂有此种主张呢？果尔，则医学亦借重别的科学如生物化学；工程学亦借重数学，物理、化学，皆将不能成为一种独立之学问了……教育学虽应用别的科学方法或别的科学研究之结果为工具，以解决教育问题，但教育学本身自有其目的、对象、系统，及问题，犹之医学应用生理学、心理学及化学以治病及配药，不能因此遂谓医学为不是一种独立学门也。”②

与邱椿的辩解相比，杨亮功紧扣教育学的研究方法和学科基础展开论述，试图阐明教育学有其特殊的形态和价值这一问题，而这正是一门学科

① 邱椿：《致胡适之信》，《独立评论》第 11 号。

② 杨亮功：《读了孟真先生(再谈几件教育问题)以后》，《独立评论》第 22 号。

赖以自立的基础。应该说，杨亮功抓住了辩论的核心议题，文中不断强调教育学专业化的未来趋势部分也对消除傅、胡等人的“成见”起到了一定作用。然而在20世纪二三十年代，教育学界尚在为建设一门独立的教育学学科并提升其专业水平而努力，在这样的背景下，不论是邱椿“笑骂由人，学问我自为之”的自勉，还是杨亮功知其不可而为之的据理力争，多少都让人感觉有些底气不足。

发生在1932年的这场辩论并没有从根本上改变当时校方主流意识中轻视教育学科的情形，在这种氛围下，教育学系教师所能够做的“大概也就是如此了”①。尽管如此，这场辩论本身却反映出了系中教师的一个重要变化，即他们对教育的认知已逐渐脱离单纯在校内教书育人的工作内容，转而想要通过实际活动来纠正民间及校方人士对教育学的错误认识。这一努力虽然成效有限，却显得极为真诚和可贵。

北大教育学系得到发展的转机出现在1934年吴俊升继任系主任后。由于无法从教学法的科学性上说服傅、胡二人，吴俊升转而“多从教育的哲学和社会的根本方面讲教育，比较不注重一时流行的种种教育新法”。这一举措果然奏效，吴氏因而“颇承适之先生另眼相待，对于我办理教育系也予以种种便利”。在吴俊升出任系主任的后几年，因为心理学系的并入，教育学系的师资与学科格外充实，特别是教授阵容可谓“一时称盛”。再加上选习教育的学生日益增多，不少他系学生也来听课，以及本就倾向发展教育学系的蒋梦麟支持，使得该系在吴氏主持后“能有相当的发展”。②

另一方面，教学法虽饱受校中实力派诟病，教育学系在该方面的探索却没有止步，其改革早在吴俊升掌系数年前就已在全校诸系中率先展开。1931年9月，《京报》引述教育系一位教授的受访记录，称北大自蒋梦麟

① 陈慧元：《杨亮功研究——以事功与学术为中心》，2004年台湾中兴大学硕士学位论文。

② 王世儒、闻笛编：《我与北大——“老北大”话北大》，北京大学出版社1998年版，第201页。

回校主事后，举凡课程内容、行政系统诸方面变更甚大，尤以教育学系变动最多。以教学法一项而论，过去授课只重讲演而不顾其他。在新教学法原理指导下，教师们认识到纯讲演式的教学法，效力殊鲜，于是决定今后除教师单方面讲授外，“对于学生自动研究，特别注重”。为配合学生自动研究，系方在对学生的考核方式上也作出调整，除沿用月考、期考方法外，又限令学生在一定期限内，必须作读书报告一次，以考查其平时自动研究的心得。① 这一做法到吴俊升主持系务时被以“简规”形式固定下来，成为与听讲和考试并列的本系各学程作业，报告次数也不以一次为限。② 自动研究和自主学习的推行，激发起学生学习的兴趣，“全系顿觉活动有生气”。不仅如此，学生阅读专业的英文书籍能力也得到提高，这对他们中的若干人未来进修深造助力不小，也造就出不少特出的人才。③

教学方面的改革不止于引导学生自动研究上，新的师生关系的重构也成为20世纪二三十年代教育界注目的焦点之一。鉴于中国大学在制度化过程中出现的师生关系冷漠问题，不少人士都表现出了强烈不满和改良的意愿。同时，美国大学中“教授之循循善诱，师生之亲切相爱”的学风也令国内教育界钦羡不已。正是意识到这一差距，30年代的北京大学在致力于“物质建设”外，也着眼于“精神建设”，“对师生间之感情融洽接近，尤尽力谋完善”。1935年，课业处为谋求从多方面指导学生修学及生活上的进步，拟对原有教学方式进行改革，具体措施如下：将各系学生按人数分为若干组，聘请教授分别负责指导，每名教授负责一组，指导期以一年为限。一年后再将各组重新区分，指导教授亦轮流担任。教育学系首先实行这一改革，其他各系此后也渐次施行。④ 引入美国大学中教授

① 1931年9月18日《京报》。

② 《国立北京大学文学院课程一览：民国二十三年至二十四年度》，出版机构不详，1935年，第42页。

③ 王世儒、闻笛编：《我与北大——“老北大”话北大》，北京大学出版社1998年版，第201—202页。

④ 1935年11月4日《北平晨报》。

分组指导学生办法，不但密切了教育学系师生间的感情，也对学生学业的熏陶收到了一定的成效。

此外，学习美国大学重视实地参访的特色，也是20世纪30年代教育学系在教学环节中的一个突出变化，这主要表现在以下三个方面：首先，参访地域扩大。教育学系在20年代“定期参观”课程的对象仅止于北京周边地区。进入30年代，学系在“参观教育”选址上突破了北平一地，除仍定期参观北平市各教育机关外，还奔赴华北各埠如天津、保定、济南、青岛、开封、太原等地参观，30年代中期更沿津浦路、平汉路南下至长江下游的无锡、杭州、上海，并考察观摩沿线各地教育实况。其次，参访对象增多。如1925年时系中正式仅有一班，1927年添设学校管理法班，参访对象止于香山慈幼院、中法大学与京中少数“著有成绩之中小学”①。到30年代中期，教育学系又分出幼稚教育班、中学教育班等，参访对象也相应扩大至师范学校、职业学校、民众教育馆、聋哑学校、实验教育署和各国立、公立、私立及教会开设的中小学校等教育机构。最后，参访活动转向以系方组织为主，组织者呈现多元化趋向。在20年代，教育学系的参访活动多系学生自行发动，如1925年4月和1927年5月的参观，就是由学生提出时间、地点，自行讨论参观纲要，报请校长或系中教授，由后者联系参访对象成行。到30年代，参访活动已多由系方组织安排，指定教授担任导师，带领学生出行。同时，由学生或学生团体名义发起的参访活动并未取消。如1935年度由校方组织的旅行参观，因所拟细则尚未经教部批回，四年级学生便以该年级同学名义发起旅行组织。1936年春，系中学生社团教育学会发起赴保定各校参观活动，“以作课外参考”。1936年学期终了时，学系仍有部分毕业生未曾南下参观，学生便相约“赴市立师范参观上课情形及教学方法”。②

---

① 王学珍、郭建荣主编：《北京大学史料》（第2卷·中），北京大学出版社2000年版，第1217—1219页。

② 王学珍、郭建荣主编：《北京大学史料》（第2卷·中），北京大学出版社2000年版，第1228—1229页。

参观及实习课程的设置，从学生角度讲是为了使教育学系中毕业班学生充实自身实际经验，对国内教育概况“有相当认识，将来置身社会始能有切实之贡献”；从系方角度讲也可藉接近实践增进教学效率，提高学生研究兴趣，使之成为师生双方研究学问的借镜。活动组织者多挑选最宜修学旅行的春夏之交进行参观和短期实习，“结果皆极美满”。师生参访足迹遍布京、津、沪、冀、晋、鲁、豫、苏、浙等全国多个省市，特别是在1929年春夏之交，教育学系四年级学生组织参观团赴日本实地考察该国多处教育文化机构，归国后于次年编成《参观日本教育报告》，上编收录了团员参观日记，下编对日本各级各类教育进行了总结评论。这对于开阔学生视野，增长他们的识见，乃至毕业后更好地服务社会，无疑都具有积极意义。

第四节　变迁与拓展：管理模式的转型

一、审视：转型的背景

（一）近代政治体制变迁

在近代中国社会转型时期出现的改良与革命这两种方式和道路，都与国人民主意识的觉醒有莫大关系。大学管理转型也存在两条道路的斗争，作为变法图强的产物——京师大学堂，实际上还在走着改良的道路，而民国时期的北京大学特别是蔡元培从理念上对北大进行革新则带有对官学传统的颠覆意义。在这种革命性颠覆的过程中，民主意识的全面觉醒为近代大学学术管理转型奠定了政治基础。

对西方政治制度的移植是晚清中国政治现代化的基本路径选择。戊戌变法的失败使清廷的政治危机越发深重，但它同时也为近代大学学术管理转型提供了空间。民主自由意识的觉醒成为学术自由的先声，地方自治等行政改革也为大学自治提供了一定的社会基础。

（二）近代学术研究价值取向转变

随着西方文化的输入，中国传统学术在庙堂与民间之间的封闭型自我循环系统在世纪之交被打破，一些旧式知识分子的价值观念也随之发生动摇和变化，如文化心态从“中体西用”到“中西会通”，从“守旧”到“开新”；功名意识日益淡薄，而以社会批判和社会改良主张为标识的政治意识逐渐浓厚；部分知识分子克服了义利之辩的心理障碍，开始了职业转型，走上“弃仕经商”创业道路或选择新闻出版、科学技术等职业，学术价值取向开始多样化。

一是实用取向。鸦片战争后，林则徐、魏源提出一系列主张向西方学习的思想，洋务运动将中学的经世致用之学与西方的格致之学相结合，都对重视儒家经典、轻视技艺的传统造成了一定冲击。

二是西方取向。从洋务到西学，是学术价值变化的一个关键，国人对西学理解渐趋深刻，认识到体用之间的关系不可以随意割裂，包括教育在内的西方学术开始作为一个整体进入中国知识分子的视野。

三是革新取向。与传统中国旧学相比，近代新学知识体系和价值标准与前者迥然不同。首先表现为教育革新。随着新式学堂取代旧式书院，教育体制发生变革，新学构成了新时代的学术文化主体。① 其次学术精神向新。戊戌之后，近代学术逐步突破经学思维的独尊、封闭和保守，实现了学术精神的近代转换。再次学术方法革新。实验方法、逻辑方法、数学方法得到传播和应用。

四是求真取向。胡适“大胆假设、小心求证”以及傅斯年“史学便是史料学”等都是在强调历史真实的意义。任鸿隽认为，为了求得真理，可以赴汤蹈火、至死不渝。② 实际上向西、向实、向新、向真的价值取向是相互联系的。西学和实学具有一定内在联系，而新学显然以西学为基础，向真

---

① 王先明：《近代“新学”形成的历史轨迹与时代特征》，《天津社会科学》2002 年第 1 期。

② 任鸿隽：《科学精神论》，《科学》1916 年第 2 卷第 1 期。

作为西方学术的传统，也成为新学的特征之一。

(三)近代早期大学体制缺陷

首先表现为理念缺陷。早期西方大学样式传入在理念上是缺失的。1610年来华、有“西来孔子”之誉的意大利传教士艾儒略曾在《职方外记》和《西学凡》等著作中介绍了泰西教育体制。清代传教士以及受之影响的中国士大夫或学者也有一些述及西方教育模式和教学内容的著作，但在理念介绍上却很模糊。而京师大学堂的建立则伴随着浓厚的中央官学气息。包括京师大学堂在内的近代高等教育系统虽然具有了现代大学的雏形，但办学理念上仍然浸染了“太学”的浓厚色彩，经书院改制而成的一些高等学堂也都按照京师大学堂的模式来管理。

其次表现为制度缺陷。中国近代高等教育并非传统高等教育自然发展的结果，这种匆忙和断裂导致近代大学制度建立上存在缺陷：一是体制外的制度设计。我国近代高等教育体制是后发外生的，近代早期高等教育作为增量发展部分，一开始就处于国家官学教育系统体制之外，“由这些官方机构所承担的西方教育只是传统教育的附庸，严格地说，并没有被真正地纳入整个教育体制，也没有起到替代旧教育制度的任何作用”①。毕业于新式学校的学生虽然获得了政府官员身份，但很少占据具有一定权力和影响的重要职位，因而很难在政治场域中获得传统仕人的权力和影响。这种制度设计的缺陷直接导致新式高等教育机构在读书人心目中地位的下降，也必然导致西方大学有关学术至上、学术自由、大学独立等思想无法在读书人心中扎根。二是制度移植存在依附性和不彻底性。无论是存量改造，还是增量发展，近代高等教育的制度构造均有着浓厚的依附痕迹。京师大学堂被人们视为是中国的帝国大学，实际上日本东京帝国大学是模仿德国大学制度构建的，其内在核心要素是讲座制和研究所。

① [加]许美德、[法]巴斯蒂著:《中外比较教育史》，上海人民出版社1990年版，第7—8页。

京师大学堂对日本大学制度是有限借鉴,在管理的诸多方面并没有进行制度移植,如没有建立讲座制和研究所。即便进入民国,在《大学令》中明文规定要实行讲座制,但实际上这一制度也没有真正得到实施。三是制度落实不到位。近代早期大学制度设计不可谓不繁,不可谓不全,但分科大学1901年才正式开学,而且每科分门比学制规定大为减少。北洋大学堂、山西大学堂及其他高等学堂都存在各种原因导致的变更制度的情形。山西大学堂设置中学、西学二斋,即便在《癸卯学制》颁布后也没有改变这种格局。对西方大学制度的一知半解导致近代早期大学制度运行过程的异化。

最后表现为管理缺陷。中国传统教育在系统性等方面远不及西方,近代以来对西方大学的介绍也很不详细具体,更谈不上内部管理的情形。近代大学的设计者往往只是关注大学的体制性建设,而对大学内部的管理关注较少,而且管理体制上的沿袭与近代大学制度之间存在冲突,因而近代早期大学管理的国家化和封建性尤显突出。冯友兰曾形象地指出:“在清末民初时代,人们还是把学校教育当成为变相的科举。哪一级的学校毕业,等于哪一级的科举功名,人们都有一个算盘。上学校为的是得文凭。得了哪一级学校的文凭,就等于得了哪一级的科举功名。”①

二、选择:转型的制度安排

(一)学者管理

钱穆在《改革大学制度议》中曾说:大学教育有三端,“一曰校舍之建筑,二曰图书仪器以及卫生体育种种物质上之设备,三曰院系之扩展,教师之罗致,以及课程之增新”②。一所大学所需的学术资源很多,基础设施、公共设施、师资、图书、设备、经费,等等,而以师资为要。

1. 学者进入大学

早期大学学者的主要标准是所谓中西兼通,但在实际聘任中诸多任

① 冯友兰著:《三松堂全集》(一),河南人民出版社1985年版,第301—302页。

② 钱穆著:《大学与教育》,广西师范大学出版社2004年版,第45页。

职标准较为笼统模糊，难以精确把握，民国以后，教师聘任始趋规范。如蔡元培在任职北大期间，以一系列的规章制度做保障，使教师聘任制走向规范化、科学化的轨道，1918年《国立北京大学规程》明确规定了教师聘任程序，特别明确职员晋升条件为教授成绩、每年实授时间之多寡性、所担任学科之性质、著述及发明和在社会之声望，并出台《教员延聘施行细则》，建立了专门的聘任委员会，协助校长聘任教师，规定成员必须为教授，所聘者大多具有一定的学术声望。[①] 田正平指出，教师资格检定制从清末到民国，有着从随意性逐渐向制度化、集权化发展的趋势。[②] 邓小林同样看到，民国大学教员选聘经历了从民国初年的“伯乐相马”模式逐渐过渡到30—40年代的制度规范模式的演变。[③]

大批新学者进入大学，一方面传统学术资本的地位逐渐产生危机，从以功名为代表的传统儒学资本到西学资本再到留学背景，学术资本的变化表现了时代对知识价值取向的转变；另一方面，随着留学生数量的不断增加，传统学术资本地位在急剧下滑的同时，国内重视留学背景、洋学历的现象也越发严重。近代大学在教授聘任过程中对留学背景的重视甚至遭到了激烈抨击。1932年，傅斯年对国内大热的哥伦比亚大学“海归派”做了专门评论，并问胡适：“何以这些人这样不见得不低能?”胡适说：“美国人在这个学校毕业的，回去做个小学教员，顶多做个中学校长，已经稀有了，我们却请他做些大学教授、大学校长，或做教育部长。”[④]“只是所谓‘留学生’便可为教授，只是不合学生或同事或校长的私意，便可去之，学绩既非所论，大学中焉有力学之风气。”[⑤]

2. 学者群体汇聚

一般来说，人类社会的交往关系大约可分为亲缘、地缘和业缘三大

① 北京大学校史研究室编：《北京大学史料》第2卷，北京大学出版社2000年版，第159页。

② 田正平：《近代中国大学教师的资格检定与聘任》，《教育研究》2004年第10期。

③ 刘明：《论民国时期的大学教员聘任》，《资料通讯》2004年第6期。

④ 胡适：《教育崩溃之原因》，《独立评论》9号，1932年7月。

⑤ 傅斯年：《改革高等教育几个问题》，《独立评论》14号，1932年8月。

类。传统中国是“伦理本位的社会”，即便是学术关系，也往往拿血缘关系来比附，如钱玄同、鲁迅和学生称兄道弟，鲁迅信中称许广平为“广平兄”，这让许广平“不敢当”，便问“先生之意何居”，虽说鲁迅解释说这是他的个人习惯，但这种称呼的效果的确要比直呼其名略胜一筹。

由家庭血缘关系推开去，地缘关系成为维系组织的另一重要纽带，并渗透到各种组织中。即便有些学者没有进入某个地域关系网络，如“周氏兄弟虽不以籍和系自居，却因此而受益，其进北京和进北大，背后都有籍与系的关联，在被排挤的旁人眼中，自然仍是同一利益团体中的分子”[①]。地缘关系的局限性也为当时的学者所介意，1922 年 4 月丁文江与胡适的通信中提及筹建“文化研究所”一事，力主“用人应该绝对破除留学国界、政治党派、省界”[②]。

作为地缘关系的扩张，留学国别也成为学者关系维系的一个联结点。随着留学生回国的增多，共同的留学经历所带来的友谊关系显得更为牢靠，也更让人信任。如果不仅留学国别相同，而且学校相同，甚至老师相同，这种关系就更为难得了。蒋梦麟和胡适都师从过杜威，二人在北大一直是相互支持，蒋梦麟掌北大首先想到的便是胡适。

近代学者之间交游频繁，也强化了结社这一聚集形式。大学师生在西方重个体、重自由的思潮影响下，主体意识迅速觉醒，而“合群”意识也不断得到强化。“个人能力有限，非合多数人之力不足有为。盖必先有组织而后始能奋斗。”[③]这些活动在官方权力系统之外创造了一个交流思想学术的空间，为不同的学术传统提供了交融的机缘。20 世纪世纪二三十年代，以国立大学为中心的结社雅集活动十分频繁，如与中央大学有关的著名诗社有上巳社、禊社、潜社、如社等。社团为学者提供了学术交流切磋的机会，并通过杂志期刊等传播媒介促成公共舆论，对社会进步产生积极影响。

---

① 参见桑兵：《近代中国学术的地缘与流派》，《历史研究》1999 年第 3 期。

② 胡适著：《胡适来往书信选》(上)，中华书局 1979 年版，第 195 页。

③ 《国民》第 2 卷第 1 期。

综上所述，聚集在大学的近代学者都有意无意地努力通过各种途径和方式营建自己的关系网络。上述各种关系网络有以下特点：

第一，关系错综复杂。近代中国社会变迁中矛盾与冲突随处可见，传统与新型的人际关系都共存于这一转型的社会之中。近代学者之间政治、地域、社团、留学背景、学术流派、期刊，间杂私人情感，以地域为基础的乡情集团、以学术旨趣为基础的学术派系、以个人情感为基础的私人团体，等等，真是“剪不断，理还乱”。

第二，关系聚散和中心人物有关。无论通过什么方法整合而来的人际关系，都有中心人物起着重要作用，近代人脉关系及矛盾往往随中心人物移转而移转。近代知识分子群体中，围绕章太炎的有章门弟子，围绕胡适的是胡适派学人群。蔡元培作为浙系中心人物，同年、同门、同乡结成的人际网络关系，为蔡元培出长北大提供了有利的人脉基础。当然，蔡元培并不狭隘，陈独秀，胡适等安徽新派人物进入北大，打破了文科中势力均衡的状态，这与校方掌权者办学的价值导向密不可分。①

第三，关系运作左右关系发展。权力运作过程中不免私心夹杂，将私心显示为公意就需要运作、权谋。汤尔和与沈尹默，是被众人公认的谋客。汤尔和在北大文科学长人选和五四后代理校长问题上的两次重大建议都被蔡元培采纳。沈尹默在蔡元培长校之前，“资格较老，势力较大”，在北大校务运作中的作用就很大。

第四，近代学者关系维系大多依靠非正式方式。正式的交流方式自然是开会，但许多事情却不是在开会时决定的，往往私谈达成共识。闲谈议政一直是文人参政的一种方式，这种习惯在管理大学事务中也表现出来。近代学术交流也经常以闲谈方式进行，较少组织正式的学术讨论。1936 年 7 月 18 日，《成都快报》报道说任鸿隽“本届暑期”决定在省外新聘大量教授，一部分旧教授得知后“颇感恐慌”，“乃开秘密会议”，商量应

① 王天根：《五四前后北大学术纷争与胡适“整理国故”缘起》，《近代史研究》2009 年第 2 期。

付方案。不意有一参加会议的教授向任告密。“任意更决，乃索性将曾经参与此项协商会议之教授，除告密者外，一体淘汰”。① 蔡元培日记中也多有记载，私下秘密交流沟通对校务产生巨大影响。

3. 学术权威转移

大学组织之所以需要学术权威，一方面是由于大学组织的学术属性和学术知识的逻辑属性，另一方面出于大学学术管理的需要。长期以来，传统儒学等道德知识被封建帝王纳入制度化的政统体系中，从而具有非同一般的知识权威地位。到了近代，传统知识权威渐渐让渡给西方近代学术。

造成学术权威移转的主要原因，一是由于大学管理者的学术取向。在每一个不同时期，大学管理者依靠不同的学术权威管理大学，即便是兼容并包的蔡元培在学科管理上也有所侧重，这必然带来学术权威代表的不同。二是由于时代的学术发展趋势。在近代弃旧趋新的大背景下，旧学术权威退出学术场域自在情理之中。实际上权威的移转也表现出一个时代有一个时代的代表，某一时期代表进步力量的群体一旦未能及时作出调整，必将被时代抛弃。当然也提醒大学管理者，为了激发旧的权威群体的建设积极性，减少组织变革阻碍和成本，必须给予旧的权威群体以新的利益刺激，并且能够引入新的利益群体，制衡旧的利益群体，组织活力才能够生生不息。

更重要的还有学术外的原因主导，从近代学者群体迁移来看，学者教职的辞受更多因为个人利益、恩怨，或者政治、经济原因。如有人认为，“五四”前后北大学术纷争导致学术阵营分化与重组，而学术阵营的分化、重组又与胡适发起整理国故有着密切关系，背后有着复杂的政治语境与文化氛围。新派中皖籍学人陈独秀、胡适与安福系把持下的教育部较为

① 王东杰著：《国家与学术的地方互动：四川大学国立化进程（1925—1939）》，三联书店 2005 年版，第 213—214 页。

疏远，而以章太炎弟子为骨干的江浙学人则与教育部亲近。①

学科分化自然导致学术权威分散，同时也带来学术资源分配力量的多元，学术社会整合便相对困难，学术权威地位的保持存在一定危机。学术权威危机的出现导致大学组织学术权威被碎片化。权威的碎片化在一定意义上说是进步的，符合大学的学术逻辑属性，但在中国大一统的历史惯性下，近代大学学术秩序产生混乱，大学组织便不得不求助于行政力量来整合。行政力量进入学术领域，是为了解决学者权力表面上不可调和的冲突，但很多时候却适得其反，导致大学学术权力分化进一步恶化，大学组织秩序越发混乱。

（二）组织管理

近代大学管理者在大学构建的过程中，不断进行着反省。对于大学组织属性的认识自然是首先要澄清的，鉴于早期大学组织属性的官学化、官僚化，近代大学管理者从西方大学理念出发，重新认识大学组织属性，着手改造早期大学。

1. 组织属性反省

首先是组织理念反省。近代大学管理者对大学的学术属性有诸多阐述和认识，大学作为学术机关的性质已达成共识，蔡元培在1912年担任教育总长时就强调大学应该成为“研究高尚学问之地”②。胡适也充分认识到大学的组织属性，1917年，胡适刚到北大就做了《大学与中国高等学问之关系》的演讲，鼓励用西方现代的大学概念与管理观念改造与经营中国的大学，为北大的整顿改革提供了充足的理论依据并建立具体的依傍模式。但是政治仍然隐蔽地对大学属性发生影响。清华大学工学院院长顾毓琇曾专门在《独立评论》上撰文称：“纯粹学者的态度是无所求于世的，但亦绝不计较功利观念的。倘若别人批评他的学问无用，他只觉得好

---

① 王天根：《五四前后北大学术纷争与胡适“整理国故”缘起》，《近代史研究》2009年第2期。

② 萧夏林编：《为了忘却的纪念》，经济日报出版社1998年版，第4页。

笑,并不觉得是一种轻视。学术的本身是高贵的,无所为的。所以对于一个纯粹学者的工作,我们只应该表示钦佩,而不定要把救国的责任放在他们肩上,因为学术工作所需要的乃是理智的超然性。"①

其次是参照模式反省。移植、借鉴和模仿一直是主导中国近代大学发展的驱动力,这种制度依赖一直影响至今。近代大学最初无论是在理论、制度还是在实践层面都"以日为师"。有学者认为,"京师大学堂的建立,标志着中国政府试图导入西方大学的尝试,……可它虽有大学之形却缺大学之实"。并以《钦定京师大学堂章程》、《大学堂章程》及民国初年制订的《大学令》为分析标本,阐述了大学办学模式从效法日本向效法德国的转型。② 蔡元培进入北大后,德国大学理念被导入,五四运动前夕,蔡氏甚至断言:二十年后的北大将达到柏林大学的水准。③ 但德国大学的管理模式并没有在中国产生多大影响。"五四"后,中国教育从模仿日本走向模仿美国。客观上说,民国期间国内各大学的办学模式存在着日、德、法、美等不同模式,尤以美国模式影响最大。

再次是管理制度反省。近代中国大学管理者一直致力于西方大学管理模式的学习和引进,谢泳认为相对优良的制度设计正是民国大学取得成功最重要的经验之一。④ 当然,制度设计和制度实施效果并不等同,由于生源、师资和经费等问题,制度实施过程中存在诸多问题。针对 20 世纪 20 年代高校教师兼职现象严重的情况,各校都有所动作。如蒋梦麟执掌北大后,对教授学术事务进行限定,实行教授专任制度;建立研究教授和专任教授制度,提高教授待遇,保证教授授课时间和学术研究精力的投入。再如选科制、学术休假制度等的实施都为营造良好学术环境提供了可能。国民政府成立后,对高等教育扩充、大学布局、院系重复设置、经费

① 顾毓琇:《学术与救国》,《独立评论》第 134 号,1935 年 1 月。

② 周谷平、张雁:《中国近代大学理念的转型——从〈大学堂章程〉到〈大学令〉》,《高等教育研究》2007 年第 10 期。

③ 蔡元培:《五四前后的北大》,《新文学史料》第 3 册,1979 年第 15 页。

④ 参见谢泳著:《逝去的大学》,同心出版社 2005 年版,第 273—278 页。

困难等问题进行了制度化改革，1932 年 7 月 11—13 日，国民政府教育部在南京举行国立专科以上学校校长会议，决议通过《各大学经费案》、《修正大学组织法案》、《注重农工医学院案》、《在同一区域之国立大学应避免院系重复案》、《各大学应如何培养国防建设人才案》、《各国立学院经费案》、《限制教员兼课案》、《大学毕业会考案》、《军事训练改善案》、《学校学风应如何整顿案》、《毕业生就业问题案》等法案，[①]一定程度上改善了教风学风问题。

近代大学行政管理变迁和制度安排是整体转型中较快的一部分，而管理模式和管理理念的变化却是缓慢的，是通过制度运作逐步体现的，这种显性变迁和组织理念、组织文化变迁相比，相对容易产生积累效应，而政府在宏观方面制度化建设对大学内部管理产生了较为积极的引导作用。

2. 组织结构调整

首先是学科门类调整。虚化的、观念形态的理念必然要通过实体的、结构形态的组织来渗透，并以制度化的程序运作来实现。大学作为一个底部沉重的松散化矩阵组织，学科无疑是构成组织的最基本单位。在近代大学科类调整过程中，有四点应该给予关注：一是废除预科，将预科排除在组织结构之外，明晰了学科在组织架构中的位置；二是废门改系，基本奠定了学术组织的基础；三是学院制的构建，逐渐明晰了大学学科的基本功能定位；四是文法和理工科的调整。

其次是组织结构调整。在近代大学的学科设置中专业设置概念不够明显，学科内部分化和基于学科的学术组织还没有真正建立，学科分化并没有带来管理分权，学术权力仍大多集中在学校管理高层。这一现象在从 1898 年京师大学堂到 1931 年国立北京大学行政组织系统草案的机构调整中表现明显：在北大的实际管理中，校长管理幅度越来越宽，层级也在不断

---

① 转引自邓小泉：《国联教育考察团来华考察述评》，《南通大学学报》（教育科学版）2006 年第 9 期。

增加。取消了评议会，设立校务会议，校长作为校务委员会主席，并在校长下设置行政会议及秘书处，原总务处管理诸事大多移入秘书处管理，校长权力有增强趋势。

再次是管理体制调整。讲座制、学系制、会议制、董事会制的变迁在近代大学并不具备普遍性，讲座制对学术权威的过度依赖特征在中国近代大学得到改良，以至失去了讲座制的本源意义。董事会制下校外势力对大学事务的干预让中国近代大学难以忍受，最终没有扎根。会议制体现了代议制的特征，所表现出的对大多权力个体的尊重符合近代追求民主、追求独立的时代潮流。而学系制乃至学院制最终被认可，反映了大学发展的普遍趋势。

3. 管理权力分配

伯顿·克拉克把学术权力划分为三部分：即扎根于学科的权力、院校权力和系统权力。① 实际上就权力主体而言，大学内部学术权力包括校长权力、教授权力、学生权力和职员权力。

校长权力是历史的官本位惯性使然。1912 年《大学令》规定："大学设校长一人，总辖大学全部事务，各科设学长一人，主持一科事务。""大学设评议会，以各科学长及各科教授互选若干人为会员，大学校长可随时齐集评议会，自为议长。"②《大学令》所规定的评议会，其实权仍然掌握在校长手中，或者分散在以校长为代表的行政人员手中。在教授治校的大背景下，校长权力集中的要求，大学内部几乎无人明确表达，但实际上校长权力仍很集中。1932 年，蒋梦麟发布《国立北京大学组织大纲》，规定校务会议由校长、秘书长、课业长、图书馆长、各院院长、各学系主任及教授副教授互选代表组成，校长为主席。行政会议由校长、院长、秘书长、课业长组成，校长为主席。教务会议以校长、各学院院长、各学系主任及课业

① 参阅[美]伯顿·克拉克著：《高等教育系统——学术组织的跨国研究》，王承绪等译，杭州大学出版社 1994 年版。

② 王学珍、郭建荣主编：《北京大学史料》第 2 卷，北京大学出社 2000 年版，第 94 页。

长组成，校长为主席。三大会议除校务会议外，均由具有行政职务的教授参加，普通教师难以列入，校长为三会主席，以校长为代表的行政机构管理权力的诉求得到强化，权力集中程度到达顶峰。近代大学管理过程中，尽管很强调管理权力的共享，强调教授治校权力，但实际上，没有建立合理的分权机制，即使是在行政机构扩充的情况下，也未能实施分管制，总务长、教务长乃至各学院院长都向校长负责，直接管理模式导致校长管理事务过于庞杂，矛盾往往集中到校长一人之身，近代大学诸多驱长风潮和此很难说没有关系。

近代大学教授权威的确立有着多种原因。除了来自于传统教师形象的权威外，更多的通过程序化来获得行动力。教授权力的实现要通过一定的制度程序实现，评议会是伸张教授权力的一种重要组织。评议会历来被认为是教授权力的代表组织，实际上评议会代表的是以校长为中心的行政权力，而教授权力集中体现在教授会。东南大学教授会权力要比评议会大，评议会遇有不能解决之重要问题，得提出于教授会议决定。①出于对学术的忠诚，教授对于学校事务不愿于闻，只是当自己学术权利无法保证的时候，才要离开学术场域进入管理场域。陈岱孙在回忆清华大学二三十年代教授治校情况时说："在三十年代中期，就有人称清华的这个体制为'教授治校'的典型。但是在清华大学内部没有明确地提出这个口号。这个体制与其说是在一个明确的口号下有意识地进行改革的产物，不如说是在二十年代末的历史条件下，为了应付环境而逐渐演化形成的产物。"②

新文化运动时期，美国学生自治会模式逐渐为国人所知。五四运动爆发后，学生权力意识逐渐形成，学生自治运动也不断兴起。1919 年年底，郭秉文对东南大学学校组织系统进行改革，成立学生自治会。学生自治制度在近代大学校务运作中，由于政治原因实际上对学校秩序维持没

① 中国第二历史档案馆编：《中华民国史档案资料汇编》(第 3 辑・教育)，江苏古籍出版社 1991 年版，第 253—254 页。

② 杨东平编：《大学精神》，辽海出版社 2000 年版，第 395—396 页。

有起到多少积极作用。1920年林砺儒就指出学生自治“成绩很少可观”①。周予同把五四前后学生的变化概括为“五四以前是教师压制，五四以后是学生放纵”②。随着学生自治组织权力的壮大，不少学生组织几乎和学校行政平起平坐，左右校政。有人认为，20世纪20年代我国现代大学学生自治权力有被张扬到极致的倾向，而且缺乏民主的程序和民主的精神，甚至干预校政，制造学潮。③ 学生风潮一定程度上影响了学校的运转，在那个风云变幻、国难当头的年代，大学管理始终无法摆脱政潮影响而躲进象牙之塔，实际上近代大学一开始就处于风口浪尖之上，大学内外部各种力量都试图左右大学。

（三）成果管理

1. 学术表达意识

长期以来，孔子“述而不作”的思想多被国人理解为只叙述不创作，最终“演化为某种扎实、不尚空言却也带有保守、无创新意向的学术风格”。④ 民国时期，大学、研究机构与期刊常常三位一体，学术期刊为学者发表学术见解提供了平台。侯仁之晚年回忆：“出乎意料的是这样一篇习作，很快就在《禹贡》半月刊上登载出来。这件事大大激励了我，我决心去钻研古籍，就是从这时开始的。”⑤学术发表成为年轻学者进入学术场域的重要途径。

2. 学术表达途径

中国传统的学术交流与学术传播系统尽管也有书院式的自由讲习和交流，但大多被官家垄断，而且学者间的学术交流多靠书信、讲演等形式

---

① 林砺儒：《关于自治》，《勷勤大学师范学院月刊》第5期。

② 周予同：《教育评论》，《教育杂志》第14卷1号。

③ 张雪蓉：《1920年代我国现代大学学生自治制度研究——以国立东南大学为中心》，《南京社会科学》2006年第12期。

④ 周远斌：《述而不作本义考》，《理论学刊》2006年第1期。

⑤ 侯仁之：《回忆与希望》，《历史地理》1981年创刊号。

完成。近代传媒特别是期刊的诞生，极大开拓了受众的空间分布和社会层面，弥补了传统学术传播方式的不足，打破了传统学术研究相对封闭的状态，学者团体化的研究开始成为普遍趋势。

3. 学术规范建立

从学术论著论文体例上说，中国现代的标点符号不是在传统“句读”的基础上形成的，而是西学传播的结果。[①] 1919 年胡适提出《请颁行新式标点符号议案》，次年经教育部批准，成为政府认可的系统标点符号。[②]此后，各专业学会加强专业术语的审定，以建立学术表述的标准，刊物编排形式也引起了注意。学术论文体例渐次规范，高校开始开设论文的指导课程，论文格式也慢慢定格，渐次完善。

从学术规范意识上讲，近代中国学术规范相对宽松，严格遵循学术规范的书斋型学者并不多见。尽管如此，对于剽窃和抄袭等恶劣的学术行为仍为学者所不齿。如陈西滢曾著《版权论》一文，提出了知识产权保护问题。他从中国人翻译萧伯纳和柯尔的著作而不给版税谈起，对当时中国没有加入国际版税同盟，普遍缺乏版权意识，忽视知识产权的保护等问题提出了自己的见解，显示出近代学者一定的学术规范意识。

从学术控制与评议上看，学术评价包括学者评价和学术成果评价两个方面。一是控制学术研究过程。对学者学术成果的评价除了发表论文和著述外，定期学术报告制度也是对学者学术研究过程进行控制的一种方式。《“国立”清华大学的研究所办法大纲》规定：“各研究所应于每年年度开始前由所长或分组、所主任编拟工作计划送校核定。各研究所应于年度终了时编具报告，由校印分送国内外有关系之学术机关。”[③]

二是采取学者分级制度。从 1912 年《大学令》起，历届政府不断修正对大学教师的分级评定制度，至 1927 年《大学教员资格审查条例》颁布，

① 樊洪业：《中国现代标点符号体系的开端》，《沈阳大学学报》2003 年第 3 期。

② 袁晖等著：《汉语标点符号流变史》，湖北教育出版社 2002 年版，第 297—303 页。

③ 《国立清华大学研究所办法大纲》，《国立西南联合大学史料三》，云南教育出版社 1998 年版，第 529 页。

国民政府最终将大学教师划分为教授、副教授、讲师、助教四级。1941年,国民政府教育部又颁行《部聘教授办法》,实行"部聘教授"制度,以充分发挥知名学者的引领作用。

三是建立学术评议制度。1914年7月,北京政府教育部颁布《学术评定委员会组织令》,决定设立学术评定委员会,并规定其职责为"校阅各学科论文著述,奖励学问事务"。8月颁布《学术评定委员会分科评定规程》,规定论文或著述应以对于各该科有系统之研究且确有心得者为限;日记、讲义、翻译等均不在论文或著述之列。1918年3月,教育部公布《学术审定会条例》,①规定由教育总长延聘或派充学术审定会会员若干人并指定会长。1929年2月27日,国民政府公布《修正教育部大学委员会组织条例》:"依本条例决议全国教育及学术上重要事项。"②这些组织以及评议条例为近代学术规范的建立发挥了积极作用,同时,对于学生的学术研究也有了相应的奖励制度。

---

① 中国第二历史档案馆编:《中华民国史档案资料汇编》(第3辑·教育),江苏古籍出版社1991年版,第731—732页。

② 中国第二历史档案馆编:《中华民国史档案资料汇编》(第5辑·第一编教育(一)),江苏古籍出版社1994年版,第170页。

第三章　从“四部之学”到“七科之学”：课程体系的演进

第一节　西方大学课程分科设置的传入

在明末清初第一轮“西学东渐”中，耶稣会士通过学术传教的方法，译介并出版了大批介绍西学的书籍，在此过程中，国人开始认识并了解伴随西方异质文化输入而至的异质异构的大学文化，包括课程及相关学科设置等内容也开始得到逐步了解。更为详细的介绍性导入则体现在19世纪新一轮的“西学东渐”历程中。

一、传入的前奏：传教士与西方分类学科概况的传播

1704年教皇克莱门特十一世派使者携带禁止中国教徒拜天、祭孔、祭祖的敕谕来华，遭康熙严正拒绝。教廷又于1719年再派使者宣告来华“八条禁约”，康熙立即下达“天主教在中国行不得，务必禁止”的旨令。就此，长达200年时间的第一轮“西学东渐”随着耶稣会在中国遭禁和罗马教廷对该组织的解散而告一段落。新一轮的西学东渐直到19世纪初期新教传教士马礼逊来华才揭开了序幕。1839年他创办了马礼逊学堂，开设课程有：天文、地理、历史、算术、代数、几何、初等机械学、生理学、化学、音乐、作文，西方近代分科设学模式正式传入中国。

当时踏上中国国土的传教士们，看到的是处于“日之将夕，悲风骤至”衰境中的传统教育，面对其功利主义的教育价值观、陈旧、空疏、枯燥的教

学内容、填鸭式的教学方法及弊端丛生的科举制度，他们纷纷通过著述进行批判和抨击。在他们所著的书中、在报刊上撰写的文章里都对西方大学的教育思想、课程、教材、教法的内容作了介绍。德国传教士花之安(Ernst Faber，1839—1899)所著的《德国学校论略》、《自西徂东》，英国传教士李提摩太(Timothy Richard，1845—1919)所著的《七国兴学备要》，美国传教士丁韪良(William Alexander Parsons Martin，1827—1916)撰写的《西学考略》均论述了西方大学分类设学的课程设置。

1873 年出版的《德国学校论略》主要介绍德国近代学校制度，是晚清由传教士撰写的第一部有关西方教育体系的专著。① 李善兰(1811—1882)为该书所做的序言中将德国教育体系概括为“无地无学，无事非学，无人不学，”精练总结了德国的教育体系特色。书中介绍德国初级、中等、高等教育体系。为方便中国读者接受，分别用乡塾、郡学院、实学院、仕学院、太学院指称三级教育系统中的学校名称。乡塾是为贫家子弟提供初级教育的学校，郡学院是较乡塾高一级的学校，实学院、仕学院对应中等教育机构，太学院是国家最高学府。花之安比较详细论述了大学及其他高等教育机构的情况。他用“太学院”比附大学，将教师、学生、学制、教学内容等分门别类予以阐述。教师都是“国中才识兼识，名闻于众者”，而学生则为“欲博古穷经的有志之士”。

对西方大学学科专业的介绍与《西学凡》、《职方外纪》中的论述略有不同。花之安把 19 世纪德国大学专业分为经学、法学、智学、医学四类，艾儒略则用医法、国法、教法、道法来表述。尽管表述不同，但万变不离其宗，西方大学的专业设置还是围绕着医、神、法、文学而发展。只是艾儒略把文学院与神学院的专业合并，用道科一词涵盖两个学科，将法学分离为教会法和世俗法两个独立学科，采用教法和国法命名法学专业。这种安排表明了 16 世纪耶稣会所办大学的学科建制，即强调神学知识的研究。花之安则用经学指代神学、法学包括教会法和世俗法，智学涵盖文科与理

① 田正平主编：《中外教育交流史》，广东教育出版社 2004 年版，第 267 页。

科，不仅有中世纪大学就已开设的语言学、修辞学、逻辑学、算术、几何学、音乐、天文学等，还有新增设的心理学、美学、生物学、物理学。清晰展示了自18世纪以来西方大学教育的专业分科设置趋向与近代学术分科发展轨迹，超越了明清之际传教士输入中国的仅为简略介绍的局限。该书在晚清知识阶层中广为流传，对当时人们了解西方大学分科立学及教学制度影响巨大。这一点，从1882年王之春《广学校篇》、1883年彭玉麟《广学校》、1892年郑观应《论学校》等文中均引用花之安的大学专业分类法，不难看出《德国学校论略》一书的影响力。①

1880年时任京师同文馆总教习的美国长老会传教士丁韪良受清政府总理衙门的委托，前往日、美、法、德、英、瑞士、意大利考察教育，历时两年。回到中国后，他将考察见闻，参以其他文献资料著成《西学考略》。该书重点介绍各国的大学教育情况与课程设置。他用书院比附大学预科，太学比附大学。指出书院课程广涉数学、天文学、物理学、化学、生物学、法律学、经济学、哲学，书院修业结束后进入太学，分途研究神学、法学、医学。还提及了西方大学在现代化过程中确立的新学科，如工科、农科、师范科，等等。

李提摩太1889年发表在《万国公报》上的《新学》，后以单行本的形式发行，改名为《七国兴学备要》。该书详细介绍了英国、法国、德国、俄国、美国、日本及印度七个国家的教育实况，包括各国小、中、大学的学校数目，主要课程、学校经费等，并由此推算出中国应有的小学、中学、大学学

---

① 王之春《广学校篇》："大学院，学分四科：曰经学、法学、智学、医学。经学者，第论其教中之事；法学者，考论古今政事利弊及出师通商之事。智学者，讲求格物性理，各国言语语文系统之事；医学者，先考周身内外部位，次论经络表里功用，然后论病源，制药品以至于胎产等事。"（北京大学校史研究室编：《北京大学史料》第1卷，北京大学出版社1993年版，第3页）彭玉麟在《广学校》中指出大学院"学分四科，曰经学、法学、智学、医学。经学者，第论其教中之事；法学者，考论古今政事利弊及出师通商之事。智学者，讲求格物性理，各国言语语文系统之事；医学者，先考周身内外部位，次论经络表里功用，然后论病源，制药品以至于胎产等事"（陈忠倚编《皇朝经世文三编》卷四十一，宝文书局1898年刊印本）。

生人数及所需经费、应有的报馆和图书馆数目。① 其写作目的在于介绍“天下学校之大略”，并“酌定中国学校之新章”。他指出西方的学校教育分为初学、中学和上学三个阶段。初学以7～15岁左右为度，以粗通本国语言文字和数学、地理、历史为目的；初学期满后，升入中学，以15～21岁上下为度，学习算学、化学、重学、地学、农学等课程；中学期满后，升入上学，以21～26岁上下为度，所学内容与中学相同，但在程度上更深，以培养学生的创新研究能力为目标。这种介绍让晚清国人在较为全面了解西方教育体制基础上开阔了视野，也昭示了近代中国教育的发展趋向。

林乐知翻译了一批介绍美国大学情况的文章。1900年1月到4月，英人布兰著、林乐知译的《美国太学考》以连载的形式刊登在《万国公报》上。通过与英国、德国大学进行比较的方法，介绍美国大学发展史和现状。对哈法德大学（哈佛大学）、烟二大学（耶鲁大学）、柏林诗墩大学（普林斯顿大学）、顾伦皮阿大学（哥伦比亚大学）等名校的情况均做了较为详细的介绍，包括各校的类型、数目、教学管理、经费来源及管理、教学方法、教师聘用及薪金、师生比、学籍管理、考试制度、学位、对贫困生的助学金制度、校舍修缮等多方面的内容。② 另一篇介绍芝加哥大学的文章《美国施嘉哥大学院记略》也由林乐知与任保罗合作翻译，刊登于《万国公报》。此外，当时出版的《西学课程汇编》对英国学校课程设置做了如下介绍：数学三种、几何、代数、微分、积分、平差、变差、数学致用、动学、力学、镜学、声学、光学、热学、电学、吸铁学、制造学、机器各法、御舟天文学、总训法、测海、海疆志、测气候、绘海图、格致试验、各国语言、导生法。

综上所述，19世纪新教传教士继续耶稣会士“学术传教”的模式，通过大量介绍西方近代教育制度文本的出版、发行，将西方大学教育概况输入中国。在传播过程中，西方大学学术分科设置等课程情况也一并为国

---

①　李提摩太推算中国“大学之生，宜有十六万五千人，每年宜费七千一百万余元”。梁启超著：《饮冰室合集·文集之一》，中华书局1989年版，第20页。

②　[英]布兰著：《美国太学考》，[美]林乐知译，《万国公报》第132册，台湾华文书局影印本，第18289—18291页。

内学界所了解。传教士们或写或译，完成了相当数量的介绍近代西方教育的文本。通过这些文字让开眼看世界的国人从中获取重要的信息资料，对西方大学课程设置概况有了一定程度的了解和把握。郑观应写于1884年的《考试》一文中就提出当考之西学为天文、地理、农政、船政、算化、格致、医学、各国语言文字、政事、律例等，表明他对西方学校分门别类的课程设置的认同和熟悉。到19世纪末期，国内学界对西方分类学科概念已有了相当程度的了解。

二、从“通人之学”到“分科设学”：晚清学科观念的形成与课程结构的变迁

中国传统学术显现的特点是“通”，清儒章学诚解释为“通者，所以通天下之不通也”，会通天、地、人为中国读书人阶层的最高追求境界，正如司马迁所云：“究天人之际，通古今之变，成一家之言”，具有厚重的“通人之学”的取向，博通成为判断学者地位等级的主要依据。

王充将人分为俗人、儒生、通人、文人、鸿儒，“能说一经者为儒生，博览古今者为通人，采掇传输以上书奏记者为文人，能精思著文连结篇章者为鸿儒。故儒生过俗人，通人胜儒生，文人逾通人，鸿儒超文人。故夫鸿儒，所谓超而又超者也”①。熟读经书成为通人、鸿儒是中国读书人毕生追求的目标。

儒家学说在中国封建社会长期维持意识形态上的统治地位，除统治者的意志外主要是根植于浓厚的经济、政治、思想文化基础的土壤上。新的生产关系、社会生活结构没有产生，儒家学说的统治地位就难以动摇。从历史的角度看，前近代中国作为亚洲内陆最大的国家，经济和文化一直居其所在地域的领先地位，中国两千年儒学灌溉出来的思维定势、知识价值观及全民族认同的大国心态一直到清政府在西方坚船利炮的冲击下，才被迫改变。中国士人对中国传统教育制度开始进行抨击，“中国之学，

① 王充：《论衡·超奇篇》，《诸子集成》刊印本。

有益于世者绝少，就其精要者，仍以究心文词为最切。古人文法微妙，不易测识，故必用功深者，乃望多有新得……然在今日，强邻棋置，国国以新学致治，吾国士人，但自守其旧学，独善其身则可矣，于国尚恐无分毫补益也”①。士人们认为“中国千年之士俗，为词章、训诂、考据之空虚”，传统学术“锢天下聪明知慧，使尽出于无用之一途”，结果是民穷而国弱。

随着改革呼声日起，教育与强国的关系逐渐得到国人的认同，士大夫中的精英分子纷纷撰文介绍西方大学课程与学科内容，提出采西学之长，创设专业课程。驻日参赞黄遵宪在《日本杂事诗广注》中描述东京大学的情况：“生徒凡百人，分法、理、文三部。法学则英吉利法律、法来西法律、日本今古法律；理学有化学、气学、重学、数学、矿学、画学、天文地理学、动物学、植物学、机器学；文学有日本史学、汉文学、英文学。以四年毕业，则给以文凭。此四年中，随年而分等级。”介绍完东京大学的课程设置、学制、学生数量等概况后，黄遵宪赞叹其“所读皆有用书，规模善也”。②

又如王韬认为：“西学所重，岂徒在语言文字之末，象纬、舆图、历算、格致、机器制造，以及化学、光学、电学、重学、医学、律学，皆艺术也。”③1890—1894年出使欧洲四国的薛福成介绍西方大学情形：“文则有仕学院，武则有武学院，农则有农政院，工则有工艺院，商则有通商院。非仅为士者有学，即为兵为工为农为商，亦莫不有学。”④他注意到了西方大学多学科专业设置和接受大学教育的学生背景的多元化。西方大学文、理、工、商、军事、农业等各类专业课程进入国人的视野。

因科设教、专精一门的西方学校课程模式于19世纪中后叶在新式学堂开始得以确立，对一贯以培养“通儒”为己任的中国精英教育是一种强

---

① 吴汝纶：《吴汝纶尺牍》，黄山书社1990年版，第97页。

② 朱有瓛编：《中国近代学制史料》第2辑上册，华东师范大学出版社1986年版，第3—4页。

③ 王韬：《韬园尺牍》，中华书局1959年版，第219页。

④ 北京大学校史研究室编：《北京大学史料》第1卷，北京大学出版社1993年版，第3页。

烈的冲击。分科设教、学有专门的课程模式使得儒学从一种整体性知识跌落而成为具体的专门知识，儒学的中心地位实质上已经被动摇了。

课程结构的变迁从同文馆经京师大学堂及其他学堂的例子中可见一斑。1862 年，同文馆建立，其课程经历了不断丰富和逐渐规范化的过程。以英语为主的外语和汉语教学是早期京师同文馆最主要的课程。其学习年限最初定为 3 年，之后课程设置一步一步扩充。1876 年，总教习丁韪良为同文馆设立了新的八年制和五年制课程。八年制作为常规安排，可望那些“汉文熟谙，资质聪慧者”有所成就。五年制则是为那些年岁较大、不再有精力学习洋文，只能借助译本来学习西艺的人安排的。从此，同文馆有了统一的课程设置和章程。八年制课程的前 5 年相当于中学教育，后 3 年近似于大学程度。前 3 年主要侧重于外语学习，后 5 年则重在科学知识的学习。八年制西学课程体现了外语贯穿始终、翻译为核心这一特点。其课程计划如下：

首年：认字写字，浅解辞句，讲解浅书。

二年：讲解浅书，练习句法，翻译条子。

三年：讲各国地图，读各国史略，翻译选编。

四年：数理启蒙，代数学，翻译公文。

五年：讲求格物，几何原本，平三角，弧三角，练习译书。

六年：讲求机器，微分积分，航海测算，练习译书。

七年：讲求化学，天文测算，万国公法，练习译书。

八年：天文，测算，地理，金石，富国策，练习译书。

这份课程表列入了不少自然学科和实用学科，有些课程已经分化得相当精细、专门了。例如自然科学课程中的算学，就分为数理启蒙、代数学、几何原本、平三角、弧三角、微分积分等；此外还有天文测算、航海测算、地理、金石、机器和格致；社会科学的课程有：各国史略、万国公法、富国策等。课程计划中没有列入“四书五经”、“章句帖括”一类的传统内容，尽管由于入馆学生是“科甲”出身的官员，已经有了相当的“中学”基础，没有必要再开设传统科目的课程，但这一做法亦可谓是开风气之先。

由于科举考试的导向作用和传统理念的深厚根基,新式课程的大范围推广出现在科举考试停废后。但西方分门设科的课程观念在开明官绅中有了相当程度的普及,晚清学堂大多按此理念安排分门别类的学科专业设置与课程教学。自同文馆设立后陆续开办的广方言馆、水师学堂、武备学堂、自强学堂、实学馆等各类学校课程设置基本按照西方学术分类标准加以制定。

如:1867 年福建船政学堂的科目有:英文、算术、几何、代数、解析几何、割锥、平三角、弧三角、代积微、动静重学、水重学、电磁学、光学、音学、热学、化学、地质学、天文学、航海学。1881 年天津水师学堂规定学生 4 年应习功课;英国语言文字、地舆图说、算学至开平立诸方、几何原本前 6 卷、代数至造对数表法、平弧三角法、驾驶诸法、测量天象、推算经纬度诸法、重学、化学格致。①

1895 年盛宣怀创办中西学堂,其头等学堂分普通和专门学两类。头等学堂课程为:②

第一年:几何学、三角勾股学、格物学、笔绘图、各国史鉴、作英文论、翻译英文。

第二年:驾驶并量地法、重学、微分学、格物学、化学、笔绘图并机器绘图、作英文论、翻译英文。

第三年:天文工程初学、化学、花草学、笔绘图并机器绘图、作英文论、翻译英文。

第四年:金石学、地学、考究禽兽学、万国公法、理财富国学、作英文论、翻译英文。

① 朱有瓛编:《中国近代学制史料》第 1 辑上册,华东师范大学出版社 1987 年版,第 508—509 页。

② 陈学恂主编:《中国近代教育史教学参考资料》上册,人民教育出版社 1993 年版,第 292—293 页。

专门学分工程学、电学、矿务学、机器学和律例学五门，课程具体有：[①]

一、工程学（专教演习工程机器、测量地学、重学、汽水学、材料性质学、桥梁房顶学、开洞挖地学、水力机器学）。

二、电学（深究电理学、讲究用电机理、传电力学、电报并德律风学、电房演试）。

三、矿务学（深奥金石学、化学、矿务房演试、测量矿苗、矿务略兼机器工程学）。

四、机器学（深奥重学、材料势力学、机器、汽水机器、绘机器图、机器房演试）。

五、律例学（大清律例、各国通商条约、万国公法等）。

从上述所举各类学堂课程看，基本上涉及了西方学术分类标准下的文、理、法、商、工、农、医各个学科，传统注重通人特性的儒学转向了近代学术分科之学。在1906年10月举行的留学生奖励科名考试中也显性地展示了这一点，如考试分“电学、计学、法商学、农学、政治、宪法、化学、哲学、蚕学、医学、机械、牙科、西文、中文等科”[②]。这一转型显示了从经史子集的“四部之学”向“七科之学”转轨的学术路径。原先以六艺为核心内容，以四部为框架予以体现的传统知识分类体系解体后转向哲学、历史、文学、政治学、法学、商学、经济学、医学、社会学、农学等一系列近代学科体系。从表面看，中国近代高等教育课程设置的变化是从传统的经学、史学、诸子学、词章学等转向了西方的文、理、法、农、工、商、医为主的七大学科，但这种显性变化的背后却反映了中国近代社会政治、经济、文化等各方面的种种变革。

---

① 陈学恂主编：《中国近代教育史教学参考资料》上册，人民教育出版社1993年版，第293页。

② 1906年10月27日《大公报》。

第二节 学科与社会的互动:课程设置的改造

1902 年的《钦定京师大学堂章程》与 1903 年的《奏定大学堂章程》中均以“端正趋向,造就通才”为其办学宗旨。这八字传递出传统高等教育中崇尚博通的价值取向依然受到晚清主持学部官员的青睐,专心力学,勉造通儒是他们追求的目标。而民国成立,蔡元培制订的《大学令》则首先明确大学以教授高深学术,养成硕学闳材,应国家需要为宗旨,阐明了中国大学教育的目标。从清末的“以忠孝为本,以经史之学为基”的人才培养目标转向了学术化取向的人才培养宗旨,培养目标的不同导致大学课程设置的变化。

一、从经学化向学科化的转型

在 20 世纪初期的新学过程中,各类学堂特别是地方性的高等学堂开始筹建。在地方大员的设计方案中,经学是占据各类学科首要位置的。1901 年袁世凯《奏办山东大学堂折》中详细阐述了具体课程安排。山东大学堂分备斋、正斋、专斋,备斋两年毕业,正斋 4 年,专斋 2～4 年。袁世凯设想中备斋以两年为毕业年限,“温习中国经史、国朝掌故大略,并授以外国语言文字、史志、舆地、算术各项初级浅近之学”①。课程设置如下:

第一学年上:四书、五经、历代史鉴(国朝掌故,浅近政治学附)、古文(作中文策论,四书义,五经义)、英文、数学、地舆学上半部;

第一学年下:四书、五经、历代史鉴、古文、英文、德法文(与英文课程同,如系兼习,另行选定)、数学、地舆学下半部。

第二学年上:四书、五经、历代史鉴、古文、英文、德法文、代数、地势学;

① 陈学恂主编:《中国近代教育史教学参考资料》上册,人民教育出版社 1993 年版,第 625 页。

第二学年下：四书、五经、历代史鉴、古文、英文、德法文、代数全、行学前三卷、泰西近百年新史。

正斋课程以四年为毕业之限，分政学、艺学两门(见表 3-1)。

表 3-1　1901 年《山东大学堂章程》①

政学	中国经学、中外史学、中外治法学(内分吏、户、礼、兵、刑、工、交涉七个子目)
艺学	算学　天文学　地质学　测量学　格物学(内分水学、力学、气学、热学、声学、光学、磁学、电学)、化学　生物学(分植物学、动物学)、译学

具体安排如下：

第一年上：经学、史学、中国政治学、古文、各国政治学、英文、德法文、行学中五卷、格物；

第一年下：经学、史学、中国政治学、古文、各国政治学、英文、德法文、行学全、锥曲线、格物。

第二年上：经学、史学、中国政治学、古文、各国政治学、泰西古史、英文、德法文、八线、勾股、航海法、格物；

第二年下：经学、史学、中国政治学、古文、各国政治学、泰西近史、英文、德法文、格物、天文学。

第三年上：经学、史学、中国政治学、古文、各国政治学、英文、德法文、代形合参、格物、天文学、化学、测量学；

第三年下：经学、史学、中国政治学、古文、各国政治学、公法学、英文、德法文、微积学、格物、测算、测量学、泰西名人列传。

第四年上：经学、史学、中国政治学、古文、各国政治学、伦理学、英文、德法文、化学、星学发轫上半部、全体学(全体功用及卫生要旨)、植物学；

第四年下：经学、史学、中国政治学、古文、各国政治学、英文、德法文、代数根源、生物化学、格物试理、星学发轫下半部、动物学。

专斋分十门，有中国经学、中外史学、中外政治学、方言学、商学、工

---

① 根据陈学恂主编：《中国近代教育史教学参考资料》上册，人民教育出版社 1993 年版，第 625 页整理而成。

学、矿学、农学、测绘学、医学。从具体课程和专业设置来看,经学占据了首要的位置。不论备斋、正斋、专斋均把经学课程置于重要地位,而且贯穿各个级别的学习全过程中,经学化倾向是当时学堂的特色之一。这从《奏定京师大学堂章程》的分科方案中亦可见一斑(见表 3-2)。

表 3-2 1903 年《奏定京师大学堂章程》分科方案①

学科	科目
经学科	周易学 尚书学 毛诗学 春秋左传学 春秋三传学 周礼学 仪礼学 礼记学 论语学 孟子学 理学
政法科	政治学 法律学 文学科 中国史学 万国史学 中外地理学 中国文学 英国文学 法国文学 德国文学 俄国文学 日本国文学
医科	医学 药学
格致科	算学 星学 物理学 化学 动植物学 地质学
农科	农学 农艺化学 林学 兽医学
工科	土木工学 机器工学 造船学 造兵器学 电气学 建筑学 应用化学 火药学 采矿及冶金学
商科	银行及保险学 贸易及贩运学 关税学

张之洞设计的《奏定京师大学堂章程》详细规定了各门课程的讲授内容和讲授方法,突出并强化了经学的各项内容,经学科分 11 门,学习内容为周易学、尚书学、毛诗学、春秋左传学、春秋三传学(春秋左氏、公羊、谷梁学)、周礼学、仪礼学、礼记学、论语(理学研究法、程朱学派、陆王学派、汉唐至北宋周子以前理学诸儒学派、周秦诸子学派)、孟子学、理学。此外,这些科目的辅助课还有:尔雅学、说文学、钦定四库全书提要经部易类、御批历代通鉴辑览、中国古今历代法制考、中外教育史、外国科学史、中外地理学、世界史、外国语文。这样的设置下,经学成为群学之首,学校的经学化趋向得到了巩固和再次的确立。

此外,张之洞制定的《奏定经学科大学文学科大学章程》中则明确反

① 北京大学校史研究室编:《北京大学史料》第 1 卷,北京大学出版社 1993 年版,第 129—130 页。

对学习西方哲学，在他看来西方哲学不仅无用而且有害，学生习之则“专取其便于己私者，倡言无忌，以为煽惑人心之助，词锋所及，伦理国政，任意采谈，假使仅尚空谈，不过无用，若偏宕不返，则大患不可胜言矣”。西方哲学被贴上如此危险的标签，因此，张之洞特意废弃西方哲学在京师大学堂的学科位置，目的是推行“中学为体，西学为用”。

经学占据核心与统领地位的态势一直持续到民国建立。蔡元培受命组建教育部后，在南京碑亭巷借来的三间简陋办公室中，聚集起了一批有学识、有能力的热心教育人士，他们一起规划并勾勒了民国教育发展蓝图。他说：“现在是国家教育创制的开始，要撇开个人的偏见、党派的立场，给教育立一个统一的智慧的百年大计。”①在此思想引导下，“当时教育部之重要工作，即在草拟新学制。招集东西留学生，各就所长，分别撰拟小学、中学、大学规程，每日办公六小时，绝似书局之编辑所”②。没有一丝一毫的官僚衙门的意味，教育部的行政效率很高。因为，“部里的人，都是知无不言，言无不尽，讨论很多，却没有久悬不决的事。一经决定，立即执行。所以期间很短，办的事很多”③。据蔡元培回忆，当时教育部部员的构成“一半是我所提出的，大约留学欧美或日本的多一点；一半是范君静生所提出的，教育行政上有经验的多一点”④。在任人唯贤、体忠为国原则下，一批真才实学而又富于献身精神的精英在蔡元培的领导下，短短的数月时间，就制定了一系列小学、中学、大学等各项教育法令规程草案，后在此基础上形成新的学制系统。

蔡元培对高等教育特别关注，如他自己所言：“我的兴趣，偏于高等教育，就在高等教育上多参加一点意见罢了。”⑤民初教育部的机构建制为

① 高平叔编：《蔡元培全集》第2卷，中华书局1984年版，第159页。

② 陈学恂主编：《中国近代教育史教学参考资料》中册，人民教育出版社1993年版，第164页。

③ 梁若容：《记范静生先生》，台湾《传记文学》第1卷第6期。转引自李华兴主编：《民国教育史》，上海教育出版社1997年版，第418页。

④ 高平叔编：《蔡元培全集》第7卷，中华书局1989年版，第306页。

⑤ 高平叔编：《蔡元培全集》第7卷，中华书局1989年版，第197页。

三司一厅，分别为承政厅、普通教育司、专门教育司、社会教育司。大学管理归口在专门教育司的第一科，第二科掌管高等专门学校事项。他认为“在普通教育，务顺应时势，养成共和国民健全之人格。在专门教育，务养成学问神圣之风习”①。后一点成为他大学教育思想的核心，也体现在了他亲自参与起草并制订的《大学令》中。

《大学令》中的学科体系取消了经学科，改《奏定京师大学堂章程》的经学、政法、文学、医、格致、农、工、商八学科为文、理、法、商、医、农、工七科。从表面上考虑，将经学科并入文科，是因为《易》、《论语》、《孟子》的教学已进入哲学系；《诗》、《尔雅》的教学列为文学系的内容；《尚书》、《大戴记》、《春秋》三传、三礼归为史学系的教学任务，因此，这些内容已无独立存在的必要。但从更深层次的因素考察，将独立设置的经学科废除，从体制建构的层面予以消除，不仅宣告了晚清忠君尊孔教育宗旨的消亡，更是试图将维护中国两千年封建结构与传统价值观的理论基础进行根除，意在凸显民主共和精神和以学术为中心的德国经典大学理念。这些改革标志着近代中国大学在学科建设上，开始摆脱传统经学的束缚，奠定了近代学科体系和知识系统的基本框架，开始了从经学化向学科化的转型，从传统向现代的迈进。这种趋势在1913年颁布的《大学规程》中更加凸显（见表3-3）。

表3-3　大学规程

文科	哲学门：中国哲学类　西洋哲学类 文学门：国文学类　梵文学类　英文学类　法文学类　德文学类　俄文学类　意大利文学类　言语学类 历史门：中国史及东洋史学类　西洋史学类 地理学门：地理学门
理科	数学门　星学门　理论物理学门　实验物理学门　化学门　动物学门　植物学门　地质学门　矿物学门
法科	法律学门　政治学门　经济学门

① 高平叔编：《蔡元培全集》第2卷，中华书局1984年版，第164页。

续表

商科	银行学门　保险学门　外国贸易学门　领事学门　税关仓库学门　交通学门
医科	医学门　药学门
农科	农学门　农艺化学门　林学门　兽医学门
工科	土木工程学门　机械工学门　船用机关学门　造船学门　造兵器学门 电气工学门　建筑学门　应用化学门　火药学门　采矿学门　冶金学门

二、从学年制到学分制的转换

近代大学自京师大学堂始实行学年制，民国后，特别是蔡元培掌北京大学后，在改造旧学制过程中，对旧的课程体系进行了重大改革，开始引进欧美大学的选科制教学制度，开启了从学年制转向学分制的序幕。

蔡元培认为文理分科有流弊，不利于培养学生较宽阔的学术视野。文理资料之间互有交错，治学者不可局守一门，在他看来，文科的史学、文学均与哲学有关，哲学则全以自然科学为基础，而文科学生因与理科隔绝的缘故，“直视自然科学为无用，遂不免流于空疏”。而理科各专业，则均与哲学有关，“自然哲学，尤为自然科学之归宿，乃理科学生，以与文科隔绝之故，遂视哲学为无用，而陷于机械的世界观”①。综观国内学校，“虽有少数高才生知以科学为单纯之目的，而大多数或以学校为科举，但能教室听讲，年考及格，有取得毕业证书之资格，则他无所求；或以学校为书院，媛媛姝姝，守一先生之言，而排斥其他。于是治文学者，恒蔑视科学，而不知近世文学，全以科学为基础；治一国文学者，恒不肯兼涉他国，不知文学之进步，亦有资于比较；治自然科学者，局守一门，而不肯稍涉哲学，而不知哲学即科学之归宿，其中如自然哲学一部，尤为科学家所需要；治哲学者，以能读古书为足用，不耐烦于科学之实验，而不知哲学之基础不外科学，即最超然之玄学，亦不能与科学全无关系”②。

他认为，有的学科彼此交错之处甚多，如“文科的哲学，必植基于自然

① 高平叔编：《蔡元培全集》第3卷，中华书局1984年版，第331页。

② 高平叔编：《蔡元培全集》第3卷，中华书局1984年版，第211页。

科学;而理科学者最后的假定,亦往往牵涉哲学”。他接着举例说明“从前心理学附入哲学,而现在用实验法,应列入理科;教育学与美学,也渐用实验法,有同一趋势。地理学的人文方面,应属文科,而地质地文等方面属理科。历史学自有史以来,属文科,而推原于地质学的冰期与宇宙生成论,则属于理科”。[①] 因此,为了实现跨学科建设,打破学生“专己守残之陋见”,开阔他们的学术眼界,以培养学生既拥有丰富的专业学术知识又有深厚的人文素养,他主张文与理二者应该通科,1919年他在北大废止文理科的科别,将各科所属的专业,一律改称为系。

打破文理分科的界限,有助于培养跨学科及具备通识知识的人才,也有利于纯学术研究风气的养成。蔡元培接手北大后,极力营造学术研究氛围,将一批“纯粹之学问家”引入北大各学科,使其“一面教授,一面于学生共同研究”。[②] 教学过程被看成是研究的延伸和组成部分,这也正是德国大学的特色之一。他们相信“能够独立发现新知识的人,自然不会缺少传授知识的能力”[③]。

蔡元培设想在北大建立起一种这样的教学体系,于是有了选科制和研究所建制的出台。蔡元培在治校过程中,发现年级制的弊端,“使锐进者无可见长,而留级者每因数种课程之不及格,须全部复习,兴味毫无,遂有在教室中瞌睡偷阅他书及时时旷课”[④]。为改变此种流弊,让学生随学术兴趣自由发展。他说:“盖世界为有机的组织,有特长者不可强屈之以普通。世界有进化之原则,有天才者尤当利用之以为先导。此后新教育,必将改年级制而为选科制。”[⑤]

① 高平叔编:《蔡元培全集》第6卷,中华书局1984年版,第352页。

② 高平叔编:《蔡元培全集》第3卷,中华书局1984年版,第11页。

③ 陈洪捷著:《德国古典大学观及其对中国的影响》,北京大学出版社2006年版,第75页。

④ 高平叔编:《蔡元培全集》第3卷,中华书局1984年版,第332页。

⑤ 《北京大学日报》,1919年4月19日。转引自冯惠敏:《中国现代大学通识教育》,武汉大学出版社2004年版,第93—94页。

恰逢胡适的推荐,美国大学实行的选科制被引入到北大。[①] 尽管选科制是美国大学的教学管理制度,但其源头依然来自德国大学,自由选科制是德国大学学术自由的内容之一。1919 年 9 月,北大一改旧学制中各系课程均为必修的惯例,正式开始实行选科制,取代过去的学年制。新的选课制规定,本科学生学完 80 个单位(每周 1 学时,学完全年课程为 1 单位),预科学生学完 40 单位即可毕业。学校将课程分为必修、选修两类。本科学生 80 个单位,一半为必修课,一半为选修课。预科学生 40 个单位,四分之三为必修课。选修课不仅可选本系课程,也可选外系课程。学习年限上,原来预科 3 年,本科 3 年,现改为预科 2 年,本科 4 年。本科毕业后,成绩优异者还可进研究所继续深造。

实行选科制后的情形如冯友兰所描述的:"蔡元培到北大以前,各学门的功课表都订得很死。既然有一个死的功课表,就得拉着教师讲没有准备的课,甚至他不愿意讲的课。后来,选修课加多了,功课表就活了。学生个人有个人的功课表。说是选修课也不很恰当,因为这些课并不是先有一个预定的表,然后拉着教师去讲,而是让教师说出他们的研究题目,就把这个题目作为一门课。对于教师来说,功课表真是活了。他所教的课,就是他的研究题目,他可以随时把他研究的新成就充实到课程的内容里去,也可以随时用在讲课时所发现的问题发展他的研究。讲课就是发表他的研究成果的机会,研究成果就直接充实了他的教学内容。这样,他讲起来就觉得心情舒畅,不以讲课为负担,学生听起来也觉得生动活泼,不以听课为负担。这样,就把研究和教学统一起来。"[②]

如鲍尔生所说:"柏林大学从最初就把致力专门科学研究作为主要的

---

① 《胡适文集》中有这样的文字记载:当时康奈尔大学规定只要在规定的 18 小时必修科成绩平均在 80 分以上,可选修 2 小时额外的课程。这一规定,我后来把它介绍给中国教育界,特别是北京大学,在中国我实在是这一制度最早的倡导人之一。《胡适文集》,北京大学出版社 1998 年版,第 212 页。蔡元培在《传略》中也提及"适教员中有自美国回者,力言美国学校单位制之善。遂提议改年级制为单位制,亦经专门以上学校会议通过,由北京大学试办"。高平叔编:《蔡元培全集》第 3 卷,中华书局 1984 年版,第 332 页。

② 陈平原编:《北大旧事》,三联书店 2003 年版,第 207 页。

要求，把授课效能仅作为次要的问题来考虑；更恰当地说，该校认为在科研方面有卓著成就的优秀学者，也总是最好和最有能力的教师。在这种理解下，学术研究的最终目标乃是取得新颖的知识，于是大学不再以博览群经和熟读百家为能事，却要求学生掌握科学原理、提高思考能力和从事创见性的科学研究。”①德国大学摒弃了以往大学仅仅把教学作为唯一职能的传统，大学既是传授高深知识的学府，也成为钻研学术的场所，教授不再是单纯地教书，学生也不再是接收器，大学成为师生共同研究的场所。

德国大学的习明纳制（即高年级学生在专家的指导下，发现问题并解决问题，养成独立从事研究的能力）由蔡元培引入北大，以研究所的形式出现。1917 年学校决定建立文、理、法三科研究所，其中文科下设国文学、英文学、哲学三个研究所，理科有数学、物理学、化学研究所，法科有法律学、政治学、经济学研究所，并由各研究所合力出版《北京大学月刊》，作为师生自由讨论学术研究成果的平台。1920 年经评议会议决，将上述 9 个研究所以国学、外国文学、社会科学、自然科学研究所的名义属之，北大各个研究所成为师生共同进行自由研究的场所。而选修制则是提供教学与研究相对接的制度平台。

20 世纪 20 年代开始，选修制开始在全国以法令的形式确立下来。1922 年《新学制》在修改《壬子癸丑学制》动议基础上，对大学做了如下规定：

（1）大学校设数科或一科（称某科大学）；

（2）大学校修业四到六年；

（3）大学校采用选科制；

（4）取消大学预科，自此以后，高等分为两级制；

（5）因学科及地方特别情形，可以设专门学校，年限为三年；

（6）大学校和专门学校得设专修科，年限不定；

---

① 鲍尔生著：《德国教育史》，滕大春译，人民教育出版社 1986 年版，第 125 页。

(7)设大学院,年限不定。

这份法令的特点之一在于选科制在大学的确立,这也是当时学习美国教育的表现之一。1870 年到 1910 年选科制在美国大学兴盛,几乎所有学校都不同程度地采用了选修制。19 世纪中叶前,美国大学的课程体系大多实行学年制,所开设课程全为必修,每学年学生固定学习若干门课程,没有任何选择课程的自由。这与民国初年国内大学的做法如出一辙,此种方法不利于精英人才的培养与脱颖而出。

尽管 1825 年弗吉尼亚大学做了改革,允许学生自由选修课程,哈佛大学于 1839 年的课程改革中也推出部分选修课,但这些做法都不具备普遍性。具有留德背景的哈佛大学校长爱略特于 1869 年走马上任。他强烈推崇德国自由选科制,他认为学年制的必修课程“犹如为群体做衣服一样,统一按平均尺寸去裁剪,从不考虑量体裁衣,即从来不考虑学生个人的天赋、意愿和兴趣”①,而选修制却能“为学生自然倾向和天赋资质提供自由发挥的空间,并使学生对所选功课充满热情。而且它可以通过小而生动的课堂,讲授丰富多彩各具特色的课程,扩大教学范围”②。这种自由学习色彩极为厚重的学制,促进教师教学与科研相结合,同时也让大量新兴学科进入大学,逐渐取得和古典学科课程相等的合法地位。

爱略特大力推行的教学制度改革终在哈佛获得成功,并逐渐影响到其他著名大学,康奈尔、哥伦比亚、斯坦福等学校纷纷实行选修制。20 世纪 20 年代前后回国的留美学生,在美国大学求学期间,正是选修制大行其道之时,他们对这种教学制度留下深刻印象。如前文所述,胡适回国,就向蔡元培推荐该制度,并首先在北大实行。进而,1922 年学制就把它纳入大学教育法规。

20 世纪 20 年代的东南大学亦采用学分制。修业年限定为本科 4 年,

---

① 郭健:《艾略特与哈佛大学选修制》,《河北师范大学学报》(教育科学版)2000 年第 3 期。

② 郭健:《艾略特与哈佛大学选修制》,《河北师范大学学报》(教育科学版)2000 年第 3 期。

预科1年,在国内首创主辅修制,学生在校期间,除主学本系课程之外,还必须选一辅系,修其一半课程,另外,还得选修其他科的若干课程。各系科教师所开课程须含四部分:本系必修课程,供辅系学生自学学程,供它科学生自选课程,研究课题。该校规定以16学分为每个学期修习的标准,成绩优良的可以选到20学分,成绩较差或体弱多病的可以少选4个学分,高材生可以在三年半内修完应习的学分总数,以余时多习其他功课,资质或身体差的,可在四年半或五年毕业。此外,东南大学还办理暑期学校,开设多种课程,学生所得学分与平时修习的学分一并计算。① 此后,其他大学相继仿形,学年制逐步转向了学分制。

在1929年的《大学组织法》中选修制与学分制得到进一步的确立。该法规定大学各学院或独立学院各科学生(医学院除外),从第二年起,应认定某学系为主系,并选定他学系为辅系。大学各学院或独立学院各科课程,得采学分制。但学生每年所修学分须有限制,不得提前毕业。聪颖勤奋之学生,除应修学分外,得于最后一学年选习特种科目,以资深造。选修和学分制确立后,教育部不再统一规定大学课程设置,由各个学校自行决定与安排。1931年1月颁布的《学分制划一方法》明确规定:各校一律采用学年学分制,大学学生应修学分最低标准,除医学院外,四年必须修满132学分,始准毕业。学分计算标准为:凡需课外自修之科目,以每周上课1小时满一学期者为1学分,实习及无须课外自修之科目,以2小时为1学分。在这两项法令推动下,当时各大学基本上实行了学年学分制与选修制。在此值得一提的是,选修制与学分制亦为通识教育的实施提供了平台。

三、专业与通识教育课程的融合:以清华、西南联大为例

近代中国大学实施专业与通才教育融合的实例不少,诸如北京大学、清华大学、东南大学、浙江大学、西南联合大学,等等。通识教育得以较好

---

① 金陵生:《我国推行学分制的历史经验》,《西南师范学院学报》1979年第3期。

实施的保障主要体现在：一方面，学校奉行学术至上的知识本位理念，遵从学术自由原则；另一方面，要建立相应的课程指导委员会，以及强大阵容的师资力量，此外，校长的办学思想亦是支撑通识教育具体实施的核心要素。梅贻琦执掌的清华、西南联大是当时大力推行通识教育的代表，本节主要考察梅贻琦的通识教育思想及相关课程实践。

（一）梅贻琦通识教育思想：通识为本　专识为末

梅贻琦（1889—1962），1909 年考取首届“庚款留美生”，入伍斯特工业学院（Worcester Polytechnic Institute）攻读电机工程专业，1915 年春回国，同年 9 月，应清华周诒春校长聘请，莅校执教。至此，开始了他终身服务清华的一生。初始以教员身份担任数学、英语等课程的讲授，后升为讲师，专教物理学。1921 年至 1922 年，利用休假机会，赴芝加哥大学进修，获得工程学硕士学位。作为美国通识教育重镇的芝加哥大学及历任校长们的办学理念对梅贻琦有着较为深厚的影响。

清华大学在梅贻琦领导下，短短几年迅速跻身国内一流大学甚至是世界著名高等学府之林，被誉为“中邦三十载，西土一千年”。抗战期间，在政治、经济和物质条件极端艰难困苦的情势下，他以超人的毅力和坚卓精神，“尽笳吹，情弥切”，带领联大全体师生“八年之久，合作无间，同无妨异，异不害同；五色交辉，相得益彰，八音合奏，终和且平”，既为中华民族保存了文化元气，又造就出整整一代科学、文化英才，创造了“战时高等教育体制的奇迹”，他的通识教育思想在此过程中起了十分重要的作用。

尽管梅贻琦曾于 1909—1914 年在伍斯特工业学院留学，但对当时年仅 20 岁的梅贻琦来说，大多是把关注的要点集中于学业，在校期间是异常用功，时常背诵英语佳句。毕业时因成绩优异，获得金匙奖。此外，他还担任《留美学生月报》经理，增加了阅历并锻炼了办事能力。但此时的梅贻琦对大学办学理念可说依然还是懵懵懂懂。以至于回清华任教半年后，曾对张伯苓表示对教书没什么兴趣，想换工作。但张的一句“青年人要能忍耐，回去教书”让梅贻琦留在了清华，并且自此几十年不中断，终其一身服务于清华。

翻阅1916—1920年相关文献,发现此时的梅贻琦作为一名清华普通教师,除认真教学,给学生以特别关心外,参与的学校事务及担任相关职务始终处于边缘性状态。如:1916年1月,与白雅礼、周辨明一起主持高二级辩论会。同月,当选为府贫小学董事会董事。1917年2月,被选为教职员篮球队队长;4月,为高四级作题为《电机工程》的学业演讲;5月演讲《留美之经验》;10月,出任清华童子军第一团团长及参决处秘书。1918年被公举为教员学术研究会书记,12月,被公举为清华社会服务团团正。1920年10月,担任修改校舍委员会委员、社会服务委员会委员、高等科英文文学辩论会委员、西文部编订课程委员会委员。此时的梅贻琦还没有进入清华核心管理层。

1922年梅贻琦结束了在芝加哥大学的硕士学位课程,并利用暑假游历、考察了欧洲各国,9月回到清华后,旋即被任命为教授及改革学校(主要是筹设大学部)调查委员会委员,1924年担任大学委员会委员,1925年任大学校务会委员、大学教育方针委员会委员,1926年被改组后的第一次教授会公选为教务长。此次回国后,他自始至终都参与了清华筹备大学部的过程,为他以后就任校长奠定了相应的基础。

梅贻琦主长清华、联大,极为重视学术研究和人才培养,在1931年12月就任校长后的首次公开讲话中就明确办大学的目的:一是研究学术;二是造就人才。他说:“清华在学术研究上,应该有特殊的成就。清华在学术方面应向高深专精的方面去做。”①当时清华设有文、理、法三科研究所,文科研究所下设中国文学、外国语文、哲学、历史学、社会学;理科研究所下设物理、化学、算学、地学、生物、心理;法律研究所下设政治、经济两个专业。学校重视研究院的发展,梅贻琦本人兼任研究院院长,研究所所长及部主任均由各学院院长和系主任兼任。自1934年起,规定清华本校毕业的本科

① 清华大学校史研究室编:《清华大学史料选编》,清华大学出版社1990年版,第219页。

学生须经过研究生入学考试方能录取入学。学术研究的氛围在清华甚为厚重,教师们著作颇多,创刊于1927年的《清华学报》是专门刊登师生各类研究成果的学术刊物,原定半年刊,1935年起,增为季刊。1930年后,学报增加理科类的三种专刊,每种为双月刊,1931年增加气象季刊的发行,1935年又新增社会科学类的季刊学报。其他非定期刊物,诸如学术专著、大学丛书等,每年的出版数量也是相当可观的。

清华刊物的学术味浓重且质量高超,当时已引起国际学界的关注,时有转载,或作提要、索引,连国外当时出版的教科书亦有引用《清华学报》及刊物为引证之资。这对提高清华乃至当时中国学术界在国际学界的地位有着积极的作用。其重视学术研究的气氛在联大也是一以贯之的。"联大的教授在教课之余,从不放弃对学术的钻研,每有新的研究成果,就开出新的课程",成为教师们的一贯做法。①

梅贻琦最大限度地集结不同学科领域的学者,把这些有着不同教育背景的人和思想体系聚集在一起,大大促进了大学的多元格局。他就任清华校长后,多方礼聘,一批名师和早先已在学校任职的学者汇聚一堂,形成人才济济的局面。

表3-4　20世纪30年代清华大学教师人数一览表②

年份	教授	讲师	教员	助教	导师	总数
1931	73	42	7	32	5	159
1932	78	44	12	36	3	173
1935	99	35	21	65	1	221

从表3-4中可以发现,教授人数一直处于上升态势,1932年梅贻琦聘请教授:闻一多、雷海宗、萧公权、许维遹、庄前鼎、刘仙洲、章名涛、赵风

① 北京大学校友会联络处编:《笳吹弦诵情弥切》,中国文史出版社1998年版,第50页。

② 根据清华大学校史研究室编:《清华大学史料选编》,清华大学出版社1990年版,第40页的数据整理。

喈、顾毓琇。

1933 年聘请教授：沈履、张印堂、赵访熊、倪俊、张大煜、李仪祉、夏翔、冯景兰、沈乃正。

1934 年聘请教授：张荫麟、张任、陈之迈、李达、李郁荣、李辑祥、彭光钦、戴芳澜、吴达元、吴晗、潘光旦、沈有鼎、唐兰、任之恭、曾远荣、吴新谋、洪绂、李谟识、董树屏、张捷迁。

1935 年聘请教授：段祖澜、霍秉权、范崇武、赵友民、赵以炳、汪一彪、张润田、殷文友、杨业治、李景汉、张席、冯桂连。

1936 年聘请教授：贺麟、洪绅、吴柳生、王信忠、邵循正、钟士谟、段学复、张岱年、齐思和。

从上述名单可以看出，这样的师资队伍配置无论在资质、能力与集中度而言，都是出类拔萃的。经过苦心经营，清华人文荟萃，人才辈出。1948 年有 22 人当选为中央研究院首届院士，占全体院士的 27%之强。

除延聘名师来校外，梅贻琦还注重聘请国外一流学者来清华讲学，意在提高国家学术水准，诸如法国物理学家和化学家郎哲曼（Paul Langevin），美国物理学家、化学家、1932 年诺贝尔化学奖获得者郎密尔（Irving Langmuir），法国数学家哈德玛（Tacques Hardamart），美国麻省理工学院教授、控制论创始人温纳（Norbert Wiener），美国航空工程学家华敦德（Frank L. Wattendorf）等国际知名学者都曾在清华进行过短期或长期的讲学。

梅贻琦对教授人选的聘任有着高标准，规定应具有下列三项资格之一：[①]（甲）3 年研究院工作或具有博士学位及有在大学授课 2 年或在研究机关研究 2 年，或执行专门职业 2 年之经验者；（乙）于其所任之学科，有学术创作或发明者；（丙）曾任大学或同等学校教授或讲师，或在研究机关研究或执行专门职业共 6 年，具有特殊成绩者。一旦聘请来校后，在经

① 清华大学校史研究室编：《清华大学史料选编》第 2 卷，清华大学出版社 1991 年版，第174 页。

济、生活等各方面给予全力支持让他们安心学术研究与教学工作。教授月薪最高400元,但于所任学科有特殊学术贡献者,可加至500元。

据当时的一项社会调查表明,北京工人家庭中,男主人月平均收入为9.8元,妻子、子女平均收入只有5.2元。与工匠相比,清华教师的经济无疑是较为宽裕的。一人工资养活全家依然是绰绰有余。据当时教授的回忆:“北京生活便宜,一个小家庭的用费,每月大洋几十元即可维持。如每月用一百元,便是很好的生活,可以租一所四合院的房子,约有房屋二十余间,租金每月不过二三十元,每间房平均每月租金约大洋一元。可以雇一个厨子,一个男仆或女仆,一个人力车的车夫;每日饭菜钱在一元之内,便可以吃得很好。”①冯友兰曾在回忆文章中提及:1932年蒋梦麟任教育部长时想聘他为高等教育司司长,但当时觉得无论从物质待遇、社会地位都不及清华大学的一个院长。所以当时有清华教师是神仙的校园说法,这从另一侧面反映了清华教师的生活状况。

此外,梅贻琦看重的是教师的学力而非仅仅是学历,他聘请教师的原则是只要有真才实学,就不拘一格予以录用。最突出的是华罗庚。华罗庚从一个只有初中学历的人被破格允许进入清华,破格从一位系资料员转为助教,后又破格送往剑桥大学做访学研究,最后被聘为教授。而西南联大期间,聘请沈从文任师范学院教授则是另一例子。沈从文的学历为小学毕业,尽管从未当过助教、教员,但凭借他深厚的文学功力,被破格聘为教授。

在这样的名师理念引领下,梅贻琦不仅带领清华大学迅速地在国内学界脱颖而出,亦为清华大学顺利实施通识教育进行了师资的准备。曾有学者评论“在他任校长期间,清华才从颇有名气而无学术地位的留美预备学校,成为蒸蒸日上、跻于名牌之列的大学”②。

梅贻琦关于通识教育的观点集中在《大学一解》和《工业教育与工业

---

① 陈平原编:《北大旧事》,三联书店1998年版,第99页。

② 黄延复著:《梅贻琦教育思想研究》,辽宁教育出版社1994年版,第81页。

人才》两篇文章中。他不认可“通专并重”,在《大学一解》文中对此有详细论述:“今人言教育者,动称通与专之二原则。故一则曰大学生应有通识,又应有专识,再则曰大学卒业之人应为一通才,亦应为一专家,故在大学期间之准备,应为通专并重。此论固甚是,然有不尽妥者,亦有未易行者。”他认为持“通专并用”观点“固可以救近时过于重视专科之弊,然犹未能充量发挥大学应有之功能”。他明确提出大学期内,“通专虽应兼顾,而重心所寄,应在通而不在专”。接着论证了通专并重之不可行,“通识,一般生活之准备也,专识,特种事业之准备也,通识之用,不止润身而已,亦所以自通于人也,信如此论,则通识为本,而专识为末,社会所需要者,通才为大,而专家次之,以无通才为基础之专家临民,其结果不为新民,而为扰民。此通专并重未为恰当之说也”。他认为“大学四年而已,以四年之短期间,而既须有通识之准备,又须有专识之准备,而二者之间又不能所轩轾,即在上智,亦力有未逮,况中资以下乎”?因此,大学四年通专并重之说“窒碍难行”。

在梅贻琦看来,“大学教育毕竟与其他程度的学校教育不同,他的最大目的原在培养通才;文、理、法、工、农等学院所要培植的是这几个方面的通才,甚至于两个方面以上的综合的通才。他的最大效用,确乎是不在养成一批一批限于一种专门学术的专家或高等匠人”。他提出,“工学院毕业的人才,对于此一工程与彼一工程之间,对于工的理论与工的技术之间,对于物的道理与人的道理之间,都应当充分了解”。因此,要造就通才,大学工学院必须添设有关通识的课程,而减少专攻技术的课程。在他眼中,“真正工业的组织人才,对于心理学、社会学、伦理学,以至于一切的人文科学、文化背景,都应该有充分的了解”。这样培养出来的人才,尤其是工业人才,于工学本身与工学所需要的自然科学外,旁及的人文社会科学越多,与周围的人就越融洽,遇到的困难就越易解决。他还列举了在美国留学时大学同学的例子:这位学生入工科大学前已从文科大学毕业,因其在文科大学选习的自然科学学程较多,入工科大学后即插入三年级学习。以他所习工科学程比同班同学少,但在历史、社会、经济、心理学等其他方面的知识和见解比谁都多。结果，毕业不到10年，别的同学还在当技师和工程师，他已做到美国一家最大电业公司的分厂主任，成为电工界的一位领袖了。这类通识人才的培养是社会所需的，也是大学应予一以贯之的。

在当时国民政府教育部提出的"抑制文科大力发展实科教育"政策背景下，梅贻琦坚持文理结合、理工并重，重视人文社会学科对人才培养的重要作用，大力推行通识教育。他认为："理工为实用学科，固宜重视，但同时文法课程，亦不宜过于偏废。就本校说，最初办理较有成绩的理科之外，文法数科亦并不弱。现在本校工院初创，理工方面固应亟谋发展，但于文法各系也要使它有适当的进展。这一点外人不免忽视。"①文理并重，大力推行通才教育的理念始终贯穿于清华及后来联大的具体办学中。如清华规定从1933年始，大学一年级不分系和专业，文、理、法、工学院学生在一年级都修习包括自然、社会与人文三方面的共同必修课，共计36～38学分，占总学分的27.2%～28.3%。共同必修课大多由知名教授授课。必修的本系课程一般占1/4～2/5，其中多属基础课程，专门性课程很少。目的是给学生打下广博基础，力图通过通识教育拓宽学生视野，培养学生判断力，避免专门化太早的弊端。

梅贻琦曾说："即使是学工程的，对政治、经济、历史、地理、社会等，都得知道一点。否则，他就只能做一个'高等匠人'，而不能做一个'完人'；就会完全变成一个极能干的工人，而不配称大学生——大学生应该有极完美的常识。"②因此，他创建工学院，制定的办学策略为"注重基本的知识，训练不可太狭太专，应使学生有基本技能，而可以随机应用"③。他

① 刘述礼、黄延复编：《梅贻琦教育论著选》，人民教育出版社1993年版，第51—53页。

② 清华大学校史编写组编：《清华大学校史稿》，中华书局1981年版，第116—117页。

③ 刘述礼、黄延复编：《梅贻琦教育论著选》，人民教育出版社1993年版，第14—15页。

说：“大学工学院必须添设有关通识的课程，而减少专攻技术的课程。工业的建设靠技术，靠机器，不过他并不单靠这些；没有财力，没有原料，机器是徒然的。因此他至少对于经济地理、经济性质，以至于一般的经济科学要有充分的认识……真正工业的组织人才，对于心理学、社会学、伦理学，以至于一切的人文科学、文化背景，都应当有充分的了解。”①在此思想指引下，清华理工类学科均把国文、英文、经济学概论等人文社会的课程贯穿于学生第一年的课业学习中。文理兼修的课程构架反映了通识教育在清华的推行。

（二）清华大学通识课程体系设置：以工学院、文学院与理学院为例

梅贻琦 1931 年 10 月出任国立清华大学校长以后，更为重视通识教育的实施。恰逢在此时期，早期出国留学的清华学生纷纷返校执教，充实了清华的教师阵容，也丰富了清华的课程内容，使清华顺利地朝文理工综合的方向发展。通过考察该校工学院、文学院与理学院的课程设置，可以更加清晰地看出通识教育理念在清华的实施。

工学院土木工程系主任施嘉炀、机械系主任庄前鼎、电机系主任顾毓琇均毕业于美国麻省理工学院，使得清华大学工学院的通识教育尤显特色。1930 年前后麻省理工学院由创办时期单纯的工程技术学院，逐步向多学科综合的现代工程大学发展，多学科教育培养科学技术和工业社会领袖人才，成为该校的教育理念。第 10 任院长基利安回忆说：“MIT 一开始就给自己定下了一个教育水准，一个标准大学的水准：它意识到用多学科教育培养管理者和其他专业人才——决不仅是‘手艺工匠’——的重要性。”②第一次世界大战后，美国工程教育中的专门化训练逐步为通才教育所替代，“战后一个引人注目的趋向，就是不要求大学生进行专门化

---

① 刘述礼、黄延复编：《梅贻琦教育论著选》，人民教育出版社 1993 年版，第 187 页。

② 张成林、曾晓萱：《MIT 工程教育思想初探》，《高等工程教育研究》1988 年第 1 期。

学习。放弃了为把四年制教学计划扩大成为既全面又专门化的训练所做的努力，而倾向于将教学计划简化，并特别强调全面训练。为了培养能全面担负起技术、管理和行政等职责的工程师，工程院校制定了全面类型的通才教育式的课程表，这种课程表可用于为数较多的专业，它们为特定的工业或职业打下自然科学、人文科学与社会关系等方面的基础，而不是打下实用技术的基础"①。受麻省理工学院通识教育思想的影响，清华大学工学院 3 位系主任在具体办学中均体现了通识人才培养理念。顾毓琇认为：学校的教育只是基础训练，犹如指南和地图，不会也不可能教给学生所有的专门知识，"因为专门的农工等等事业，都是千头万绪，详细的部分，学校教育无从教起来，并且教了也未必有益处。等待毕业的时候，这些未来的人才才正式踏进专门的事业的境域去。学校教育犹如旅行的指南，加了插图或是风景片的，而毕业才真正亲临其境"②。

庄前鼎则提出"健全的工程师"应具有四项标准：(1)健全的体格与精神；(2)健全的学识与经验；(3)健全的道德与信守；(4)健全的思想与行为。他对"健全的学识与经验"的阐述充分表达了工科通识类人才的建构。在他看来"我们所需要的工程师，不单是仅仅一个工程专家，而希望他对于一般的常识，都有相当的认识。在国外研究工程教育的人，主张工科五年计划的很多。就是在大学一、二年级念的书是文法理三院的基本必修课程，三年级以后方专念工科的课程。已经试验实行的，有康奈尔大学及哥伦比亚大学。我们限于规章，总觉得工科的课程多于文法理科的课程，而难于分配。同学们对于基本的功课，应该重视，就是要求得一般的普通常识。我们不能脱离社会来办工程，所以政治、经济、历史、地理、

---

① 劳伦斯·P. 格雷森：《美国工程教育简史》，陈慧芳译，《清华大学教育研究》1998 年第 3 期。

② 清华大学校史编写组编：《清华大学史料选编》第 2 卷（上），清华大学出版社 1991 年版，第224 页。

社会学等，都得知道一点”①。

工学院所有的课程设置均以培养通才为目标进行，在西南联大依然如此，具体课程设置大体与清华相同。

表 3-5　清华大学工学院土木工程学系 1936—1937 年度一年级第一学期课程表②

科目	上课时数	学分
国文	3	3
第一年英文	4	3
普通物理	7	4
微积分	4	4
经济学概论	3	3
画法几何	5	2
锻铸实习	3	1

表 3-6　清华大学工学院土木工程学系 1936—1937 年度一年级第二学期课程表③

科目	上课时数	学分
国文	3	3
第一年英文	4	3
普通物理	7	4
微积分	4	4
经济学概论	3	3
工程画	5	2
制模实习	3	1

从上述工学院土木工程学系一年级课程表中，可以发现基础课程包括中文、英文、物理、数学、经济及 2 门专业课程，涉及人文、社会、自然三

① 清华大学校史编写组编：《清华大学史料选编》第 2 卷（上），清华大学出版社 1991 年版，第281 页。

② 清华大学校史编写组编：《清华大学校史稿》，中华书局 1981 年版，第471 页。

③ 清华大学校史编写组编：《清华大学校史稿》，中华书局 1981 年版，第 471 页。

大学科。在全部课程中，属于本系的课程仅占总学分的 41.5%，即使加上全部选修学分，总共也只占 50.5%，其中属于专业的技术课程占全部课程的 15.7%，加上选修学分也只占到 24.7%。和同期北洋大学一年级的课程设置相比较，清华大学通识教育特色更为显然。

表 3-7　北洋大学 1934—1935 年度各系一年级课程表

课目	上学期		下学期	
	每周时数	学分	每周时数	学分
英文	5	5	5	5
微积分	5	5	5	5
高等物理	4	4	4	4
物理实验	3	1.5	3	1.5
高等化学	3	3	3	3
化学实验	2	1.5	3	1.5
平面测量学	2	2	2	2
平面测量实习	3	1.5	3	1.5
工程图画	3	1.5	3	1.5
军事训练	3	2	3	2
党义	1	1	1	1
总计	34	28	35	28

尽管北洋大学一年级不分专业，但依旧可以发现专业教育的痕迹厚重。学生入学后开始学习的主要是普通自然科学理论基础课和一般工程技术理论课。在此基础上再根据学生对专业的兴趣进行分系分专业教学。而清华大学工学院土木、电机、机械三系的课程既有专业基础课程又有诸如国文、经济类的人文社科课程，且三系的课程亦互有交叉。如施嘉炀所言："在现代讲究分工的时候，土木工程，决不能离开其他工程而独立……总之，各种工程的知识技术，须互相联络，方能收到增加生产，完成建造之

效。故学土木工程的人，也要对其他工程有相当的认识。”①

学院规定所有课程及格才能升入第二年级。一、二年级以通识课为主，主要是工程学基础课程，三年级主要是本系的基础理论课，四年级开始分组，学习带有专门性质的技术课程。施嘉炀对此有详细论述：“训练工程人才有两种政策：一种是广阔政策，即使学生对各种科目，均有相当训练，将来无论在土木工程那一门上作事，均能有把握的处置；另一种政策即在各种科目中，只研究一种求专精一门，使其对于该门学问有特别的成就。这两种政策，是各有利弊。本校土木工程系，则折衷此二者：即各门基础科目都有；同时在最后一年设有高深课程，使能专精一门。换言之，即头三年务求广阔，期使学生多了解各种工程的性质与门径；最后一年务求精细，学生可以各就性能之所近，深造某一门类，期成专门人才。”②扎实的基础知识造就了一批兼具人文和专业性的高级人才。

清华文学院包括中国文学、外国语文、哲学、历史学、社会学五个系。在教学方针上，文学院各系都比较强调“中西兼重、知识广博”的原则，以期培养博通中外文史知识的通才。例如，中文系注重“新旧文学贯通与中外文学的结合”；外文系提出要培养“汇通东西之精神思想的博雅之士”；哲学系要培养“有哲学专门知识的哲学家”；社会系提倡学生要有广博的基础知识，因为“基础知识越大，则成就越大”。③

1925年，西洋文学系成立(1928年，改称外国语文学系)，王文显出任系主任。从1926年3月起，吴宓在兼任国文系主任之际，还专任西洋文学系教授。在王文显休假期间，他曾三次出任代系主任职。

吴宓参考了美国芝加哥大学和哈佛大学比较文学系的培养方案和课

① 清华大学校史编写组编：《清华大学史料选编》第2卷(下)，清华大学出版社1991年版，第471页。

② 清华大学校史编写组编：《清华大学史料选编》第2卷(下)，清华大学出版社1991年版，第469页。

③ 清华大学校史研究室：《清华大学史料选编》第2卷(上)，清华大学出版社1991年版，第296—376页。

程设置,[①]针对我国近代具体情况和实际需要,于 1935 年所撰写的《外国语文学系概况》中首先提出,要语言与文学两者兼顾,“本系始终认定语言文字与文学,二者互相为用,不可偏废。……本系专修学生,毕业后,即不从事文学,亦可任外国语文之良好教员,或任外交官吏,及翻译编辑等职务也”[②]。然后,他描述了外语系的课程规划:“本系文学课程之编制,力求充实,又求经济,……盖先取西洋文学之全体,学生所必读之文学书籍及所应具之文字学知识,综合于一处,然后划分之,而配布于四年各学程中。故各学程皆互相关连,而通体成一完备之组织,既少重复,亦无遗漏。……西洋文学全体,纵分之为五年代,即:古代希腊、罗马;中世纪;文艺复兴;十八世纪;十九世纪。……横分之为五种文体,即:小说,近代小说;诗——英国浪漫诗人;戏剧——近代戏剧及莎士比亚;散文;文学批评。”这样的课程规划较为“顾及全体”。季羡林后来在《我和外国语言》一文中说:“我决定入清华西洋文学系。这一个系有一套详细的教学计划。……教授有中国人、英国人、美国人、德国人、波兰人、法国人、俄国人,但统统用英文讲授。”[③]

《外国语文学系概况》还强调,本系对学生选修他系之学科,“特重中国文学系”。这是因为:“中国文学与西洋文学关系至密。”这样,本系学生在毕业之后,就可以“创造中国之新文学,以西洋文学为源泉为圭臬;或编译书籍,以西洋之文明精神及其文艺思想,介绍传布于中国;又或以西文著述,而传布中国之文明精神及文艺于西洋,则中国文学史学之知识修养,均不可不丰厚”。这里非常重视中西汇通,所以西洋文学要与中国文学相辅以行。毕业于清华的外语大师王佐良后来在回忆他学习英语的经历时也提及了汉语的重要性:“汉语学得好的,外语也容易学好,特别是到

① 陈建中等:《吴宓的“博雅之士”:清华外文系的教育范式》,《社会科学战线》1997年第1期。

② 清华大学校史研究室编:《清华大学史料选编》第 2 卷(上),清华大学出版社 1991 年版,第 310—325 页。

③ 李良佑:《外语教育往事谈》,上海外语教育出版社 1988 年版,第 7 页。

了稍高的阶段是这样,写文章的道理是共通的,需要大量文史科技知识也是共通的,而在这一切之上需要有丰富、灵活的想象力更是共通的。”①

在1937年的《课程总则》中提出课程的目的是:“成为博雅之士;了解西洋文明之精神;造就国内所需要之精通外国语文人才;创造今世之中国文学;汇通东西之精神思想而互为介绍传布。”课程编制的原则是:“其一则研究西洋文学之全体,一求一贯之博通;其二则专治一国之语言文字及文学,而为局部之深造。”从清华外语系课程表的设置中可以看出该原则的贯彻与实施。

表3-8　清华大学外国语文学系1937年度分年课程表②

第一年	**共计36～38学分**
国文	6
第一年英文	8
中国通史 西洋通史(择一)	8
逻辑 高级算学 微积分(择一)	6～8
普通物理 普通化学 普通地质学 普通生物学(择一)	8
第二年	**共计36学分**
第二年英文	6
第二外国语	8
西洋哲学史	6
西洋文学概要	8
英国浪漫诗人	4
西洋小说	4

①　李良佑:《外语教育往事谈》,上海外语教育出版社1988年版,第227页。

②　清华大学校史研究室编:《清华大学史料选编》第2卷(上),清华大学出版社1991年版,第317—318页。

续表

第三年	共计 32 学分
第三年英文或德法文	8
西洋文学分期研究	12
英文文字学入门	4
戏剧概要	4
文学批评	4
第四年	**共计 24 学分**
第四年英文或德法文	8
西洋文学分期研究	8
现代西洋文学	4
莎士比亚(专集研究五)与戏剧轮流开班	4

外国语文学系的课程特点如下：

(1)古今连贯，兼顾语言和文学；注重精神的培养；中西汇通，并取西方精髓，为我所用。王文显曾说："在外国文学里，每个西方国家的文学是单独分开学习的。本系的方针是不分国家民族，将整个西方文学从古至今，看作是一个整体。学生除学习其他语言外，还必须学习一种西方语言。但是在文学方面，则要求学生学习文学史和全部西方国家的文学。……首先，西方国家的文学和语言是紧密相互关联的。单独分开学习，必然产生误解的危险。其次，中国学生学习西方文学，为的是了解西方精神，而西方精神是一个整体。并不是按国家而分开的东西。最后，中国学生学习西方文学，一是为了得到启发(灵感)，二是才为获得知识。对于中国学生来说，知识多少并不太重要，更重要的是他们受到激励，以便他们有能力创造新的中国文学，使之与当代世界的文学作品相一致。"①

(2)外文系课程中没有"听力"、"会话"、"阅读"、"写作"这样的课型，只按年级分为第一、二、三和四年的英文。吴景荣在《外语教育的回忆片断》中说："我进了清华大学读西洋语文系，西洋文学的作品就接触得更多了。一本一本地读，有时到深夜。清华开的课比较广泛。……一、二年级

① 齐家英：《清华人文学科年谱》，清华大学出版社 1998 年版，第 106 页。

的写作训练是比较紧张的,到了三年级实际是读诗歌,四年级又转回来搞写作。今天回想,这个布局基本上还是合理的。"①因此,是以整体知识作为学习的目标,语言基本训练没有单列而是融为一体作为学习的手段,主要以阅读和写作促进语言技巧和能力的全面发展。

(3)课程具有强烈的人文性。吴宓开有一门课程《文学与人生》,作为高年级和研究部的选修课程。这门课程研究人生与文学的精义以及两者之间的关系,以诗与哲理为主,还讨论政治、道德、艺术、宗教中的重要问题,主张用文学形象的新思想去陶冶学生的情操。他之所以把文学与人生联系在一起,是因为文学对人生有十大功能:涵养心性、培植道德、通晓人情、谙悉世事、表现国民性、增长爱国心、确定政策、转移风俗、造成大同世界、促进精神文明。他说:"文学是人生的精华,哲学是气体化的人生,诗是液体化的人生,小说是固体化的人生,戏剧是固体气体化的人生。哲学重理,诗重情,戏剧重变。小说包含的真理多于历史,所以小说比历史更真,我们可以从小说或者文学中了解人生。"

李赋宁在《学习吴宓先生"文学与人生"课程讲授提纲后的体会》中评价说:"这门课程包括了文学、历史和哲学三方面人文科学的全部内容,吸收了古今中外诗人和哲学家思想、感情的精华,融会贯通,融入先生的学术体系,开中西比较文化研究之先河。它的学术价值和深远意义是无可估价的。"②当然,这也离不开教师本身的素养。吴宓当时被公认是清华园里"学贯中西、知己知彼"的"留学生中圣人之徒"。③ 他培养学生的目标是"博雅之士",而他本人就是博雅汇通的一个典型人物。这样的"大师",这样的具有人文性的课程,在当时的清华是数不胜数的。

由于通识教育在近代清华的逐步发展和走向成熟,人们逐步理性地认识外语的地位和作用,直至把外语纳入通识课程体系中,成为其重要的

---

① 李良佑:《外语教育往事谈》,上海外语教育出版社 1988 年版,第 174 页。

② 齐家英:《清华人文学科年谱》,清华大学出版社 1998 年版,第 189—190 页。

③ 黄延复:《水木清华:二三十年代清华校园文化》,广西师范大学出版社 2001 年版,第 135 页。

部分，从而促进了清华外语的稳步发展。外语教学与通识教育都走过了一条同样的历史轨迹——从一味地模仿西方、盲目重视移植性发展为适合国情、理性认识和合理使用的逐步本土化。通识教育体系中的外语教学，一方面体现在非外语类学生重视外语，把它作为一种语言文化的通识性知识的获取以及中外交流综合性能力培养的必要和前提；另一方面体现在外语系课程的通识性上，注重用文化内涵激发学生学习外语的积极性，注重合理的知识结构，注重分析和解决问题的研究能力。培养的不是只会“听说读写”四能的匠人，而是中西汇通的博雅之士，是具有扎实中外语文功底的文化人。

清华理学院包括六个学系：算学系、物理学系、化学系、心理学系、生物学系、地理学系。理学院的目的是“除造就科学致用之人才外，尚欲谋树立一研究科学之中心，以求国家学术之独立”①。以物理系为例，1934年叶企荪撰写了《物理学系概况》，该文提到：“在教课方面，本系只授学生以基本知识，使能于毕业后，或从事于研究，或从事于应用，或从事于中等教育，各得门径，以求上进。科目之分配，则理论与实验并重，重质而不重量。”②

据此，物理学系1936—1937年的学程一览如下：

一、以本系为主系之学生，至少须修本系学程五十学分，其中实验学分须有十二，理论学分须有二十四。

二、本系学生应选修之学程及其在各学年分配之分量，依各人之需要及趋向而定。入本系者应先与本系主任面商，以便拟定将来选修之程序。

三、以本系为主系者，必修微积分、微分方程及大学普通化学。

四、每实验一次，约占二小时至三小时；每星期一次，一学期完毕，算一学分。

---

① 清华大学校史研究室编：《清华大学史料选编》第2卷（上），清华大学出版社1991年版，第394页。

② 清华大学校史研究室编：《清华大学史料选编》第2卷（上），清华大学出版社1991年版，第395—396页。

五、凡以本系为主系者，其大学普通物理之全年成绩，至少须为中等。

表 3-9　清华大学物理学系 1936—1937 年分年课程表①

第一年	
国文	6
第一年英文	8
中国通史 西洋通史(择一)	8
逻辑 高级算学 微积分(择一)	6～8
普通物理 普通化学 普通地质学 普通生物学(择一)	8
第二年	
中级电磁学	3
中级光学	3
中级力学	3
中级热学	3
中级物理实验	2
普通化学	8
微分方程	3
第一年第二外国语或本系他系选修	9～15
第三年	
力学	3

① 清华大学校史研究室编:《清华大学史料选编》第 2 卷上册，清华大学出版社 1991 年版，第 397—399 页。

续表

热力学	3
电磁学	4
分子运动之物质论	3
光学	4
第二年第二外国语或本系他系选修	17～23
第四年	
近代物理	6
近代物理实验	3
无线电学	6
无线电实验	3
毕业论文	4
本系他系选修	12～18

清华的通识教育课程体系要求教师本人首先能作出榜样。例如，叶企荪本人几乎讲过物理系的各门主课；任之恭既是物理系教授，又是电机系教授；工学院院长兼电机系系主任顾毓琇就曾和赵忠尧一起讲授过大学普通物理课。正是这种教学方式，使清华物理系20世纪二三十年代的毕业生涉足广泛的科学技术领域，成为许多高新技术领域的开拓者，成绩卓著。例如5级的赵九章，先是我国气象科学从定性描述走向数值预报的奠基人，后又成为地球物理和空间物理的开拓者，是我国人造卫星工程的第一功臣。如果翻查“两弹一星”的主要骨干名单，可以看到：排在前列的科学家，大多数是清华物理系培养出来的，如王淦昌、彭桓武、钱三强、朱光亚（西南联大）、王大珩、陈芳允等等。如果统计一下中科院的院士名单，可以发现，清华物理系的师生多达50余人，清华理学院师生则超过110人，清华扎实而广泛的通识教育让他们获益匪浅。

通识教育的实施还涉及教学原则问题。叶企荪认为大学的教学不仅给学生以知识，而且要给学生以获取知识、发展科学的方法，并培养动手能力。这种教学思想贯彻在教学环节的各个方面，是完整的一个体系。

《一代师表叶企荪》一书中作者有许多具体细致的描述,例如:叶企荪、萨本栋、吴有训等名师很重视讲课中的演示实验,常亲自动手用日常物品作出精彩的演示,还叫学生当堂讨论回答。听他们的课就如参加历史上的一些科学发现工作,被老师领入了科学的殿堂。王淦昌在半个多世纪之后还清楚记得当时的一些情形,并从爱好化学转到物理上来了。钱三强甚至从北京大学转到清华大学物理系;学生听课和做题的时间占的比重不太大,而有足够多的时间让学生自学指定的外文参考书,深入思考,开阔视野。

正是在这种条件下,钱三强指出:他在大学四年级所做的学士论文的水平相当于今天清华五年制毕业之后再读两年研究生所做的硕士论文水平。叶企荪常对学生说:“我们物理系是不给学生用好仪器做实验的。”这一点与麦克斯韦创建卡文迪什实验室时用自制仪器训练学生的做法相似,目的是使学生得到解决实际问题的训练,培养了能力和爱动手的习惯。周培源指出:“那个时期,清华物理系鼓励青年学生自己动手,动脑筋,形成了一种学风,因此培养了一批人才。”

与通识教育相配合的则是因材施教、灵活、不拘一格的教学方法。叶企荪非常重视人尽其才,发挥学生自身的积极性,不让规章制度与成见束缚人才的发展。1931 年钱伟长考入清华中文系,因“九一八”事变激起救国的热情而要求转物理系,认为造枪炮与物理有关,只有物理才能救国。他因家学渊源与叔父钱穆的影响,中学时文、史极好,而怕数理。代理系主任吴有训见其入学考试成绩数理化合起来还不到 100 分(一般学生在 200 分以上),认为他是文史方面的人才,不宜转系。钱伟长不甘心,就按高班同学殷大钧的建议去找刚从德国回来的叶企荪。叶先生很赞赏他的爱国热情和决心,与他讨论如何学习《史记》的方法,最后勉励他说,学物理与学史的方法有共同之处,历史学得好则物理也一定能学好,并指点他如何做好文史方面教授的工作,取得他们的赞同,就可能达到目的。钱伟长按此办理,终于被批准转入物理系试读一年,待期终考试数理成绩达标之后正式入物理系。实践证明了叶老师的预言,钱伟长终成一位享誉世界的物理学家、力学家。当然，他要从数理化基础极差的文史爱好者转到物理上来，困难极大，在这里，叶企荪、吴有训等名师的循循指导和关心是非常重要的。①

整体而言，清华大学实行的通识教育课程，是以学分制为主体，与选修课制、共同必修课制结合成三位一体的学习制度，是一个有着较为深厚的渊源、逐步发展、逐步走向成熟的体系。它既吸收了欧美大学教育的优点，把握了世界高等教育发展的态势，同时也是对中国现代高等教育的积极探索。这一学习制度注重学科交叉和文理互渗，为学生提供了一个较为合理的纵横交错的知识结构。通过广博的人文、社会和自然学科基础知识和一定专业知识的学习，使人文方向的学生注重科学精神，理工方面的学生则有深厚的人文底蕴，博、专结合，又博又专，符合现代科学发展的趋势，有助于学生整体思维和创造能力的培养，以及他们的进一步深造和成长。实施这一制度的基本条件是学校系科设置较为齐全，以及雄厚的师资力量的保障。

从某种层面考察，梅贻琦自身就是通识教育的典型代表，正如学生记忆中的描述：梅校长手上有技巧，写字秀气，画图干净；衣着床衾和书报用具，都整齐有序，生活在简朴中有艺术。饮食茶酒，既节省又懂得考究。听音乐、看评剧、鉴别书画、欣赏诗词，都有极高的修养。他虽不写文章，少讲演，但平时看书的范围很广，除最新物理、工程等书报都经常研读以外，本来四书烂熟，五经时常引用，史地、社会科学的基础一点儿不忽略；最忙的时候，床头仍有英文《读者文摘》与王国维《观堂集林》。他学识丰富，见解卓越，与许多科的专门学人都谈得拢。作为工科出身的梅贻琦，除了自己的专业业务外，精通音乐、书画、诗词的同时，又能通晓四书五经、史地及国内外社会科学，深厚的人文素养、卓越的学识与办学成就让梅贻琦成为大力推行通识教育的旗手。该理念下培养出来的众多清华学

---

① 这部分归纳参考杨舰等著：《清华大学与中国近现代科技》，清华大学出版社2005年版。

子亦显现了梅贻琦通识教育思想的成功,直到今天依然有着启发和借鉴。如钱三强、何泽慧、于光远同为清华同班同学,钱三强与何泽慧日后成了核物理学家,于光远则在经济学、哲学、教育学领域造诣颇深。同为电机系毕业的陈同章和冯太年,前者是最早参加电子计算机的开发者之一,后者则在美国组建了太空仪器公司,专造飞行仪器零件。

(三)西南联大通识教育课程

美国弗吉尼亚大学的约翰·伊色雷尔曾说:“西南联大是中国历史上最有意思的大学,在最艰苦的条件下,保存了最完好的教育方式,培养了最优秀的人才。”①四个“最”字刻画了西南联大的概貌,而这一切都与西南联大极力主张“以人为本”为核心的“通识教育”分不开。

抗战期间,教育部曾按《国民政府的抗战建国纲领》提出:“大学教育应为研究高深学术,培养能治学治事治人的创业之通才与专才之教育。”②1938年拟订、并予以正式公布的《文理法三学院共同科目表》中的整理原则也提到:“注重基本训练,要先注意于学生广博基础的培养,文理法各科基本科目为共同必修。然后专精一科,以求合于由博返约之道,使学生不因专门的研究而有偏固之弊。”③共同科目表的颁行本就是为了加强基本训练。但是,在教育部看来,抗战和建国都急需人才,而且主要需要理工方面的人才,而人才即是专才。因此,在政策的具体运行过程中,教育部是偏向重视专才而并非通才、重视实科而并非文法科。战前国民政府曾推行“提倡理工”的方针,战时更是进一步提倡“实用科学”,限制文法科。以1938年为例,理工科招生2943人,而文法科仅为1427人。④ 这一办学方针引起了文法乃至理科教师的普遍不满。

---

① 储朝晖著:《中国大学精神的历史与省思》,山西教育出版社2006年版,第170页。

② 方惠坚等编:《清华大学志》,清华大学出版社2001年版,第102页。

③ 熊明安编:《中华民国教育史》,重庆出版社1990年版,第287—289页。

④ 杨立德著:《西南联大的斯芬克司之谜》,云南人民出版社2005年版,第97页。

当时联大教授们认为:“大学应该顾到百年大计,不应该为一时偏倚的需要而变质。近年来,因为种种原因,大学生更只拥挤在工学院和经济系里。这是眼光短浅,只看在一时应用上。这是大学教育的不健全的现象。”①因此,“仅以实用主义谈教育,必使学者专务于谋出路,寻职业,自私自利,只图温饱。而整个教育精神,亦必陷于急功近利,舍本而逐末。……教育精神自有其大者远者,此则唯通才达识者知之,擅一才一艺以绝业名专门者,往往不知也”②。主张大学教育应该注重通才而不应该一味强调专门技艺。

为了实现通识教育的目的,联大五个学院总共开课 1600 多门,每年的课程都在 300 门以上。③ 这为各院系学生选学选修提供了广泛的基础,全方位、多层面地满足了学生基础知识与专业学习的需要。

1. 西南联大教师群体在各自领域对通识教育的实践

在实际教学中,西南联大的教师们大都自觉贯彻通识教育的方针,在各自的学术领域中积极开展通识教育的实践。例如,杨振声认为,文理两院是相辅相成、相得益彰的,不能此疆彼界。他以心理学为例,指出一般心理学依附哲学,归在文学院,但它又与理学院的生物学、生理学相依为命。所以,他说:“文理本来就不能分家,最多不过是一家两院罢了。”④理学院院长吴有训主张学生要有较广的知识面,他指导学生多选外系的课程,若选的全是物理系的课,他常不肯签字,而要学生改选唐诗、逻辑等。⑤ 化学系主任杨石先带头讲授基础课,为本系学生讲授“普通化学”、“高等有机化学”、“药物化学”,为师范学院理化学院讲授“普通化学”。闻一多在讲授基础课时,就提出“广博”与“扎实”两条要求,希望学生广读

---

① 方惠坚等编:《清华大学志》,清华大学出版社 2001 年版,第 102 页。

② 1940 年 3 月 1 日《大公报》星期论文。

③ 西南联合大学北京校友会编:《国立西南联合大学校史》,北京大学出版社 2006 年版,第 56—58 页。

④ 杨立德著:《西南联大的斯芬克司之谜》,云南人民出版社 2005 年版,第 100 页。

⑤ 吴洪成著:《清华大学校长梅贻琦》,山东教育出版社 2004 年版,第 287 页。

书、认真读书、有计划地读书,“普通知识切宜广博”,既是开阔眼界的需要,也是“做学问的根底”。并且认为,如果没有扎实的基础知识,仅就管窥蠡测之智来改造社会,“恐终于万言不值一杯水耳”。①

针对拓宽学生的知识面,吴宓提出,学生的书不能读得太少,书读得少,知识面必然狭窄。特别是对于中文系的学生,读的书更应该多一些。对此,他特为中文系学生开设了一张书目:四书、五经;《史记》、《汉书》、《资治通鉴》;谢无量的《中国大文学史》、曾毅的《中国文学史》;《杜诗镜铨》、《昭明文选》、《十八家诗抄》;张皋文的《词选》、梁令娴的《艺衡馆词选》;万红友的《词律》;戏曲《西厢记》、《牡丹亭》、《琵琶记》、《长生殿》、《桃花扇》;小说《三国演义》、《水浒传》、《石头记》、《金瓶梅》、《儒林外传》、《镜花缘》、《儿女英雄传》、《七侠五义》、《荡寇志》、《廿年目睹之怪现状》、《聊斋志异》、《浮生六记》;周汝昌的《红楼梦新证》、俞平伯的《红楼梦研究》;吴芳吉的《白屋吴生诗稿》、周光午编的《吴白屋先生遗书》;《莎士比亚全集》;《赵瓯北诗话》、《随园诗话》、梁启超编的1902—1904年《新民丛报》、1905—1907年的《国粹学报》、1903—1904年的《新小说月报》、1906—1908年的《民报》、1908—1910年的《绣像小说》。其他还有一些世界名著。② 这项举措非常类似于永恒主义通识教育的鼻祖赫钦斯所推行的“名著教育计划”,旨在通过古今中外经典作品的研读,使学生浸润在人类文明永恒的价值传统之中,从而培育其与古圣先贤共其慧命的生命维度之中,使学生“自然就能博古通今,知识渊博;自然就能萌生真知、纪律和美德,从而就能成为一个‘真正的人’”③。

对通识教育的实践还体现在具体的教学法上。梅贻琦曾说:“学校犹水也,师生犹鱼也,其行动犹游泳也,大鱼前导,小鱼尾随,是从游也,从游

① 杨立德著:《西南联大的斯芬克司之谜》,云南人民出版社2005年版,第100页。

② 杨立德著:《西南联大的斯芬克司之谜》,云南人民出版社2005年版,第287—288页。

③ 转引自 http://www.sdjtu.cn/xdjyzxxdjyhqsdjysx.htm。

既久,其濡染观摩之效,自不求而至,不为而成。”[①]这种重要的教学法即为:启发自得,从游濡染。教师要善于启发、激发学生的好奇心,强调学生的积极性与主动性,反对灌输式的方法,应该通过学生的自为探索而达到“自得”。同时,也要为学生创造良好的环境,使他们在其中耳濡目染,培养习性与习惯。他用生动的比喻说明,学校环境就像水,教师像大鱼,学生像小鱼,大鱼前导,小鱼尾随,深刻地揭示了在教学过程中,发挥教师的主导作用与学生的主体性之间的辩证关系,以及良好的学习环境的重要性。

西南联大的通识教育,既有教师主动实施的一面,也有学生主动求知的另一面,总体而言,是重在熏陶。教师充分发挥率先垂范的作用,对学生重在熏陶,包含了“引而不发”的意思,即让学生知道教育的重要性后,放手让学生在知识海洋中汲取人类文明的营养。

据王力回忆,朱自清为了培养学生的独立思考能力,有时还特意鼓励学生持不同观点和自己辩论,这是启发学生不要墨守师说,要有所发现,有所创新,以促进学术的发展。有一年,朱自清讲授“宋诗选”,有个学生平时成绩很好,很得朱先生的器重。期末考试时,这个学生自以为答题答得好,会得高分,结果却得了低分。理由是:你答的全是我讲的,没有自己的见解,所以给你低分。[②] 如果说,通识教育的一个重要目的,就是要培养学生良好的学习习惯和自学能力,使之有利于其终身的学习和研究,那么,体现在具体的教学上,教和学双方就应该是互动的,不能让教师成为“奏技者”,学生成为“看客”。教师必须千方百计地调动学生的学习和思维的积极性。要做到这一点,教师要“启思设疑”,要启发学生围绕课程专题开动脑筋、进行思考,学习才能收到实效。

2. 学分制、共同必修课、充分选修课与严格管理相结合的通识教育课程制度

西南联大的教师们大都秉承梅贻琦的通识教育思想,认为大学的目

① 杨东平编:《大学精神》,文汇出版社 2003 年版,第 46—54 页。

② 杨立德著:《西南联大的斯芬克司之谜》,云南人民出版社 2005 年版,第 289 页。

标就是要培养全人、学术上的通才和社会的领袖人物。第一层面，教育首先要培养德智体全面发展、特别是具有健全品格的全人；第二层面，大学教育要培养高级人才，是建立在通才基础上的专家；第三层面，大学教育不同于专门性学校，不仅仅是培养技术性专家，更是要为国家、社会培养领袖人物。为此，就必须实行“通识教育”的方针。

联大《教务通则》中明确指出：“博先于精”、“能与知”并重，这是课程设置和各个教学环节合理安排的指导原则，贯穿于联大的整个教学之中。在昆明安定以后，学校据此对全校共同必修课程、各系课程设置和教学环节、教学方法进行了一系列改革。西南联大贯彻通识教育的基本措施，就是实行以学分制为主体和共同必修课、充分选修课与严格管理相结合的通识教育课程制度。

一方面，联大继承了合校以前三校通行的学分制，认为只有实行学分制，才能充分调动学生学习的积极性。在校修业的四年中，每个学生在一学年内至少取得 30 个学分，才能升级；总共必须取得 132～136 个学分（不包括三民主义 2 学分，军训 6 学分，体育 8 学分）。学校认为做学问是来不得半点侥幸的，只有学足四年、修满学分，才能保证学生在基础理论、基础知识和基本技能层面的充分训练。

钱穆曾批评当时的大学课程“愈分愈细，如俗所云钻进牛角尖，虽欲循环，而不可得也”，他认为：“夫学术本无界划，智识贵能会通。今使二十左右之青年，初入大学，茫无准则，先从事各人之选科。若者习文学，若者习历史，若者习哲学，若者习政治、经济、教育。各筑垣墙，自为疆境。学者不察，以谓治文学者可以不修历史，治历史者可以不知哲学，治哲学者可以不问政治。如此以往，在彼目以为专门之绝业，而在世则实增一不通之愚人。”对此，他提出要重视共同必修课程：“每一学院之课程，应以共同必修为原则，而以选课分修副之，更不必再为学系之分别。”同时，要开设各种概论性课程，“以文哲学院言，设立略通大义之学程。如中外名著研读，中国文学史，中西通史，及文化大纲，中外人文地理，中西圣哲思想纲要，政治学经济学大纲，教育哲学及教育方法等”。另外，还应兼习与专业有关的其他课程，例如文哲学院学生“应兼习科学常识，如天文、地质、生物、心理学等各门之与文哲学科相关较切者”。钱穆认为，这几类共同必修的学程，应占大学全学程二分之一以上。①

钱穆的这一看法代表了一种较高层次的对通识教育的要求。在实际教学中，联大也确实是努力朝着这个方向设置课程和开展教学的。下面以不同年级分论之。

学校对一、二年级学生着重抓基础理论、基础知识和相应的基本技能训练，其中一年级多数共同必修课程由校部统一安排。

表 3-10 西南联大的共同必修课程②

学院	共同必修课程
文、法学院	一年级：国文、英语、中国通史 二年级：西洋通史（或西洋文化史）、科学概论、自然学科（数学、物理、化学、生物中任选一门）、选学非本系的人文社会科学一门
师范学院	国文、英语、中国通史
理、工学院	国文、英语、哲学概论、数学、共同理论基础课程两门、选学社会科学一门

如表 3-10 所示，所有学院各系都必须学习国文和英语。文、法学院一、二年级学生除必修中国通史和西洋通史（或西洋文化史）、科学概论外，还规定在数学、物理、化学、生物等自然科学中选学一门（其中经济系一般须选修数学），并选学非本系的人文社会科学一门；理、工学院除必修哲学概论、数学和其他共同理论基础课两门外，还要选学社会科学一门（其中工学院各系要必修经济学一门）。共同必修课程涵盖语言（国文与英语举头并重）之外，强调文、法学院学生要学习历史、自然科学、人文社会科学和科学概论，理工学院学生要学习数学、社会科学和哲学概论。这种文理融通、交叉学习的课程设置模式，使文法学生能兼获自然、科学知

① 1940 年 3 月 1 日《大公报》星期论文。

② 根据西南联合大学北京校友会编：《国立西南联合大学校史》，北京大学出版社 2006 年版，第 88—300 页资料整理。

识，理工学生能兼获人文、社会知识，做到根基深厚、知识博通。

在二年级中，各系学生根据不同情况均须选学本院或本系专业基础课或基础技术课3～5门。学生必须按规定完成以上所有必修课程和规定任选必修课程及其作业、实验、实习，考试及格后才能取得各课程的学分。从三年级起，学生除按规定的范围选修本系几门主要专业课外，其他全是任意选修课。四年内必修课和选修课的比例，大致是50和86之比，学习能力强的学生还可以多修学分。所以从三年级起，学生们都可根据自己的志趣和爱好，自己选定方向，在教师指导下，集中精力钻研学问，或者进图书馆，蹲实验室，或者参加社会实践活动。

在西南联合大学，学生选修课程有很大的自主权，选修课不受院系限制，可以任选系内外和其他学院的课程。如果选修了某门课程，听了一段时间以后，发觉不对自己的兴趣、或者又想选学别的课程，可以在规定时间内退选（除了一年级课程之外）。同一门课程往往由几位教授担任，个人所授内容不尽相同，所讲角度也不一样，学生可以自由进行选择。这种选修课制度，为培养优秀拔尖学生提供了良好的条件，也推动教师们勤奋治学，不断更新知识、取得新的科研成果。

另一方面，为避免学分制和选修制造成的自由散漫和教学质量的下降，西南联合大学对学生要求严格，制定了一套严格管理的教学制度。首先，学年制是学分制的保证，可以避免学生贪多嚼不烂、基础知识不牢靠的弊端。其次，一、二年级的共同必修课和任选必修课都由教授主讲，作业（含习题、习作、实验、报告等）很多，教师批改很严，稍有马虎，考核就不及格；测验频繁，考题灵活，考试严格。考试不及格，不得补考，不得更换，只能在下一学年内重修；如隔一学年再修，即使及格，也不给学分。一学年内不及格课程占学分三分之一者留级，占一半者退学。一年级学生即使修够了学分，但在必修课中如有一门达不到70分以上，也不得升级。所以在西南联合大学，学生们要过一、二年级关是很不容易的，文法科被淘汰的常常在4%左右，理工科被淘汰的有时高达20%。学生进入三年级后，如不刻苦学习，同样是很难过关的，因为有连续性的专业基础课或基础技术课中先行课如果不及格，不准修读后续课程，就会影响毕业时间。毕业论文未获通过，或是体育课不及格也不准毕业。至于学了四年，学分未达到标准数者，当然不能毕业。所以在联大，学生要想混日子拿到毕业文凭是根本不可能的。

联大的这一套严格的教学管理制度把坚持学业标准与适应学生个性相统一，是一种柔性通识课程模式，对保证学生学习质量，特别是对通识教育的质量起到了关键性的作用。全校自上而下对通识教育的重视，名师加严谨学风，使联大造就了大批优秀人才。

3. 博深性与基础性相融合

正如当时有学者指出："学术界太专的趋势与高等教育制度有着密切的关系。今日大学各系的课程，为求'专精'与'研究'的美名，舍本逐末，基本的课程不是根本不设，就是敷衍塞责，而外国大学研究院的大部分课程在我们只有本科的大学内反倒都可以找到。学生对本门已感应接不暇，当然难以再求旁通。一般的学生，因根基的太狭太薄，真正的精通既谈不到，广泛的博通又无从求得，结果各大学每年只选出一批一批半生不熟的智识青年，既不能做深刻的专门研究，又不能正当地应付复杂的人生。抗战期间，各部门都感到人才的缺乏。我们所缺乏的人才，主要的不在量，而在质。雕虫小技的人才并不算少，但无论做学问，或是做事业，所需要的都是眼光远大的人。"①

为了要培养这种无论做学问或是做事业，都是眼光远大、根基深厚、智识广博的人才，"自由博雅的教育要与专门技术的教育融贯为一件事。关于现代的大学课程，要对一切民族一切时代的思想都要有广博的基础。这是建立共同信仰与共同道德心的基本学术。……头二年专注广博的修养与共同的基础，使之认识三大思想与行动部门，即自然科学、社会科学、人文科学，并有指南作用(orientation)以发现各生之心智的倾向。专门

① 杨东平:《大学精神》，辽海出版社 2000 年版，第 221—224 页。

化通常是在第三年开始的。……重视各科目之联贯，避免狭小之专门化”①。

一方面，联大对共同必修课程相当重视，强调通识课程的广博与精深；增加通识教育课程的分量，使学生对专业以外的主要学科领域都有所接触，保证学生所获知识的完整性和广泛性，力争通上求专。学校专设由教授组成的“一年级学生课业生活指导委员会”，对学生的课业和生活进行指导。一年级所修习的包括自然、社会与人文三方面的共同必修课程共计 36～38 学分，占总学分的 27.2%～28.3%，几近三分之一。学校对通识课程的教学要求非常严格，规定必须由教授上基础课。无论文、理、工的学生，都要处理好知识广博与扎实的关系。有的系甚至规定通识课程如果不达到一定成绩就不能升入二年级。各门自然科学和社会科学科目都是由各系的系主任或是主要教授开设。例如，中国通史由孙毓棠、吴晗、雷海宗三位教授同时开课，各有侧重地从经济、典章制度和文化史等不同的方面进行讲授，这使课程具有很大的竞争性和吸引力，使学生能在同一门课程中听到不同的见解，领略不同的治学门径。另外，逻辑学由张荫麟讲授，政治学概论由龚祥瑞讲授，经济学概论由滕茂桐讲授，普通物理学由郑华炽、霍秉权讲授，普通化学由孙承谔、刘云浦讲授，普通地质学由袁复礼讲授，普通生物学由李继桐讲授，微积分教师是赵淞、程毓淮、蒋硕民、曾远荣，体育老师是黄中孚。② 西南联大重视大一通识课程的教学，配备经验丰富的教授任教，由此可见一斑。

在共同必修的通识课程中，尤其重视国文和英文。大一国文和大一英文均开出 12 组（A 到 L）。A 组分别由杨振声、陈嘉担任，学生都是中文系和外文系的。B 组以下则由李广田、李觐高、吴晓玲等（以上中文系教师）、王还、杨周翰、王佐良、查良铮、张振先等（以上外文系教师）分任。联大成立了大一国文委员会，由资深教授杨振声、朱自清和沈从文组成编

① 《教育杂志》第 32 卷第 1 号。

② 西南联合大学北京校友会编：《国立西南联合大学校史》，北京大学出版社 2006 年版，第52 页。

撰委员会，负责《大一国文读本》，而此三位的文章却一律不收入读本。该读本包括 15 篇文言文、11 篇语体文、44 首诗和 1 篇附录。语体文的分量几乎与文言文持平。①

同时，安排杨振声、沈从文、王力、陈梦家、闻一多等许多知名学者讲课，以加强大一的国文教学，使它成为当时全校最受欢迎的必修课程。根据杨振宁在《读书教学四十年》中回忆道："那时的大一国文课采用的是轮流教授法，即每个教授轮换着讲授一至两个礼拜。一般来说，这种办法极易产生紊乱。但那时西南联大教师阵容很强，这种轮流教授法使我们学到了多方面的文史知识。记得那时教我们的教授有朱自清先生、闻一多先生、王力先生、罗荣先生等很多人。"②《大一英文读本》基本沿用了战前清华大学的《大学一年级英文读本》，由陈福田选编，除英文名著之外，还有一些英美作家谈中国的文章，以及林语堂的《论生活的艺术》。

另一方面，重视专业课程的基础性，力争专中求通。通识教育不能简单地被认为仅仅只是大学本科的通识课程部分。正如哈佛大学 2004 年一份报告中所说："通识课、主修课、选修课三者的界限应当是相对模糊的。"③通识教育和专业教育应当是相互渗透，并且可以相互转化的。专业基础教育兼有通识教育和专业教育两方面的一些特性，因而是两者的中介环节。强调具有基础性的专业课程本身就可以很好地为通识教育服务，甚至可以被看做是通识教育的一部分。在西南联大的整个课程结构中，基础课程占了很大比例。本系的必修课程一般占四分之一至五分之二，④其中多属基础课程，专门性课程很少，其目的就是为了给学生打下广博的基础。

---

① 杨立德著：《西南联大的斯芬克司之谜》，云南人民出版社 2005 年版，第 98—99 页。

② 杨振宁：《读书教学四十年》，三联书店香港分店 1985 年 12 月版。转引自：http://www.rwfd.fudan.edu.cn。

③ 张晓鹏：《通识教育中外比较：我们的理念偏差》，《新华文摘》2007 年第 6 期。

④ 吴洪成著：《清华大学校长梅贻琦》，山东教育出版社 2004 年版，第 292 页。

以工学院为例：一年级学习共同必修课程，主要是人文学科、自然学科和工程基础课程；二年级主要学习有关工程学的一些基础课程；三年级是有关本系的基础技术理论课程；四年级才学习带有专门性质的技术课程。再比如，电机系各类基础课占总学时的72%。历史系第二、三、四年课程科目如下：史学通论、历史方法论、中国及西洋史学史、中国史料之新发见与新估定、史籍选读、方志学、中国及西洋文化史、中国及西洋政治制度史、中国及西洋地理沿革史、中国及西洋著作文明史、中国及西洋现代史、亚洲各国史、亚洲各国现代史。另有选修课程：各断代史、各国别史、各类别史、考古学、历史教学法、现代中国及世界人物传略、中国国家机构现状、各国国家机构现状、中国边疆史、中国移民史。① 科目涉及范围非常广博，同样也是为了培养学生广阔的视野和深厚的基础，以为将来的专业学习作充分的准备。西南联大培养的众多一流人才均是通识教育体系的受益者，这充分展现了通识教育的魅力所在。

第三节　近代大学课程设置理念与特色

中国近代各个历史阶段，由于价值取向的不同，大学课程目标与设置也显现了不同的内容和特点。美国教育社会学家爱普尔（M. W. Apple）认为：课程结构设置、课程内容选择与组织等是社会权力者依据某一社会目的而做出的选择。本节主要围绕近代大学课程设置理念与特色等内容进行论述。

一、从经世致用到专门人才：立学宗旨的不同体现理念转型

在中国近代大学发展历程中，立学宗旨与培养目标的变化始终伴随着这一进程。我们以京师大学堂、民国初年《大学令》、20世纪二三十年代的立学宗旨与培养目标的变迁为例，考察在此变化过程中，课程理念的转型。

---

① 《1937年史学系科目表之意见》，《教育杂志》第29卷第5号。

1903年颁布的《奏定学堂章程》总则明确规定“至于立学宗旨，无论何等学堂，均以忠孝为本，以中国经史之学为基，俾学生心术一归于纯正，而辅以西学，沦其知识，练其艺能，务期他日成才，各适实用，以仰副国家造就通才，慎防流弊之意”。张之洞设想各级学校，特别是京师大学堂培养的不仅是掌握西文、西艺的各种实用人才，还要培养懂得西政、明体达用的政治人才。其价值取向是以“端正趋向，造就通才”为宗旨，以各项学术艺能之人才足供任用为成效。张之洞坚持“以中学包罗西学，不能以西学凌驾中学，此是立学宗旨”，在中体西用整体框架下培养经世致用的通才。然而“通博之士，致用之才”的人才培养目标奉行的依旧是传统教育理念，从京师大学堂仅培养出了一届预科生的事实中可看出清政府理想中的大学模式在教学实践中是失败的。“中体西用”模式下就必须坚持经学的统领地位，固守传统教育之本，因此，《诗经》、《尚书》、《周易》、《礼记》、《春秋》等课程在分科方案中位列首位。章程中所规定的10门共同必修课，属于“中学”者（诸如人伦道德、经学大义、中国文学）占三分之二，西学课程占三分之一。宣扬“民主、平等、博爱”等有碍于封建统治的内容皆不能进入课堂教学体系。

此外，“当时担任经史课程教习的大都是翰林院的官僚腐儒，他们既不懂新学，又不懂旧学，名为讲解古代典籍，实际不过是教一些八股文的做法，以为应付科举考试的手段”①。百日维新失败后，京师大学堂完全恢复八股取士的科举制度，大学堂学生也只有参加科举考试得中后，才能取得举人、进士出身，获得做官资格。因此，每届科举试期，学生便纷纷请假赴考。进入京师大学堂求学变成求功名利禄的途径之一，官僚养成所成为大学堂的别名，这种情况一直延续到蔡元培执掌北大才改变。

民国初年，蔡元培就任首任教育总长，制定并颁布了一系列各级教育法规条例。其中《大学令》明确提出大学以“教授高深学术，养成硕学闳才”为宗旨，直指传统理念中的读书做官价值取向。具体到课程而言，除

① 萧超然编：《北京大学校史（1898—1949）》，上海教育出版社1981年版，第10页。

废除经学科外,增设了哲学及社会学、伦理学、美学、宗教史、政党史等相关课程,注重课程与社会生活的联系,加强对教育的科学研究。《大学规程》是对京师大学堂课程设置的直接改造,在课程结构和内容上做了很大调整。具体表现为:删去作为必修课程的经学大义,虽然保留人伦道德课程,但教学内容与清末相比,有了质的变化,以民主、自由、平等的理念代替了忠君尊孔。此外,还增加了很多新兴人文社会科学课程。因此,该规程所列课程数量比《大学堂章程》多了 300 多个。

下面我们以人文社科类的英国文学专业和理工科类的化学专业为例,考察课程设置变化。《大学堂章程》规定英国文学类主课为英语语文,补助课有:英国近世文学史、英国史、拉丁语、声音学、教育学、中国文学,主副课相加共计 7 门课程;而《大学规程》中对该专业的课程设置则包括:英国文学、英国文学史、英国史、文学概论、中国文学史、希腊文学史、罗马文学史、近世欧洲文学史、言语学概论、哲学概论、美学概论等 11 门。两者相比,《大学规程》的课程设置门数增多了不少,学习视野更宽阔,特别是增加了哲学、美学等人文社科类的基础课。

《大学堂章程》对化学专业的课程设置如下:主课有无机化学、有机化学、分析化学、化学实验、应用化学、理论及物理化学、化学平衡论;补助课有微分积分、算学演习、物理学、物理学实验,总计 11 门。《大学规程》则有理科类化学专业课程和工科类化学专业课程。理科类化学课程有:无机化学、有机化学、物理化学、分析化学、应用化学、卫生化学、数学、物理学、矿物学、结晶学、化学史、物理学实验、化学实验(定性分析、定量分析、重量分析、物理化学、气体分析、有机分析、显微镜分析),共有 13 门课。工科类化学课程涵盖:应用力学、水力学、热机关学、冶金制器法、机械学、无机化学、有机化学、矿物学及矿物识别、物理化学、电气化学、冶金学、试金术、应用化学、火药学大意、电气工学大意、房屋构造学、工业经济学、计画及制图、化学分析及实验、工业分析及实验、应用化学实习、试金实验、实地练习,共有 23 门课程。经过比较,可以发现《大学规程》对专业的划分更为细致,课程门类增多,内容更为翔实而具体,更着眼于学生的整体学术水准的培养，突出教授高深学术，养成硕学闳才的课程设置理念。

经1922年新学制实施，后有1924年《国立大学条例》、1929年《大学组织法》的颁布，民国大学制度逐步完善，研究高深学术，造就专门人才成为该时期大学奉行的办学宗旨。伴随该历程的发展，课程设置也有了新的变迁。教育行政部门不再对大学的课程设置作指令性的引领，因此，各个学校的课程设置也显现了各自的办学特色与校长治校理念。

以北京大学为例，蒋梦麟长校后制定的《北京大学组织大纲》，以"研究高深学术、养成专门人才，陶融健全品格为职志"。这三条明确显示了他与蔡元培不同的办学导向。蔡元培制定《大学令》定"大学以教授高深学术，养成硕学闳才，应国家需要为宗旨"，而《北京大学组织大纲》则突出专门人才的培养。

在北大的具体办学中，蒋梦麟注重自然科学等学科建设，不同于蔡元培重视文史哲理等基础学科建设的做法。他长校伊始，就着手进行课程改革，并倾注了相当大的力量于理科的学科建设中。在诸如争取经费以加强理科学科建设、改革课程、扩大理科学生数等方面均显示出他为发展理科所做的努力。报界对此的评论是："北大自蒋校长回校后，举凡课程内容，行政系统，变更甚大。"[①]他主持制定《国立北京大学学则》，并于1932年公布。该学则取消自1919年以来实行的选科单位制，实行学分制。由以前的修满80单位(每周1学时，学完全年课程为1单位)毕业改为修满132学分，后改为120学分(凡需课外自习之课目，每周上课1小时满1学期者为1学分；实习及无需课外自习之课目，2小时为1学分)。选科制下，学生修习课程的门数和时数比学分制中的门数和时间要延长，课程的多和特成为北大的特色。诸如梵文、佛学等其他学校一般不开的课程，在北大就能找到。"常常北大用最重的待遇礼聘这种绝学的学者，一年只开一门课，每星期讲一两点钟，而这种课常常只有一个人听。"[②]

---

① 1931年9月18日《京报》。

② 陈平原、夏晓虹编：《北大旧事》，三联书店1998年版，第376页。

对该制度形成的课程特色,蒋梦麟的看法是“北大以前课程失之广泛,不但应有尽有,而且不应有亦尽有。其不需要之课程,徒耗国家财力,并废学生有用光阴,于其所研究之专科,并无裨益”[①]。因此,他长校后,采取精纯主义,对此种课程,毅然裁去,并将若干虚设课程也一并裁减。具体做法为“各院性质相同之重复科目,加以裁并,其不甚重要,及学生又以自己研求,而不须教授指导之课目,一律裁撤”[②]。

蒋梦麟认为“北大之教育方针,向主自由研究,此为数十年一贯之政策,其结果堪称满意。……不过就他方面言,亦有缺点,即一般之训练微感不足,故工具方面之知识,似嫌不敷应用,是以今后教育方针,采取折衷于自由研究及严格训练之方向,一、二年级较偏于严格监督,三、四年级则重自由研究”。因此,他提出:“在一年级各生,督促之后在三种智识上谋充实:(一)工具知识,如外国文字及理学院之数学等课。(二)基础知识,如西洋通史、中国通史、文化史等,任何系之学生皆宜具此基础。(三)专门知识,各系必修之课。此三者必须有相同之坚固基础,始能进步研究。”[③]他主张“提高学生程度,学科务求其精,不务其多”[④]。

根据蒋梦麟的指导思想,北大教务处对各系课程进行改革。其目标与具体做法为:“趋重实际,及语言文字工具之研究,沟通各系之必修科课程,打成一片教授,各系一二年级课程,特别注重第一第二外国语之学习,以养成学生之阅读与听讲能力。其他为研究各种专门学术之基础课程,亦将予以扩充。”[⑤]目的是使学生能得到各学科专门学识基本训练。如规

---

① 北京大学校史研究室编:《北京大学史料》第 2 卷,北京大学出版社 1993 年版,第 3231 页。

② 北京大学校史研究室编:《北京大学史料》第 2 卷,北京大学出版社 1993 年版,第 1310 页。

③ 北京大学校史研究室编:《北京大学史料》第 2 卷,北京大学出版社 1993 年版,第 617 页。

④ 北京大学校史研究室编:《北京大学史料》第 2 卷,北京大学出版社 1993 年版,第 3231 页。

⑤ 北京大学校史研究室编:《北京大学史料》第 2 卷,北京大学出版社 1993 年版,第 981 页。

定大学一年级新生不分系，各院系订定共同必修与基本课程。文学院的共同必修课是党义、国语、外国语、普通心理学与逻辑课程任选一种、科学概论与哲学概论任选一种。理学院则是党义、国文、英文、第二外国语，及在数学、物理、化学与生物四种课程中最少选择两种。这样的课程设置目的是让文科学生具备一定的自然科学知识，理科学生拥有一定的文史知识，利于培养文理兼备的通识类人才。在加强基础课程及文理相互交融与渗透中，对非主要课程的处理却是设法裁减。如将心理系停办，应设立的科目，并入哲学与教育系。

在裁并某些课程的同时，加强了专业课程建设。1935—1936 年度，北大文、理、法三学院除一年级外，均有新增专业课程。如理学院物理学系增设几何光学，生物学系增设发生学、细胞学、遗传学和书报评论。文学院哲学系增设中国哲学问题、三论哲学，教育系心理组增设心理卫生、情绪心理，中国文学系增设东方语言修习、方音调查实习、等韵学，外国语文学系增设希腊文、歌德浮士德之研究、现代德国文艺，史学系增设课程有中国史学名著评论、春秋史、蒙古史，法学院经济系增设课程的目的一方面是“积极求课程充实”，另一方面是“增加学生理论与实用上基础之学力”。该系新增课程为现代经济思想、劳工运动及社会主义史、民国财政史及财政问题、中国经济史研究、中国现代经济问题。[①] 这些新增课程有助于学生的专业学习和专业人才培养。

综上所述，自清末新政始，发端于京师大学堂的“端正趋向，造就通才”，经民国初年“教授高深学术，养成硕学闳才”到 20 世纪 30 年代“研究高深学术、养成专门人才”，大学办学宗旨的不同表述中，可以清楚显现时代变迁的轨迹，从经世致用的通才、硕学闳才再到专门人才，这一变化同时也引起了课程设置与教学内容的变迁。

---

① 根据北京大学校史研究室编:《北京大学史料》第 2 卷，北京大学出版社 1993 年版，第 1176—1177 页资料整理而成。

二、不断的调适：通与专之争

在大学教育的具体办学中，到底是培养通才还是专才一直是不断争论的问题，可以说通与专之争始终伴随着中国近代大学的发展历程。下面我们从民国成立后，教育部发布的几部大学教育法规（包括 1912 年《大学令》、1913 年《大学规程令》、1917 年修订版《大学令》、1922 年《新学制》、1924 年《国立大学校条例令》、1929 年《大学组织法》和《大学规程》）及其他相关政策法令中考察这一历史轨迹。

《大学令》是蔡元培亲自拟定的，有着浓厚的德国大学理念印记。学术至上为该法令的主要特点。围绕这个中心，《大学令》表明了学术为本，服务国家的理念。《大学规程令》是在《大学令》基础上对具体学科设置的阐述。5 年后修订的《大学令》基本上没有变动，只是放宽了大学成立的标准。1912 年《大学令》规定：以文理二科为主，须合于下列各款之一，方得名为大学。一、文理二科并设者。二、文科兼法商二科者。三、理科兼医农工三科或二科、一科者。这种设置凸显了蔡元培“大学实止须文理两科，以其专研学理也”的意见。[①] 应该说，民初的大学宗旨和人才培养目标是以“通”为基本取向的，而 1917 年《大学令》则规定设二科以上，就可称为大学，只有一科的，可称为某科大学。没有硬性要求大学必须设有文或理科及其他学科并设，才能被称之为大学。纯学术取向的色彩已开始淡化，逐渐转向注重专门人才的培养。

《大学令》将大学学科定为文、理、法、商、医、农、工七个大类，并注重文理两大基础学科，这种分类方法持续到 1924 年《国立大学校条例令》。1929 年《大学组织法》和《大学规程》将大学学科在原有的七大类基础上增加教育专业，教育学院下设教育原理、教育心理、教育行政、教育方法及其他各学系，这为未来的新兴学科设置与发展留下空间。这种学科专业多元综合性发展显然与美国大学的学科专业发展是相一致的。美国大学

---

① 高平叔编：《蔡元培全集》第 3 卷，中华书局 1984 年版，第 331 页。

的学习内容是开放的，诸如新闻学、教育学、会计学等实用性学科也都纳入了学科体系。这种学术的实用性发展趋势在《大学组织法》中也得到明显的印证。

1929年3月，国民党第三次全国代表大会在北京召开，制定了《中华民国教育宗旨及其实施方针》，明确教育宗旨——中华民国之教育，根据三民主义以充实人民生活，扶植社会生存，发展国民生计，延续民族生命为目的。务期民族独立，民权普遍，民生发展，以促进世界大同。实施方针——大学及专门教育，必须注重实用科学，充实科学内容，养成专门智识技能，并切实陶融为国家社会服务之健全品格。①

随即于1929年7月公布的《大学组织法》及8月公布的《大学规程》均体现了新拟定的大学教育宗旨。这两部法令规定：大学分文、理、法、农、工、商、医药、教育、艺术及其他各学院。至少具备三学院并包含理学院或农、医各学院之一始得称为大学。不合上项条件者，为独立学院，得分两科。这些规定强化了应用性、实用性学科在大学中的强势地位。该法令还规定农、工、商各学院学生，自第二学年起须于暑假期内，在校外相当场所实习若干时期。如果没有实习证明，学生就不得毕业。这些强制性的措施与规定，进一步强化了实用性学科的地位，专业教育的趋向更为显然。

1931年国民党中央执行委员会制定的《三民主义教育实施原则》对此有了更明确的要求：课程应视国家建设之需要为依归，以收为国储材之效。同年公布《确定教育实施趋向办法》，规定“大学教育以注重自然科学及实用科学为原则”②。注重实用，围绕国家需要培养人才，发展应用类学科的做法表明了通才教育与专才教育之争的天平开始向专才教育倾斜。

20世纪30年代开始，在教育部颁布的教育政策层面及当时执掌教

---

① 中国第二历史档案馆编：《中华民国史档案资料汇编》（第5辑·第一编教育（一）），江苏古籍出版社1992年版，第126页。

② 池世英著：《文法科在今日中国的地位》，《独立评论》第152号，1935年5月。

育部的官员讲话中均能发现这种倾向。如时任教育部长朱家骅说:“我国现在大学教育,务须能在学术文化上领导民族活动以求复兴。故其制度必须适合此种需要。文法科教育,在民族复兴与运动上原有其重要地位,不容否认;但不能与理、农、工、医诸科作调节的发展,实为憾事。据本部统计十九年度文法科学生为数达一万七千人,而农、工、医、理诸科学生合并计算,仅为八千余人,不及文法科学生二分之一。此种现象,不能不视为畸形发展,任其无以纠正。故中央最近明令提倡农工医诸实科教育,本部切实奉行:使现有文法诸科教育不事扩张;而于现有农工医诸实科则力求充实。”①他批评“现在大学的通病,是没有按照着我们的需要来造人才”②。在他看来,专门人才的缺乏是大学教育的失败。

1932年,中央委员陈果夫在《改革教育初步方案》中提出:一、中央应即依照十年内建设计划,规定造就农、工、医各种专门人才之数目,分别指定各专门以上学校,切实训练,以便实用。二、全国各大学及专门学院,自本年(1932年)度起,一律停止招收文、法、艺术等科学生,暂以十年为限。三、全国各大学中,如设有农、工、医等科,即将其文、法各科之经费,移作扩充农、工、医科之用;其无农、工、医科者,则斟酌地方需要,分别改设农、工、医等科,就原有经费,尽量划拨应用。③

这几项建议遭到教育界有识人士的反对,他们纷纷撰文指出:救国强国,是一个系统工程,必须谋多方之发展,求平衡之进步。文法科的重要性并不亚于自然科学和实用科学。若像改革方案所提,用抑文科扬实科的手段办学,不仅这种方法极不经济,并且将导致后患无穷,“其结果也是极严重的”④。1935年4月30日《大公报》的社评也指出:“目前中国处处有待建设的时候,专门技术人才固所急需,然而适应环境的领袖人物,恐

---

① 孟宪承著:《大学教育》,商务印书馆1933年版,第85页。

② 中国第二历史档案馆编:《中华民国史档案资料汇编》(第5辑·第一编教育(一)),江苏古籍出版社1992年版,第279页。

③ 孟宪承著:《大学教育》,商务印书馆1933年版,第86页。

④ 《中华教育界》第12卷第4期。

尤有需要。而此种人物恐惟有藉较自由的教育(liberal education),如文法等科方能造就得出。尤有进者,专门技术人才,在不得已时犹可借助他山,而解决民族危机的领袖,则非自吾人自己范围内产出不可。"①

由于教育界、学界的反对,陈果夫的议案没有得以完全实行,但教育部随后采取的诸如文法科办理不善者停止招生;艺术学院加强实用艺术课程,以促进工商业发展;除边远省份为养成法官和教师外,内地各省一律不再新设文科;取缔私立文法学院、废止或归并同一区域内超过需要骈设的文法科院系等措施,却表明了政府欲大力扩张发展实用性学科及着力培养专门人才的态度。

在各个大学的具体办学中,关于通才与专才的培养亦有不同的意见。任鸿隽于1919年年底在致胡适的信中就指出:"你们尽管收罗文学、哲学的人才,那科学方面(物理、化学、生物学等)却不见有扩充的影响,难道大学的宗旨,还是有了精细的玄谈和火荼的文学就算了事了吗?"②当时负责留美学生事务的朱经农也致函胡适:"近来留美学界对于(北京)大学有一个批评,似乎有些道理。他们说'大学专重文科,把理工科看得无关紧要,这种见界太偏浅了'。"③当时社会舆论对北大改革的评价是:"国立北京大学,自蔡孑民任校长后,气象为之一变,尤以文科为甚。"④蔡元培时代的北大,注重文科方面的课程建设是个不争的事实。一方面,从客观因素考虑是因为紧缺的经费只能在一定程度上保证某些学科建设,而文科相对理科而言,所需经费要少得多。另一方面,对时代和社会而言,文科培养文化精英和精神领袖的影响更大。

因此,在他心目中,为根除国人太过注重实用的传统,同时为培养大

① 1935年4月30日《大公报》。

② 中国社会科学院近代史研究所中华民国史研究室编:《胡适来往书信选》,中华书局1983年版,第76页。

③ 中国社会科学院近代史研究所中华民国史研究室编:《胡适来往书信选》,中华书局1983年版,第109页。

④ 张晓维著:《蔡元培与胡适(1917—1937)——中国文化人与自由主义》,中国人民大学出版社2003年版,第130页。

学人阶层为学术而学术的精神，他提出大学专设文理二科，认为这种以学与术分离为原则而形成文理二科为普通大学，其他各科称某科大学的做法是扭转国人重术轻学的途径之一。为此，他具体阐述了他的主张：“六年以来，除国立北京大学外，其他公立、私立者，多为法、商等科。间亦兼设法科、工科，均无议及文、理二科者。足为吾国人重术而轻学之证。至于兼设文、理、法、商、工各科之北京大学，则又以吾国人科举之毒太深，升官发财之兴味本易传染，故文、理诸生亦渐渍于法、商各科之陋习（治法、工、商者，本亦可有学术上之兴会，其专以升官发财为目的者，本是陋习）。而全校之风气，不易澄清。于是，有学术分校之议。”[①]他认为大学与高等专门学校“两者有性质之别，而不必有年限与程度之差。在大学，则必择其以终身研究学问者为之师，而希望学生于研究学问之外，别无何等之目的。其在高等专门，则为归集资料，实地练习起见，方且于学校中设法庭、商场等雏形，则大延现任之法吏、技师以教之，亦无不可。即学生日日悬毕业后之法吏、技师以为的，亦无不可。以此等性质之差别，而一谓之‘大’，一谓之‘高’，取其易于识别，无他意也”[②]。大学的纯学术原则是他一贯所追求的。

但针对蔡元培所强调的培养学生为通才的做法，曾任国立广东大学与国立中山大学校长的邹鲁就持不同意见。他常常对学生说：“一人精力有限，读书须择其有益心身及裨益国家社会的来读。至于学校内，各有各的专科，须要其专科及有联带关系者，多为研究，庶能养成专门人才。若普遍滥读，将流为样样皆知，样样皆非真知，结果一无所用。”[③]他坚持加强实科教育，培养面向生产第一线的实用性专门人才。与他看法相同的不乏其人。学者王文俊认为：“今日之大学必为造就专才之所。”在他们看来，大学应着重专门知识技能的训练，应使学生毕业后成为某一方面的专才。

---

① 高平叔编：《蔡元培全集》第3卷，中华书局1984年版，第150页。

② 高平叔编：《蔡元培全集》第3卷，中华书局1984年版，第150页。

③ 邹鲁著：《回顾录》，岳麓书社2000年版，第120页。

当时国内通识教育重镇的清华大学亦有此争论，冯友兰曾回忆：“当时教授会经常讨论而始终没有完全解决的问题，是大学教育的目的问题。大学教育培养出来的是哪一种人才呢？是通才呢，还是专业人才呢？如果是通才，那就在课程设置方面要求学生们都学一点关于政治、文化、历史、社会，总名之曰人文科学。如果是专业人才，那就不必要有这样的要求了。这个分歧，用一种比较尖锐的提法，就是说，大学教育应该是培养‘人’，还是制造‘机器’。这两种主张，屡次会议都未能解决。后来，折中为大学一、二年级，以‘通才’为主，三、四年级以专业为主。”①

关于通与专之争在清华学生之间亦有争论。1934 年 11 月 19 日的《清华副刊》刊登了一篇一位一年级新生撰写的文章《论第一年不分院系》。署名新人的作者在文章中提到，在清华生活了两个月后，对第一年不分院系的做法觉得实在是没有相当的道理。他认为学校提出的第一年不分院系的两点理由(即一是注重普遍发展，补充中学普通学识的不足；二是将根基扎固，以备将来深造)不能成为理由。在他看来，文理法三学院一年级学生修习(一)国文、(二)英文、(三)数学或逻辑、(四)中国通史或西洋通史、(五)自然科学(物理、化学、生物择一)的课程设置是浪费学生精力，是一种无用的消耗。这种设置使得学生“既然把二十多个学分学了这种普遍东西，自然就少学着许多有关的专门知识，也就无异于将大学的修业年限缩短了一年，这更是一种极大的损失”。他举例说“譬如学化学的，旁的大学第一年应修微积分、物理等，在清华都堆在第二年；又如学中国文学的，第一年应修的文学史、文字学、音韵学等等，在清华都是第二年必修。这样推下去，一样的四年毕业，自然要比旁人少学东西了”。他认为“少学点普通东西，自修是很容易的，少学些专门学识，自己研究起来就要大费困难”。② 针对该篇文章，署名旧人的高年级学生写了《读〈论第一年不分院系〉》对上述观点进行驳论。文章认为，不分院系是必然的趋

① 冯友兰：《三松堂全集》第 1 卷，河南人民出版社 1985 年版，第 318—319 页。

② 清华大学校史编写组编：《清华大学史料选编》第 2 卷(上)，清华大学出版社 1991 年版，第 238—239 页。

势。“各大学的课程，并非从一年级到四年级全读的是本系课程，其间对于外系课程，很有选择的余地。如果怕这种专门学识不够，尽可以利用这种选修的学分，结果也不至于比别人少学。”①

尽管办学中通专之争的声音始终不绝于耳，但在清华与西南联大，教授群体更为倾向于通才教育。他们大多留学欧美，且多在哥伦比亚、哈佛、芝加哥等实行通才教育的学校求学，他们深谙通识教育培养人才的优势所在，因此，不遗余力地宣传一味强调专才教育对人才培养的弊端，大力支持通才教育的推行。他们指出专才教育的弊端主要有三：

一是专才教育不利学生人格培养。潘光旦认为专才教育一方面导致人格畸形化，不仅对个体不利，甚至使民族误入歧途，“所谓误人指的是人格的畸形化，成一个偏废或半身不遂的局面……近代欧西文化的危机，我以为也就在此。族类专化的代价如此，个体大概不成例外”。另一方面不利学生的为人处世，“他不大认识人。他和从前的读书人似乎恰好相反，懂得‘物’是什么，声光化电是什么，但人是什么，他多少有几分莫名其妙。因此，不但他的学术事业和别人的不容易配合起来，他和别种学问事业的人，以至于和同学、同一事业中的别人，也容易发生扞格”。②

二是专才教育有碍个体事业的进一步深化与发展。大学期间强调专才教育易导致学生眼光短浅。雷海宗撰文写道：“凡人年到三十，人格就已固定，难望再有彻底的变化，要做学问，二十岁前后是最重要的关键，这正是大学生的在校时期。品格、风趣、嗜好，大半要在此时来做最后的决定。此时若对学问兴趣立下广泛的基础，将来的工作无论如何专精，也不至于害精神偏枯病。若在大学期间，就造成一个眼光短浅的学究，将来若要再作由专而博的功夫，其难真是有如登天。”③

三是专才教育模式培养出来的学生不能很好服务于现实社会。雷海

① 清华大学校史编写组编：《清华大学史料选编》第2卷(上)，清华大学出版社1991年版，第240页。

② 潘乃谷、潘乃和编：《潘光旦选集》第3卷，光明日报出版社1999年版，第460页。

③ 杨东平编：《大学精神》，辽海出版社2000年版，第223页。

宗认为抗战期间大学毕业生亦不少，但各部门难觅人才的困境显示“我们所缺乏的人才，主要的不在量，而在质。雕虫小技的人才并不算少”①。

正如爱因斯坦所评论的：“用专业知识教育人是不够的。通过专业教育，他可以成为一种有用的机器，但是不能成为一个和谐发展的人。要使学生对价值有所理解并且产生热烈的感情，那是最基本的。他必须获得对美和道德上的善有鲜明的辨别力。否则，他——连同他的专业知识——就更像一只受过很好训练的狗，而不像一个和谐发展的人。”②清华、西南联大培养的众多杰出人才充分证明了这一点。

1922—1923 年，东南大学曾就办学的目的和理想展开过讨论，并形成通才教育与专家教育的尖锐对立，科学与玄学的论战亦可归属于此类之争。从整体看，通专之争始终存在于近代各大学的具体办学历程中，两者之间的不断调适以及引起的课程设置的变化从一个方面展现了中国近代大学的发展轨迹。

---

① 杨东平编：《大学精神》，辽海出版社 2000 年版，第 223 页。

② 爱因斯坦：《爱因斯坦文集》第 3 卷，商务印书馆 1979 年版，第 310 页。

第四章　为民众谋福祉:社会服务的拓展

社会服务是大学的基本职能之一。在近代中国,特别是美国大学理念导入后,由于救国、社会等时势需要,大学开始了社会服务的积极探索,这既是时代发展的客观要求,也是大学自身存在和发展的历史的、逻辑的必然。尽管各大学在开展社会服务的缘起与实践等方面存在差异,但它们努力利用自身的资源优势,关注并研究、解决现实的社会问题,并借之与社会建立了较为密切的联系,这无疑推进了中国大学现代化的进程。中国本土大学与教会大学的社会服务既有共同点也有各自的特点,两者一起汇成一股洪流,成为近代大学的一道亮丽风景。

第一节　近代中国基督教大学的社会服务

一、近代中国基督教大学发展的多重困境

在世界文明史上,异质文化对本土文明的渗入,无不引起激烈的排异反应。在近代中西文化教育交流失衡的历史背景下,基督教大学作为西方文化在中国渗透的渠道,其发展面临着多重困境。

18、19 世纪的工业革命后,西方社会的经济结构和社会结构发生了剧烈变化。受工业化、城市化的直接冲击和各种社会思潮的影响,基督教日趋走向世俗社会。19 世纪末,教会必须投身于社会活动才能维持其生存和发展已成为大多数教士的共识,他们把基督精神外化为世俗精神,把

“Serve God”与“Serve the Society”统一起来，认为只有通过社会服务才能在宗教信仰与社会之间搭建起桥梁，从而拓展传教事业的广度，为基督教大学社会服务的开展提供一种自由主义式的神学基础。20世纪20年代以后，几乎所有基督教大学都从弘扬基督教教义中的牺牲和服务精神出发，鼓励和支持师生参加社会服务活动。

20世纪20年代后，在非基督教运动、收回教育权运动等民族主义的冲击下，在华传教士面临着前所未有的复杂的社会环境和尖锐挑战，客观上要求其必须“根据新兴民族主义的要求和期望做出调整”①。随着要求教会学校立案、把教会学校收回国人自办的呼声日渐高涨，基督教大学倍感压力。恰如杰西·格·卢茨所说：“1927年至1937年这十年时间，不论对基督教大学还是对国共两党来说都是一个转折时期，探索时期和彷徨时期。教会学校如果不想重复20年代的灾难的话，就必须以中国化和为中国服务作为自己的基本目标。”②之后，基督教大学转向“注重社会服务，强调社会功能、以传播知识和西方文明来体现基督精神、实现传教目标”③，鼓励学生参加农村建设计划、民众学校、卫生运动等，希望把基督教关于社会与伦理的教导同大学生的抱负结合起来，使学生能够在基督教而不是其他政党或社团的领导下实现他们为国家服务的愿望。

而伴随着晚清统治危机、教育危机的出现，现代意义上的中国本土大学在19世纪末期开始萌生、崛起，这给基督教大学带来了亟须改进的紧迫感。如果说清末基督教大学是在毫无竞争的局面下得到发展，他们还可以高枕无忧的话，那么，随着中国本土大学的崛起，传教士深切感受到了一种无形的挑战。尽管他们竭力维持基督教大学在高等教育领域的垄

---

① [美]芳卫廉著：《基督教高等教育在变革中的中国1880—1950》，刘家峰译，珠海出版社2005年版，序言第2页。

② [美]杰西·格·卢茨著：《中国教会大学史1850—1950》，曾钜生译，浙江教育出版社1987年版，第297页。

③ 史静寰著：《狄考文与司徒雷登——西方新教传教士在华教育活动研究》，珠海出版社1999年版，第11页。

断地位,但随着时间的推移,他们不得不承认,基督教大学不仅在数量上逐渐被中国本土大学赶上,在质量上也开始失去竞争的优势。由于无法像公立大学一样从中国政府部门获得应然的支持,也不具有其他私立大学在中国公众心目中的天然优势,基督教大学显然需要寻求新的基点以赢得资助和支持。他们几乎一致地认为,基督教大学应当集中力量发展某一特殊领域,才能凸显自身特色,成为其他大学的典范和试验中心。

作为"跨文化互动"(cross cultural interaction)的产物,①近代中国基督教大学在西学东渐的历史背景下,附着了许多具有时代特征的意识形态和政治因素,比如由外国人把持校政,以宗教灌输为首要指导方针,以英语作为教学语言,照搬西方大学的课程设置。这使得基督教大学培养出来的学生"除少数的例外,大都不中不西、不今不古,和中国社会格格不入,更谈不上结合中国的实际,供应中国的需要"②。基督教大学因而受到来自各方面的诘难。20 世纪 20 年代以后,接受巴敦调查团的建议,在"更有效率、更基督化、更中国化"的方针指导下,几乎所有基督教大学都把"向来所标榜的目的是为基督教区和基督教运动服务"扩大为"为全体中国人民服务"。③ 各基督教大学纷纷根据社会的实际需要或地区经济生活的特点,扩大社会服务的对象,积极开展各种形式的社会服务活动,如社会救济、服务农村建设等,努力使大学摆脱"过于洋化"的形象,打破学校与中国社会脱离的封闭状态。

随着时局的变化以及基督教大学中国化进程的不断推进,基督教大学所赖以生存的差会捐款逐渐减少,其发展面临着经费困境,迫使它们不得不努力在中国寻求新的财源。为了取得中国公众的支持,许多基督教

---

① 章开沅主编:《文化传播与教会大学》,湖北教育出版社 1996 年版,第 4 页。

② 韦卓民:《四十年来我国基督教的高等教育》,《金陵神学志》第 26 卷第 1、2 期合刊,1950 年 11 月,第 52 页。

③ 《关于在华基督教高等教育的报告》,1928 年 7 月,第 24 页。教会大学本身在拟定教育计划时就作了相当坦率的评价(转引自[美]杰西·格·卢茨著:《中国教会大学史 1850—1950》,曾钜生译,浙江教育出版社 1987 年版,第 264 页)。

大学认识到，“要解决这个困难问题，唯一的方法便是拆除学校和社会之间的障碍，使学校和社会都有一种彼此相关和互相负责的感觉”①。换言之，教会学校要培养当地社会对它的兴趣和赞助，就要适应社会的需要，作独到的教育设计。同时，由于人们已经普遍接受了基督教大学只能通过为中国社会服务才能达到最好地为基督教服务的观点，基督教大学也只有通过强调自己的社会服务工作才能更显示其成绩，取得公众的资助与支持。

近代中国基督教大学与美国差会的渊源关系，使得美国大学模式从一开始就成为基督教大学的“样板”，“仿照泰西传习的制度规定，盖自然之理也”。② 许多差会在建校之初就移植本土的教派学府模式，学校的教材、仪器设备、图书杂志，甚至生活设施等都从国外运来，它们还通过教师遴选、课程设置、学术交流和吸引留学等方式，努力保持西方文化对中国的影响。美国大学社会服务职能确立以后，在华基督教高等教育总体上也开始调整自由教育模式，放低了与中国自办的教育系统在精英教育上争胜的调子，把教育目标定位为培养适应社会需要的、有实际工作能力、能以基督教精神为社会服务的人才。在传教士的努力以及美国大学模式范本的导向下，作为展示西方近代教育的窗口，教会学校的教育不再是封闭式的了，学生开始走出校园参加校外的学术和社会活动，社会科、宗教科和教育学的学生更是从一开始就踏上社会，从事社会调查和社会服务，与社会建立广泛的联系和合作。

二、基督教大学的社会服务实践

（一）乡村建设的重要参与者：农业推广服务

20 世纪初，伴随着工业化和城市化进程的不断推进，西方乡村发展

① 沈体兰：《基督教学校在中国教育界中的地位》，《教育季刊》第 8 卷第 4 期，1932 年 12 月。

② 李楚材编：《帝国主义侵华教育史资料——教会教育》，教育科学出版社 1987 年版，第137 页。

的速度急遽下降,引起教会界对教会在乡村社会中所应发挥作用的反思。他们认为,教会不仅是宗教生活的管理者,也应在乡村建设中扮演更重要的角色;乡村牧师不仅需要医治灵魂,还应当成为当地社区领袖,接受诸如农业耕作、农场管理、农业教育等方面的培训。① 与之同时,一些来华传教士也逐渐认识到中国农村问题的重要性,有人甚至认为"基督教对广大农民服务要胜过巡回布道"②。而在中国大地上,以晏阳初及中华平民教育促进会、陶行知及南京晓庄师范学校等为代表的中国本土知识分子和教育机构也试图通过制订一系列的乡村建设计划,改变中国农村日益凋敝的现状,这增加了他们的忧虑,引发了他们的竞争意识,同时也使基督教和基督教大学更加清楚地认识到自己所应承担的责任。正是在这种世界范围内基督教乡村建设运动的影响下,来华传教士调整了传统的重城市轻农村的传教策略,主张正视中国乡村的危机,关注中国乡村的发展,并要求基督教大学作出服务乡村的具体设计。

1. 渐进的农业推广阶段

在近代中国,基督教大学的农业推广是一个渐进的过程,大致经历了宣传提倡、示范推广和辅导训练三个阶段。

早在19世纪以前,传教工作者就有对中国农民经济福利的关怀,并在初级农业教育中有所表现,但这并非是所有差会的共识。大学一级的农业教育始于1914年金陵大学农林科的成立,它以美国纽约州康奈尔大学农学院为样板,推行"教学、研究、推广"三位一体的发展模式,"教材则尽求其充实,研究则更求其完善,推广则力求其扩充"。③ 在他们看来,农业是应用科学,必须在实践中研究改进,并将研究成果推广于生产,得到

① Kenyon L. Butterfield. The Country Church and the Rural Problem, Chicago, Illinois: The University of Chicago Press, 1911, preface v-vii, 93.

② 博晨光:《中国对基督教的挑战》,《传教士教育运动》(英文),第102页。转引自赵景龙:《齐鲁大学的本土化和世俗化历程研究》,2007年首都师范大学教育硕士学位论文,第7页。

③ 私立金陵大学农学院编印:《私立金陵大学农学院概况》,1931年版,第18页。

农民的欢迎，才具有实用价值；而推广中发现的问题又可采用为新的研究资料，这样才能使理论实践结合，促进科学技术的发展。[1] 因此，金陵大学对推广一项尤为重视。除金陵大学外，岭南大学也开始了农学教育的积极探索，“一面在养成实用人才，一面在改进农民生活”[2]。它们深入田间地头，广泛宣传提倡，调查乡村问题并寻求解决方法，介绍优良农作物品种及先进的农业技术。但由于各大学、农事试验场的农业推广工作规模很小，且各自为政，因此，其农业推广工作的成效十分有限。

自 20 世纪 20 年代起，在经历了非基督教运动和收回教育权运动的巨大冲击后，基督教大学的决策者们一致同意通过进行农村建设的研究和实验使其成为其他大学的典范和实验中心。[3] 金陵大学一如既往地重视农业推广，农学院差不多把预算经费的一半用于研究，五分之一的经费用于推广工作，同时它在诸如作物栽培、养蚕学、园艺学和农业经济学等领域开设了各种各样的课程。为了使学生具备运用耕作技术及解决耕作问题的经验，学校还规定所有的学生必须花一个暑假的时间在田间学习。[4] 其他一些基督教大学，如岭南大学、燕京大学、齐鲁大学、福建协和大学、华西协和大学等，也认识到农业领域的重要意义，结合学校的教学、科研，制订了一些切合当地实际的农业推广工作。随着晏阳初、梁漱溟等倡导的全国性乡村建设运动的兴起，基督教大学的农业推广工作也进入高潮，它们不仅各自实施农业推广计划，它们还参与全国性计划，如 1936 年以定县平教会为主体成立的华北乡村建设协进会，就包括金大、燕京和齐鲁等基督教大学。[5]

1937 年抗日战争爆发以后，尽管各基督教大学在教学、科研和推广

---

① 金陵大学农学院编印：《金陵大学农学院卅年来事业要览》，1943 年版，第 4 页。

② 《南大与华侨》第 2 卷第 1 期，1924 年。

③ [美]杰西·格·卢茨著：《中国教会大学史 1850—1950》，曾钜生译，浙江教育出版社 1987 年版，第 268 页。

④ [美]杰西·格·卢茨著：《中国教会大学史 1850—1950》，曾钜生译，浙江教育出版社 1987 年版，第 273 页。

⑤ 《华北农村建设协进会工作大纲》，《民间》第 3 卷第 23 期，1937 年 4 月。

方面都做了相当大的调整,但仍在小范围内持续其农业推广事业,并将工作重点转向对农业推广人才的辅导和训练方面。

2. 多元化的农业推广内容与形式

基督教大学的农业推广通常与农业教育演讲、展览结合在一起进行,由技术人员分赴各地担任主讲,宣传有关农业的科学知识。推广员一般选在集市或庙会等人多的地方讲演,举办农业展览(即通过展览农产、农艺、农技、农具的形式,将展览与评优相结合,以达到倡导和促进农业推广的目的),然后去找农民谈话,解答农民的各种问题。演讲、展览的内容除了大多关系到农业问题,也有一些话题涉及乡村事务,如绅士、地主、商人等如何帮助乡村改良种子与改造农民,乡村教会对改善社区的作用等。通过这些活动,尤其是农事展览会的举办,各种新品种、新技术和新知识给农民留下了新鲜而深刻的印象,为农业推广创造了条件。

由于农业改进的地域性,基督教大学常常选定某一专门区域进行农业推广实验,通过技术性示范,用实例说服、引导农民采用新品种、新技术、新农具等。这是针对农民比较保守,对新事物接受能力较差而采用的有效方法。当时比较有名的农业推广实验区主要有:金陵大学与国民政府中央农业推广委员会合作成立的乌江农业推广实验区、齐鲁大学龙山镇服务社、福建协和大学仙峰乡实验区和五里亭实验区、燕京大学清河镇社会实验区,等等。虽然这些实验区强调"农业推广",但其工作从一开始就超出了这个范围,从种子推广到乡村教育、合作、社会、卫生,甚至村治都在办理,往往成为比较典型的综合性乡村建设实验区。

为了消除农民对农业推广项目的疑虑,基督教大学还采取契约形式,将农家生产经营与农业推广项目相结合,根据合作协议,农民提供土地、劳动力,并同意做比较试验,改良种子由大学提供。有了合同保障之后,一些有胆识的农家就比较敢于与基督教大学合作。通过合作,农民成为很好的推广员,他们的示范和宣传往往比专业推广员更有说服力。1925年春天,金陵大学农林科在南京、镇江之间找到60名愿意合作的农民,商定以三年为期,通过他们展示改良种子的价值。到1927年,合作的农民已超过300人。在合作实验效果较好的地方，农林科进一步组织成立良种生产合作俱乐部，将生产的种子分发给或卖给当地其他农民。[①]

为配合良种和各项新技术设施的推广，基督教大学的农事推广机构常编写农业读物散发给广大的民众。据统计，1920—1930年，金大共发行诸如《种植美棉须知》、《金大制种盒说明书》、《学校苗圃须知》、《养鸡须知》之类的通俗小册子45种；列入1933年整个金大发行的70种宣传普及科学小册子中有68种是农学院宣传农林知识的册子。[②] 这些农业读物主要是向农民介绍一些简单实用的农业知识，内容切实，文字浅近，最适合农业推广人员参考及高初级农业乡村师范、小学及农业训练班选作农事教材。

3. 多方面的农业推广保障

"欲求农业推广事业之健全发展，首须树立各级推广机构，以为主持推动之中心，各级机构，普遍设立，组织合理而联系密切时，斯得健全之制度"[③]，"藉完善之机构，始能产生伟大力量"[④]。因此，为了更好地推动农业推广事业的发展，基督教大学普遍设立了专门的农业推广机构。最早设立的是金陵大学农学院在1920年成立的棉作推广部，主要从事棉花引进育种试验和推广工作。1924年，金陵大学结束各系自行推广的状态，正式成立推广部。院长与各系系主任为当然委员，并指定各系2～3人参加。农业推广系作为秘书处，负责征集各系全年推广计划及工作报告，发行各系农业推广的刊物，举办农民演讲会，担任会议记录等事项。经费由

---

① Report of College of Agriculture and Forest of the University of Nanking, 1925—1926，转引自刘家峰：《中国基督教乡村建设运动研究(1907—1950)》，华中师范大学博士学位论文，2001年，第35页。

② 金陵大学秘书处编：《私立金陵大学一览》，美丰祥印书馆1933年版，第438—449页。

③ 《南大百年实录》编辑组编：《南大百年实录·中卷·金陵大学史料选》，南京大学出版社2002年版，第321页。

④ 秦孝仪主编，中国国民党中央委员会党史委员会编：《革命文献·第103辑·抗战建国史料——农林建设(二)》，台湾"中央文物供应社"1985年版，第154页。

各系编制，全年推广所需的经费预算表、年末决算表，送院推广委员会审核。[①] 迁川后，金大农学院的农业推广组织仍由院长聘请各系专家、教授组成农业推广委员会，负设计、督导之责。其工作大纲包括：(1)筹划全院推广事业；(2)订立各种推广规程；(3)审定各项推广计划；(4)审阅推广工作报告；(5)解决推广实施中的重大问题；(6)督导各部分的推广工作。农业推广委员会之下分设出版部和推广部，出版部司文字推广，负责编辑出版农林刊物，推广部司实际农事推广，即负责实施农业推广工作。推广部设主任及总干事各1人，其工作大纲包括：(1)辅助推广事业；(2)农业推广研究；(3)农业推广人才培训。农业推广部之下分生产、经济、教育、总务4组，各设干事1人至数人。此外，各系均有专门负责协助推广部办理各种推广指导工作的人员。[②] 由于金陵大学农业推广部组织得当，成绩显著，尤其是乌江农业推广在全国影响很大，因此，当时很多基督教大学都仿效金陵大学设置了类似的农业推广机构，以保障农业推广事业的顺利进行。

人才是农业推广事业的重要支撑，"推广目的，在增加农业生产，改善农民生活，推广方法则在唤发农民之自觉，俾其自动改良农事，以树立永久之基础"。为达此目的，基督教大学在农业推广时，常会通过举办暑期学校、农民学校、农民周、讨论会等形式，"邀请农民领袖参加，予以短期之训练，使其担负农事改进之伟大使命"。[③] 在近代中国，最早举办农业暑期学校的基督教大学是金陵大学。1917年，该校农科举办了第一届暑期学校，有来自13个省的60名学员参加，1921年有35名，到1926年达到224名。[④] 暑期学校开设的课程主要有农业概论、农业教育、土壤学、棉花

---

① 鲁彦：《金陵大学农学院对中国近代农业的影响》，2005年南京农业大学硕士学位论文，第56—57页。

② 张宪文主编：《金陵大学史》，南京大学出版社2002年版，第389页。

③ 金陵大学农学院编印：《金陵大学农学院卅年来事业要览》，1943年版，第9页。

④ Report of College of Agriculture and Forest of the University of Nanking, 1925—1926，转引自刘家峰：《中国基督教乡村建设运动研究(1907—1950)》，2001年华中师范大学博士学位论文，第30页。

种植及桑蚕等。不仅自己开办暑期学校，农林科教员还走出校园，到各地举办的暑期学校授课。此外，基督教大学还通过其他多种方式开展短期培训。如，成立短期速成科，开办函授学校，开设农工训练班、棉业合作人员训练班、农业经济技术人员训练班、高级农业合作金融训练班、高级推广人员训练班，举办农村合作讲习会，创办初级农民学校等。有的基督教大学还通过举办农民周的形式，加强同农民的联系，让他们了解大学的服务能解决他们的问题，并同他们一起研究乡村问题。

由于意识到自身力量的有限性，而农业推广又是一项系统工程，必须联合一切力量发展乡村，因此，基督教大学在农业推广的过程中往往会开展多方面的合作，包括校级合作，与政府合作，与国内公私机关、团体合作，与地方合作、国际合作等。这种多元化的合作，使得基督教大学能够比较充分地调动各方面的积极性，赢得了政府、企业和其他社会组织的经济资助，逐渐摆脱了对差会的经费依赖，增强了自立、自治的能力，缓解了生存的压力。通过发挥学科优势，扬长避短，基督教大学在社会服务这个新的生长点上逐渐站稳了脚跟，并与中国本土大学开展了有益的良性竞争，拓展了生存和发展的空间。

经费充足与否在很大程度上决定大学的发展状况，用前人的话讲就是"经费之变迁与增减与学校之进退常成直接的比例"①。对基督教大学的农业推广而言，也是如此。各基督教大学在分析其农业推广事业成功的原因时，常将"固定预算，有经费保障"②作为必要的条件之一。为了推动其农业推广事业的顺利进行，基督教大学努力多渠道筹措经费，包括争取政府拨款、公私立团体资助、信贷合作，以及通过各种方式获得一些经营收入。

4. 农业推广的成效及制约因素

改善了农民生活。"农业推广乃一种具有教育性之工作，旨在服务及

① 《10 年本校经济状况统计》，《金大校刊》第 75 号。

② 金陵大学农学院编印：《金陵大学农学院卅年来事业要览》，1943 年版，第 14 页。

教导农民及其家庭经营农业,并协助解决农业生产及农村生活之一切问题。……是以凡有关农业推广之设施,须以改善农民生活为基本原则。"①基督教大学坚持这一原则,通过引进新品种、采用新技术,提高了产品质量,切实地增加了生产,改善了农民的生活。

提高了农民的科技素质。农业推广的过程不仅仅是一个简单的技术转移过程,同时也是一个开发农民智力、改变生产者行为、不断提高农民科技文化素质的过程。在推广中,推广人员通过与农民的接触、交流、沟通,使农民逐步掌握技术、信息,并据此作出生产、经营决策。这不仅使农民的知识、技能得到提高,也使农民的观念不断得到改变与提升。作为一种介入的外部力量,基督教大学的农业推广在一定程度上改变了农村原有的社会生态和人们的内心世界,改变了农民原先日出而作、日落而息的自然经验式的生产方式。他们获得了一些农业科学知识,并在实际的生产和生活中切实地感受到了科技所带来的种种好处,现代意义的科学观念逐渐深入他们的心灵,并产生了积极的效果。

促进了农业科研的发展。农业推广"不仅在传达专家研究之结果于农民,亦所以采风问俗,慰劳问苦,抉择农村农业上之问题,备专家之思考,为研究之根本,教授之资料者也"②。也就是说,在农业推广过程中发现的问题往往会成为开展科研的动力。基督教大学的研究工作,源于农业推广中发现的问题,同时又有效解决了存在的问题,既具有实用的成效,又推动了农业科研与推广的发展。

建立了农业推广体系。农业推广是一项系统的工程,随着工作的不断开展,基督教大学的农业推广大致形成了三个相互关联的环节,即研究试验、推广、辅助推进。研究试验环节主要是良种的选育与驯化,这是针对土种品质低劣及引进品种日趋退化的状况而展开的。在良种选育和驯化时,基督教大学通常坚持因地制宜的合理性分区原则,进行科学的育种

---

① 周开发主编:《中美农业技术合作团报告书·农业推广》,出版社不详,1946年,第2页。

② 金陵大学农学院编印:《金陵大学农林科组织及事业》,1927年,第59页。

试验。在进行单种试验的同时，还配有比较试验，为改善作物品种积累科学依据。推广则包括文字宣传、种植示范、良种分发等。辅助推进主要是指通过组织运销合作社等方式为农民提供必要的鼓励、扶持和保护，以扩大推广范围和减少推广阻力。

虽然基督教大学在农业推广方面作出了积极的努力，但其成效仍然十分有限，这主要受以下诸种因素的制约：

经费不充裕。“经费是成绩的工具，成绩是经费的结晶。”[①]由于农业推广的实验场地、研究设备、办公房舍、人员薪金等都需要有充足的经费作保障，因此，经费问题往往成为制约农业推广事业顺利开展的“瓶颈”。除了政府投入不足，基督教大学通过其他渠道所能获得的经费支持也非常有限。经营收入自不必说，尤其是在早期，很多大学都是免费分发良种，根本谈不上经济收益。即使后来实行有价售种或进行其他一些经营，所得收入与农业推广所需的庞大经费相比，仍然不过是杯水车薪。而随着基督教大学农业推广的专业化进程不断推进，受世界范围内经济危机以及中国国内战争不断的时局影响，国内外的差会、团体、机构、个人的捐助也呈现不稳定状态。其结果必然是，基督教大学所能获得的经费无法进一步推动其农业推广事业的拓展。

人才匮乏。在一个由农民占绝大多数的国家里，知识分子和农民之间存在隔阂是一个严重的问题。虽然基督教大学的学生们时常谈到“人民”的重要性，但由于在城市接受西式教育，他们希望继续生活在活跃的现代化城市，而不愿意到发展缓慢的内地尤其是广大的乡村去工作。即使从农学院毕业的学生，也只想成为受过教育的上层人物，从事脑力劳动而不是体力劳动。而在为数不多的农业推广人员中，不乏心浮气躁、不能深入实践的人，他们自以为是社会精华，并不热衷于必要的田间工作。他们抱着“救世主”的心态去农村为农民服务，“未曾深入田间，传播新知，介绍科学”，以至在棉种推广初期，由于缺乏现实的实践成果，推广人员在

① 蒋荫松：《作物育种之先决条件》，《农林新报》第197期，1930年2月11日。

“江北一带推广改良棉种时，携带标本，到处宣传”，“费尽气力，结果落得大惊小怪、荒谬的猜疑”。[①] 另外，农事推广是一项需要多方面相互配合的事业，因此，农事推广机关的领袖“不仅于技术上应有相当之研究，同时更须有行政之才能与经验，而后乃可以应付裕如，俾事业有成功之望也”[②]。但由于在主持推广机构的人员选用方面过于偏重技术性，缺少具有较强组织协调能力的主管，导致工作人员与民众关系处理不当，农事推广机关工作效率低下。其重要表现之一就是特约农田在举办过程中形式主义颇为严重，“除了用我们的种子以外，施肥和耕作等，农友还是用那熟练的方法……所不同者仅在那特约农田的一端，多了一方蓝底白字的特约农田的牌子而已”[③]。

农民观念守旧。农业推广具有农业科学化的性质，这就要求广大农民具有相当的认知与理解能力。但在农业推广的过程中，农民素质整体上却与整个推广进程规划相脱节。除了思想的惰性外，还与其知识水平和经济能力有很大的关系。一方面，在农业衰退的社会环境下，土地是大多数农民唯一的依靠，土地的收成与他们的生存休戚相关。另一方面，由于贫困，他们几乎没有机会接受教育，他们所掌握的只是以经验为基础的传统技术，“乡民务农，而不知农之有学。其于辨土性，兴水利，除害虫，制肥料等事，懵然不知。古法相传，日就淹没”[④]。农民对现代农业知识知之甚少，面对新鲜事物自然不敢轻易尝试，这势必阻碍农业的发展与进步。时人曾感叹说：“农民素无教育，不识字者占百分之九十以上；孤陋寡闻，目光短浅，对于农业之新技术、新方法，不知应用，农业推广倍觉困难。”[⑤]

---

① 李洁斋：《改进农村之我见》，《农林新报》第 221 期，1930 年 10 月 11 日。

② 高振：《对于省立农事试验机关办事之商榷》，《农业经济》1934 年第 6 期。

③ 杨立人：《在农村改进的实际工作中》，《中国农村》第 1 卷第 4 期，1934 年 1 月。

④ 李文治编：《中国近代农业史资料》第 1 辑，三联书店 1957 年版，第 580 页。

⑤ 行政院农村复兴委员会编：《中国农业之改进》，商务印书馆 1935 年版，第 13 页。

新品种生长周期与自然条件的限制。一个优良品种的选育与驯化往往需要反复实验与大量时间作保障，只有将前期实验所得经过选种保纯，再投入下一期实验过程，才能实现去劣存优。比如纯系选种，要从各地方选取许多不同的品系与本地栽种最广的品种进行比较、研究，这并不是一朝一夕的工作，一般需要四五年的时间进行比较实验。即便是直接引进新种，一般也要先征集各实验场著名的品种，然后用精密的方法与本地品种作一品性比较才能推广，这也需要大量的研究实验时间作保障。此外，人事及天时因素有时候也会影响育种实验的准确性。而由于不同地区的风土气候等不同，要决定各地最适宜的品种仍然需要时间。

既得利益者的反对。一个真正有效的农业推广长期计划需要有中央行政机构的支持与指导，需要统一的安排、充裕的财源，以及应对地方事务的自主权利。但是，近代中国一直政局未稳，政府不愿意或者说没有能力为一项规模巨大的农业推广计划提供有力的支持。在许多情况下，由于目睹自己的经济和社会统治地位受到威胁，当地既得利益集团也对基督教大学的农业推广表示反对。在有些情况下，国民党反而利用基督教大学的农业推广为自己的政治目的服务，从而歪曲了计划，疏远了改革者。

基督教大学所开展的各种形式的农业推广活动，实际上已经形成了一个农业科技传播网络，它以各大学的农林科为中心，以各地的合作教会、学校、实验站和示范农民为依托，向四周辐射。尤其是在1927年之前，如果考虑到当时的中国政府无论从中央到地方根本无暇顾及农业教育和科技推广，基督教大学在这一时期对中国农业所做的贡献就更具现实意义。20世纪30年代，中国出现农村建设运动的高潮，基督教大学的表现更是积极踊跃。许多教员、示范农民甚至布道员都发挥了推广员的作用，不仅弥补了农林科人手缺乏的不足，也使基督教大学的农村工作得到拓展。但这一时期的中国乡村重建计划首次具体地表明了乡村生活内在的联系以及农村变化的复杂性，要实行全国性的计划对于基督教大学来说是力所不能及的。而且在来势凶猛的中国本土乡建运动面前，基督教大学已经失去了往昔领导潮流的地位,只能瞠乎其后。

虽然基督教大学的农业推广不可能完成农村改革的使命,但它们认识到这项任务的重大意义,并试图唤起中国社会各界人士的兴趣与支持。并且,它们进行的小规模的实验计划为拟定一项有效的农村建设计划奠定了必要的基础。

(二)治疗身体　拯救灵魂:医疗卫生服务

开展医疗卫生服务是基督教大学世俗化与本土化探索的重要方面,也是其社会服务的重要内容之一。

1. 医疗卫生是打开中国国门的“钥匙”

传教士来华传教首先遇到的障碍是“中国政府对所有进入其版图的外国人抱有蔑视态度,并在这个神圣的国度的边界上划上了一条清晰的界限严加防卫,既不允许外国人进入,也不允许本国人跨越,否则以死刑论处”①。这给西方在华传教事业以沉重的打击。加之清中期以来实行的闭关政策,以及中国人对外来文化的本能抗拒,中西之间的文化交流受到很大影响。为了克服由于中西文化差异引起的种种误解,新教传教士强调把基督教教义与中国民间的社会生活加以结合,使基督福音借助世俗化的手段,在中国社会中逐步具备本土化的特征,从而真正在日常生活层面对中国人的思想与行为施加影响。

鉴于当时西方对中国的普遍看法是贫穷、落后、文盲很多,是“异教徒”之国,同时又是疾疫流行之国,而传教士来华后吸收的信徒又多为社会下层民众,甚至包括不少老弱无依、乞求救济的“吃教”者,他们缺少医疗和基本的生活条件,因此,许多传教士为现代医学和社会福利所吸引,认为医学传教可以减少人们对传教士及其所宣传的福音的敌意,使人们易于接受基督教的真理。鸦片战争爆发后,一些传教士回国,他们在西方

① Bridgman E C. Promulgation of the Gospel in China, Chinese Repository, Vol. 3, No. 9, January 1835, 429.

的宣传使西方世界认识到教会医疗事业对传教的价值，引起了西方人的兴趣，而不平等条约的签订又为教会医疗事业的发展提供了新的契机。1877年，在华传教士召开大会对传教问题进行讨论，医学传教作为传教的一个辅助手段得到广泛的重视。之后，来华的医学传教士日渐增多。1907年，在华传教士大会通过决议，认为“教会医疗事业不是打开和推广传教的暂时工具，而是整个传教事业的一个不可分割的、永久的组成部分”①。1917年，中华博医会发表决议：“鉴于在最近差会团体主办的卫生教育运动中，中国各界知识阶级表示了日益增长的兴趣，而在差会医务团体中，人们广泛地深信基督教会对于公共卫生教育的提倡，应当负起直接的责任；复次，鉴于卫生教育运动与知识阶级建立有效接触方面的媒介价值，它对一个人数众多、影响极大的阶层，进行直接宣教工作铺平道路，又鉴于卫生教育运动具有基督教实用教义的具体表征价值，可以作为一种强有力的护教办法。”②至此，“医院和诊所已经变得很有用，对于每一个健全的教会几乎成为了不可缺少的机构，它是福音传播的一个专利”③。这表明医疗事业在传教事业中的地位最终得到了认同，从而为其进一步发展减少了阻力。

也许因为医学确实比其他部分的西学更加具有普适性，它很快成为西学中最受中国人欢迎的部分。事实证明，施医问药有助于打破人们的怀疑和偏见，因为一般人很难感到心灵的病痛，生病的人却要求医问诊，而人在病痛中，心灵容易变得柔弱无助，更需要安抚慰藉。“用基督的精神，去减除人类身体上的痛苦，这是向来能唤起冒险精神的一种服务，而且这种服务，向来在教会内外，博得人们的好感和接济”，“扩充医务，似乎

① Mac Gillivray D. The China Mission Year Book: Being“the Christian Movement in China”, Shanghai: Christian Literature Society for China, 1913, 288.

② 中华续行委办会调查特委会编：《中华归主——中国基督教事业统计(1901—1920)》，中国社会科学院世界宗教研究所译，中国社会科学出版社1987年版，第1178页。

③ [加]黄思礼著：《华西协和大学》，秦和平、何启浩译，珠海出版社1999年版，第68页。

是一种好办法，因为在教会各种工作之中，医务受外界的排斥最少，故是为教会事业的中流砥柱”。[①] 实践上的有效性，使医学传道很快发展为新教的一种固定传教模式。

由此可见，教会医疗卫生事业在近代中国的产生固然与基督教医学传教的传统有关，中国落后的医疗卫生状况则为它提供了现实基础。此外，近代西方的宗教奋兴运动和殖民活动使得海外布道蔚然成风，一些受过医学高等教育的青年学生先后来到中国，为教会医疗事业乃至整个传教事业的持续发展提供了高素质的人才。与之同时，受财产税的制约，西方世俗社会对慈善和社会公益事业以及海外教会医疗卫生事业日益关注，为基督教医疗事业的发展提供了经费上的必要保障。这一切，最终推动了教会医疗卫生事业在近代中国的发展。

2. 基督教大学医疗卫生事业在近代中国的发展

基督教大学的医疗卫生事业渊源于新教各差会在华进行的“医务传道”活动。1835 年 11 月 4 日，伯驾在广州开设眼科医院。由于行医有效，前往求治的病人不断增多，伯驾感到培养中国医生的必要，“如果有一些受过良好教育的中国年青人渴望成为医生，并且准备接受完全的教育训练，那么我就可以获得他们提供的持续服务”。[②] 这就将医学教育的问题提上日程。1866 年，近代中国第一所教会医学校——南华医学校成立，之后，一些其他医学校也纷纷成立。但这一时期的西医教育主要以教会医院兼收学徒的方式进行，名为医校者，从招生规模来说，也只是师带徒，是向近代医校过渡的机构。虽然生徒中也出现了一些佼佼者，但这种训练方式毕竟效率不高，不论数量上还是质量上，都不能满足当时医疗卫生的需要。尽管如此，它们却奠定了教会高等医学教育的基础。

进入 20 世纪后，经过最初 10 年的发展，教会医学教育有了一定的规

① 美国平信徒调查团编：《宣教事业平议》，徐宝谦、缪秋笙、范定九译，商务印书馆 1934 年版，第 179 页。

② The Chinese Repository, Vol. V, p. 33. 转引自李传斌：《基督教在华医疗事业与近代中国社会（1835—1937）》，2001 年苏州大学博士学位论文，第 21 页。

模，但水平不一，有些学校无论在教师还是资金上都很缺乏，设备也非常简陋。针对这种情况，教会不断地改变政策和策略。1912 年，中华博医会通过决议，制定了发展教会医学教育的新政策。1915 年，为促进医学教育的发展，中华博医会成立医学教育委员会。在这些政策和决议的影响下，各教会医学院校在努力维持的同时，积极加强相互间的合作，以提高办学水平。根据 1920 年的调查显示，1915 年以来，“医药职员的增长确实惊人，即医生人数增长了两倍，在正式护士学校学习的男女学生已经超过了一千人”，而且“1910 年以后中国医生的增多，特别是专业护士的增加，是近十年来差会工作的最明显的特征”。[①] 这为教会医疗事业的进一步发展奠定了基础。但据洛氏基金会的调查，当时的医学院校的教学质量还存在严重的问题，“教会和其他机构目前的医学教育水平还是很低的”[②]。

20 世纪二三十年代，随着民族主义的兴起，反对外国文化侵略的呼声日益高涨。在非基督教运动和收回教育权运动的舆论压力下，教会医学校因所在地政治环境的不同而受到了不同程度的影响。不仅如此，差会本国的形势也左右着西方教会在华医疗卫生事业的发展，尤其是旷日持久的第一次世界大战使差会获得的捐款数量大大减少，从而减少了教会对医疗卫生事业的投入；大战引起的物价上涨，特别是医药和设备涨价，对本来就资金不足的教会医疗事业来说更是雪上加霜。更为严重的是，大战使西方国家急需更多的医护人员，各差会不仅很难再向中国加派教会医疗卫生事业所需的人才，甚至个别来华的医学传教士还被抽调回国，一些教会医院被迫停办。与此同时，政府和民间都开始重视医疗卫生事业，各种公立、私立医院相继出现，而这一时期的日本也开始在中国开展行医，进行医药贸易。面对这些压力与竞争，1922 年，中华基督教全国

---

① 中华续行委办会调查特委会编：《中华归主——中国基督教事业统计（1901—1920）》，中国社会科学院世界宗教研究所译，中国社会科学出版社 1987 年版，第 648 页。

② John Z. Bowers. Western Medicine in a Chinese Palace: Peking Union Medical College, 1917—1951, New York: Josiah Macy, Jr. Foundation, 1972, 52.

大会为医院未来10年作了规划:第一,缩减医药事业计划。第二,集中精力于几个重要的大城市建设医药事业。[①] 与前期相比,专业化很强的卫生教育等开始得到加强。1922年,刚上任的北京协和医学院卫生系主任兰安生(J. B. Grant)医师向基督教大学里的中华博医会会员发出信件,征求改进高校卫生工作的意见,主张多方合作,把卫生学教育置于不断发展的基础上。1923年2月,中华博医会在上海召开全国会议,要求传教士医生将更大的精力投入于预防医学之科学和实际工作上;制定一个明确的工作计划,使教会医院遵循此计划建立卫生中心和从事学校卫生工作。[②] 1925年,中华博医会设立教会医事分会(Medical Missionary Division)管理教会医疗事业。1926年,《中华医学杂志》设专题讨论公共卫生问题,引发了全国医生对公共卫生问题的关注和参与。南京国民政府成立后,教会医疗卫生事业继续提高质量,医学院的资源得到合理利用,医学院的专业化水平进一步的提高。这一时期,寻求与中国政府的全方位合作成了教会医疗卫生事业的一个重要发展策略,正如胡美所说:"毫无疑问,如果教会医疗机构使自己尽可能地找到所有与中国政府的卫生计划的合作方式,它们在中国的存在将会得到延长和加强。"[③]因此,在20世纪30年代,教会积极与国民政府的医疗、卫生政策配合,无论是在中国的医院、医学院校的建设方面,还是在公共卫生、卫生政策的规划等方面,教会医疗机构都积极参与。

1937年抗日战争爆发后,动荡不安的局势使基督教大学损失巨大,正常的教学秩序受到严重干扰。齐鲁大学、金陵大学、金陵女子文理学院、燕京大学等相继迁到成都,改变了基督教医学教育资源的配置。为了适应战时需要,各基督教大学在课程设置方面进行了适当的调整。与平

① 邓铁涛、程之范主编:《中国医学通史・近代卷》,人民卫生出版社2000年版,第326—327页。

② 邓铁涛、程之范主编:《中国医学通史・近代卷》,人民卫生出版社2000年版,第324页。

③ The China Christian Year Book,19 issue,1934—1935,358.

时不同,战时的课程内容大都注意实用并加授国防、化学防毒、救护等课程,以适应非常时期的需要。军事医学的课程有了实践的场地,战争对医疗的特殊需要促使医技训练和医学研究的内容有了新的发展。

3. 基督教大学医疗卫生服务的内容与形式

医学上的社会服务既要讲"social",即社会交往,又要讲"service",即为病人服务。① 实际上就是通过社会化的形式扩大医疗系统的控制范围,争取更大限度地介入老百姓的日常生活。近代中国基督教大学的医疗卫生服务,通常包括医疗诊治、环境卫生、学校卫生、妇婴保健、疾病预防等方面。

医疗诊治主要是指给病人施医问药,它是在华教会很早就开展的一项世俗性活动。一般情况下,基督教大学通过开办医院或诊所进行医疗诊治活动。在人们不愿让西医治病的初期,他们就采取低收费甚至免费的办法来吸引病人。除了在城里的医院免费行医外,他们认为"在任何城市成功开业建立名声,最妥当的办法就是到四周的村庄走动,探访病人为他们看诊开药、拔拔牙、动些简单的小手术"②,因此,基督教大学师生也常常带着药物和医疗器材游走外地,在村庄的庙宇或马路边找个空地招揽病人加以治疗。由于疾病诊疗尤其是外科手术较容易产生效果,让中国人信服西方医疗的有效性和优越性,因此,医疗传教士常常偏好医疗诊治这种行医方式。他们尤其对那些长着巨大肿瘤的病人感兴趣,一方面,这是因为类似病例在欧美相当的罕见,为他们提供了进行观察和研究的宝贵机会;另一方面,割除如此巨大的肿瘤往往可以给当地中国人留下深

① 政协北京市委员会文史资料研究委员会编:《话说老协和》,中国文史出版社1987年版,第377页。

② Peter Parker. Notes of Surgical Practice Amongst the Chinese, Edinburgh: Sutherland & Knox, 1846, 2; Dudgeon. Medical Missionary Work, 8; Coltman. The Chinese, 174-175. 转引自李尚仁:《治疗身体,拯救灵魂》,http://www.ihp.sinica.edu.tw/~medicineashmlectures/paper/paper9.pdf.

刻的印象,有利于建立传教士的声誉。①

环境卫生是公共卫生的一个基本环节,主要是运用公共卫生学的原理和方法,管理人类日常生活所接触的环境,使其能够符合卫生的需要,以利于人类的健康生存。环境卫生的范围相当广泛,就当时来讲,主要包括饮水管理、污物管理、扑灭有害动物、清洁工作,以及与卫生有关的营业管理。通常情况下,基督教大学每年都举行夏季卫生运动和秋季卫生运动。在卫生运动期间,基督教大学一般通过召开卫生运动大会,举行大扫除,举办卫生运动宣传周、环境卫生展览会,巡回开展预防注射,对饮水进行消毒,开展灭蝇运动,以及卫生演讲等活动普及卫生知识,教育民众了解不清洁的生活环境与疾病的关系;迷信与庸医误人的害处,等等。为了达到宣传教育的目的,教会学校的师生通常制作精美的卫生标语,并配以生动的图画,再附以简明的图说,如"无病早防病,有病早治病","食物要新鲜,食具要清洁","要常常洗澡,要勤换衣服","死生皆非命,疾病各有因","改良房屋","改良水井"、"改良厕所","扑灭蚊虫"等。在加强对环境卫生的管理的同时,有的学校还尝试将室内外卫生具体分配到个人,并随时检查,对于不听指导的人则予以一定的惩罚,这对推进环境卫生工作起到了积极的作用。

鉴于学校卫生"与中国将来的公共卫生有极重要的关系。儿童只有在学校中,能取得学习卫生常识的机会",且"小学卫生事业,并不需要极大之经费",②所以,基督教大学常与中小学校开展合作,实施学校卫生计划,以保持并增进儿童的健康,进而达到改进家庭及社会健康的目的。它

① Peter Parker. The Fourth Quarterly Report of the Ophthalmic Hospital at Canton, for the Term Ending on the 4th of November, 1836 ([sl]:[sn];1837), 4-5. 也可参见 Cotlman. The Chinese, 43-44. 在非洲的英国医疗传教士也偏好这样的做法,参见 Megan Vaughan. Curing their Ills: Colonial Power and African Illness, Cambridge: Polity Press, 1991, 58-59. 转引自李尚仁:《治疗身体,拯救灵魂》, http://www.ihp.sinica.edu.tw/~medicineashmlectures/paper/paper9.pdf.

② 乡村工作讨论会编:《乡村建设实验》第2集,中华书局1935年版,上海书店影印,第139页。

们经常开展的学校卫生工作主要包括:(1)健康检查。凡是入学新生,一律做体格检查和胸透 X 线透视,以确定其健康状况,寻找需要矫正的身体缺点。在校学生要定期复查,教员和职工也不例外。(2)缺点矫正。经健康检查发现缺点后,学校立即通知学生并发函通知其家长,解说缺点矫正的重要性和必要性。(3)医疗诊治。治疗门诊由护士、助理员负责,专为学生、教员、职工治小病,矫正缺点;校医门诊则着重处理问题比较复杂的病人。校医还要负责出诊,处理急症,随叫随到。(4)传染病管理。按免疫程序进行种痘和其他免疫接种,如白喉、猩红热、伤寒等。(5)环境卫生检查。每年秋季开学时,校医、护士、环境工程师以及校方人员对学校的校舍、课堂和校园进行卫生检查,并商讨改进办法。(6)卫生宣传。对幼儿园儿童和幼龄小儿,把卫生宣教的重点放在卫生习惯的养成上,并要求学校建立晨间检查制度,开设生理卫生课,举办卫生讲座和卫生展览,宣传卫生防病知识,并安排一些卫生话剧和其他活动,让小朋友参加。

“国家之强盛,基于民族之健康;民族之健康,则又基于妇婴卫生。”①在改善妇婴卫生问题方面,基督教大学的工作主要包括:派专人调查孕妇情况,实施产前检查,指导妊娠期卫生;举办产婆训练班,开设产科生理学、细菌学、产前及产后护理等课程,并以口授与实习的形式教授新式接生方法;通过附设展览部、召集妇女组织保婴研究会、成立产前及产后门诊、儿童健康门诊、小儿科门诊、营养门诊等,做好保育工作;通过出版知识书刊、举办家庭问题演讲会等方式,宣传计划生育。

加强疾病预防。“治疗为治标,防病为治本。……因为治疗仅及于一二人,卫生可以及于千万人,治疗可以诊治疾病,卫生可以防患未然,使一切疾病不致蔓延,尤为切要。”②为此,许多基督教大学在门诊开展疾病预防宣传,在候诊室内挂有卫生宣传图画,由护士不厌其烦地向病人及其家人反复介绍治病防病的基本知识和方法,并充当卫生保健咨询服务员。

---

① 毕汝刚著:《公共卫生学》,商务印书馆 1949 年版,第 19 页。

② 《卫生行政的改良》,《兴华周刊》第 30 卷第 35 期,第 80 页。

有些护士还通过不间断的、流动式的家庭访问,使疾病预防过程变成一种常态行为。此外,基督教大学通常每季讲述一次卫生知识,向民众讲解疾病预防方法;每逢春夏之际,则种牛痘以防鼠疫、天花之患;疫症流行时,则广撒杀虫散为家畜、猫狗等除蚤虱;备捕鼠器捕鼠;遮盖食物免为蚊蝇所污染;举行卫生运动周,张贴家庭清洁表以评比卫生模范家庭;举办公共卫生讲演,宣传普及卫生防疫知识,进行广泛的卫生防疫教育。他们还编印防疫知识图片,增加民众的防疫知识,以浅明通俗的文字,介绍各类疾病的病因、传染方法、主要症状及预防方法等。①

4. 基督教大学医疗卫生服务的保障

医学专业的发展。在 20 世纪以前,教会所主持的西医教育,无论是过渡形式的教学,还是粗具规模的医学校,教学格局基本类似,只是程度深浅不同而已。早期的医学教育只是传授一些医学理论,由于当时并没有中文的现代医学课本,学校往往把重点放在医疗技术的训练上,学生也只能在病房、手术示范室和门诊部里学到一些知识。② 基督教学校所开展的医疗服务,主要体现在有限的医疗诊治方面。随着自然科学的发展以及医疗卫生实践的不断深入,一般基督教大学都逐渐设有化学、生物、物理、解剖学、生理学、内科学、外科学、产科、儿科、五官科、皮肤科和药学科等专业,教学内容则集中在生理、解剖、化学、外科和药物学。③ 许多基督教大学以当时中国社会流行的且中医较难治的疾病为教学重点,注重实用性,临床教学则集中在皮肤科、眼科及儿科。同时,愈来愈专业化的课程设置也拓展了基督教大学医疗卫生服务的空间与范围,并为其提供了专业保障。

---

① 《卫生通讯》第 4 卷第 1 期,1941 年 1 月 31 日。

② [美]杰西·格·卢茨著:《中国教会大学史 1850—1950》,曾钜生译,浙江教育出版社 1987 年版,第 131 页。

③ 根据"民国二十一年十二所医学院校课目教学时数比较表"分析所得。该表具体参见李涛:《民国二十一年度的医学教育》,《中华医学杂志》第 19 卷第 5 期,1933 年,第 681—700 页。

政府的保护、支持与利用。无论是开办医院诊所，还是疫病防治、流行病调查等，都需要得到官方和社会名流的支持才有可能进行。由于医疗卫生领域的意识形态色彩最淡，政府和地方社会也乐意在这方面与基督教大学开展合作。更何况通过合作发展医疗卫生事业，可以让民众感到政府对老百姓福祉的关切。此外，发达的卫生体系的建立需要长时间的努力，政府显然很难在短期内改变本国卫生事业落后的状况，对现有的由基督教大学开发的资源加以利用对政府来说无疑是一种快捷方式。因此，从晚清到民国，政府虽在不断变化的历史条件下对基督教大学的医疗事业采取了不同的态度和政策，但保护、支持、利用基本上是各时期的共同点，只是程度不同而已。

广泛开展合作。基督教大学在医疗卫生服务方面合作的对象主要包括政府、地方组织以及卫生团体、基督教团体组织等。（1）鉴于政府对基督教大学的医疗卫生服务采取保护、支持和利用的政策，基督教大学亦非常注意与政府的关系。早在 1913 年，医学传教界就提出教会医学校应该“与教育部相一致，并使它成为中国教育的一部分”①。民国以后，这些医学校先后向政府立案，从此处于私立学校的地位，并得到政府的资助。南京国民政府时期，基督教大学在医疗卫生事业方面与政府的合作无论是在范围上还是在规模上，都远远超过以前。许多基督教大学积极参与当地政府推行的公共卫生运动，甚至在国民政府进行乡村建设时，齐鲁大学医学院等一些教会医院、教会医学校也参与其中。② （2）与地方组织的合作。在医疗卫生服务的实践中，基督教大学意识到，对卫生观念的引导，只有依赖于地方组织的具体操作才能收效。换言之，如果仅仅利用传统的公开宣讲形式传播现代卫生观念，已不足以吸引大多数的基层民众，因为演讲的听众处于自由流动的分散状态，不易用强制方式加以统摄，而如果通过地方行政组织对民众加以组织引导，则更易利用制度化的手段使

---

① The China Mission Year Book，4th issue，1913，290.

② 李廷安：《中国乡村卫生调查报告》，《中华医学杂志》第 20 卷第 9 期，1934 年 9 月。

具体的医疗原则转变为普通人民的生活原则。(3)与卫生团体等的合作。基督教大学积极参与了许多卫生组织的建立,如 1911 年成立的万国鼠疫研究会、1916 年成立的中华公共卫生教育联合会、1933 年成立的中国预防痨病协会、1937 年成立的中华麻风救济会、1938 年成立的中华营养促进会,等等,有的还在机构活动中发挥重要作用。它们通过举办学术会议、出版科学期刊、组织专题研究和讨论,使学术界人士的学术经验、新科研技术知识得以交流,新医学成绩得到宣传推广,同时也为医学知识的传播提供了有利的平台。

多元的经费支持。基督教大学最初一般都实行慈善医疗,即免费施诊送药,有的还给一些贫病者免费提供食住,这也是早期教会医疗卫生事业的一大特色。但进入 20 世纪以后,随着病人的日益增多,再加上基督教大学的资金来源受时局影响而骤减,医疗诊治实行收费势在必行。不过,即使在实行了收费制度后,往往也不能完全弥补用于慈善医疗的花费。这就迫使基督教大学积极寻求多方面的经费支持。(1)国外基金会的捐助。在近代中国,对基督教大学的医疗卫生事业提供较多经费支持的是洛克菲勒基金会。1914 年 11 月,洛氏基金会专门成立了"中华医学基金会"(China Medical Board),通过提供设备和资金等方式向中国的教会医疗事业提供资助。① 其中,得到经费支持最多的要数北京协和医学院。自 1916 至 1947 年的 32 年间,用于创建、维持和发展这所"远东独一无二"的医科大学的拨款总数达 44652490 美元。② 自 1917 年起,中华医学基金会每年还拨款资助全国各地其他综合大学,齐鲁大学、圣约翰大学、金陵大学、金陵女子大学、东吴大学、燕京大学等都先后受到资助。(2)中国政府的经费支持。由于国外财团的经费供给较容易受时局的影响,基督教大学医疗卫生事业的发展因而常会存在资金来源欠稳和不足的缺陷,直接影响到其卫生事业的推进。为了继续其医疗卫生服务,基督

① The Chinese Recorder, Vol. XLVI, 1915. 转引自李传斌:《基督教在华医疗事业与近代中国社会(1835—1937)》,2001 年苏州大学博士学位论文,第 41 页。

② 资中筠:《洛克菲勒基金会与中国》,《美国研究》1996 年第 1 期。

教大学需要得到政府的资助。对此,行政当局也乐于给予一定的支持,如上海市政府不仅颁布专门的《捐资兴办卫生事业褒奖条例》,明确规定私人(包括外国人)或团体在沪捐资兴办公共卫生或不以营利为目的的医疗事业均受政府嘉奖,而且还以政策性鼓励来拉动社会各界积极赞助公共卫生事业的建设。[①] (3)其他经费支持。第一次世界大战之后,基督教大学医疗卫生事业的发展对中国社会的依赖性不断增强。"自欧战发生,西来经费支绌,而华人捐款踊跃",所以也能募到不少资助。[②] 就一般民众而言,鉴于基督教大学在医疗卫生方面的贡献,他们出于对教会医疗事业的信赖,也经常予以捐助。有的医校或医院也尝试与地方士绅合作,以吸纳地方社会的资金。[③]

5. 基督教大学医疗卫生服务的成效及制约因素

在以上诸种因素的保障下,基督教大学的医疗卫生服务收到了良好的成效。这主要表现在以下几个方面:

减轻了民众的疾病痛苦,改变了国人的对外观念。基督教大学以近代西医为工具,在中国医疗卫生事业较为落后的情况下,通过为民众提供诊疗服务,一定程度上减轻了民众的疾病痛苦。尤其是新式接生法的推广,有效降低了产妇的死亡率。在中医所不擅长的眼科、肿瘤、结石摘除等外科手术方面,基督教大学也取得了很大的成绩。基督教大学通过广泛、深入地接触中国社会,对民众的心理也带来了微妙而深刻的冲击。起初,接受医疗诊治的主要是下层民众,但随着西医长处的不断凸显,许多官绅及其女眷也开始到教会医院和诊所求治。这表明,在西学的优势面前,国人的"华尊夷卑"的优越感逐渐丧失,他们透过西医看到了西方文化

① 蒋贤斌、彭善民:《公共卫生与城市现代型:1898—1949年的上海》,《江西社会科学》2007年第3期。

② 中华续行委办会编:《中华基督教会年鉴:第3期》,商务印书馆1916年版,第92页。

③ 中华续行委办会调查特委会编:《中华归主——中国基督教事业统计(1901—1920)》,中国社会科学院世界宗教研究所译,中国社会科学出版社1987年版,第949—952页。

的长处,改变了对外认识中的偏见,开始关注并学习有关西方的知识。

培养了民众的公共卫生意识,改良了社会习俗。基督教大学通过医疗卫生服务,在近代中国引入了"卫生"的观念,改变了民众对疾病与环境关系的看法,在一定程度上改进了民众的日常生活行为,培养了民众的公共卫生意识。他们开始注意日常卫生来预防疾病,并努力改变一些不良的社会习俗。在基督教大学师生的影响下,民众开始积极参加清洁运动、劝止吐痰运动、健康比赛等,加强了疾病预防意识与公共卫生意识。而民众卫生意识的觉醒又促使他们自觉地参照卫生规则,广泛参与公共卫生领域的各项实践。这些变化,反映出基督教大学医疗卫生服务的开展在增强国人的卫生意识、形成良好的卫生习惯方面发挥了积极作用。"一个重要的变化是那些受过教育的中国人开始认识到卫生的重要性,包括家庭的和公众的。这些具有变革性质的观念,尽管在每个角落都会受到那些保守主义者的顽强抵触,但不管怎样却在中国引起缓慢却是稳步的进步。"①

促进了医学教学科研的发展。许多基督教大学关注猩红热疫苗效果评价,公用水、井水质调查及处理办法,无蝇无臭厕所的建设,农村及城市学生结核感染及发病调查,儿童生长发育和身高、体重的标准,母乳及人工喂养问题,婴儿各种代食品的营养价值等问题,并进行相关研究,不仅使当时我国特有的重大而迫切的医药卫生问题得以解决,而且有关调查研究结果甚至成为世界水平的科学贡献。比如,针对农民得寄生虫病的问题,齐鲁大学生物系的温菲尔德和燕京大学化学系的威尔逊合作开展研究。他们探索了几种常见的人体寄生虫的生活周期,发现了农民得寄生虫病的主要原因,在有些情况下,粪便被认为是罪魁祸首。但由于化肥既贵又少,禁用粪便似乎是不可能的。因此,温菲尔德和威尔逊便寻找一种既便宜又有效的堆肥技术来消灭疾病有机体和寄生虫卵。这样一来,

---

① Donald Mac Gillivrary. The China Mission Year Book,1916,The Christician Literature Society for China,Shanghai,7.

不仅有效控制了寄生虫的繁殖，改善了人民的健康状况，而且推动了新的薪炭来源的开发和运用。[①] 这些对第一手现场资料进行的系统搜集、保存和总结，促进了医学教学科研的开展。

推动了医疗卫生体系的建立。医疗卫生体系是指以医疗、预防、保健、医疗教育和科研工作为功能，由不同层次的医疗卫生机构所组成的有机整体。根据医疗卫生的工作性质和功能，医疗卫生体系的组织设置大致可分为三类：卫生行政组织、卫生事业组织和群众卫生组织。基督教大学对建立医疗卫生体系的贡献主要体现在卫生事业组织建设的各个方面：(1)医疗预防机构：包括基督教大学设立的医院、门诊部等，主要承担诊疗和预防疾病的任务。(2)卫生防疫机构：包括防疫站，地方病、寄生虫病防治机构及卫生检疫机构，主要承担预防疾病的任务，对危害人体健康的影响因素，如环境卫生、食品卫生以及学校卫生等进行检测和监督。(3)妇幼保健机构：包括妇幼保健院(所、站)、妇产科医院、儿童医院及计划生育专业机构，如计划生育门诊部、咨询站等，主要承担保护妇女、儿童健康的任务。(4)药品、生物制品、卫生材料的生产、供销及管理检测机构：包括药品检测所、生物制品研究所等，主要承担药品及用药安全的任务。(5)医学教育、科研机构：主要承担发展医学教育、培养医疗卫生人才、进行医药卫生科学研究的任务，并组织专业培训，推动医学科学和卫生事业的发展。

推进了医学国家化的进程。在20世纪之前，中国并不存在由国家统一控制的医疗网络体系。行医讲究的是"坐堂看诊"，医生素来就呈相当分散的个体分布状态。民国初年，随着国家建设步骤和现代化变革速度的加快，把医事制度纳入国家控制秩序之内的呼声时有出现。而基督教大学从城市到农村的医疗服务实践的外来色彩更是强化了国人医学国家化的迫切感。曾经担任北平市卫生局长的黄子方甚至把医疗变革与国家建设及民族自救的总体目标勾连了起来。在诸种舆论压力之下，民国政

---

① 1936年5月31日《齐鲁月报》。

府开始将医药卫生正式纳入现代政体之中。为了加强卫生行政管理，国民政府于 1927 年在内政部下设卫生司，1928 年改设卫生部，其后又陆续增设中央医院、中央卫生实验所、西北防疫处、蒙绥防疫处、麻醉药品经理处、公共卫生人员训练所及各海关检疫所等机构，中央卫生行政体制渐形完备。同年 12 月，政府公布《全国卫生行政系统大纲》，规定省设卫生处，市县设卫生局，各大海港及国境冲要地设海陆检疫所。至此，卫生行政建制始告确定，标志着全国的卫生行政系统成为独立运作的网络体系。

医疗卫生不是一项孤立的事业，它与当时中国的政治、经济和社会状况相联系并受其制约。关于这一点，传教士自身也承认："中国的卫生问题不是一个孤立的，与其他事物不相联系的问题。疾病、贫困和愚昧是相伴随的。不可能期望人民所面临的这些卫生问题，可以单独解决而不顾及经济和教育方面的发展情况。"①在近代中国，基督教大学尽管做了种种努力，但要改变我国医疗卫生的落后状况依然困难重重。

经费短缺。虽然基督教大学努力多渠道筹措经费，但医疗卫生毕竟是一项花钱的事业，只靠有限的经费实在难以维持。究其原因，一方面，政府多以"开支浩繁"，"预备费业已开支罄尽，其他科目均系额定用途，无法挪移"②为由对基督教大学的经费请求多有推诿；另一方面，为基督教大学提供主要经费支持的西方社会，其捐款较容易受社会环境的影响，尤其是 1929 年世界经济危机爆发后，来自西方的捐助日益减少，直接影响到基督教大学对医疗卫生事业的经费投入。经费的不充裕不仅直接影响了基督教大学的医疗诊治工作，也使其在传染病控制、公共卫生宣传、卫生清洁等方面的工作受到阻滞。这无不表明了基督教大学慈善医疗卫生

① 中华续行委办会调查特委会编：《中华归主——中国基督教事业统计（1901—1920）》，中国社会科学院世界宗教研究所译，中国社会科学出版社 1987 年版，第 980 页。

② 四川省民政厅：《中华基督教会边疆服务部人员名册、工作计划、川西区工作报告、暑期服务团筹备经过》，四川省档案馆馆藏档案，全宗号民 54，目录号 1，案卷号 2。转引自邓杰：《基督教与川康民族地区近代医疗事业：边疆服务中的医疗卫生事业研究（1939—1955）》，2007 年四川大学博士学位论文，第 103 页。

服务的无奈和困窘。

人才缺乏。基督教大学培养出来的医学毕业生多留在大城市工作，而不愿意为更广大的民众服务。“燕京而协和，这系统训练出来的大夫，不能不算是优秀的了。但他们大多只会躲在大都市的大医院里，为有钱人服务，他们决听不见千千万万农民垂死的呻吟，就听得见又怎样呢？他们不能离开大都市，要是离开了大都市，他们高明的医术也使不出来了，他们优越的生活也过不下去了。”许多学生意识到这一点后，主张青年人应该走进乡村，“虽然我们只不过是医预学生，除了治癣便种痘，看看小外伤，说些卫生常识以外，我们什么也不会，更谈不上替人治病，但我们更大的任务是接近乡民，了解他们，做个他们亲切的朋友，如果遇到非我们的能力所能及得到的病人时，我们就以朋友的立场，劝告他们及早就医”①。但事实是，即便有此认识，他们往往也只能利用业余时间提供一些简单的服务，对广大民众的医疗卫生需求来说，不过是杯水车薪。

社会旧风俗依然存在。在近代中国，许多传统风俗依然势力强劲，尤其是在广大的农村，迷信更是随处可见。民众未生病时不讲求科学的预防，得病时不讲求科学的治疗。对于基督教大学的卫生宣传，许多人虽也急切地听讲，但并不总是按所讲的去做。此外，由于公共卫生行政的现代理念尚无法真正从刑律管理和控制的意识中分离出来，很多人认为“‘公共卫生不过清除垃圾、整顿公厕、扑灭蚊蝇耳，并非难事’，遂将关系国民生死之卫生行政付托于毫无卫生知识之警察”②，导致民初卫生独立机构的创设旋起旋灭。“而人民对于卫生行政这件事，因为要取干涉主义太不自由的嫌弃，早已不表示同情，所以裁撤卫生机关，决没有民众起来反对要求复原。即使没有这个卫生行政机关，倒可以沿街小便、随地吐痰，极自由之快意。有了传染病也不妨向庙求方，何苦受医院拘束、警察干涉，

① 《下乡——一个乡村服务队队员的日记》，燕京大学学生自治会编印：《燕大三年》，1948 年版，第 53 页。

② 胡宣明：《中国公共卫生之建设》，亚东图书馆 1928 年版，第 38—39 页。

过素不过惯的法治生活"[1]。

基督教大学的医疗卫生服务最初只是基督教在华传教事业的一部分,"施医以调理病人疾病,无非佐传道之具"[2]。科学服务于神学,医疗工作服务于传教目的,救治肉体的痛苦是为了帮助灵魂的解脱。基于这样的出发点,基督教大学师生经常利用诊治的机会向病人灌输基督教义。通常情况下,其医疗行为具有很明显的仪式色彩:在开始看诊前通常都会举行礼拜仪式,由传道人或医疗传教士本人在台上向病人布道、为病人祷告;医师开始看诊时,传道人和他们的助手会招呼候诊室的病人,和他们聊天谈话并劝他们信教;病人诊疗结束后则会收到说明基督教教义的传教小册。然而利用医学开展传教的历程并没有顺利演进下去。其主要原因在于,医疗卫生事业作为整个社会事业的一个构成部分而存在,它有自己的规律和特点。以医疗活动作为直接的宗教宣传手段,以宣教事业的需要作为医疗事业的立足点,必然会扭曲医疗卫生活动本身,使之成为一项畸形的事业。随着医疗卫生事业的发展,消除宗教氛围以减少与社会的隔膜感,回归社会并按自身规律和特点发展已经成为必然的趋势。更何况基督教大学医疗卫生事业在近代中国的存在和发展,是以其对中国社会的调适为基础的。虽然它最初是"作为福音的婢女"传入中国,但在近代日益高涨的民族主义运动的冲击下,医学和传教的分离最终是不可避免的趋势。

由此可见,基督教大学的医疗卫生事业在传播基督教文化中的作用是一个变化的过程。在政治、文化封闭的环境里,医疗事业对传教局面的打开起着其他方式所不可替代的作用。进入 20 世纪以后,基督教大学的医疗卫生事业在传教上的功能日益趋于间接化,世俗性功能逐渐处于主导地位。这不仅是基督教传教方式变化的产物,而且是教会医疗事业对中国社会适应的结果。尤其是 20 世纪 30 年代以后,世界性的经济危机

---

① 胡定安:《胡定安医事言论集》,中国医事改进社 1936 年版,第 21 页。

② 李刚己:《教务纪略》卷 4。转引自田涛:《清末民初在华基督教医疗卫生事业及其专业化》,《近代史研究》1995 年第 5 期,第 179 页。

加重了基督教在华事业的困难。由于差会减少了经费和津贴，来华西医逐年减少，传教工作在各项业务中占据何种地位成为教会必须正视的问题。基督教入华初期，医药事业堪称首要工作，是传教的先锋，但30年代以后，中国形势与基督教来华初期已大不相同。虽然支持医药为传教工具这一看法的医生仍然坚持认为有病之人最需精神上的慰藉，因此乐于接受福音。与之相对，大多数西医士正在逐渐改变从前以医疗卫生事业为传教工具的态度和做法，而把医疗卫生的质量和效果放在诸项工作之首位。基督教大学还从事世俗性很强的公共卫生运动，促使其专业化。不过，在近代中国，医疗卫生一直未能得到普遍的重视，同时由于人力、财力和物力所限，在县城、服务区及实验区所取得的成绩并不适用于广大乡村，这就使基督教大学所开展的医疗卫生工作的可行性和有效性很成问题。

（三）提高民众素质：社会教育服务

所谓社会教育，从广义上讲，凡教育事业皆可称为社会教育。狭义的社会教育则指学校教育以外的一切文化教育设施对青少年、儿童和成人进行的各种教育活动。近代中国基督教大学社会教育的举办绝非偶然，而是基督教宣教以及近代中国社会经济、政治、文化、教育等诸方面发展变化的必然产物。

1. 基督教大学社会教育的发展历程

早在清末时期，基督教传教士已经认识到开展社会教育的必要性。由于在传教过程中面临着中国人对西方的蔑视与对基督教的冷漠，在华新教传教士经过长期的努力无效后认识到：一般的宣教行为无助于开拓在华传教事业，必须首先从具体的知识入手，向中国人介绍关于世界、关于西方的“正确”观念。为此，文字被赋予了世俗的使命，即在传播宗教的同时，兼顾传播西方的史地与科技知识，以开阔中国人的视野，破除其蔑视西方文明的大国心理，使其能主动接纳西方文明，为基督教在华顺利传播创造良好的社会环境。1830年在华传教士发起成立“在华实用知识传播会”，即是对这种文字传道方法的进一步拓展。鸦片战争后，文字传道进一步推进，并且重心逐渐转向引荐西方科技与社会制度等方面的知识，开基督教传教士介绍近代西方知识的先声。

民国初年，蔡元培出任教育总长，主张进行一系列的教育改革，其中一个重要措施就是注重社会教育。南京国民政府成立后，通过制定有关方针、法规等政策和文件，极大地促进了社会教育事业全面而有效的开展，这对基督教大学产生了积极的影响。它们一方面以一般没有文化的民众为对象，以扫盲识字、普及文化知识为目的，举办各种识字班、民众学校、儿童学校；另一方面以在职员工为对象，以提高员工技术水平及文化素质为目的，开展职业补习。此外，图书馆、巡回书库、公众阅报社、儿童阅览室、说书馆、美术馆、博物馆、植物园、教育品陈列所、体育场、纪念馆等，也成为重要的社会教育场所，对社会教育的发展及社会文化的进步发挥了重要的作用。

1937 年，日军发动卢沟桥事变，开始全面侵华战争，为了将知识与爱国教育宣传给广大的民众，提高民众的整体素质，激发他们的爱国热情，国民政府竭力扩大宣传，通令各类学校兼办社会教育，以充分利用学校资源为社会服务。各基督教大学纷纷结合本校的实际情况，着手相关的社会教育工作。它们认为，“现在的文化人、青年学生在抗战建国的事业上，到战场上与到民间是同样的重要。到民间去的成功与失败同战场上的胜利与失败也是一样的重要。下乡首先要注意到自己不是一个农民以外的特殊阶级，要使自己变成他们乡里人一般。抗战与生活必需互相联系，在实际生活上参入抗战意识”①。这一时期，其社会教育主要内容有三，即知识普及、生产训练、推行合作。

2. 基督教大学社会教育的内容与形式

基督教大学开展社会教育的内容与形式多种多样，主要包括儿童学

---

① 俞敏良：《民间战友的心理准备》，《协大周刊》第 1 卷第 5 期，1938 年 7 月 18 日，第 15 页。

校、民众学校、职业补习训练班、展览、戏剧等。

中国的儿童历来受到忽略与轻视，生活的贫困使得他们的父母无暇顾及儿童的发育与成长，更谈不上让儿童接受一定的学校教育。基督教大学出于虔敬的宗教仁爱之心和传教的需要，主张关注儿童，并对其实施一定的教育。早在 1910 年，岭南学堂(岭南大学前身)就由学校的基督教青年会主持，在附近办村童学校，教农民子弟读书认字。① 此外，东吴大学在苏州创办了专门招收失学儿童的惠寒小学；金陵大学、金陵女子大学创办儿童日校，让家贫失学的儿童能有识字与享受团体生活的机会；沪江大学首创夏令儿童义务学校，并与中华慈幼协会合作开办了国内第一家女工托儿所；华南女子文理学院鼓励学生每逢星期日到周围的主日学校担任义务教员，为当地儿童教唱歌曲，讲故事，进行卫生指导，教给手工制作和游戏；……这使得各地的贫困子弟有了读书识字的机会。

民众学校通常以“授年长失学者简易之知识与技能”为宗旨，把识字、习字、日用文、公民、常识、珠算、笔算等列为教学科目。由于该类学校多以识字扫盲为目的，所招收学生以成年人为主，故而周期相对较短。但对一般民众还是起到了文化启蒙的作用，它所具备的社会教育功能，也是其他学校所无法取代的。

职业补习训练班一般侧重于实用职业知识技能及相关理论学科的学习，补充从事者现有职业应具的知识技能，或增进其他职业的知识技能。由于职业补习学校的学生多为在职者，因此基督教大学在教学时间的安排上比较灵活，有利用早晨上工前的一段时间上课的“晨校”，有利用午间休息时间授课的“日校”，有利用晚上时间上课的“夜校”等。虽然与全日制职业学校相比差距十分明显，但职业补习学校利用余暇时间为在职者补习各种知识技能是此类学校的最大特点，它也因此受到普遍的欢迎。

展览、戏剧也是基督教大学社会教育中提倡较早、成效较为显著的活

① 何晓夏、史静寰著:《教会学校与中国教育近代化》,广东教育出版社 1996 年版,第 342 页。

动。沪江大学 1917 年暑期“办了一次育婴展览,为期三天,有四千人前来观看。学校的男女生被训练来讲解图表和展品”①。此后,由感亲会负责,学校每年在校园内举办乡村展览会,邀请四乡的村民前来参加。展览会除展出各种农副产品以及各种土壤和肥料的样品和照片以推广农艺外,还进行诸如“展示无线电播音和收音的神奇”之类的科普和教育宣传,以及各种工艺品、医疗用品、食品等的展览。② 这种乡村展览每次都吸引大批观众,参加者对展览产生的益处都深表赞赏。沪江大学则“利用沪大学生的才能向社区提供戏剧和音乐”,并且通过放幻灯,“将教育与娱乐密切地结合了起来”。③

3. 基督教大学社会教育的保障

基督教大学的社会教育之所以能够日益发展,与历届政府的重视和支持是分不开的。尤其是在中华民国成立后,由于认识到国家要整体发展,只重视学校教育是不够的,必须同时注意社会教育的实施,才能提高全体国民的素质,发挥国民的总体力量,国民政府作出了积极的努力,因此,国民政府不仅确立了社会教育的行政地位,颁布了社会教育的实施方针和各项社会教育法规,为基督教大学社会教育的发展提供了良好的外部环境,而且对于办理社会教育较有成效的基督教大学,国民政府也会特令嘉奖。如教育部社会教育司对于金陵大学的社会教育事业“曾专函奖赞,并由教育部颁给奖励金 1000 元,为补助发展本校社会教育之用”④;福建协和大学“兼办社教工作,在朱柏教授指导之下,历年均著成绩,并蒙教育部迭次嘉奖在案”,1942 年,教育部还下令补助其社会教育工作三

① Kulp D. H. Social Effort in Yangtzepoo, China Mission Year Book, 1918, 346.

② 王立诚:《美国文化渗透与近代中国教育——沪江大学的历史》,复旦大学出版社 2001 年版,第 113 页。

③ Quarterly Bulletin of East China Mission of Annual Report of the American Baptist Foreign Mission Society, 1921, 8.

④ 《教育部奖励本校社会教育工作》,《南大百年实录》编辑组编:《南大百年实录》中卷,南京大学出版社 2002 年版,第 326 页。

千元。①

基督教大学的社会教育在实施场所、教育方式等方面打破了传统学校教育的单调、呆板，显得灵活多样。从实施场所来看，不仅各种补习学校、民众学校、职业学校、特殊学校以及识字班、扫盲班等是基督教大学社会教育的重要场所，它们还冲破"学校"的围墙，将其拓展到整个社会公共文化的领域。在基督教大学看来，无论是通俗讲演所、图书馆、博物馆、民众阅报处，还是其他诸如电影场、剧场、公共体育场、公共娱乐场、公园等，无不具备教化民众、增加其现代性的功能。"这些活动虽非如正规学校的系统教育，但它通过生动形象的方式寓教于乐，将现代知识、现代科学融化于娱乐休闲文化活动之中，帮助传统人完成向现代人的转化，同样发挥了教育的功能。"②因此，它们都是实施社会教育的重要机关和场所。在教育方式上，基督教大学不再满足于传统学校教育只在课堂上传授知识的方式，而是根据教育目的与教育内容等，采取讲演、展览、说书、广播、体育竞赛等灵活多变的教育方式和手段，以适应广大民众的实际需要。

基督教大学师生的无私奉献精神，使得其社会教育工作能够持续不断地开展。基督教大学所开办的儿童学校、补习学校、民众学校以及所开展的展览、演讲、戏剧等活动，绝大多数经费或来自团体个人的捐助，或来自政府补贴，因数量有限，这些经费一般仅能够维持最低限度的教室租赁，教具、教材购置，以及水电费用支付等日常开支，至于教员和职员的薪金，则无从支出。因而，很多教员和职员都由基督教大学的学生担任，无偿提供服务。

许多基督教大学成立了专门的社会教育机构。比如，金陵大学成立教育学会研究社会教育问题，并聘请教育部社会教育司司长到校演讲"社会教育"，强调社会教育的意义、重要性及实施办法。③ 为使学生能够参与管理，将所学知识与技能应用到实践中，"造就社会实用人才，以谋改进

---

① 《协大周刊》第19卷第2期，1942年11月30日。

② 忻平：《从上海发现历史》，上海人民出版社1996年版，第228页。

③ 《金大校刊》第23号，1931年4月24日。

所在都市人民生活,使学生深入民众之中,服务社会,获得民众信仰,并养成尊重民众之态度与习惯,以促进社会福利事业的发展",金陵大学还特设"社会教育推行委员会"①。福建协和大学在校长林景润的主理下,成立第一届兼办社会教育推行委员会,并吸纳积极学生成为助理干事,利用本校固有的师资力量、教学资源以及其他各种便利条件,在校园邻近地区从事文化知识的启蒙式传授,鼓励全体师生深入民间推行民教、发展生产。华南女子文理学院成立了社会教育推广委员会,"一方面是为从事社会工作的职业妇女提供受训的机会;一方面则是拓宽本院基督教服务的领域"②。

4. 基督教大学社会教育的成效及制约因素

提高了民众的受教育程度。基督教大学的社会教育以全体民众为教育对象,采取多样的教育手段和教学方式向民众传授近代科技文化知识,迎合了不同层次民众的兴趣和爱好,满足了不同层次民众的需求,因而被大多数民众所认同和接受。有些民众从最基础的识字开始,逐渐学会了阅读、写字、计算等最基本的、也是最有价值的技能,为日后的各种活动打下了基础。那些学会诵读课本的民众能读书看报,了解各种知识、信息等,会读懂各种说明书和政府法律条令;学会计算的民众在工厂等行业中担负起相对复杂的工作,逐渐掌握社会科学知识和自然科学知识。即便是仍然识字不多甚至不识字的民众,在各种讲演、宣传、展览、说书等活动中也逐渐受到教化,懂得了不少知识。而对处于一定岗位的城市劳工阶层而言,各种职业补习教育在增进其生产知识、提高其职业技能等方面,也显得尤为重要。这些接受过各种补习教育,素质不断得到提高的劳动者的工作效率与目不识丁的传统劳动者相比,其差别是不言而喻的。

改变了民众的思想观念和行为方式。在教民众读书识字与基本的生产技能、生活常识的同时,基督教大学还向他们展示西方的习俗风尚、婚

---

① 《金陵大学各种社会教育计划大纲》,中国第二历史档案馆卷宗号 649/1218。

② Bissonnette W. S. A Christian College Meets the National Crisis,China Christian Advocate,Shanghai: Methodist Episcopal Church,October 1936,12.

姻家庭观念与生活方式，灌输自由、民主、科学与个性解放等现代思想观念，促使民众尤其是青年，在获得基本知识的同时，成为西方价值观念和生活方式的仿行者与实践者。以电影为例，作为社会教育的一种有效媒介，它以具体直观的内容向人们展示了全新的世界，又以变幻莫测的影像令观众瞠目结舌。在电影中，民众认识了火车、轮船等来自西洋的先进文明，直接感受到东西方之间的巨大差异，这有助于国人摒弃“奇技淫巧”的传统观念，对西方先进物质文明表示认同、赞美和羡慕。同时，电影所体现的不断变化的社会规范和价值标准也启发、诱导着他们按照电影传播的形象去思考、去行动，从中习得新的生活经验，获得对新的价值观与行为规范的认同。

丰富了民众的精神文化生活。民众精神文化生活质量的提高，是民众自身现代性程度高低及社会文明开化程度的重要标志。基督教大学为民众提供了正当的娱乐方式，有利于消除恶习陋俗，促进社会风俗习尚的现代化。在余暇的消遣中，民众的文化素质不断提高，那些学会了识字、读写的民众，以极大的好奇与兴趣阅读各种书籍、报刊，进而学会更多的知识和技能，不断加深对文化教育重要性的认识。越来越多的人通过进公共图书馆、收听广播、观看教育影片等来获取现代知识和信息以充实和提高自己。科学知识、卫生健康常识的传授，更是可以引导民众走出愚昧、迷信的罗网，日渐形成一种科学、健康、多元的现代生活方式，社会环境亦因此呈现出现代、开放的时代气息。“尽管他们仍然依恋甚至生活在传统中，但毕竟已步入现代化的轨道，开始并且正在成长为一个现代人。”①

但相对于基督教大学的医疗卫生、农业推广服务而言，其社会教育的实施不仅缺乏专业支撑和专门人才的保障，还受到以下诸种因素的制约：

民众缺乏接受社会教育的兴趣。社会教育是全体民众的教育，它必须在广大民众积极主动的支持与参与下才可能得到发展。民众对社会教

---

① 忻平：《从上海发现历史》，上海人民出版社 1996 年版，第 209 页。

育的需要程度，是决定社会教育成败的关键因素之一。而近代民众尤其是农村民众大多认为教育不能解决他们的生活问题，也无法保证受教育后会改善他们的生活状况，而且他们的守旧和迷信使得他们宁可墨守成规也不相信科学，不愿接受新知识。正是由于无法深入地认识社会教育对自身与社会的双重意义，因此，他们对接受社会教育缺乏兴趣，这造成社会教育招生和留生的困难，也使得基督教大学的社会教育很难真正取得持久的良好效果。

民众无暇接受社会教育。在近代中国，民众过的是手足胼胝的生活，由于终日忙于生计，无暇也无力接受教育。尤其是在广大的农村，农事太忙，农民都要下地干活，一天的劳累容易使他们精神疲惫，很难再有时间和精力去学习。当时从事民众教育的人在分析招生留生困难的原因时，也把“没有时间”作为理由之一。如许公鉴在转述另一位民众教育专家对民众不来求学的原因分析时，其中 5 条中有 3 条与时间有关，即职业上的障碍、时间上的冲突、雇主不同意。[①] 即使社教人员努力寻求机会，利用集会、庙会、纪念活动、演讲会、剧场等时机和场合，见缝插针地对民众施以教育，但这种场合与时机毕竟不多，效果也很难保证。中国人士办社会教育在招生和留生中尚且遇到如此困难，何况“洋人”？

社会教育的内容忽视民众的直接需要。基督教大学推行社会教育，最初是基于传教的目的，虽然后来其宗教色彩逐渐淡化，但其内容比较忽视民众的直接需要却是无可争辩的事实。其最明显的一点就是基督教大学对宣传本教教义的坚持。基督教大学作为宣教媒介，神学教育是其基本组成部分，被认为是“宣教事业的冠冕”[②]。为此，基督教大学总是利用各种机会，努力将基督教精神渗透到他们能够到达的任何地方。而民众对于“圣经”根本提不起兴趣，这不仅因为圣经与他们一直所秉持的观念

① 许公鉴：《民众学校实施问题谈片》，《民众教育存论》第 1 集，大夏大学 1935 年版，第148 页。

② On Theological Education, Proceedings of the Fourth Annual Meeting of the China Continuation Committee, Shanghai, 1916, 14.

相冲突，更主要的是因为他们认为这是无用的东西，与其花费时间和精力学习这个还不如干点儿活填饱肚子实惠。当然，基督教大学社会教育的内容设计究竟应对社会教育的效果负多大的责任，这是一个不易回答的问题。不过事实是，这些脱离民众直接需要的社教内容无疑把本来就对接受社会教育提不起兴趣的民众推向更远的地方。

基督教大学各方面投入不足。由于开展社会教育只是基督教大学服务社会的途径之一，所以在这方面，基督教大学本来就没有太多的时间和精力预算。“学生忙着读书，教员忙着教书，职员忙着办公室的事情，对于这些服务工作，那里有人这么多工夫管这种闲事呢？有工夫则作，没工夫则工作停顿了。”[①]更何况很多学校都是由基督教大学的学生创办并担任教员的，在学生放假或毕业期间，师资力量得不到保证，学校往往难以发挥预期的作用。[②] 经费不足的情况更是时有发生，“惟以经费缺乏、设备不甚完全，是宜急急改良者也”[③]。

但整体而言，内容广泛的社会教育，无疑是基督教大学社会服务中的一个亮点。作为正规教育的一种补充形式，它推动了民众智力的开发和知识的传播，促进了教育的普及以及风俗的改良，为中国教育走向现代化作出了不可忽视的贡献。同时，社会教育也拉近了基督教大学与中国社会之间的距离。1938 年，华南女子文理学院教师力玛丽（Miss Mary Lacy）在向美国差会报告时说：“一些大学女生从来没有亲自动手干活，但现在她们要到河边和其他农村妇女一道洗自己的衣服，或者到阴暗的茅屋里向母亲们展示如何卫生清洗茶具。”虽然战时社教运动的时间很短，但“对学生们来说，乡村生活的实际体验是课堂上学不到的……如果没有和乡村群众一起生活，亲身观察，倾听她们的呼声，学生们还不会真切地意识到这些群众的需要。受农村贫困生活的触动，学生们热切地要求满

① 赵承信：《科学化的燕大学生社会服务工作》，《燕大月刊》第 3 卷第 3、4 期合刊，1929 年。

② 《约翰年刊》，1923 年，第 147 页；1927 年，第 169 页。

③ 《社会服务处之十项运动》，《齐大心声》第 2 卷第 2 期，1925 年。

足农村群众的需要或改良社会环境……‘我们的姐妹急需帮助’”①。他们在社会教育方面的积极努力,赢得了政府的认可,也得到了民众的信赖。华南女大的社教推广委员会做了许多当时政府做不了的或不屑去做的工作,取得了一些成绩,博得了社会的好评。“当时驻南平、古田一带的八十师师长李良荣对华南女大的社教活动,很感兴趣,当他于抗战后担任福建省主席,组织福建省政府委员时,陈淑圭被提名担任福建省政府委员,是国民政府统治时期福建省政府唯一的女委员。”②当华南学生的战时动员队将要离开农村时,“村民已不再怀疑学生,并用放鞭炮、送锦旗的传统方式表达自己的感激之情”③。

综观近代中国基督教大学的社会教育,在不同的发展阶段呈现出不同的特点。清末民初,基督教开展社会教育主要是以传播基督教教义为主,带有强烈的文化征服色彩。20世纪二三十年代以后,受民族主义运动的冲击,基督教大学开始结合中国的社会实际,关心政治民生、科学技术等问题,表现出了较强的世俗性。但近代毕竟是一个动荡不安的转型时期,时局的变化从一开始就为基督教大学社会教育的发展埋下了隐患,战争的摧残更直接导致了基督教大学社会教育的全面衰落。

不管怎样,基督教大学毕竟跨出了迈向社会的第一步。虽然在一开始,基督教大学服务社会的目的是为了“化中国”,亦即使中国“基督化”,所以医疗卫生、农业推广、社会教育等无一例外地被置于辅助地位。但随着活动的不断发展,加之新教传教士的推波助澜,基督教大学在服务社会方面花费了越来越多的时间、精力、人力、物力和财力。这些服务在不断

① Elsie Reik. Just a Letter, Woman's Missionary Friend, July 1938, Boston: Woman's Foreign Missionary Society of the Methodist Episcopal Church. 转引自朱峰:《基督教与近代中国女子高等教育——金陵女大与华南女大比较研究》,福建教育出版社2002年版,第192—193页。

② 郭肇民:《私立华南女子文理学院历史概述》,中国人民政治协商会议福建省委员会文史资料编辑室编印:《福建文史资料》第20辑,1988年,第103页。

③ Ethel Wallace L. Hwa Nan College: The Women's College of South China, New York: United Board for Christian Higher Education in Asia, 1956, 79-80.

给传教团体提供希望的同时，也逐渐与传教团体的宗教目标发生背离，进而与传教团体的利益产生冲突。文化、经济的因素，宗教事务之间的冲突，社会服务中必须遵守的科学原则，基督教大学师生心态在矛盾和徘徊中的衍变等等，诸如此类的问题制约着基督教大学传教目的的实现。对此，当事者本身也在思考，尤其是基督教大学校长，他们努力调和融通基督教信仰与中国文化之间的冲突、委身于教育与委身于信仰之间的冲突、为信仰(差会)服务与为国家(政府)服务之间的冲突。但这仍然引起了传教团体内部越来越多的不满。西方差会试图总结使中国皈依基督教作出巨大努力却归于失败的原因，有一种解释认为基督教会过于强调社会服务事业而忽视了基督教义的宣传和教会工作本身。①

不过，基督教大学根据中国的实际情形不断地对自身进行适时的调整，通过"中国化"的进程逐步融入中国社会，并成为中国高等教育体系中具有示范意义的大学群体，为公立大学和其他私立大学的变革和发展提供了可资借鉴的经验。

第二节　近代中国本土大学的社会服务

一、近代本土大学开展社会服务的动因

近代中国本土大学为社会服务的探索，既是时代发展的客观要求，是中国自身文化教育传统精神的现代延续，也是外来因素影响的结果。

(一)时代的诉求

近代以来，救亡图存一直是中国社会的时代使命。以新文化运动为起点，新思想、新潮流、新理论大量涌入中国，民主科学作为时代的最强

---

① ［美］杰西·格·卢茨著:《中国教会大学史 1850—1950》，曾钜生译，浙江教育出版社 1987 年版，第 3 页。

音,深刻影响着中国社会的发展。在高等教育领域,实用主义作为美国大学发展的主流思想,在杜威等人的推动下,影响了当时世界教育的发展进程。由于批判传统学校制度、反对教育脱离实际、主张教育适应社会生活、标榜民主科学的精神,顺应了中国批判传统旧教育、要求教育适应社会变革、倡导科学民主的时代潮流,因此,在杜威访华期间及其后,实用主义教育思想在中国得到热烈鼓吹。而实用主义对教育实用性、工具性的弘扬,为大学承担社会服务职能提供了理论依据。

1920年前后,中国民族资本主义迎来了发展的黄金时期,急切需要大量实用性人才,客观上要求大学的教学科研走向社会化,服务于广大的工厂和农村。虽然以蔡元培为代表的学者以德国经典大学理念为旨归强调“学术自由”,但更多的人则从中国现代化所面临的困境出发,认为大学更主要的任务是服务于国家独立和民族自强的需要。为了回应这一时代诉求,近代中国本土大学不断加强与社会的联系,积极探索为社会提供直接服务的路径,大学社会化的趋势亦越来越突出。

(二)传统精神的现代延续

中国传统教育一以贯之的就是“以天下为己任”的精神。从春秋战国时的“士不可弘毅,任重而道远”,到宋代范仲淹的“先天下之忧而忧,后天下之乐而乐”,张载的“为天地立心,为生民立命,为往圣继绝学,为万世开太平”,再到明清之际顾炎武的“天下兴亡,匹夫有责”;从汉代太学的学生运动到宋代的太学生上书,直至明代东林书院的“风声雨声读书声,声声入耳;家事国事天下事,事事关心”,中国古代教育都表现出强烈的“入世”精神与“以天下为己任”的情怀。① 这种精神和情怀使得中国本土大学从一开始就不同于西方的象牙之塔。特别是近代中国本土大学诞生于民族危亡、国衰民弱之际,解救民族危机、教育救国成为压倒一切的首要任务,

---

① 纪宝成、李立国:《近代大学校长和教育家对中国教育传统的认识》,《清华大学教育研究》2006年第4期。

在这种情况下，满足国家当前需要、为社会现实服务的教育理念尤其显得重要。因此，自创建之日起，中国本土大学就被赋予承载国家、社会、民族期望的重任。而密切联系政府与社会，满足国家和社会当前发展的需要则成为大学义不容辞的责任。

（三）美国大学模式的影响

在中国高等教育现代化的过程中，对西方大学尤其是美国大学模式的模仿、借鉴和融合，是近代中国本土大学发展的重要方面。进入 20 世纪 20 年代，中国教育开始又一次大规模的学制改革，从先期学习日本向学习美国转变。美国大学教育模式，也随之深深影响着中国近代大学职能的完善。而任何外来教育模式及思想观念的导入和传播，首先必须有这一思想观念的接纳者。留美学生作为中西文化交流的载体，无疑在这一时期美国大学社会服务机制导入中国并得以传播的过程中扮演了至关重要的角色。

近代留美学生，尤其是其中专攻教育者，不仅亲历了美国大学的洗礼和熏陶，而且直接学习、研究美国的教育理论和制度，包括它的大学制度和理念。在归国后，他们中的很多人进入高等教育界，在美国大学里所获得的学识和经验直接影响了他们对中国大学的构建。他们将自己对现代大学制度的理解，诸如董事会制的行政管理制度、学生自治的学生管理制度、选修制和学分制的教学制度等，尽可能移植于中国大学，具体而有效地影响着中国大学的内部运作。而代表美国大学模式特点及世界大学职能演变重要标志的社会服务理念与机制也在这一时期被留美学生迅速、及时地传入，并得到广泛的响应。

除此之外，教会大学的样板作用，大学内部教学、科研发展的客观需求等，也是催生大学服务社会思想与实践发展不可忽略的因素。

二、中国本土大学社会服务理念的形成与职能的确立

1920 年前后，世界教育观念发生了新的变化。受民主精神的刺激，

许多学人意识到大学不但是研究高深学问的场所,并且是一国文化的发源地,它发表研究的结果,以图知识的普及与文明的增进,这是现在世界上各大学正在进行的事情。① 这就是说,现代大学不仅仅是知识的传授、学问的探究,还应努力于校外知识的普及,承担社会的责任。

1916 年,留美归国学者、北大教授陶孟和写了《吾之大学教育观》一文,描述了美国大学的服务及与社会的关系,介绍了威斯康星大学的继续教育体系,并称赞以威斯康星大学为代表的一批美国中部诸州立学校,"其猛进之精神、奖励学术、奖掖文化、劝诲后进,功绩称最伟,而其直接的服役于社会,使社会获大学教育之实益,则前辈之大学,若英之牛津、剑桥,美之哈佛、耶鲁,所远不逮者也"②。1917 年,在北京大学 20 年校庆时,陶孟和教授发表演讲词,主张推进平民主义教育,使社会上未能受教育者也能有接受高等教育的机会,指出"出版演讲通信教授等事皆大学应办之事"③。而一向倡言"学术独立"的北大校长蔡元培,在五四运动尤其是考察欧美教育归国后,对教育与社会的关系也有了更深刻的认识。他说:"美国人服务社会之精神,不可多得。……中国社会事业,可办者正多,学生应有此种服务精神。"④随后更进一步提出"学校为社会之模范,文化之中心"⑤的观点,力倡"学校为社会开门,教授为社会服务"⑥。

浙江大学校长竺可桢认为,大学不是超脱于现实社会的象牙塔,它的任务就是培养德才兼备的英才服务于社会,回报社会。所以他一贯主张学生不仅要做学问,还要关心国家大事,尽可能地了解社会,为社会做些有益的事情。曾任浙江大学教授的孟宪承也认可这一观点,在《大学教

---

① 马德荫:《美国大学之推广教育》,陶孟和主编:《大学校之教育》,教育丛著第 6 册,商务印书馆民国 14 年版。

② 《中华教育界》第 5 卷第 10 期。

③ 《陶孟和教授之演说词》,《国立北京大学纪念刊》第 1 册,《民国史料丛刊》(台湾)第 5 编,传记文学社印行,第 40 页。

④ 高平叔主编:《蔡元培教育论著选》,人民教育出版社 1991 年版,第 347 页。

⑤ 高平叔主编:《蔡元培教育论著选》,人民教育出版社 1991 年版,第 439 页。

⑥ 蔡建国主编:《蔡元培先生纪念集》,中华书局 1984 年版,第 200 页。

育》一文中，他介绍了美国大学的办学特点—既重视研究又关注对社会的服务，指出：现代大学的理想是智慧的创获、品性的陶熔和民族、社会的发展，因此现代大学有以下几个具体的任务：(1)研究。大学既以智慧的创获为最高理想，当然就以研究为其最高任务。(2)教学。这是凡有学校所同有的任务，大学也非例外。(3)推广。大学对于社会的贡献，就在于他的研究和教学，但也应当适应平民主义的要求，推广知识于它的“宫墙”以外，而有所谓“大学到民间去”的运动。① 大学一面开展教学和科研，但另一方面也努力服务于社会。

东南大学是最早明确将社会服务视为高等教育职能之一的中国本土大学。1920 年筹建之初，东南大学就明确要求各系科都要注意面向社会，为社会服务，做到教育、科研、推广三者并举。这无疑与以留美归国学者郭秉文为首的创办者有很大关系。郭秉文早年留学美国，对美国高等教育突出服务社会职能的运行机制留有深刻印象。虽然郭秉文并没有关于大学服务社会的专门论述，但在实际办学过程中，他积极践行了这一理念。1921 年 3 月 16 日，在《国立东南大学大纲》第四章《学制》第 7 条专门规定，“另设推广部，其类别如下：一、校内特别生；二、通信教育；三、暑期学校”②。以规章的形式确定了该校在办学之初就要担当大学“推广”学问的责任，并且明确了推广的形式可以有“校内特别生”教育、校外“通信教授”、开办“暑期学校”等形式。该大纲还规定“评议会为商榷校务便利起见，酌设各项委员会，其常设者如下……推广教育委员会”。③ 推广教育委员会是常设的八委员会之一，表明东南大学的推广教育服务有了组织机构的议事依托，这使得“推广教育”的职责进入了大学管理层面的议事规程，而不会仅仅流于形式。因此可以说，《国立东南大学大纲》中的相

① 孟宪承：《大学教育》，商务印书馆 1934 年版，第 8—9 页。

② 《南大百年实录》编辑组：《南大百年实录》上卷，南京大学出版社 2002 年版，第 128 页。

③ 《南大百年实录》编辑组：《南大百年实录》上卷，南京大学出版社 2002 年版，第 130—131 页。

关条款是近代中国大学社会服务职能的最初制度萌芽，为全面实现社会服务职能打下了坚实的根基。吸取东南大学的办学经验，1924 年，教育部颁布《国立大学校条例》，其中第 10 条明确规定：国立大学校得设各项专修科及学校推广部。自此，大学设立推广部，承担社会服务的职能便以教育法规的形式确立下来。这从国家制度的层面对大学进行社会服务做了规定，表明当时对大学社会服务职能的认识达到了一个新的水平，从而为全国范围内各大学开展社会服务活动提供了宏观制度的依托。1926 年 8 月 1 日，东南大学颁发《修正国立东南大学组织大纲》，明确规定社会服务在其办学宗旨中的地位，指出该校"以研究学术、发扬文化、培养通才，以应社会需要为宗旨"，进一步明确了其办学之初把社会服务与教学、科研并举的理念。该章程还规定："本大学为推广教育起见，得设暑期学校及各种专修科"，这是我国大学第一次在办学宗旨上将服务社会与教学、科研并举明确下来。各学科根据这一办学宗旨，仿照美国大学学科教育的做法，将全部教育明确分为研究、教学、推广三部分，在教学之外，进行科学研究与学科推广。[①] 1924 年，国立广东大学成立，议定颁布《国立广东大学规程》，规定："国立广东大学以灌输及研究高深学理与技术，并因应国情，力图推广其应用为宗旨。"[②]随后全国范围内的大学社会服务职能开始普遍实现。

不仅国立大学为社会提供服务的理念和职能得到发展和确立，近代中国本土私立大学在办学过程中也大多紧密结合社会发展需要、坚持为社会服务的办学方向。这主要是因为，私立大学面临的一个重要问题是经费筹措，它们不可能像物质条件优越的国立大学、教会大学那样，埋首钻研高深的学理，走为学术而学术的道路，生存的需要决定了它们必须把目光投向社会，投向市场，立足于社会现实的需要进行办学。

南开大学是最早提出针对中国国情办学的高校之一。时任校长的张

---

① 张雪蓉：《以美国模式为趋向：中国大学变革研究（1915—1927）》，2004 年华东师范大学博士学位论文，第 104 页。

② 黄义详：《中山大学史稿（1924—1949）》，中山大学出版社 1999 年版，第 35 页。

伯苓认为，当时中国首要的问题是振兴事业，增加物质文明，所以他提出办南开的目的在于“痛矫时弊，育才救国”，“造成一班有组织、有能力的人，以发达中国的事业，而谋国家的富强”，并且确定以“了解中国社会实际，研究中国的社会问题为根本”这一办学方针，还因此曾经受到某些人的讥笑和讽刺。南开大学成立初期，正值学术界推崇为学问而学问，为研究而研究。有人指出：“张伯苓以实用为科学的重点，是把科学从崇高的地位拖到尘埃。张伯苓只配作一个职业中学的校长，不配作一个大学的校长。”然而，面对非议，张伯苓没有退却，坚持从私立大学的实际出发，在适当设立理论学科的同时，大力发展应用学科，走与中国实际相结合的道路。他说：“教育目的不能仅在个人。当日多在造成个人为圣为贤，而今教育之最要目的，在谋全社会的进步。”①“余信中国新教育最要之目的，即为训练青年人以服务社会心。先是社会上以家庭为单位，故个人服役之动作，恒不出家庭之范围。今者是种情形已过，余等应教青年人，不仅服役其家庭或与其相关系者，而且应服役其国。”②张伯苓坚信爱国可以出乎热情，救国必须依靠力量。学生在求学时期，必须充分准备救国能力，在服务时期，必须真切实行救国志愿。有爱国之心，兼有救国之力，然后始可实现救国之宏愿，中国大学教育就是要培养能够服务社会、解决中国社会实际问题的人才。1928 年，在其主持制定的《南开大学发展方案》中，张伯苓进一步果断地提出南开大学要力行“土货化”的方针，“吾人为新南开所抱定之志愿，不外‘知中国’、‘服务中国’二语。吾人所谓‘土货化’南开，即以中国历史、中国社会为学术背景，以解决中国问题为教育目标的大学”③。为更好地实现其“土货化”的方针，张伯苓于 1929 年遍访了西方各发达国家。此行张伯苓不再仅仅注重考察欧美国家的教育方式，而是要把教育放到整个社会的大背景中去考察。他明确指出此次教育考察与以往的不同之处在于：“教育的考察以前是注意学校的组织、外

① 王文俊：《张伯苓教育言论选集》，南开大学出版社 1984 年版，第 63 页。

② 梁吉生：《张伯苓的大学理念》，北京大学出版社 2006 年版，第 4 页。

③ 王文俊等主编：《南开大学校史资料选》，南开大学出版社 1989 年版，第 39 页。

形,现在的考察不应如此了,因为我看过的学校不知有多少了。现在的考察教育便是考察社会。教育是解决社会问题的,各国的情形如何?一切政治经济的状况如何?教育怎样解决他们这些问题?所以,教育与社会很有关系。"[①]与此同时,国民政府和欧洲学者考察团对中国教育所面临问题的分析也得出了与张伯苓所思考的大同小异的结论。1929 年,国民党中宣部的提案认为当时教育有以下几个弊端,其一为"学校与人民实际生活分离,教育之设计,不为大多数不能升学之青年着想,徒提高其生活之欲望,而无实际能力以应之,结果使受教育之国民,增加个人生活之痛苦,以酿社会之不安";其二是"各级教育偏重于高悬浅薄之理论,未能以实用科学促进生产之发展,以裕国计民生";其三是"教育制度与设施缺乏中心主义,只模袭流行之学说,随人流转,不知教育之真义,应为绵延民族之生命"。[②] 1931 年,由欧洲学者组成的国联考察团来中国考察,批评中国大学的教学计划"若不参照中国之实际生活,反参照外国大学教学之情况,则民族文化必至堕落。仅有模仿而无独创之研究与思想,则其所产生之后一代人才,亦缺少适当之准备,不能各负其责,以解决中国当前之问题"[③]。这也正是张伯苓教育"土货化"所想要改变的。为此,他改革了南开的学科设置,大力发展应用学科,使"教学与研究,二者相辅相成,互生互利,不可偏废",真正面向中国国情,联系民众实际。1930 年,时任南开大学教育学教授的黄钰生说:"大学的意义,(一)在'润身';(二)在'淑世'。'润身'是为个人,'淑世'是为社会。'为学问而学问',就是因为学问可以'润身';'学以致用',就是要改良社会——'淑世'。"他明确指出"南大(指南开大学)就是将淑世放在润身之先的一个学校"[④]。在《四十年南开学校之回顾》中,张伯苓进一步指出,南开是为实现教育救国而设

---

① 《南开双周》第 4 卷第 2、3 期。转引自侯杰、秦方:《张伯苓》,河北教育出版社 2004 年版,第 115 页。

② 高奇:《中国高等教育思想史》,人民教育出版社 1992 年版,第 316 页。

③ 国联教育考察团:《中国教育之改进》,国立编译馆 1932 年版,第 182—183 页。

④ 梁吉生:《张伯苓与南开大学》,山西教育出版社 1995 年版,第 98 页。

立的，其目的是“培养救国建国人才，以雪国耻，以图自强”。他阐释了“允公允能”的办学方针，认为惟“公”故能化私、化教，爱护团体，有为公牺牲之精神；惟“能”故能去愚，去弱，团结合作，有为公服务之能力。“允公允能”的“目的在培养学生爱国爱群众之公德，与夫服务社会之能力”。[①] 为此，南开制定了三项标准以求实效：“（一）各种研究，必以一具体的问题为主；（二）此问题必须为现实社会所急待解决者；（三）此问题必须适宜于南开之地位。”[②]张伯苓这一中国化、民族化的大学理念与实践，使南开大学走出了一条全新的中国大学教育之路。在这一理念的指导下，南开大学把“知中国”落实在社会调查实践上，而“服务中国”更是立竿见影，不仅根据社会需要设置学科专业及研究机构，而且与企业互动，在教学过程中为企业解决实际问题，直接为经济社会发展提供服务，可谓中国大学教育发展史上的创举，受到国内外的普遍重视和好评。

20 世纪 30 年代，复旦大学也明确提出了大学为社会服务的办学理念。复旦前校长吴南轩认为：“纯科学的研究，为知识而求知识的研究，在大学中诚然也占有一个位置，然而我们的学校将特别重视国家社会的迫切需要。我们以后当致力于解决现代社会实际的问题，而不专崇尚经院式的理论研究。”[③]本着这一理念和宗旨，复旦无论是中学还是西学课程设置都远不如最初所设想的那样宽广和深入，而是特别重视设置那些与社会的现实需要联系紧密的学科。牺牲、服务、团结，亦一直是复旦大学在办学过程中所秉承的办学理念。

总的来说，尽管各位学人关于大学服务社会思想的表述不同，但他们都抱有朴素而又坚定的教育服务社会的理想和信念，大学要利用自身的学术资源优势为社会提供服务已成为共识。而这一思想的形成，无论对近代大学社会服务职能的确立，还是对大学服务社会实践的发展，都具有

---

① 张伯苓：《四十年南开学校之回顾》，《南开四十年纪念校庆特刊》，1944 年。

② 王文俊等主编：《南开大学校史资料选》，南开大学出版社 1989 年版，第 39 页。

③ 复旦大学校史编写组：《复旦大学志》第 1 卷，复旦大学出版社 1985 年版，第 393 页。

重要的引领作用。

三、近代中国本土大学的社会服务实践

近代中国本土大学直接为社会服务的活动在民初就已经出现，比如，1918年南京高等师范学校受江苏省教育厅委托办理视学讲习会，训练视学员；北京大学设立校役夜班，鼓励学生在校外参加平民教育活动等。但总的来看，这些活动多为自发的、零散的、个别的，没有明确的指导思想作为支撑，大学本身并没有将它与教学、科研结合起来，更没有将其作为大学内部运行机制的构成成分来看待，因此，只能称其为大学社会服务的萌芽。

经过20世纪初至20年代的发展，吸纳美国大学为社会服务理念的中国高等农学教育已经具有了比较厚实的基础，各高等农业院校基本"按国内之情形，与时代之精神，社会之需要，切实培养人才"，"贯彻科学精神，实行教学、研究、推广的'三一制'（即三一结合）"[①]的发展路径去探寻为中国社会服务的建设之路。

（一）"教学、研究、推广"三合一：农学社会服务

大学直接为社会服务的职能最早体现在农业院校的农业推广工作，因此，在某种程度上可以说，农业院校的农业推广工作是高等教育直接为社会服务的发端。

为了解决生产实际问题，我国高等农业学校从创建初期就开展了初步的农业科学研究，包括农作物优良品种的引种、试种、品种繁育、病虫害防治等，20世纪20年代以后，农业院校开始重视农业科学研究，逐步建立了各类农业科学研究机构。在这一发展过程中，一些农业专家通过多年从事农业工作的实践，积累了丰富的经验，提出了许多很有价值的建议。毕业于康奈尔大学农学院的中山大学农学院教授邓植仪，受美国高

① 陈裕光著：《回忆金陵大学》，《高教研究与探索》1987年第2期。

等教育农业教育制度影响，提出农业教育与农业建设当谋其沟通，农业教育要以整个农业为对象。高等农业院校所负使命，不仅造就专门人才，尤其需要负推进及解决地方农业问题之责。中山大学农科教授丁颖认为，高等农业院校必须负担起三项职责：一为振兴农业，复兴农村，安定农民生活；二是为了解决农业推广问题；三是为了提高民族文化素质。① 1923年邹秉文写了我国第一本农业教育专著——《中国农业教育问题》，分析了全国各地农业教育的得失利弊，分别申述了他对改革农业教育的意见，历陈了教学、科研、推广三结合的重要性。1945年，邹秉文起草了《中国农业建设方案》，提出农业试验场与农业学院同置一地，其专家可与教授相互兼任，并共同从事示范推广；基层农业技术推广人员应长期稳定，甚至实行终身制，各县设立青年农民讲习所，就地招生，每年学习6个月（10月至次年4月），毕业后回原地从事生产劳动等。② 毕业于东京帝国大学农科的许璇教授，最早开设农业经济、农村合作等课程，提出“熔学术教育与农村事业于一炉”的教育方针，创建了农村建设实验区。

在农业院校和农科教授的推动下，1929年3月，国民党第三次全国代表大会通过《中华民国之教育宗旨及实施方针》案，提出，各农业教育机关“须全力推行”改进农业生产的方法、提高农民生产技能、改善农村组织与农民生活，普及农业科学，促进农民的生产消费合作等，使之“与产业界取得切实联络，俾有实用”。③ 同年6月，由农矿、内政、教育三部共同颁布了《农业推广规程》，提出农业推广的宗旨为：“普及农业科学知识，提高农民技能，改进农业生产方法，改善农村组织、农民生活及促进农民合作。”其中第二条规定：国立或省立专科以上农业学校可以和省农政主管机关共同办理农业推广事务，或是由国立或省立专科以上农业学校内设

---

① 何贻赞等主编：《丁颖、邓植仪农业教育论文选集》，华南农业大学内部印行，1992年，第127—128页。

② 《中国农业历史与文化网》，农家者流。

③ 周邦任、费旭主编：《中国近代高等农业教育》，中国农业出版社1994年版，第39、113页。

以农业推广处管理该省内之农业推广事务。① 1930 年 7 月，中央农业推广委员会公布了《农业专科以上学校农业推广处组织纲要》。9 月，行政院发布第 3744 号令，要求各省设立高等农业学校，作为推广的基础机构，与行政机关合作开展农业推广服务工作。1931 年 1 月，实业部会同教育部、内政部通令，中央已经核准了《省级农业推广机关组织大纲》，各省市应遵照办理，并规定省级农业推广委员会应设常务委员会，分设执行、技术两部，农业专科以上学校应设农业推广处或推广委员会。

在中央政府的统一领导下，20 世纪二三十年代，各高等农业学校纷纷效仿美国大学农学院，先后成立了农业推广机构及其推广试验区，在引进良种、改进栽培管理技术、防治病虫害、科学施肥、推广新式农具等方面做了大量工作。如北京农业大学、东南大学、河北大学农科、中山大学农学院、浙江大学农学院等相继成立了农业推广部，负责农业推广工作。有的学校还设立了劝业部、农村讲习所等。为配合农业推广工作，高等农业学校一般都建立了农事实验场，使农业推广工作建立在科学实验的基础之上。在这方面成绩最大的首推中央大学。

中央大学农学院农业推广处成立于 1924 年，时称东南大学农科农业推广部。它内设编辑、调查、通俗教育、售品 4 股。1936 年，推广部改为推广处，设主任编辑员、主任宣传员、主任指导员各 1 人，推广员 5 人，助理推广员 3 人，分为总务、指导、编辑、制作、宣传、展览 6 股。推广部附设园艺、畜牧、兽医、蚕桑 4 个专修班，张天才任专修班主任。② 该院共有农林畜牧园艺蚕桑等场 20 处，总面积近 2 万亩；农场 7 处，面积 2700 余亩；林场四处，面积 1.4 万余亩；牧场二处，面积 72 亩；园艺场四处，面积 200 余亩；蚕桑场 1 处，面积 100 亩；农产制造所 1 处，占地 5 亩。

---

① 台湾成人教育学会：《大学成人教育》，师大书苑有限公司 1994 年版，第 110 页。

② 费旭、周邦任编撰：《南京农业大学史志(1914—1988)》，南京农业大学农业教育信息中心，1994 年，第 21 页。

表 4-1 中央大学农学院农事试验场所①

场名	场址	面积	事业概要
院内农场	南京城内三牌楼农学院内	41 亩	棉作方面进行品种观察杂交试验遗传试验。小麦方面进行品种观察杂交育种。水稻方面进行遗传试验杂交育种。杂粮方面进行大豆品种观察
劝业农场	南京城内三牌楼劝业场	165 亩	棉作方面进行爱字美棉及孝感中棉之育种。麦作方面进行小麦育种及棉麦两熟试验
大胜关农场	南京汉西门外大胜关	1347 亩	杂粮方面注意玉米之自交及杂交育种,大豆之纯系育种以及大豆、玉米各种栽培试验。小麦则进行轮作播种期肥料试验等。棉作则专注以意繁殖
昆山农场	昆山县大西门外白塔港	143 亩	本场栽培试验水稻为主,以稻育及推广稻种为辅
江浦农场	江浦永宁镇	438 亩	本场进行脱字棉之育种及棉麦之推广。22 年起又增加水稻育种及试验
杨思农场	上海浦东杨思厂	130 亩	本场进行江阴白籽棉育种及棉作栽培试验与棉作推广等
光华农场	南京光华门外	53 亩	繁殖棉麦良种,从事经济栽培
院内林场	南京城内三牌楼农学院内京沪路线	180 亩	培养树苗,并栽植标本林 28 区,植物园二区
下蜀林场	下蜀桥头镇	1100 亩	分段栽植单纯林及杂木林,已栽植完竣。现并注意茶园油桐之经营
幕府林场	南京和平门外上元门幕府山	6000 亩	栽成各种试验林。现已栽植标本林 35 区,仍在继续进行中

① 《南大百年实录》编辑组:《南大百年实录》(上卷),南京大学出版社 2002 年版,第 323—324 页。

续表

场名	场址	面积	事业概要
乌龙林场	南京和平门外笆斗镇	8040 亩	除保护一部分野生树木为先驱树,而于其下栽植主要之经济林外,栽植油桐乌柚等之特种林木
院内牧场	南京三牌楼场学院内	45 亩	进行牛猪羊鸡蜂等育种,饲养,管理试验,并繁殖推广
成贤牧场	南京成贤街	23 亩	乳牛繁殖,并出售消毒牛乳
成贤园艺场	南京成贤街	46 亩	注重温室庭园植物及花卉之育种并繁殖推广试验
院内园艺场	南京三牌楼农学院内	18 亩	注重花卉及蔬菜之育种试验,并繁殖推广
太原园艺场	南京太平门外	101 亩	举行各种果树之栽培试验,并繁育推广
丁家桥园艺场	南京丁家桥	38 亩	培养庭园树苗,及行道树苗
蚕桑场	南京三牌楼	104 亩	原蚕种之改良制造,桑树栽培及蚕桑病虫害之试验等
农产制造所	南京三牌楼农学院内	分酿造制曲发酵贮藏等及酱油园,占地约 5 亩	制造改良酱油和羹粉酒曲及高粱酒等
新校址农场筹备处	中华门安德门铁心桥	收地手续尚未办竣,全部面积现在不能确定	畜牧部进行改进猪种,农艺部蕃殖纯系棉麦及大豆,园艺部栽植观赏树木及果树,森林部已植标本林 25 万株,桑蚕部栽植桑苗 2 万株

中山大学农业推广部成立于 1924 年,是隶属于农学院的专事农业推广工作的机构,“其目的是将该院师生平时研究所得,推广至全国农村,灌输给全国农民,使一般农民的耕作,成为科学化,收到农事改良的效果,进而增进农业生产”①。在蚕种改良方面,该院设有三水蚕种改良所和南路

① 黄福庆:《近代中国高等教育研究——国立中山大学(1924—1937)》,台湾“中央研究院”近代史研究所,1988 年,第 128 页。

蚕业试验场，选制优良及无毒蚕种直接分配给蚕户饲养，并指导其饲养上应注意的事项，以求蚕业的改良与发展，成效甚至，并逐渐推广至各县。在稻作改良方面，1927年，中国现代稻作科学主要奠基人、中山大学农科丁颖教授在茂名县公馆圩筹建了我国第一个稻作专业研究机构——南路稻作育种场。之后，又增设了石牌稻作试验总场和虎门（沙田）、东江（梅县）、北江（曲江）等试验分场，旨在选育优良稻种，改进栽培技术，对发展华南粮食生产作出了贡献。此外，该推广部还设有农声编辑处——刊行《农声月报》，至1935年共发行188期，订阅交换及赠阅约千户；刊行农业浅说，灌输农业常识给一般农民；增刊合共出至29种之多，重新翻印共约3万余册，随时赠送，以资推广。设立农民询问处——灌输农业知识、讨论农业问题；设立农民夜学，授以粗浅文字及农业常识，使其对于农业改良方法，易于接受，并增进其工作能力。①

浙江大学农业推广部建立于农学院时期，它是在农专时期业已举办的各种农业推广事业的基础上进行不断扩充后形成的专门办理农业推广事业的机构。浙江大学通过它与试验研究委员会，共同组织各系试验研究和农业推广工作。抗战爆发后，它一度中断，1940年秋在贵州湄潭获得了恢复。②

在开展农业技术推广的同时，不少大学也开始专门培养推广人才。1931年，湖北高级农业学校并入湖北教育学院，成立农业教育系；1936年四川省立教育学院（原乡村建设学院）中原农学系改为乡村教育系和农事教育系；1943年，在邹秉文的努力下，征得美国农业部推广局的同意，由美国农业部为每人提供1200美元资助，选送杨懋春、谢景州等10人去美国留学，专攻农业推广。其他一些大学有的也设立了农业教育系。

此外，不少大学还举办培训班，培训农民技术骨干。早在1917年，国

---

① 黄福庆：《近代中国高等教育研究——国立中山大学（1924—1937）》，台湾“中央研究院”近代史研究所，1988年，第129页。

② 浙江农业大学校志编撰委员会：《浙江农业大学校志》，浙江教育出版社1992年版，第93页；陈锡臣主编：《浙江农业大学校史（1910—1984）》，1987年，第11页。

立北京农业专门学校就在郊区农村办简易农民讲习所,向农民传授农业技术知识。1920年,邹秉文在东南大学农科开办暑期植棉讲习会、植棉讲习班,培训各地选送来的270名学员,为培养农民技术骨干,把农业新技术带到农村,作出了显著贡献。

发行农业科普报刊、书籍,并利用电影、广播,传播农业知识。各农科院校编写各种农业科普报纸、科普书刊等,如1926年,东南大学农科与上海明星影片公司合作拍摄改良稻麦影片,在全国各地放映,用于新品种的推广;1928年,中山大学农学院编写了《农业浅说》,指导农民生产;这些灵活多样的形式,促进了农业新知识、新技术的传播,使农民及时学到许多农科学科知识、技术,促进了农业的改良。

据统计,至1947年,国立和私立农科院校设有农科研究所15家,各大学的农科就作物育种、植物病虫害、果树与蔬菜改良,以及农村经济和社会问题等进行了广泛的研究、调查和推广工作,取得了显著的成绩。

(二)经济效益、社会效益双赢:工商业服务

恩格斯曾指出:“一切社会变化和政治变革的终极原因,不应求之于人们的头脑之中,也不应求之于人们对于永恒真理和正义的日益增长的理解之中,而应求之于生产方式和交换方式的变革之中;这些原因,不应求之于哲学,而应求之于各该时代的经济。”①鸦片战争后,以大炮为后盾的商品输入使中国一步步变为半殖民地半封建国家,中国的经济结构开始发生变化,以大机器为生产手段的近代工业开始出现。中华民国建立以后,政府进一步鼓励民族工商企业的发展。而第一次世界大战爆发后,各西方国家由于忙于战争,无暇东顾,更是给中国民族资本主义的发展带来了前所未有的机遇,中国的民族工商企业迎来了发展的黄金时代。正是在这种社会背景下,近代中国本土大学适时调整了自己的办学方向,积极为工商业的发展提供多方面的服务。

---

① 《马克思恩格斯选集》第3卷,人民出版社1972年版,第425页。

作为一所私立学校，南开大学为了更好地发挥服务社会的职能，以"知中国、服务中国"为指导，专门设立解决中国实际问题的研究机构。张伯苓认为："大学学术，恒以西洋历史和西洋社会为背景。全校精神，几以解决西洋问题为目标。就社会科学论之，此种弊端，可不言而知。社会科学，根本必以某具体社会为背景，无所谓古今通用之原则。倘以纯粹洋货的社会科学为中国大学之教材，无心求学者，徒奉行故事、凑积学分，图毕业而已；有心求学者，则往往为抽象的定义或原则所迷，而置中国之历史与社会不顾。自然科学稍异，然亦不能谓洋货均能适用，更不宜谓中国应永久仰给于洋货。……中国人欲利用中国之天然环境，非有土产之科学不为功。……吾人可断定，中国大学教育，目前之要务即'土货化'。吾人更可断定，土货化必须从学术独立入手。"①他说："中国大学若不努力于研究事业，则中国学术永无土货化之时期。正如商界欲从国货代洋货，则不能不提倡制造也。"②只有研究关于中国社会的实际问题，建立起关于中国问题的科学知识体系，才能更好地发挥大学服务社会的职能。

在张伯苓的倡导下，1927 年，南开大学成立了东北研究会，研究日本和东北问题；1931 年，创立经济研究所，主要进行以下工作：如编纂、分析中国重要的经济与金融统计数字，深入农村进行农村经济研究，积极协助开展乡村平民教育运动，并通过实地的调查和研究，编写出大量中国化的、适合中国国情的大学教材。1932 年，创立应用化学研究所。

南开大学化学研究所是南开大学实用科学技术研究适应经济发展要求的产物，也是理科院系加强同社会横向联系的一种尝试。20 世纪二三十年代，"我国学校与社会之间，夙称隔阂。隔阂之意，盖谓学科与国情不合，而学生之所学，非即其将来之用也"③。因此，张伯苓与研究所创办人

---

① 王文俊：《南开大学校史资料选（1919—1949）》，南开大学出版社 1989 年版，第 38 页。

② 王文俊：《南开大学校史资料选（1919—1949）》，南开大学出版社 1989 年版，第 39 页。

③ 《应用化学研究所报告书》，第 1 卷，1933 年。

张克忠在给研究所定名时，特别强调“应用”二字，在该所章程上明确规定：“本所目的，在研究我国工商业实际上之问题，利用南开大学之设备，辅助我国工商界改善其出品之质量，俾收学校与社会合作之实效。”①具体言之，则包括三个方面：（一）扶助国内制造职业，代为解决各种化学上及工程上之疑难问题，并研究国内应有工业，设法改良，使渐上现代科学方法之轨道。（二）研究国外重要制造事业之成法，使其可以移植于国内，而适合于中国环境。（三）以工业上之实际工作，训练大学毕业生，使理论课程与实际经验得以互相联络，并启发青年化工人才之智慧与才能，引入创造建设之途径。② 本着这种精神，应用化学研究所坚持“教育与科研并重”、“研究与生产并举”的方针，在该所刚建立时就设有“专司化验分析各种物品”的化学部；“以研究所得之新法，自行制造各种物品，其结果备我实业界之采用”的制造部；“解答各界关于化学工业上之困难问题”的咨询部。③ 他们主要面向我国工商业实际，着重研究解决工业生产中的实际问题。据统计，从 1932 年建所开始到 1936 年的 5 年中，该所接受委托分析化验样品 323 个，并成功引进、仿制金属磨光皂、油墨、浆纱粉、复写纸、黑铜水、制草发光水、辣酱油等轻工业产品，不但满足了厂家的需要，增长了研究人员的专业知识，提高了研究水平，而且对于当时减少对洋货的依赖，发展国产轻工业制品起到了良好的作用。该所研究人员接受社会委托，代为研究解决生产中的关键技术，直接服务于社会生产；不但急京津等地厂家之所急，而且接受远至包头、昆明厂家委托研究项目；不仅负责提供研究样品，而且常把厂家的技术业务人员请到所里来传授技术，深受委托单位的欢迎与赞许。研究所也开展了对农副产品及食品工业的研究，如黑豆油的漂白、谷糖的制造、棉籽油的高热分解以及从植物秆提取造纸原料、芦苇秆制纸等试验，促进开发农副产品的综合利用，通过化学手段，加工制造出价值更高的产品，把农业的发展与工业的发展结合起

① 《南开大学应用化学研究所章程》，《天津南开大学一览》，1932 年。

② 《南开大学应用化学研究所报告书·第二卷》绪言，民国 23 年 6 月（1934）。

③ 《南开大学应用化学研究所化验部章程》，《天津南开大学一览》，1932 年。

来。在化学工业的设计、建筑方面，研究所接受外商委托并成功设计建成了利中酸厂；设计了每天轧棉籽5万斤的思勤油厂，并作了工程技术上的建议。为了把化学所的科研成果尽快转化为生产力，并且通过生产实践更好地培养人才，1934年，该所组织了南开化学工业社，后改建为研究所的试验工厂，“专门利用本所同人研究成果，从事于未注意制造之研究，俟有成绩，即可让渡与人”①。该厂生产的如硬脂酸、油酸、甘油、钾皂、酒精、黄铅粉、红铅粉等，除酒精自用一部分外，其他产品都供应天津各厂家，对改变当时市场上企业间相互倾轧、封锁的不良风气起了一定的作用。应用化学研究所面向社会，在有偿服务的同时，尽可能地发挥研究所的社会效益，并努力尝试将科学技术转化为现实生产力。

复旦大学与中国茶叶公司合作创办茶业研究组，附设茶叶研究室，以改进我国茶叶的产制技术、扩展国内外贸易。研究室的研究员以茶叶组的教授和在茶叶方面有造诣的人员充任。研究室分三部：一为生产部，从事茶叶产制的实验与研究。二为化验部，从事茶叶的化学分析与实验研究。三为经济部，从事茶叶经济行政及政策的调查研究。研究室内并附设实验茶场、茶叶化验室与茶叶资料室。

1931年3月，中山大学设立经济调查处，其宗旨是调查本国经济实况，研究本国经济变迁，洞察本国社会，推动国民经济的良性发展。聘请教授任主任委员，以助教兼研究员或调查员，把调查范围由广州市扩展到华南各省，主要调查事项有广州工人生活费指数、石牌附近农村经济及广州批发物价指数，以及广东金融、粮食、丝业、族田制度和工业调查、对外贸易等，并将调查结果出版，计有《广东经济年鉴》、《广东之银业》、《广东纸币史》、《广东典当业》、《广东烟酒税发展变革概况》、《广东工人家庭之研究》、《民国十二年至二十二年广州劳资争议底分析》、《广东批发物价指数季刊》、《广东工商业固有簿记调查汇编》等，为广州及广东的经济发展

① 南开大学校史编写组：《南开大学校史(1919—1949)》，南开大学出版社1989年版，第210页。

提供了研究依据。尤其以与广州市社会局合作调查的报告《广州之新兴工业·第一编·橡胶业》最能体现服务社会之合作精神。①

为工商业发展提供服务可以说是近代中国本土大学社会服务的鲜明特色之一。它顺应了时代和经济发展的需求,一方面促进了社会工商业的发展,同时也密切了大学与社会的联系,为自身发展赢得了不菲的教育经费,实现了经济效益与社会效益的双赢。

(三)走出校门 面向社会:社会教育服务

社会教育曾经是近代中国教育发展过程中的亮点之一,不少学者曾就这一问题做过论述。蔡元培认为,“教育决不是专为儿童而设,凡年长的人,无论其从前是否进过学校,也不可不给他有受教育的机会。例如补习学校,平民大学等”②。他十分推崇国外大学在校内外兼办社会教育的做法,尤其赞赏美国的“大学推广教育”。他说:“美国人服务社会的精神,不可多得”,“中国社会教育很少,应学美国尽量发展”。③ 在任北京大学校长期间,他主张开设夜校,同时鼓励学生在校外参加平民教育活动。1919年,北京大学学生发起组织平民教育讲演团,“以增进平民智识,唤起平民之自觉心”④,通过“以学就人之教育”,采用露天讲演等方式,实施对社会各种人群的教育,开展起大量的平民演讲活动,传播了各种学科的知识。他后来曾评价说:“五四’以来,学生多组织平民学校,教失学的人以普及知识及职业,是一件极好的事。”⑤正是基于这种认识,在尝试推行大学区制时,蔡元培提出大学兼办社会教育,主张在大学区教育行政系统中设立“扩充教育处”,“分全国为若干大学区,每区立一大学,……一区以

---

① 吴定宇、陈伟华、易汉文:《中山大学校史(1924—2004)》,中山大学出版社2006年版,第105页。

② 高平叔主编:《蔡元培教育论著选》,人民教育出版社1991年版,第451页。

③ 高平叔主编:《蔡元培教育论著选》,人民教育出版社1991年版,第347页。

④ 朱有瓛等主编:《中国近代教育史资料汇编·教育行政机构及教育团体》,上海教育出版社1993年版,第492页。

⑤ 高平叔主编:《蔡元培教育论著选》,人民教育出版社1991年版,第287页。

内的中小学校教育，与学校以外的社会教育，如通信教授、演讲会、体育会、图书馆、博物馆、音乐、演剧、影戏与其他成年教育、盲哑教育等等都由大学办理”。[①] 尽管蔡元培的这一努力并没有收到切实的效果，但大学兼办社会教育的做法却因此受到了人们的普遍关注。曾担任过中央大学区扩充教育处处长的著名教育家俞庆棠认为，扩充教育应包括社会教育和民众教育等。她说：“扩充教育的范围，从现在的事实看来，有社会教育——狭义的社会教育，如图书馆、体育场、通俗教育等；劳动教育——分劳工和劳农；民众教育——即平民教育；职业教育；各种补习教育；特殊教育如慈善机关、监狱、低能、盲哑之教育实施；公民教育；艺术教育；都可以包括在扩充教育的范围之内。再从社会的眼光看，扩充教育就是社会教育，广义的社会教育，……扩充教育以全社会为对象，适应社会各种需要，不择人，不择地，随处可以有教育的设施……又从社会的分子讲，扩充教育也就是民众教育。”[②]

基于对大学兼办社会教育的认识，民国时期，教育部颁布了许多相关法令，并在政府主导下，基本形成了中央教育部设社会教育司，各省、市教育厅局设社会教育科，各县教育局有社会教育课，逐级分理民众教育的教育行政系统。这在一定程度上为大学办理社会教育酿造了政治和社会氛围，同时也使大学兼办社会教育的做法得以规范和推广。从此以后，大学兼办社会教育成为一种热潮，大学的师生纷纷走出学校，走出教室，走向农村，走向平民，用自己的知识来启发民众，教育民众，呈现出我国近代高等教育史上“知识分子上山下乡”的色彩斑斓的一幕。[③]

东南大学由于非常重视大学与社会的联系，要求各系科都要注意面向社会，为社会服务，做到教学、科研、推广三者并重，因此，除了农科进行了大量的农业推广工作之外，东南大学教育科在设置之初即以“培养教育

---

① 高平叔主编：《蔡元培教育论著选》，人民教育出版社 1991 年版，第 451 页。

② 茅仲英主编：《俞庆棠教育论著选》，人民教育出版社 1992 年版，第 6 页。

③ 王雷：《我国近代大学实施扩充教育的经验与启示》，《沈阳师范学院学报》（社会科学版）2003 年第 3 期，第 63 页。

人员,研究教育学术,推广教育事业为目的"[①],尽其所能为社会服务,如举办义务学校,开展学务调查及指导,培训在职教师及教育行政管理人员,举办教育展览会等,在社会上获得了很好的反映。教育科还通过招收特别生的办法,为"中等学校毕业及具有同等学力者,对于选习学程表有研究者"提供学习的机会。除此之外,还搜集地方所需的各种书籍、图画、统计、报告等,并将其分类汇辑,在各地教育团体或机构中巡回借阅,为群众提供获得知识的途径和机会。

在各种教育推广活动中,暑期学校是一种非常重要的形式。1920 年夏,南高师仿照哥伦比亚大学在全国率先引进和举办了暑期学校,并事先在京、津、沪、汉的报纸上登广告,详细介绍暑期学校的招收对象、课程设置、收费标准、学制、学历等,并面向全国招生。从《申报》上所登的广告内容和有关资料来看,暑期学校的招生对象主要是面向学校教职员、地方办学人员、中等以上学校毕业生。这主要是因为,当时全国只有师范讲习所对基础教育教师进行进修培训,但是师范讲习所数量少、水平参差不齐,而且大多数的师范讲习所要求教师脱产就读进修,很多中小学教师由于经济等因素的制约无法弃职就读,所以师范讲习所不能很好地满足教师进修的需要。而利用暑期办学,既不占用中小学教师的工作时间,又能满足师资进修的需要,因此,第一届暑期学校就受到了中小学教师的欢迎,取得了很好的成效。在相当长时间内,校长郭秉文集中精力延揽国内外著名学者或饱学之士前来讲学:除南高—东大自己的一批名师、权威教授亲自授课外,郭秉文还邀请诸如美国的杜威、孟禄、推士,德国的杜里舒博士,国内的梁启超、胡适、张君劢等名家开课,在社会上产生了很大影响。国内外众多知名学者教授齐聚南高—东大的暑期学校,使 4000 多教育工作者受益,为在职教师学力的提高,能更好地服务社会作出了贡献。东大教育科以此沟通大学与社会的联系,在当时产生了很大的反响。在其影

① 《南大百年实录》编辑组:《南大百年实录》上卷,南京大学出版社 2002 年版,第 192 页。

响下，不到一年的时间，全国各地群起仿效。在 1922 年，除了南开大学、武汉大学、东南大学、北京高师等高校设立的暑期学校外，直隶、山东、山西、河南、陕西、江苏、安徽、浙江、湖北、广东、吉林等省的高等学校利用暑期办学已成普遍之势。

此外，东大教育科在后湖设立昆明小学，试行用最少的费用取得最良的效果，为教育部培养心理测验人才，形成了影响广泛的教育科学化和教育社会化运动。而诸如推广平民教育，义务举办“明陵小学”，为乡村失学儿童进行义务教育等，也是其教育推广活动的重要内容。不仅是教育科，英文系的补习班、函授学校，理化系物理仪器小工场、化验部等，都是当时进行的有声有色的教育推广工作。与之同时，农学院教师也逐渐将农业推广的范围从良种推广、农业知识的传播等扩大到农村经济合作、农村教育、农村卫生、农村建设等多项内容。1926 年，他们与中华职业教育社在昆山徐公桥合作农村实验区，开展了以农村教育为中心的农村改良，对当地农村生活带来了较大的影响。

中山大学也开展了社会教育方面的工作。该校设有教育研究所，初名教育学研究所，创设于 1928 年，隶属于文学院；1935 年研究院成立后，改隶属研究院，称教育研究所，创办人为庄泽宣。该所主要的研究范围除了小学课程、儿童心理、教育行政之外，也将社会教育纳入研究领域，并办理民众教育试验学校，试行女中新教学法，指导特约乡村小学，设立民族中心制小学实验班，与番禺县政府合办龙眼洞乡村实验区之指导等。① 法学院院长郑彦棻在任期间，也鼓励学生利用业余时间去做一些有益于乡村的服务工作。他认为：“学生到乡村去服务，不但可以改善农民对学校的关系(因学校征收不少民地，招来民怨)，即对学生本身而言，也是扩张教育范围，充实生活内容，使学习与生活结合在一起。”②1936 年，农村

① 崔载阳：《国立中山大学教育研究所之过去现在与将来》，《教育杂志》第 25 卷第 7 号，第 213—223 页。

② 黄福庆著：《近代中国高等教育研究——国立中山大学(1924—1937)》，台湾“中央研究院”近代史研究所，1988 年，第 188 页。

服务实验区成立，以石牌附近十乡镇为实验工作范围，每一乡为一分区，每一分区的服务工作由文理法农工医若干人共同负担。在具体服务内容上，除了农科学生教农民耕种畜牧，医科学生替乡民诊病和整理环境卫生、理工科学生教乡民修理工具器材外，要求文法科的学生教乡民识字，并举办歌咏会、国术会、出版壁报等文康活动。① 农村服务队试办以后，效果非常好，不仅歌声响彻原野，笑声充满乡村，活泼的气氛也由学生带到乡村的每一个角落。就学生而言，本服务精神，谋学说之证验，收到学术、生活和现实社会相结合的益处，而在乡民方面，也因此充满生活上愉快的气氛，提高生活技能，原来对学校的隔阂与不满的心情，也因之消失，深受有关人士的重视与称赞。②

南开大学教育学班在1923年调查天津各幼稚园的状况和各小学的组织，教育学班师生还协助中华教育改进社对天津儿童智力进行调查。到20年代后期，社会调查开始成为南开大学教学工作中的一项制度。暑期学校也是南开大学向社会敞开大门办学的方式之一，是南开大学服务社会的具体体现。

在我国，暑期学校的开设，“南高首倡于前，北高、南开继起于后”③。对于南开而言，暑期学校何以设？“为欲利用暑期俾青年学子或在职教员，得求知识之机会也。”④1922年，南开大学开办了第一期暑期学校，并明确指出其宗旨在于“利用暑期时间传播学术，促进教育”⑤。暑期学校的招收对象以天津及直隶各县中小学教员为主，也有部分中学毕业生及准备考大学者。具体包括小学职教员及地方办学人员、中学职教员及高等专门学校肄业生、中学毕业生及预备投考大学及专门者、高小毕业生及

① 黄福庆著：《近代中国高等教育研究——国立中山大学(1924—1937)》，台湾“中央研究院”近代史研究所，1988年，第188页。

② 《“国立”中山大学成立五十周年特刊》，国立中山大学校友会，1974年，第175—176页。

③ 喻鉴：《南开暑期学校概况》，《新教育》6卷4期。

④ 喻鉴：《南开暑期学校概况》，《新教育》6卷4期。

⑤ 《天津南开大学暑期学校简章》，《南开周刊》第32期，1922年3月29日。

中学一、二年级预备投考中学者。在课程安排上，针对不同的人群开设不同的课程，并聘请知名专家学者授课。

表 4-2 南开大学暑期班开设课程、讲员及听讲人数①

课程	讲员	听讲人数
中等以上作文教授法	梁任公	90
国语文学小史	胡适之	99
国语文法概论	胡适之	89
教育心理	张耀翔	51
心理测验	张耀翔	75
儿童心理学	凌　冰	76
教育统计	张见安	35
教授法原则	张见安	79
童子军教授法	章辑五、顾拯来	46
女子体育	陆礼华	13
教育社会学	陶孟和	34
英文演说法	罗素	30
高等英文作文	罗素、司徒月兰	61
英文作文法	谢湘秋、王女士 钮太太	121
西洋近世史	谢湘秋	36
化学	伉乃如	32
化学试验	伉乃如	30
物理	章辑五	32

① 南开大学校史编写组:《南开大学校史(1919—1949)》,南开大学出版社 1989 年版,第 19—20 页。

续表

课程	讲员	听讲人数
英文	黄肇年、张辅林 凌　钟、祝瀛洲 齐国果、刘炽晶 陈同	257
笔算	胡振名、华凤彩 齐国果	149
代数	赵克捷、华凤彩	7
几何	赵克捷	37

除规定的课程外,暑期学校还特别邀请名人进行讲演,讨论各种教育问题。以第一次暑期学校为例,讲员及讲题介绍如下。①

普通讲演

(一)中华教育改进社年会报告:张见安

(二)美国教育之新趋势:查良钊

(三)女子教育:卢易斯

(四)时疫预防法:沈先生

(五)公众卫生:丁美英

(六)教育家之自家田地:梁任公

特别讲演

(一)科学教授法:推士

(二)教育之动力:推士

(三)设计教学法:推士

(四)单级教学法(二次):邓澄波

(五)体育讲授法(六次):董守义

由于南开大学暑期学校的开设目的非常明确,并聘请名家授课、讲演,因此从一开始就办得非常红火,每期都有几百名学员,他们来自全国

① 南开大学校史编写组:《南开大学校史(1919—1949)》,南开大学出版社1989年版,第21页。

各地。1923年，当时正在天津达仁女校任教的邓颖超就曾参加第二期南开大学暑期学校学习。[①] 可以说，南开大学是当时北方大学中最早开展成人教育的，这不仅扩大了南开大学的社会影响，而且为社会上的知识青年提供了继续受教育的机会。

大夏大学教育学科师生从20世纪30年代起，在邰爽秋、古楳等教授领导下，社会教育也开展得有声有色。1942年，教育学院学生看到社会上很多少年儿童因家庭经济困难而无力进小学读书，他们就借同孚路（现石门一路）大中里志毅小学的教室，定名为“克成义务学校”，招收小学一至六年级程度的失学少年儿童，不仅免费给学生辅导，还送给学生课本、练习册、铅笔等，在社会上产生了很大的反响。

广东国民大学1927年仿效欧美大学extension university之例，创立第二学院，“一时有志之士，乃至小学教员，云集景从”[②]，报名夜校的学生数量有时候甚至超过了日校学生，其中尤以教育、经济等专业为最。学生主要以机关公务员、中小学校长、教师居多，年龄在30岁上下，有的甚至达到50岁。当时，学校的“第二学院”得到了社会的广泛好评。1937年，学校又开设了职业训练班，设置了会计、警监、税务、公务、新闻、工程等专业，为各行各业的在职青年服务。

大学办理社会教育是促进社会教育发展从而实现社会改良的有效途径，它不仅有助于开启民智，指导家庭教育和弥补学校教育的不足，同时也有利于学生、教师自身能力和素质的提高。

---

① 《马千里先生年谱》载：“七月六日马千里（时任达仁女校校长——编者注）到八里台南开大学为同事李毅韬、鲁自然、王贞儒、邓颖超、冯梅先、汪醒庸六人报名入南大暑期学校。”

② 《广东国民大学十周年纪念册·校史概略》，广东国民大学1935年版，第7页。

第三节　近代中国基督教大学与本土大学社会服务之比较

一、近代中国基督教大学与本土大学社会服务的共性

(一)社会服务逐渐专业化

在近代中国,无论是基督教大学还是本土大学,其社会服务工作最初只是各自为政、零星开展的,不仅各大学之间对于社会服务工作没有合理的统筹安排,而且各大学自身对社会服务工作的开展也缺乏时间、人员、经费等方面的布置与规划,当然更谈不上相关的专业支撑,社会服务工作带有很大的随意性。

但随着社会服务工作的进一步开展,大学的社会服务开始更多地遵循教育自身的发展规律,专业性不断增强。不少大学设置了专门的社会学系,开设社会工作、社会调查等多门应用性课程,甚至增设社会服务短修科,并在实际教学中不断扩大服务地区、服务对象。这一时期,社会学专业人才济济,陈翰笙、吴文藻、张鸿钧、严景耀、雷洁琼、杨开道、陶孟和、冯友兰、赵紫宸、陶希圣等均是著名社会学家。在他们的引导和教育下,社会学专业先后培养了大量优秀的人才,如黄迪、张世文、瞿同祖、沈家驹、王辅仁等;有的大学甚至建立了研究生院,成为国内大学最早培养社会学研究生的机构。1930 年,在孙本文和许仕廉等知名学者的倡导下,中国社会学会正式宣告成立。自此之后,社会学理论研究和教学质量不断提升,这无疑对大学社会服务工作的开展产生了很大的影响。

在社会服务相关专业日益得到重视和发展的同时,学校开始对社会服务活动实行规范化的管理,要求参与社会服务的学生必须接受一定的专门训练,并将其社会服务活动作为学习成绩加以量化考核。比如,有的学校规定:凡参加劳动服务团、暑期乡村服务团、合作社等服务性团体的

学生，按其所任职务的轻重与参加工作的成绩进行评分：负责人50分、书记40分、成员30分，积分满100分即为1学分。每学期每个学生至少100分，至多不超过200分，积四年满800分（合8学分）方可毕业。毕业学分不够时可用服务学分补充。① 有的学校甚至规定，为了使学生具备运用耕作技术及解决耕作问题等社会服务的具体经验，所有的学生必须花一个暑假的时间在田间学习。②

"经费是成绩的工具，成绩是经费的结晶。"③为了推动社会服务工作的顺利开展，不少大学还拨出专门经费予以保障。以农业推广工作开展成效最为显著的金陵大学为例，金大农学院差不多把预算经费的一半用于研究，五分之一的经费用于推广工作即社会服务。

这种从业余走向专业的发展态势表明，近代中国大学的社会服务已经越来越走向专业化，并成为学校的一项常规工作。

（二）对乡村问题的共同关注

基督教大学和中国本土大学所赖以生存的共同的社会环境，使得它们不得不对中国乡村社会现实给予关注，并做出积极回应。

中国数千年来以农立国，但却不是农业强国。尤其是在近代中国，农村发展面临着前所未有的危机。在生产力落后的前提下，农业生产的进步主要靠人力集约下的精耕细作来完成，这无疑刺激了乡村人口的增加，导致人地关系一直处于紧张状态。落后的农业生产技术、生产工具和低下的劳动生产率，虽然已使单位产量增加到极限，却仍然无法满足农民最基本的生存需要。自然灾害的频繁发生加重了乡村的破败，"且各种灾害，几皆同时并发，杂然纷呈"④，极大地破坏了农村的居住环境，造成了

---

① 黄新宪：《基督教教育与中国社会变迁》，福建教育出版社1996年版，第239页。

② ［美］杰西·格·卢茨著：《中国教会大学史1850—1950》，曾钜生译，浙江教育出版社1987年版，第273页。

③ 蒋荫松：《作物育种之先决条件》，《农林新报》第197期，1930年2月11日。

④ 邓云特：《中国救荒史》，上海书店1994年影印本，第80页。

农田生态系统的大面积受损或退化。而连续不断的军阀混战,使政府本已拮据的财政大多为军费所耗,不仅田赋正税增加,附加税亦多如牛毛,农民饱受战争之苦。国民政府所谓的兴农政策无力挽救乡村,扩充军队、兴办工矿等则使农民所受的盘剥日益加重。1931 年日本对中国东北的占领及对华政治、经济、军事各方面侵略的步步加深,都给中国乡村带来了严重的灾难。西方列强的经济侵略和 30 年代的世界经济危机也严重影响了中国农业的发展,西方国家纷纷实行贸易保护主义,提高进口商品关税,同时向外大量廉价倾销工农业过剩产品,严重打击了中国的工农业生产。种种不利因素使农民的收入急剧降低,农民被推向了贫困的绝境,近代中国农业经济已处于破产与崩溃的边缘。

面对日益衰败的乡村社会,20 世纪 20 年代后期,中国的知识分子和本土教育机构几乎同时把关注的重心和精力转向了乡村,其主要代表人物和团体包括晏阳初及中华平民教育促进会、陶行知及南京晓庄师范学校、黄炎培及中华职业教育社等。他们试图通过制订一系列的乡村建设计划,由其领袖人物带头促进群众教育运动,改变中国农村日益凋敝的现状。在这一过程中,中国本土大学基于救亡图存、推动农村现代化的教育理念,在改造农村,改变农民,促进农村经济和社会的发展方面做出了积极的探索。

蔚为壮观、影响广泛的中国本土乡建运动对在华基督教构成了严峻的挑战,引起了它们的危机意识。在世界范围内基督教乡村建设运动的影响下,基督教大学对传统的重城市轻农村的传教策略进行了反思与批评,主张正视中国乡村的危机,关注中国乡村的发展,并作出服务乡村的具体设计。它们所开展的各种形式的农业推广活动,实际上已经形成了一个农业科技传播网络——以各大学的农林科为中心,以各地的合作教会、学校、实验站和示范农民为依托,向四周辐射。

正是在大学以及其他社会团体组织的积极推动下,20 世纪 30 年代,南京国民政府和地方军阀也开始重视农业和乡村问题。1930 年,南京政府通过了一项土地法,规定最高地租为主要庄稼价值的 37.5%;资助各种关于耕作技术和品种的研究；并协助开展几项农村建设计划。[①] 政府不仅成立了中央农业推广委员会、农业复兴委员会等农业技术科研与推广机构，还先后组建了中央农业实验所、全国稻麦改进所、中央棉产改进所、蚕丝改良委员会等机构，加大对农业科技的投入。很多围绕农业和乡村问题的专门刊物开始创办，如《乡村建设》、《乡村改造》等。有些刊物则开辟了有关农业和乡村问题的专栏。这些努力，多渠道、多侧面、多层次地推动了中国乡村经济和社会的发展。

二、近代中国基督教大学与本土大学社会服务的特性

（一）初衷与终极目标的差异性

西方差会在华建立基督教大学的目的，是企图通过办大学来提升自己的形象，改善传教的质量和功效，即“以科学之矢，射宗教之的”[②]。对于社会服务，它们往往从弘扬基督教教义中的牺牲与服务精神出发，鼓励和支持师生积极参与，藉以扩大学校和教会的影响。因此，在其社会服务实践里，基督教大学设计了大量丰富的宗教活动和宗教节目，不失时机地宣传宗教，试图在强化大学内部人员宗教意识的同时，将基督教精神渗透到他们能够到达的任何地方。即使在20世纪二三十年代受到中国民族主义和收回教育权运动的冲击，基督教大学仍然坚持认为，宗教教育不是一个部门或基督教大学生活的一个阶段，学校的整个生活都必须蕴涵其

---

① [美]杰西·格·卢茨著：《中国教会大学史1850—1950》，曾钜生译，浙江教育出版社1987年版，第269页。

② Martin W. A. P.，Western Science as Auxiliary to the Speed of the Gospel，The Chinese Recorder，Vol. 28，March 1897，111-116. 转引自王立新：《美国传教士与晚清中国现代化——近代基督新教传教士在华社会文化和教育活动研究》，天津人民出版社1997年版，第478页。

中，宗教教育的精神要渗透到日常生活的每一个部分和阶段。[①] 甚至在抗日战争的非常时期，基督教大学也未曾忘记自己的传教职志。虽然从表面上看，基督教大学的社会服务活动与直接的宗教或教会建设工作的联系越来越少，其宣教色彩也相对减弱，即由原来的扩展与传播福音、谋求教会自身生存发展需要色彩较浓转变为因应和满足变迁的中国社会需要、配合中国社会改良和改革为主，[②]但从根本上讲，基督教大学的世俗化和中国化并没有抹杀其内隐的、终极的宗教关怀，传教目的始终是基督教大学世俗活动的基本动力。

而近代中国本土大学社会服务的开展则更多的是为了适应和满足时代发展的客观要求。这主要是因为，近代以来，救亡图存一直是中国社会的时代使命，尤其是 1920 年前后，中国民族资本主义的发展急切需要大量实用性人才，客观上要求大学的教学、科研走向社会化，服务于广大的工厂和农村。而中国传统教育自古以来就表现出强烈的“入世”精神与“以天下为己任”的情怀。[③] 特别是近代中国本土大学诞生于民族危亡、国衰民弱之际，解救民族危机、教育救国成为首要任务。在这种情况下，满足国家当前需要、为社会现实服务的教育理念尤其显得重要。因此，自创建之日起，中国本土大学就被赋予了承载国家、社会、民族期望的重任。为了回应时代诉求，越来越多的大学学人从中国现代化所面临的困境出发，主张大学服务于国家独立和民族自强的需要。在一大批具有社会服务理念的大学校长、学者的带领下，中国本土大学不断加强与社会的联

---

① 1930 年 7 月，8 所基督教大学开会讨论立案后所面临的宗教教育问题，并于 1931 年夏再次开会，参加的大学数目增加到 12 个。详见 National Committee for Christian Religious Education in China，Religious Education in the Chinese Church：The report of A Deputation，Shanghai，1931，179-180. 转引自刘家峰、刘天路：《抗日战争时期的基督教大学》，福建教育出版社 2003 年版，第 163 页。

② 刘继同：《生存传略或文化交流：近代中国基督教会慈善福利事业概览》，中国人民大学基督教文化研究所主编：《基督教文化学刊》(第 9 辑 · 信仰的伦理)，宗教文化出版社 2003 年版，第 94 页。

③ 纪宝成、李立国：《近代大学校长和教育家对中国教育传统的认识》，《清华大学教育研究》2006 年第 4 期。

系，积极探索为社会提供直接服务的路径，大学社会化的趋势亦越来越突出。

(二)各有侧重的服务领域

虽然中国本土大学和基督教大学都对近代中国乡村社会给予了共同关注，但除此之外，二者在服务领域方面还是各有侧重的。

本土大学尤其是私立大学为了获得生存和发展的空间，更乐意于为工商业的发展提供服务。这主要是因为，本土私立大学在近代中国时常受到“穷”的掣肘，它们既不可能像公立大学那样从政府部门获得丰厚的财政支持，也无法像教会大学那样获得西方差会的经济援助。生存和发展的需要决定了它们不可能埋首钻研高深的学理，走为学术而学术的道路，而必须把目光投向社会，投向市场，立足于社会现实的需要进行办学。只有解决困扰经济部门和社会其他部门的问题，私立大学才能更快、更好地得到社会的认可和资助。而为工商业的发展提供服务，往往投资少，周期短，能够较快地获得收益，实现大学和市场的双赢。

基督教大学则没有这种迫切的经济压力，这使得它们可以较为从容地从自己的传统出发提供相应的服务。基于其“医学传教”的传统，基督教大学将医疗卫生作为打开中国国门的“钥匙”。而事实也恰恰证明，施医问药有助于打破人们的怀疑和偏见，因为一般人很难感到心灵的病痛，生病的人却要求医问诊，而人在病痛中，心灵容易变得柔弱无助，更需要安抚慰藉。“用基督的精神，去减除人类身体上的痛苦，这是向来能唤起冒险精神的一种服务，而且这种服务，向来在教会内外，博得人们的好感和接济”，“扩充医务，似乎是一种好办法，因为在教会各种工作之中，医务受外界的排斥最少，故是为教会事业的中流砥柱”。① 因此，基督教大学将目光投向整个国家的医疗和公共卫生事业，并积极投身其中。

---

① 美国平信徒调查团编：《宣教事业平议》，徐宝谦、缪秋笙、范定九译，商务印书馆1934年版，第179页。

(三)基督教大学社会服务的慈善性

基督教大学社会服务工作中的慈善意识与其教会性质有关。毕竟,近代中国基督教大学的开办是以基督教为底色的,而基督教教义以行善为基本原则,传播基督信仰和福音,解除痛苦、增进个人幸福和劝人为善是基督教会宣教布道的宗教目的,而教会慈善事业就成为塑造基督仁爱形象和实践基督博爱美德的基本途径。由于在很长时间内基督教大学都以宗教为底色,因此其慈善性质不可避免。

基督教强调爱人如己,教导人们分享财富和所有物,要求慈善应该是无条件、不计回报的。基督教大学为了更快更有效地在中国赢得权力、地位和声望,保持其社会服务工作的慈善性便成为最基本的方法之一。尤其是社会福音理论的兴起,更是为基督教大学社会服务的开展提供了一种自由主义式的神学基础。因此,在 20 世纪 20 年代以后,几乎所有基督教大学都从弘扬基督教教义中的牺牲和服务精神出发,鼓励和支持师生参加社会服务活动。可以说,基督教大学早期对学生开展的社会服务训练只不过是在社会福音理论的指导下,作为培养社会化的基督教人格和探索社会改良的实验来进行的。在这种基督教慈善精神的感召下,它们免费开展医疗诊治和卫生宣传、免费分发良种、免费提供社会教育,几乎所有的社会服务都是无偿进行的。当然,随着其社会服务活动范围、规模的扩大以及受基督教大学自身经费不稳定性和有限性的影响,基督教大学逐渐开始实行一定的收费,无偿变有偿成为不可避免的趋势。

中国本土大学尤其是公立大学虽然一开始也提供部分的无偿服务,但大多基于一种朴素的悲悯情怀,而且与基督教大学相比,这种同情和怜悯缺乏相应的精神与信仰支撑,注定了其很难长时间维系。对中国本土大学尤其是私立大学而言,还由于时常面临着生存和发展的巨大压力,经费始终是制约其生命力的“紧箍咒”,因此其社会服务确是很难具有慈善性质。

（四）基督教大学更为注重妇女和儿童问题

深受西方自由平等思想熏陶的新教传教士出于虔诚的宗教仁爱之心，认为无论是妇女还是儿童，都应得到尊重、关心、爱护与恩待。因此，妇女和儿童常常成为基督教大学在开展社会服务过程中较为关注的群体。

基督教大学开办了许多儿童学校、劳工婴儿园、劳工子女补习班、儿童会、儿童阅览室等，免收一切费用，并供给书籍用品，由师生义务担任教员，通过教唱歌曲、讲故事等方式，给家贫失学的儿童提供识字与享受团体生活的机会，使儿童在学习知识的同时，接受特别训练，从而养成守纪律、知礼节、爱清洁、能勤俭的好习惯。为减少妇女的文盲率，基督教大学利用农闲时间，在教堂中举办妇女读书班；有的基督教大学还设立手工班，指导她们从事手工艺品如刺绣、儿童玩具等的制作，并代联系出口海外；设“家庭妇女进修班”，开设音乐欣赏等课程，向上层妇女介绍高尚的休闲方法；兴办平民妇女福利事业，提供廉价商品以及借贷资本。为保护妇婴的生命安全，基督教大学常常以门诊为起点，深入农户，开展妇幼卫生工作；在小学和幼儿园开展卫生教育和服务工作，培养他们良好卫生习惯。此外，基督教大学还宣传男女平等、反对缠足等内容。

虽然基督教大学对妇女的关注抱有别有用心的传教目的，但其服务事业的开展所产生的影响已远远超出了传教的范围。如，基督教大学倡导的不缠足运动在客观上对改革陋俗，从肉体上解放妇女起了推动和示范作用；对妇女进行一定的教育，冲破了“女子无才便是德”的观念禁锢，在一定程度上提高了中国妇女的文化水平；妇女受教育状况得到改善，提高了其适应社会的能力，扩大了其在生活中的选择权；妇女对医学重要性的认识有所提高，减少了疾病的痛苦，进而对提高中国整个民族的身体素质都起了一定的作用。而基督教大学对儿童的关注，使许多原本为父母所忽略，或是由于缺乏药品或医疗技术造成的疾病得以避免。同时，基督教大学对儿童教育问题、营养问题等的关注，也在一定程度上提高了儿童的素质，促进了人们儿童观的改变。当然，从全国来看，基督教大学对妇女与儿童的关注所产生的影响仍然十分有限,而且是极不平衡的。但相对于同时期的中国本土大学来讲,这无疑是其鲜明的特色之一。

三、近代中国基督教大学与本土大学的竞争与合作

在开展社会服务的过程中,中国本土大学与基督教大学之间存在着一种既相互竞争又相互合作的关系。

基督教大学根据中国的实际情形不断地对自身进行适时的调整,努力寻求适合的生存和发展空间,通过农业推广、医疗卫生、社会教育等方式逐步融入中国社会,并成为中国高等教育体系中具有示范意义的大学群体,为公立大学和其他私立大学的变革和发展提供了可资借鉴的经验。尤其是在 1927 年之前,如果考虑到当时政府无论从中央到地方根本无暇顾及农业教育和科技推广,基督教大学在这一时期对中国农业所做的贡献就更具现实意义。20 世纪 30 年代,中国出现农村建设运动的高潮,基督教大学的表现更是积极踊跃。许多教员、示范农民甚至布道员都发挥了推广员的作用,不仅弥补了农林科人手缺乏的不足,也使基督教大学的农村工作得到拓展。因此可以说,在农业推广和农村建设方面,基督教大学在很长一段时间内可谓领风气之先。但随着中国本土大学农业推广以及中国本土乡村建设运动的开展,基督教大学逐渐失去了往昔领导潮流的地位,只能瞠乎其后。这主要是因为,一个真正有效的农业推广长期计划需要有中央行政机构的支持与指导,需要统一的安排、充裕的财源,以及应对地方事务的政治权力。但是近代中国一直政局未稳,政府不愿意或者说没有能力为一项规模巨大的农业推广计划提供无条件的支持,更何况是基督教大学。相对而言,对于政府来讲,中国本土大学则更具有情感上的优势,因而也较为容易获得政府的支持。这就无怪乎其社会服务工作的开展由稍逊一筹逐渐变得能够与基督教大学并驾齐驱甚至后来居上。其实,也恰恰是中国本土大学与基督教大学在社会服务工作中的这种竞争导致其实力的此消彼长,共同推动了大学社会服务工作的有效开展。

在开展社会服务尤其是农村建设的过程中，各大学和乡建团体为交流经验、加强联络，1933 年 7 月在邹平召开全国第一次乡建会议，有 35 个团体 63 名代表参加，1934 年、1935 年又分别在定县和无锡召开了两次大会，参加者踊跃，讨论热烈。① 而最能体现各大学和团体之间合作的莫过于华北农村建设协进会。

华北农村建设协进会是 1936 年 4 月由南开大学、清华大学、燕京大学、金陵大学、协和医学院 5 所声名卓著的大学和平教总会 6 个单位联合组织成立的。关于其成立缘起，《华北农村建设协进会工作大纲》曾明确指出：中国农村，幅员辽阔，历史悠久，农民人口占全国人口的 85%以上，其问题之复杂与建设之困难，不是用言语能够说明的。因而要使凋敝的农村能焕然重振，使奄奄垂毙的民众能自拔重生，这固然有待于适应实地需要、切合农民生活的学术工具与实施机构，同时也有赖于大量能指导农民、训练农民的农村建设人才，与从事于农村建设问题之研究的学术人才。因此，作为人才培养的中心，大学非速事广植，不足以满足乡村建设运动的需要。"燕京、清华、金陵、南开诸大学暨协和医学院与中华平民教育促进会，鉴于农村工作之艰巨与夫建设人才之缺乏，乃共同商洽通力合作，组织华北农村建设协进会。"②协进会下设研究、训练委员会及实验区两部。③ 在协进会协调下，各参加单位进行了分工合作。具体言之，平教会负责"联环的农村改造工作"及"平民文学"，清华大学负责工程，南开大学负责经济与地方行政，燕京大学负责教育和社会行政，协和医学院负责社会卫生，金陵大学农学院负责农业。

自成立伊始，华北农村建设协进会就制定了一份详细的工作大纲。

---

① 关于 20 世纪 30 年代乡村建设的情形，可参阅这三次会议的论文报告集《乡村建设实验》（第一、二辑由章元善、许仕廉编，第三辑由江问渔、梁漱溟编，由中华书局分别于 1934、1935、1936 年出版，上海书店影印。）

② 《华北农村建设协进会工作大纲》，《民间》第 3 卷第 23 期，1937 年 4 月。

③ 《晏阳初报送〈中华平民教育会史略〉及今后工作计划等致中央社会部呈（1940 年 4 月）》，第二历史档案馆编：《中华民国史档案资料汇编》（第 5 辑 · 第二编教育（二）），江苏古籍出版社 1997 年版，第 777 页。

根据大纲规定，1936—1937年度的研究训练工作分别在河北定县及山东济宁两地举行。教育组、社会卫生组及农业组的一部分工作以定县为研究训练区域，经济组、工程组、社会行政组及民政组的工作以山东济宁为训练研究区域。为了便于开展工作，大纲制定了协进会农村建设实验方案，要求由协进会接管县政府的行政，从县长秘书以至各科科长都由这五个大学按照分工各自选派人员担任，此举得到当时山东省政府和济宁专员公署的支持。协进会接管县政后，在民政方面，主要是整顿户籍工作；在财政方面，主要是清丈土地，整理地籍工作；在建设方面，主要是农业推广、农田水利、农业合作等工作；在教育方面，充实了民众教育的内容。除以上各项工作外，还进行了培训基层干部的工作，如会计工作短训班，整顿户籍人员的临时培训，等等。① 大纲还要求各组教员应常驻实地工作地点，以便随时指导训练研究和学生实习。至1937年7月日本侵华战争全面爆发，在短短两年时间内，华北农村建设协进会在密切结合科研、教育和实践以推动中国的农村发展方面取得了引人瞩目的成绩。②

1937年抗日战争爆发后，华北农村建设协进会的参加单位除燕京大学和协和医学院仍留在北平外，其余都先后辗转迁到贵阳，改名为中国农村建设协进会，并选定定番(今惠水)为试验研究基地，于1938年成立乡政学院。乡政学院设院长办公室、行政组(下辖社会行政股和民政股，主要由南开大学和燕京大学负责)、经济组(分合作股和财政股，主要由南开大学负责)、公共卫生组(主要由协和医学院负责)、工程组(主要由清华大学负责)、农业组(主要由金陵大学负责)，此外还设有一座图书馆。各组按农村建设协进会宗旨制定了详细的工作计划，除了国民党定番县党务，

---

① 黄肇兴、王文钧：《回忆何廉先生》，王文俊、梁吉生等选编：《南开大学校史资料选(一九一九——一九四九)》，南开大学出版社1989年版，第400页。

② James Claude Thomson. While China Faced West: American Reformers in Nationalist China, 1928—1937. Cambridge Mass.: Harvard University Press, 1969, 140-150; Frank Ninkovich. The Rockefeller Foundation, China, and Cultural Change. The Journal of American History. Vol. 70, No. 4, March 1984, 809-813.

各项县政工作基本上都是按其制定的计划实施的。至1940年10月该院迁往重庆北碚，乡政学院在定番两年零五个月时间，由于处在抗日战争和国民党统治之下，局势动荡，尤其农村土地所有权未有根本触动，地主土豪是农村建设的不能逾越的障碍。因此，乡政学院的工作虽足可取，但终不能有所建树，遂于1940年迁川结束。

虽然华北农村建设协进会的计划因战争爆发以及农村各种顽固势力的阻挠而无法顺利开展，但不论如何，这已唤醒中国各大学及地方当局认识到经由改善农村经济以致力国家建设的重要价值。在促进参加机构之间的相互合作和乡村建设的研究推广方面，华北农村建设协进会取得了引人瞩目的成绩。这不仅体现在它给予了当时的中国乡村建设倡导者以道义上的支持，同时也使一些大学加强了以前自己完全忽略的问题研究，并突出强调乡村建设的质量问题，在相当短的时间内为中国的乡建培养了众多的年轻人才。以各大学作为乡建人才的培养场所，以定县实验区作为各大学的乡建工作实验室，开了中国大学教育适应农村建设需要而进行教育改革的先河。① 对于这一点，晏阳初先生称之为“中国大学教育史上的新记录，大学教育的一大革命”。他说：“农村建设运动是伟大的事业，必须以大学作基础，方能稳固。大学教育能走到乡村建设的路上来，比办几次识字运动，几个民众教育馆，其意义重要不知若干倍。有了大学源源不绝地培育农建人才，这运动才会发扬光大。……我深信有了华北农村建设协进会，也会引起全国大学教育改革的大运动。”②

四、近代中国大学社会服务的成效与反思

（一）成效

在广大师生的积极努力下，近代中国基督教大学和本土大学的社会

---

① 苗春德：《中国近代乡村教育史》，人民教育出版社2004年版，第162页。

② 晏阳初：《平教会工作的新进展》，宋恩荣编：《晏阳初文集》，教育科学出版社1989年版，第168—169页。

服务取得了一定的成效,这主要表现在:

其一,改进了生产,提高了民众素质。大学利用自身的资源优势,关注并研究现实的社会问题,通过多样化的方式普及知识,推广文明、卫生习惯,以及先进的科研成果,不仅直接促进了当地生产的发展和社会的进步,建成了一些现代公共设施,改变了民众原有的生产、生活方式,而且在一定程度上改变了原有的社会生态和传统观念,提高了民众的素质。

其二,增进了对现实的了解。通过社会服务实践,广大师生直接体验了民众的生活和价值观,增进了对现实的了解。"我们知道了老百姓的痛苦苦难,一闭上眼,好像有成千成万的恳切的目光在向你求救,我们生活在他们血汗基础上,我们是人,他们也是人,为什么他们就甘愿作牛马呢?我们是青年,有热情,有希望,我们要同情他们,要尽量帮助他们,才可以对得起他们终生劳苦千万一,从他们生活里告诉我们需要多的人帮助他们。所以我希望以后能生成更多的青年同志为他们服务!"①这种反省与认识有助于消除中国知识分子历来对体力劳动的厌恶,与下层民众的隔膜,培养师生的服务和奉献精神。虽然有些人因为看到民众的落后、迷信与保守而感到震惊、厌恶,但仍有不少学生决心要为改变中国农村贡献自己的一生。②

其三,促进了教学科研的发展。近代大学的社会服务一方面为教学和科研提供了施展的舞台和相应的财力支持,另一方面充实了教学和科研的内容,拓宽、深化了理论的学习和研究,产生了一批密切联系实际的成果,促进了教学与研究的发展以及学校整体工作的推进。

其四,加强了和社会的联系。社会服务工作的积极开展,使近代大学在一定程度上走出了象牙塔,打破了大学与社会脱离的封闭状态,化解了社会舆论的诘难,培养的人才和学术研究成果更加适应社会的需求,既扩

---

① 赵秀琴:《广元服务印象记》,《金陵女子文理学院校刊》1939年第69期,第12页。

② 韦尔斯(海伦·斯诺)指出,中国工业合作社的许多创办人和领导人是基督教大学的毕业生,或是与基督教大学和青年会有联系的(转引自[美]杰西·格·卢茨著:《中国教会大学史 1850—1950》,曾钜生译,浙江教育出版社 1987 年版,第372页,注释24)。

展了大学的职能范围，又逐渐改变了大学在国人心目中的形象，使自身得到社会的认可，与社会建立了较为密切的联系。

（二）反思

尽管大学与社会的联系日益密切，大学的服务功能日益突显，这是大学现代化进程中不可避免的趋势。虽然大学社会服务职能的产生是社会发展以及大学自身存在和发展的历史的、逻辑的必然，中国近代大学在为社会服务的思想与实践方面都取得了一定的进展，但其发展过程并非一帆风顺，其间亦遭到了质疑甚至严厉的批评。

其一，大学社会服务的实效性究竟如何？尽管近代大学在社会服务过程中拓展了大学的生存空间，提高了大学的声誉，加强了与社会的联系，增进了对现实的了解，提高了民众素质，促进了教学和科研的发展，但是在这个过程中也存在一系列的问题。以基督教大学为例，它们鼓励学生参加医疗卫生、农业推广和社会教育等服务活动，实际上是其躲避外界政治纷扰的策略之一。它们竭力将当时的民族危机和社会危机隔绝在外，企图以此转移学生的爱国热情，但这并不能消除他们心中的彷徨。随着学生民族主义情绪的不断高涨，基督教大学的社会服务计划便再难引起学生的兴趣。而且，由于诸种因素的制约，基督教大学的社会服务大多局限在其实验区内进行，但实验区毕竟太特殊了，甚至在一定程度上可以说，当时的这些实验区处于一种“人造环境”中，如果离开了这些特殊的条件，基督教大学的社会服务又能取得多大的成效？这终究是一个很难回答的问题。从地域上看，基督教大学的社会服务主要局限于学校所在地的周边地区；从内容上看，其社会服务也主要限于农业、医疗卫生、社会教育等方面。这就导致基督教大学的社会服务难以对中国社会的整体改革产生作用，更无法对当时落后的生产力和生产关系形成冲击。除此之外，有待于进一步思考和解决的问题还包括：由于普通民众的保守和愚昧、大学师生高高在上的“救世主”心态，在两者之间形成的思想、感情上的隔膜，多大程度上影响了社会服务工作的有效开展？如何合理地统筹与分配经费、时间、人员、设备，才能使大学的社会服务与教学、科研相互促进，形成良性互动？大学口口声声提到的社会服务究竟能够在多大范围内进行？对社会的整体改革产生了什么作用？诸如此类问题都日益引起社会各界人士的质疑。

其二，有人批评说，大学为社会服务容易导致学科发展失衡，以致破坏大学的学术精神。这种批评并非空穴来风。在很多大学里，应用性学科凭借其与社会的密切联系，因此得到较高的回报而备受推崇，无形中使基础学科、人文学科的地位受到影响，从而导致学科发展的失衡。以东南大学为例，由于偏重农科、商科、教育科等应用性较强、社会反响较快的学科，对文科、理科等基础性学科重视不够，尤其是在经费安排上不能一视同仁，导致文理科教授对时任校长的郭秉文的不满情绪增加，这也成为后来南大易长风波的导火索之一。而大学误读乃至扭曲了服务社会的职能，以广告招徕，视学校为知识的交易所，则使大学易于丧失培养人才、探求知识的本性，也不利于学者潜心学问，从而破坏大学的学术精神。

结　　语

中国具有现代意义大学的创建比西方中世纪大学晚了700多年，虽然起步晚，但在短短百年中完成了西方大学用几百年时间走过的历程。从京师大学堂到北京大学，以及清华、南高—东大、南开等大学群体的崛起，西方大学的理念、模式、课程及社会服务思想产生了至深且远的影响。

本研究主要探讨在中国大学的百年发展历程中，西方大学及其携带的西方文化与中国传统教育和传统文化之间的冲突、调适与融合创新过程。通过多学科、多视角的考察，揭示西方大学导入与中国大学变迁的互动关系及中国近代大学的现代转型。

大学旺盛的生命力让我们时常思考"大学何以基业常青"的问题。根据美国加州大学前校长克拉克·克尔的研究，除教会外，大学是世界上存在时间最为久远的机构，"存在的时间超过了任何形式的政府，任何传统、法律的变革和科学思想"。[①] 但任何一个具有如此悠久历史的组织都会与时代、社会产生冲突，大学就是始终处于冲突—协调—冲突的历程中，中国大学的发展历程亦同样。

密歇根大学校长詹姆斯·杜德斯达认为大学保存了探索的自由、对新思想的开放，对艰苦学习的献身以及对知识的热爱，这些价值标准与准则

① [美]约翰·S.布鲁贝克著:《高等教育哲学》，王承绪译，浙江教育出版社2002年版，第30页。

是大学生命力久远的原因所在。[①] 在大学的发展历程中，其职能不断拓展，从教学、科研到社会服务，从社会边缘不断走向社会的中心，由“象牙塔”转变为了“社会轴心机构”、“社会发展的发动机”。当下，文化传承创新成为大学职能的又一延伸，或者说是对前述三大职能的深化，大学通过人才培养传承文化，通过科学探究创新文化，通过社会服务传播文化，充当着社会的“良知”与“灯塔”。

当然，不可否认，在中国大学的迅疾转型中，本身就缺乏西方大学与生俱来的追求知识本体价值的象牙塔精神。由于救亡图存的现实需要，富国强国的时代诉求，工具理性主义在中国大学现代化进程中成为主导力量。西方大学的现代化是从形而上向形而下转移，移出象牙塔而融入社会，中国大学则可以说从没在真正意义上进入过象牙塔，只是在象牙塔周围的张望，这是一种从政治实用主义向经济实用主义的转化。中国大学创新之路的艰难不仅是制度层面的，更是理念和文化层面的。对中国大学而言，只有在保持学术本位的价值理念与世俗化需求的互动、平衡中才能找到自己的家园。如何在价值理性和工具理性的相互制衡中坚守大学之道，如何在传承与创新中走出中国大学的独具特色发展之路值得我们深思。

① [美]詹姆斯·杜德斯达著:《21 世纪的大学》，刘彤等译，北京大学出版社 2005 年版，第280 页。

参考文献

(一)报纸杂志

《北京大学日刊》;《北京大学月刊》;《北京大学学生周刊》;《晨报》;《京报》;《申报》;《教育杂志》;《新教育》;《东方杂志》;《每周评论》;《中华教育界》;《学生杂志》;《新青年》;《新潮》

(二)基本史料

[1]《北平私立燕京大学一览》,燕京大学,1936 年。

[2]《金陵大学农林科组织及事业》,金陵大学,1927 年。

[3]《岭南农科大学计划书》,岭南大学,1921 年。

[4]《清河社会试验》,燕京大学社会学系,1934 年。

[5]《山东济南私立齐鲁大学文理两学院一览》,齐鲁大学,1931 年。

[6]《圣约翰大学五十年史略》,圣约翰大学学生出版委员会,1929 年。

[7]《圣约翰大学一览》,圣约翰大学,1938 年。

[8]《私立东吴大学法学院一览》,东吴大学,1936 年。

[9]《私立东吴大学文理学院一览》,东吴大学,1936 年。

[10]《私立福建协和大学一览》,福建协和大学,1929 年。

[11]《私立沪江大学一览》,沪江大学,1929 年。

[12]《私立沪江大学一览》,沪江大学,1931 年。

[13]《私立沪江大学一览》,沪江大学,1935 年。

[14]《私立沪江大学一览》,沪江大学,1936 年。
[15]《私立沪江大学一览》,沪江大学,1937 年。
[16]《私立金陵大学一览》,金陵大学,1943 年。
[17]《私立金陵女子文理学院概况》,金陵女子文理学院,1936 年。
[18]《私立金陵女子文理学院概况》,金陵女子文理学院,1936 年。
[19]《私立岭南大学一览》,岭南大学,1932 年。
[20]《五十五年来之金陵大学》,金陵大学,1943 年。
[21]《燕京大学一览》,燕京大学,1937 年。
[22]《中华教育文化基金董事会报告》(1～10 次),出版者不明,1926—1935 年。
[23] 中国蔡元培研究会编:《蔡元培全集》(1—18 卷),浙江教育出版社,1998 年。
[24] 曹述敬著:《钱玄同年谱》,齐鲁书社,1986 年。
[25] 陈独秀著:《独秀文存》,安徽人民出版社,1987 年。
[26] 陈学恂编:《中国近代教育史教学参考资料》,人民教育出版社,1987 年。
[27] 陈学恂主编:《中国近代史教学参考资料》(3 卷),人民教育出版社,1986 年。
[28] 陈元晖主编:《中国近代教育史资料汇编》(7 卷),上海人民出版社,2007 年。
[29] 东吴大学档案:Q245,上海市档案馆。
[30] 杜元载:《革命文献·第六十辑·抗战时期之高等教育》,中央文物供应社,1972 年。
[31] 福建福州五里亭农村服务部:《五里亭农村服务部报告》,1936 年。
[32] 傅斯年著:《傅斯年全集》,联经出版事业有限公司,1980 年。
[33] 高平叔编著:《蔡元培年谱长编》,人民教育出版社,1996 年。
[34] 郭仁风:《金陵大学棉作改良部报告》,金陵大学,1911 年。
[35] 郭为藩主编:《中华民国开国七十年之教育》(上、下),广文书局,

1981 年。
[36] 国联教育考察团著,国立编译馆译:《中国教育之改进》,国立编译馆,1932 年。
[37] 国民政府教育部:《第一次中国教育年鉴》,开明书店,1934 年。
[38] 胡适著:《胡适全集》(第 3 卷),安徽教育出版社,2003 年。
[39] 胡适著:《胡适日记全编》(1—8 册),安徽教育出版社,2001 年。
[40] 胡颂平编:《胡适之先生年谱长编初稿》(校订版),联经出版事业公司,1990 年。
[41] 沪江大学编译部:《沪大校闻》,1934—1937 年,(144—254)。
[42] 沪江大学档案:Q242,上海市档案馆。
[43] 沪江大学年刊社:《沪江大学年刊》,1917—1950 年。
[44] 沪江大学校友会:《沪江大家庭:1906—1991》,1991 年。
[45] 沪江大学校友会:《沪江大学纪念集(1906—1986)》,1986 年。
[46] 沪江大学校友会:《沪江大学九十周年纪念集》,1996 年。
[47] 教育部教育年鉴编纂委员会:《第二次中国教育年鉴》,商务印书馆,1948 年。
[48] 教育杂志社:《教育法令选》,商务印书馆,1925 年。
[49] 金陵大学:《私立金陵大学 60 周年校庆纪念册》,1948 年。
[50] 金陵大学档案:全宗号 649,中国第二历史档案馆。
[51] 金陵大学秘书处:《私立金陵大学一览》,美丰祥印书馆,1933 年。
[52] 金陵大学南京校友会:《金陵大学建校一百周年纪念册》,南京大学出版社,1988 年。
[53] 金陵大学农学院:《金陵大学农学院卅年来事业要览》,1943 年。
[54] 金陵大学农学院:《农林新报》,1924—1946 年。
[55] 金陵大学农学院编辑部:《金陵大学农学院研究设计一览》,1940 年。
[56] 金陵大学总务处:《私立金陵大学要览》,1947 年。
[57] 李楚材:《帝国主义侵华教育史资料——教会教育》,教育科学出版社,1987 年。

[58] 李大钊著:《李大钊文集》(1—5 册),人民出版社,1999 年。
[59] 李桂林:《中国现代教育史教学参考资料》,人民教育出版社,1987 年。
[60] 李清悚、顾岳中:《帝国主义在上海的教育侵略活动简编》,上海教育出版社,1982 年。
[61] 李星华著:《回忆我的父亲李大钊》,上海文艺出版社,1981 年。
[62] 李渊庭、阎秉华编:《梁漱溟先生年谱》,广西师范大学出版社,2003 年。
[63] 立法院编译处:《中华民国法规汇编》,中华书局,1935 年。
[64] 梁培宽著:《梁漱溟自传》,江苏文艺出版社,1998 年。
[65] 刘半农著:《刘半农文选》,人民文学出版社,1986 年。
[66] 刘英杰编著:《中国教育大事典:1840—1949》,浙江教育出版社,2001 年。
[67] 鲁迅博物馆鲁迅研究室编:《鲁迅年谱》(1—4 册)(增订版),人民文学出版社,2000 年。
[68] 鲁迅著:《鲁迅全集》(第 3 卷),人民文学出版社,2005 年。
[69] 路海江著:《张国焘传记和年谱》,中共党史出版社,2003 年。
[70] 马叙伦著:《我在六十岁以前》,三联书店,1983 年。
[71] 马越著:《北京大学中文系简史(1910—1998)》,北京大学出版社,1998 年。
[72] 美国平信徒调查团,《宣教事业平议》,缪秋笙、徐宝谦、范定九译,商务印书馆,1934 年。
[73] 民国山东通志编辑委员会:《民国山东通志》(第三册),山东文献杂志社,2002 年。
[74] 南大百年实录编辑组:《南大百年实录·中卷·金陵大学史料选》,南京大学出版社,2002 年。
[75] 南京大学高教研究所:《金陵大学史料集》,南京大学出版社,1989 年。

[76] 南京农业大学:《金陵大学农学院农业经济系建系七十周年纪念册(1921—1991)》,1991 年。

[77] 潘懋元、刘海峰主编:《中国近代教育史资料汇编·高等教育》,上海教育出版社,1993 年。

[78] 齐鲁大学档案:J109,山东省档案馆。

[79] 钱穆著:《八十忆双亲师友杂忆》,岳麓书社,1986.

[80] 钱玄同著:《钱玄同文集》(1—6 卷),中国人民大学出版社,1999—2000 年。

[81] 秦孝仪:《革命文献·抗战建国史料——农林建设(一、二、三、四)》。中央文物供应社,1985、1986 年。

[82] 全国政协文史资料委员会编:《中华文史资料文库》(文教编),中国文史出版社,1996 年。

[83] 阮华国:《教育法规》,大东书局,1946 年。

[84] 上海文艺出版社编:《鲁迅回忆录》(一、二集),上海文艺出版社,1978—1979 年。

[85] 圣约翰大学档案:Q243,上海市档案馆。

[86] 舒新城编:《中国近代教育史资料》(3 卷),人民教育出版社,1981 年。

[87] 私立福建协和大学:《协大消息》,1932—1936 年。

[88] 私立福建协和大学学生自治会:《协大周刊》,1938—1945 年。

[89] 私立金陵大学农学院:《私立金陵大学农学院行政组织及事业概况》,1939 年。

[90] 私立金陵大学农学院院长室:《私立金陵大学农学院概况》,金陵大学,1933 年。

[91] 宋恩荣、章咸主编:《中华民国教育法规选编(1912—1949)》,江苏教育出版社,1990 年。

[92] 唐宝林、林茂生编:《陈独秀年谱》,上海人民出版社,1988 年。

[93] 陶英惠著:《蔡元培年谱》(上),台湾"中央研究院"近代史研究所,

1976 年。
[94] 王学珍、郭建荣主编:《北京大学史料》,北京大学出版社,2000 年。
[95] 王学珍等编:《北京大学纪事(1898—1997)》,北京大学出版社,1998 年。
[96] 吴惠龄主编:《北京高等教育史料》(第一集近现代部分),北京师范学院出版社,1992 年。
[97] 吴梓明、梁元生:《中国教会大学文献目录(共五辑)》,香港中文大学崇基学院,1996—1998 年。
[98] 乡村工作讨论会:《乡村建设实验》(第一集),中华书局,1934 年。
[99] 乡村工作讨论会:《乡村建设实验》(第二集),中华书局,1935 年。
[100] 许广平著:《鲁迅回忆录》,作家出版社,1961 年。
[101] 燕大文史资料编委会:《燕大文史资料(第 1—10 辑)》,北京大学出版社,1988—1997 年。
[102] 燕京大学校友校史编写委员会:《燕京大学史稿:1919—1952》,人民中国出版社,1999 年。
[103] 张国焘著:《我的回忆》,东方出版社,1998 年。
[104] 张静如编:《李大钊生平史料编年》,上海人民出版社,1984 年。
[105] 中国第二历史档案馆编:《中华民国史档案资料汇编》,江苏古籍出版社,1991—1997 年。
[106] 中国基督教大学联合董事会档案:U119,上海市档案馆。
[107] 中国基督教教育调查会:《中国基督教教育事业》,商务印书馆,1922 年。
[108] 中国人民政治协商会议西南地区文史资材协作会议:《抗战期间内迁西南的高等院校》,贵州民族出版社,1988 年。
[109] 中华全国基督教协进会档案:U120,U123,上海市档案馆。
[110] 中华续行委办会调查特委会:《中华归主——中国基督教事业统计(1901—1920)》,中国社会科学院世界宗教研究所译,中国社会科学出版社,1987 年。

[111] 周邦道主撰:《第一次中国教育年鉴》,开明书店,1934 年。
[112] 周开发:《中美农业技术合作团报告书·农业推广》,出版者不详,1946 年。
[113] 周作人著:《知堂回想录》,河北教育出版社,2001 年。
[114] 周作人著:《周作人日记》(1—3 册),大象出版社,1996 年。
[115] 朱有瓛、高时良:《中国近代学制史料——教会教育(第 4 辑)》,华东师范大学出版社,1993 年。
[116] 朱有瓛主编:《中国近代学制史料》(第 3 辑),华东师范大学出版社,1992 年。
[117] 朱钺等编撰:《教育大辞书》(缩本第 2 版),商务印书馆,1934 年。

(三)中文专著及译著

[1] [德]洪堡著:《论国家的作用》,林荣远、冯兴元译,中国社会科学出版社,1998 年。
[2] [法]克罗齐埃著:《科层现象》,刘汉全译,上海人民出版社,2002 年。
[3] [加]许美德著:《中国大学 1895—1995》,许洁英译,社会科学出版社,2000 年。
[4] [美]费正清等主编:《剑桥中华民国史》,中国社会科学出版社,1994 年。
[5] [美]格里德著:《胡适与中国的文艺复兴》,鲁奇译,江苏人民出版社,1989 年。
[6] 陈学飞著:《美国高等教育发展史》,四川大学出版社,1989 年。
[7] [美]华勒斯坦著:《学科、知识、权力》,刘健芝等编译,三联书店,1999 年。
[8] [美]吉尔伯特·罗兹曼主编:《中国的现代化》,江苏人民出版社,2005 年。
[9] [美]劳伦斯·阿瑟·克雷明著:《学校的变革》,单中惠等译,上海教育出版社,1994 年。

[10] [美]魏定熙著:《北京大学与中国政治文化(1898—1920)》,北京大学出版社,1998 年。
[11] [美]周策纵著:《五四运动史》,岳麓书社,1999 年。
[12] [英]博伊德,金著:《西方教育史》,人民出版社,1985 年。
[13] 陈宝泉等著:《孟禄的中国教育讨论》,中华书局,1922 年。
[14] 陈宝泉著:《中国近代学制变迁史》,北京文化学社,1927 年。
[15] 陈洪捷著:《德国古典大学观及其对中国的影响》(修订版),北京大学出版社,2006 年。
[16] 陈平原主编:《教育:知识生产与文学传播》,安徽教育出版社,2007 年。
[17] 陈平原、夏晓虹编:《北大旧事》,三联书店,1998 年。
[18] 陈平原、郑勇编:《追忆蔡元培》,三联书店,2009 年。
[19] 陈其昌等著:《各国教育谈》,商务印书馆,1924 年。
[20] 陈青之:《中国教育史》,商务印书馆,1936 年。
[21] 陈万雄著:《五四新文化的源流》,三联书店,1997 年。
[22] 陈学飞著:《美国、德国、法国、日本当代高等教育思想研究》,上海教育出版社,1998 年。
[23] 陈以爱著:《中国现代学术研究机构的兴起》,江西教育出版社,2002 年。
[24] 程谪凡著:《中国现代女子教育史》,中华书局,1936 年。
[25] 戴承元主编:《三沈研究》,西北大学出版社,2008 年。
[26] 董任坚著:《大学教育论丛》,新月书店,1932 年。
[27] 范锜:《最近欧美教育思潮》(增补三版),开明书店 1932 年。
[28] 葛守勤、周式中著:《美国州立大学与地方经济发展》,西北大学出版社,1993 年。
[29] 郭德侠著:《中国近代高等学校课程设置研究》,中国海洋大学出版社,2007 年。
[30] 何炳松著:《美国教育制度》,商务印书馆,1920 年。

[31] 贺国庆著:《德国和美国大学发达史》,人民教育出版社,1998 年。
[32] 贺国庆著:《近代欧洲对美国教育的影响》,河北大学出版社,2000 年。
[33] 侯怀银著:《中国教育学发展问题研究》,山西教育出版社,2008 年。
[34] 胡建华等著:《大学制度改革论》,南京师范大学出版社,2006 年。
[35] 胡金平著:《学术与政治之间的角色困顿——大学教师的社会学研究》,南京师范大学出版社,2005 年。
[36] 黄福涛著:《欧洲高等教育近代化》,厦门大学出版社,1998 年。
[37] 姜朝晖著:《民国时期教育独立思潮研究》,中国社会科学出版社,2008 年。
[38] 姜琦、邱椿著:《中国新教育行政制度研究》,商务印书馆,1927 年。
[39] 蒋梦麟著:《过渡时代之思想与教育》,商务印书馆,1933 年。
[40] 蒋梦麟著:《西潮·新潮》,岳麓书社,2000 年。
[41] 蒋元卿著:《中国图书分类之沿革》,中华书局,1941 年。
[42] 教育杂志社编:《女子教育之问题及现状》,商务印书馆,1925 年。
[43] 金林祥著:《20 世纪中国教育学科的发展与反思》,上海教育出版社,2000 年。
[44] 金林祥著:《思想自由 兼容并包:北京大学校长蔡元培》,山东教育出版社,2004 年。
[45] 李华兴著:《民国教育史》,上海教育出版社,1997 年。
[46] 梁柱编著:《蔡元培与北京大学》,北京大学出版社,1996 年。
[47] 林传甲、朱希祖、吴梅著:《早期北大文学史讲义三种》,北京大学出版社,2005 年。
[48] 刘宝存著:《大学理念的传统与变革》,教育科学出版社,2004 年。
[49] 刘龙心著:《学术与制度》,新星出版社,2007 年。
[50] 罗志田著:《再造文明的尝试 胡适传(1891—1929)》,中华书局,2006 年。
[51] 孟宪承著:《大学教育》,商务印书馆,1934 年。

[52] 欧阳祖经著:《欧美女子教育史》,商务印书馆,1934 年。
[53] 彭明著:《五四运动史》,人民出版社,1984 年。
[54] 沈红著:《美国研究型大学形成与发展》,华中理工大学出版社,1999 年。
[55] 舒新城著:《中国新教育概况》,中华书局,1928 年。
[56] 眭依凡著:《大学校长的教育理念与治校》,人民教育出版社,2001 年。
[57] 陶孟和著:《孟和文存》,亚东图书馆,1926 年。
[58] 陶英惠著:《蔡元培与北京大学(1917—1923)》,"中央研究院"近代史研究所,1976 年。
[59] 滕大春著:《美国教育史》,人民教育出版社,2001 年。
[60] 田正平主编:《中外教育交流史》,广东教育出版社,2004 年。
[61] 王海龙著:《哥大与现代中国》,上海文艺出版社,2000 年。
[62] 王奇生著:《中国留学生的历史轨迹》,湖北教育出版社,1992 年。
[63] 王跃著:《变迁中的心态——五四时期社会心理变迁》,湖南教育出版社,2000 年。
[64] 王云五、李圣五编:《中国教育问题之讨论》,商务印书馆,1933 年。
[65] 吴民祥著:《流动与求索——中国近代大学教师流动研究》,浙江教育出版社,2006 年。
[66] 萧超然著:《北京大学校史(1898—1949)》(修订本),北京大学出版社,1988 年。
[67] 徐小群著:《晚清民国的国家与社会》,新星出版社,2007 年。
[68] 严文郁著:《中国图书馆发展史:自清末至抗战胜利》,"中国图书馆学会",1983 年。
[69] 杨亮功著:《早期三十年的教学生活　五四》,黄山书社,2007 年。
[70] 张宝明著:《现代性的流变——〈新青年〉个人、社会与国家关系聚焦》,社会科学文献出版社,2005 年。
[71] 张德祥著:《高等学校的学术权力与行政权力》,南京师范大学出版

社,2002 年。
[72] 陈平原著:《中国大学十讲》,复旦大学出版社,2002 年。
[73] 张晓维著:《蔡元培与胡适(1917—1937)》,中国人民大学出版社,2003 年。
[74] 张雪蓉著:《美国影响与中国大学变革》,华龄出版社,2006 年。
[75] 张元济著:《最近三十五年之中国教育》,商务印书馆,1931 年。
[76] 张允侯等著:《五四时期的社团》,三联书店,1979 年。
[77] 张正峰著:《权力的表达:中国近代大学教授权力制度研究》,福建教育出版社,2007 年。
[78] 章清著:《“胡适派学人群”与现代中国自由主义》,上海古籍出版社,2004 年。
[79] 周谷平著:《近代西方教育理论在中国的传播》,广东教育出版社,1996 年。
[80] 周光礼著:《学术自由与社会干预》,华中科技大学出版社,2003 年。
[81] 左玉河著:《从四部之学到七科之学》,上海书店,2004 年。
[82] 左玉河著:《中国近代学术体制之创建》,四川人民出版社,2008 年。

(四)论文

[1] [德]康拉德·雷施格:《蔡元培在莱比锡大学》,《应用心理学》1996 年第 2 期。
[2] [美]魏定熙:《蔡元培与北大》,《读书》1998 年第 8 期。
[3] 蔡建国:《蔡元培的留德生涯及其进步思想》,《神州学人》1994 年第 6 期。
[4] 蔡建国:《在传统与近代化之间——蔡元培文化思想再论》,《史林》1996 年第 3 期。
[5] 蔡磊砢:《“萧规曹随”——蔡元培与蒋梦麟治校理念之比较》,《北京大学教育评论》2008 年第 3 期。
[6] 蔡彦:《蔡元培与故乡图书馆事业》,《上海高校图书情报研究》2007 年

第 1 期。
[7] 蔡颖砢:《蔡元培时代的北大"教授治校"制度:困境与变迁》,《高等教育研究》2007 年第 2 期。
[8] 陈方竞:《"校"与"刊"相结合的北京大学透视:对五四新文化运动萌生根基的再认识》,《中国现代文学研究丛刊》2002 年第 2 期。
[9] 陈洪捷:《什么是洪堡的大学思想》,《中国大学教学》2003 年第 6 期。
[10] 陈群:《试析〈新潮〉时期傅斯年的思想》,《上海大学学报》(社会科学版)2004 年第 3 期。
[11] 陈时伟:《中央研究院与中国近代学术体制的职业化》,《中国学术》2003 年第 3 期。
[12] 邓广铭:《怀念我的恩师傅斯年先生》,《台大历史学报》1985 年第 20 期。
[13] 邓小泉:《国联教育考察团来华考察述评》,《南通大学学报》(教育科学版)2006 年第 3 期。
[14] 樊美勤:《美国大学模式及其对中国大学的影响》,《华中科技大学学报》(社会科学版)2004 年第 6 期。
[15] 方汉奇:《中国新闻学和新闻教育的摇篮——写在北京大学 100 周年校庆之际》,《中国记者》1998 年第 5 期。
[16] 傅振伦:《二三十年代在北京大学——〈九十年的回顾〉之一》,《史学理论研究》1995 年第 3 期。
[17] 高见:《大学的科层化危机及其改造》,《高教探索》2004 年第 4 期。
[18] 高平叔:《北京大学的蔡元培时代》,《北京大学学报》(哲学社会科学版)1998 年第 2 期。
[19] 顾昕:《唯科学主义与中国近现代知识分子》,《自然辩证法通讯》1990 年第 3 期。
[20] 郭建荣:《北京大学研究所国学门的变迁》(上),《文史知识》1999 年第 4 期。
[21] 韩敏中:《阿诺德、蔡元培与"文化"包袱》,《国外文学》2002 年第

2 期。
[22] 韩延明:《蔡元培教学改革思想及现实启迪》,《高等教育研究》1994 年第 4 期。
[23] 胡逢祥:《现代中国史学专业机构的建制与运作》,《史林》2007 年第 3 期。
[24] 胡逢祥:《现代中国史学专业学会的兴起与运作》,《史林》2005 年第 3 期。
[25] 胡广海、谢玉坤:《论〈新潮〉杂志》,《蒲峪学刊》(哲学社会科学版) 1997 年第 4 期。
[26] 胡小林:《从莱比锡大学到北京大学——蔡元培的教育里程》,《学术论坛》2005 年第 10 期。
[27] 金秀芳:《洪堡人文主义理想在德国大学中的体现》,《德国研究》2000 年第 1 期。
[28] 李孝迁:《美国鲁滨逊新史学派在中国的回响(上)》,《东方论坛》2005 年第 6 期。
[29] 梁柱:《"第一要改革的是学生的观念"——蔡元培革新北大的一个重要思路》,《北京大学学报》(哲学社会科学版)1998 年第 2 期。
[30] 林辉锋 :《"五四"运动中的"留蔡助蒋"再探》,《学术研究》2007 年第 11 期。
[31] 林辉锋:《马叙伦与民国初年北京大学的新旧之争》,《学术月刊》2007 年第 5 期。
[32] 刘宝存:《洪堡大学理念述评》,《清华大学教育研究》2002 年第 1 期。
[33] 刘明:《论民国时期的大学教员聘任》,《资料通讯》2004 年第 6 期。
[34] 刘群:《李大钊与中国现代图书馆》,《图书馆工作与研究》2001 年第 6 期。
[35] 刘晓林:《蔡元培的教育理念与北大新知识分子群体的形成》,《青海社会科学》2004 年第 5 期。
[36] 刘召兴、田嵩燕:《朱希祖与胡适——兼及章门弟子与英美派在北大

的历史关系》,《东方论坛》2006 年第 6 期。
[37] 娄岙菲:《蔡元培“兼容并包”之再诠释》,《教育学报》2007 年第 5 期。
[38] 卢勇:《中国近代学术研究职业化进程研究》,《求索》2007 年第 6 期。
[39] 罗岗:《“校园内外”和“课堂上下”——论中国现代文学与现代教育的内在关联》,《当代作家评论》2002 年第 4 期。
[40] 马廷奇:《大学管理的科层化及其实践困境》,《清华大学教育研究》2006 年第 1 期。
[41] 欧阳哲生:《傅斯年与北京大学》,《北京大学学报》(哲学社会科学版)1996 年第 5 期。
[42] 欧阳哲生:《胡适与北京大学》,《北京大学学报》(哲学社会科学版)1997 年第 3 期。
[43] 钱理群:《北京大学教授的不同选择——以鲁迅与胡适为中心》,《文艺争鸣》2003 年第 1 期。
[44] 尚小明:《抗战前北大史学系的课程变革》,《近代史研究》2006 年第 1 期。
[45] 沈晓艳:《中国大学学报源考略》,《湖州职业技术学院学报》2004 年第 2 期。
[46] 宋月红、真漫亚:《蔡元培与〈北京大学月刊〉——兼论蔡元培对北京大学的学术革新》,《北京大学学报》(哲学社会科学版)1997 年第 6 期。
[47] 孙小丽:《论蔡元培关于“教授治校”的思想和实践及其启示》,《中国教育导刊》2005 年第 5 期。
[48] 孙周兴:《威廉姆·洪堡的大学理念》,《同济大学学报》(社会科学版)2007 年第 2 期。
[49] 田正平、张彬:《模式的转换与传统的调适——关于中国高等教育现代化的两点思考》,《高等教育研究》2001 年第 2 期。
[50] 王建辉:《中国现代学术文化的双子星座——北京大学与商务印书馆》,《北京大学学报》(哲学社会科学版)1999 年第 2 期。

[51] 王英杰:《大学学术权力和行政权力冲突解析——一个文化的视角》,《北京大学教育评论》2007 年第 1 期。

[52] 闻丽:《科层化:科层制组织的理性与非理性》,《理论月刊》2005 年第 12 期。

[53] 吴大猷:《论中国的科学和教育》,《燕京学报》2001 年第 10 期。

[54] 吴云鹏:《美国大学学分制及其对二十世纪中国高校学分制的历史影响》,《教育史研究》2003 年第 1 期。

[55] 吴云鹏:《中国近代高校学分制发展历程述评》,《现代教育科学》2002 年第 1 期。

[56] 项建英:《民国时期综合性大学教育学科论略——以中央大学、北京大学为个案》,《高教探索》2006 年第 5 期。

[57] 肖朗、王鸣:《蔡元培与近代中外高等教育交流》,《高等教育研究》2003 年第 3 期。

[58] 肖朗:《中国近代大学学科体系的形成——从“四部之学”到“七科之学”的转型》,《高等教育研究》2001 年第 6 期。

[59] 校史编者:《就〈北京大学校史〉说几句话——顺答陈平原君》,《北京大学学报》(哲学社会科学版)1998 年第 3 期。

[60] 谢泳:《1949 年前中国国立大学校长与政府的关系》,《社会科学论坛》2004 年第 10 期。

[61] 邢亚珍:《大学的科层化与知识分子角色的转化》,《现代大学教育》2007 年第 5 期。

[62] 熊贤君:《20 世纪上半叶中国高等学校自主招生的回顾》,《教育研究与实验》2001 年第 4 期。

[63] 徐希军:《学术、人事与私德:陈独秀被免除北大文科学长论析》,《安徽师范学院学报》(社会科学版)2007 年第 5 期。

[64] 许德雅:《国民政府时期学位制度“中国化”的历史演变》,《学位与研究生教育》2008 年第 1 期。

[65] 阎光才:《文化乡愁与工具理性:学术活动制度化的轨迹》,《北大教

育评论》2008 年第 2 期。

[66] 杨国荣:《史学的科学化:从顾颉刚到傅斯年》,《史林》1998 年第 3 期。

[67] 杨兰英:《北京政府时期学位制度的本土化》,《教育评论》2008 年第 2 期。

[68] 杨早:《五四时期的北大学生刊物比较》,《中国现代文学研究丛刊》2002 年第 1 期。

[69] 姚加惠、李泽彧:《冲突与协调:现代大学管理的民主化与科层化》,《江苏高教》2006 年第 2 期。

[70] 叶隽:《北大德文系早期的师生状况及其学术史意义》,《教育学报》2007 年第 6 期。

[71] 叶隽:《中国现代大学制度的构建与蔡元培留学德国》,《德国研究》2003 年第 4 期。

[72] 殷小琴:《美国对德国研究生教育模式的继承与超越》,《浙江教育学院学报》2004 年第 1 期。

[73] 应星:《塑造中国大学精神的现代实践——以蔡元培 1917—1923 年对北京大学的改造为中心》,(香港)《二十一世纪》2003 年第 4 期。

[74] 袁振东:《国立中央研究院化学研究所的创建(1927—1937 年):职业化化学研究在中国的尝试》,《中国科技史杂志》2006 年第 21 期。

[75] 袁忠东:《试论顾颉刚现代学术观念的形成》,《山东大学学报》(哲学社会版)1998 年第 3 期。

[76] 张国福:《北京大学法律学系前期的教学改革及其优良传统》,《中外法学》1998 年第 3 期。

[77] 张国功:《学术研究机构与现代学术之建立读〈中国现代学术研究机构的兴起〉及其他》,《博览群书》2003 年第 3 期。

[78] 张剑:《蔡元培与中国科学社》,《史林》2000 年第 2 期。

[79] 张京华:《顾颉刚与李大钊在北大二三事》,《史学史研究》2003 年第 2 期。

[80] 张岂之、方光华:《五四运动与中国现代学术的中西兼融》,《中州学

刊》1999 年第 6 期。

[81] 张小杰:《关于柏林大学模式基本特征的研究》,《华东师范大学学报》(教育科学版)2003 年第 2 期。

[82] 张雪蓉:《20 世纪 20 年代前后大学选科制的推行及经验——以国立东南大学为例》,《南京邮电学院学报》(社会科学版)2004 年第 4 期。

[83] 张岩:《1912 年——蔡元培的新教育精神》,《石家庄职业技术学院学报》2001 年第 1 期。

[84] 张越:《〈国学季刊〉与中国史学近代化》,《北京大学学报》(哲学社会科学版)1998 年第 4 期。

[85] 张越:《五四时期新的历史教学建制与课程设置》,《历史教学》2001 年第 12 期。

[86] 章清:《近代中国留学生发言位置转换的学术意义——兼析近代中国知识样式的转型》,《历史研究》1996 年第 4 期。

[87] 郑嗣仁:《郑天挺与北京大学》,《北京大学学报》(哲学社会科学版)1998 年第 3 期。

[88] 周川:《中国近代大学建制发展分析》,《北京大学教育评论》2004 年第 3 期。

[89] 周谷平、朱绍英:《美国大学模式在近代中国的导入》,《河北师范大学学报》(教育科学版)2004 年第 4 期。

[90] 周汉光:《胡适的思想及他对我国教育的贡献》,(香港)《珠海学报》1985 年第 14 卷。

[91] 周文玖:《朱希祖与中国史学》,《史学史研究》1998 年第 3 期。

[92] 周勇:《大学教授的学术生活空间——以蔡元培、胡适与顾颉刚为例》,《北京大学教育评论》2007 年第 2 期。

[93] 朱国仁:《西方高等教育的传播与中国近代高等教育的形成》,《高等教育研究》1997 年 4 期。

[94] 朱汉国:《创建新范式:五四时期学术转型的特征及意义》,《北京师范大学学报》(社会科学版)1999 年第 2 期。

[95] 朱乐川:《辨析〈积微翁回忆录〉有关朱希祖的记述》,《南京师范大学文学院学报》2007 年第 4 期。

[96] 朱生玉:《蒋梦麟与我国近代高等教育体制》,《理工高教研究》2006 年第 3 期。

[97] 朱宗顺:《蔡元培与蒋梦麟高等教育思想和实践之比较》,《高等教育研究》2006 年第 4 期。

[98] 左玉河:《坚守与维护:中国现代大学之“教授治校”原则》,《北京大学教育评论》2008 年第 2 期。

(五)学位论文

[1] 陈竞蓉:《孟禄与中国近现代教育》,华中师范大学硕士学位论文,2004。

[2] 陈文彬:《五四时期杜威来华讲学与中国知识界的反应》,复旦大学博士学位论文,2006。

[3] 陈宪民:《蒋梦麟教育思想之研究》,台湾师范大学硕士学位论文,1999。

[4] 程斯辉:《中国近代大学校长研究》,华中师范大学博士学位论文,2007。

[5] 杜觉民:《西方教育理论在近代中国的移植应用和现实思考》,西南师范大学教育硕士学位论文,2001。

[6] 经晖:《清代浙江私家藏书极其教化效应研究》,浙江大学硕士学位论文,2007。

[7] 李涛:《“教授治校”在我国 20 世纪上半叶引进的回顾与反思》,山西大学硕士学位论文,2005。

[8] 林建平:《浙江教育家与近代教科书出版》,浙江大学硕士学位论文,2007。

[9] 刘琪:《以学术权力为核心的大学教学管理模式的研究》,浙江大学硕士学位论文,2005。

[10] 刘芷绫:《蔡元培负笈德国及其所受影响之初探》,“国立”中兴大学硕士学位论文,2005。

[11] 苗素莲:《中国大学组织特性历史演变研究》,华东师范大学硕士学位论文,2004。

[12] 庞海江:《近代大学教师群体透析》,吉林大学硕士学位论文,2006。

[13] 陶春莉:《中国研究生培养模式的发展演变轨迹及其时代特征》,兰州大学硕士学位论文,2006。

[14] 王英:《美国研究型大学早期发展研究——以约翰·霍普金斯大学的创建为中心》,河北大学博士学位论文,2006。

[15] 韦珍:《民国时期(1911—1937)大学收费风潮初探》,浙江大学硕士学位论文,2007。

[16] 吴芬:《中国早期研究生教育研究(1902—1949)》,华南师范大学硕士学位论文,2002。

[17] 荀渊:《中国高等教育从传统向现代的转型——对 1901—1936 年间中国高等教育变革的考察》,华东师范大学博士学位论文,2002。

[18] 杨瑞:《通向学术之路:蔡元培与北大法科的学术化进程(1916—1927)》,四川大学硕士学位论文,2006。

[19] 杨婷:《1898—1936 年北京大学中国语文学系课程演变及其原因》,中南大学硕士学位论文,2005。

[20] 张伶俐:《中国近代高等教育模式的演变》,湘潭大学硕士学位论文,2006。

[21] 张小莉:《1917—1927 年北大学生社团研究》,中南大学硕士学位论文,2005。

[22] 张意忠:《论教授治学》,华东师范大学博士学位论文,2006。

[23] 郑林变:《孟禄与二十世纪二三十年代的中国教育》,华东师范大学硕士学位论文,2005。

[24] 钟波:《近代中国大学校长治校理念与中国高等教育近代化》,湘潭大学硕士学位论文,2003。

(六)英文资料

[1] Webster. J. B. Christian Education and the National Consciousness in China. New York: E. P. Dutton, 1923.

[2] George Ransom Twiss. Science and Education in China: A Survey of the Present Status and a Program for Progressive Improvement. Shanghai: The Commercial Press, 1925.

[3] Earl Herbert Cressy. Costs of Christian Higher Education in China. Shanghai: East China Christian Education Association, 1926.

[4] White. F. J. The Story of the University of Shanghai: From the Year 1906 to the Year 1934. Shanghai: the University of Shanghai Press, 1935.

[5] Mary Katherine Russell. Extension Service in Home Economics, the Rural Institute, Cheeloo University. New York: Agricultural Missions Inc. , 1942.

[6] Alice Henrietta Gregg. China and Educational Autonomy: the Changing Role of the Protestant Educational Missionary in China, 1807—1937 . New York: Syracuse University Press, 1946.

[7] William A. Brown. The Protestant Rural Movement in China, 1920—1937. Cambridge: Harvard University, 1955.

[8] Paul A. Varg. Missionary, Chinese, and Diplomats, the American Protestant Missionary Movement in China, 1890—1952. Princeton: Princeton University Press, 1958.

[9] John Z. Bowers. Western Medicine in a Chinese Palace: Peking Union Medical College, 1917—1951. New York: Josiah Macy, Jr. Foundation, 1972.

[10] Philip West. Yenching University and Sino-Western Relation, 1916—1952. Cambridge: Harvard University Press, 1976.

[11] Minden Karen Paule. Missionary, Medicine and Modernization:

Canadian Medical Missionary in China,1925—1952,Toronto:York University,1981.

[12] Bob Whyte. Unfinished Encounter: China and Christianity. London: Fount Paperbacks,1988.

[13] Peter Tze Ming Ng etc.. Changing Paradigms of Christian Higher Education in China, 1888—1950. New York: The Edwin Mellon Press,2002.

[14] Abraham Flexner,Daniel Coit Gilman. Creator of the American Type of University,New York,Harcourt:Brace and Company,1946.

[15] Adolph E. Meyer. The Development of Education in the Twentieth Century (Second Edition), Westport, Connecticut: Greenwood Press,1949.

[16] Daniel Fallon. The German University: A Heroic Ideal in Conflict with the Modern World,Colorado:Colorado Associated University Press,1980.

后　记

本书作为教育部人文社会科学研究项目“中国大学的百年嬗变——西方大学的导入与影响”的终期成果，同时得到浙江大学教育史国家重点学科“211 工程”三期经费资助与“985 工程”三期资助。本研究主要探讨在中国大学的百年发展历程中，西方大学理念、模式、课程和社会服务职能在中国的导入、传播和影响，及当时国内高等教育界对此做出的选择、调适及融合创新过程，试图从理论、实践和制度层面体现上述两条线索的冲突、交织和融合，通过多学科、多视角的考察，揭示西方大学导入与中国大学变迁的互动关系及中国近代大学的现代转型。为当下在全球化、国际化背景下，如何建设具有自身特点的现代一流大学提供有益的启示与借鉴。限于作者的理论素养和学术水平，书中定有不足之处，敬请各位同仁多多指教。

本著作在大家的共同努力下终于问世了。书稿的具体分工如下：导论由周谷平、张雁撰写；第一章由周谷平、张雁撰写，第二章由郭晨虹、张雁、孙秀玲撰写，第三章由张雁、郭晨虹撰写，第四章由周谷平、孙秀玲、张雁撰写，结语由周谷平、张雁撰写，全书由周谷平负责统稿。

在此，谨向所有本研究参考、引用过的文献资料的编著者表示真诚的感谢，感谢李佳、刘爱东等博士为本书提供了相关资料，感谢编辑吴伟伟女士，她的辛勤工作和帮助，为本书增色不少，亦使本书得以顺利面世。此外，感谢所有为本书稿出版提供帮助的朋友们！

作　者

2012 年 5 月

图书在版编目(CIP)数据

中国近代大学的现代转型:移植、调适与发展. / 周谷平等著. —杭州:浙江大学出版社,2012.9
ISBN 978-7-308-10492-0

Ⅰ.①中… Ⅱ.①周… Ⅲ.①高等学校—教育史—研究—中国—近代 Ⅳ.①G649.29

中国版本图书馆 CIP 数据核字(2012)第 207023 号

中国近代大学的现代转型——移植、调适与发展
周谷平 张 雁 孙秀玲 郭晨虹 著

责任编辑 吴伟伟 weiweiwu@zju.edu.cn
封面设计 春天书装
出版发行 浙江大学出版社
(杭州市天目山路 148 号 邮政编码 310007)
(网址:http://www.zjupress.com)
排 版 浙江时代出版服务有限公司
印 刷 杭州日报报业集团盛元印务有限公司
开 本 710mm×1000mm 1/16
印 张 23.75
字 数 342 千
版 印 次 2012 年 9 月第 1 版 2012 年 9 月第 1 次印刷
书 号 ISBN 978-7-308-10492-0
定 价 56.00 元

版权所有 翻印必究 印装差错 负责调换

浙江大学出版社发行部邮购电话 (0571)88925591